Brasil, segredo de Estado

Outras obras do autor

Palavras sem fronteiras
Editora Record, 2000

Mots sans frontières
Éditions du Rocher, 1999

As quatro coroas de Dom Pedro I
Civilização Brasileira, 1941, 1942, 1970
Casa do Livro, 1972
Paz e Terra, 1995

Pedro I e Metternich – traços de uma guerra diplomática
A Noite, 1942

Pareceres do Conselho de Estado e do Consultor do Ministério dos Negócios Estrangeiros (1842-1889)
Imprensa Nacional, 1942

A Diplomacia do Marechal: intervenção estrangeira na Revolta da Armada
Ed. Zelio Valverde
Tempo Brasileiro e Editora UnB, 1971

Every Inch a King, a biography of Dom Pedro I, Emperor of Brazil
Macmillan Company, 1950-52
Charles Frank Publications, 1964
Robert Hale, 1972

Artigos, discursos e palestras – setembro 1983-1986
Embaixada do Brasil em Washington, 1986

SERGIO CORRÊA DA COSTA

Brasil, segredo de Estado

Incursão descontraída pela história do país

4ª EDIÇÃO

EDITORA RECORD
RIO DE JANEIRO • SÃO PAULO

2001

CIP-Brasil. Catalogação-na-fonte
Sindicato Nacional dos Editores de Livros, RJ.

C875b
4ª ed.

Costa, Sergio Corrêa da, 1919-
Brasil, segredo de Estado / Sergio Corrêa da Costa. – 4ª ed. – Rio de Janeiro: Record, 2001.

ISBN 85-01-06182-4

1. Brasil – História. I. Título.

01-0919

CDD – 981
CDU – 981

Capa: Victor Burton

Direitos exclusivos desta edição reservados pela
DISTRIBUIDORA RECORD DE SERVIÇOS DE IMPRENSA S.A.
Rua Argentina 171 – Rio de Janeiro, RJ – 20921-380 – Tel.: 2585-2000

Impresso no Brasil

ISBN 85-01-06182-4

PEDIDOS PELO REEMBOLSO POSTAL
Caixa Postal 23.052
Rio de Janeiro, RJ – 20922-970

SUMÁRIO

NOTA LIMINAR

Crônica de uma frustração foi o primeiro título que me ocorreu para esta série de ensaios, quase todos baseados nas pesquisas que iniciei aos 19 anos, recém-admitido ao Itamaraty. Frustração por ter tido de interrompê-las por exigências da carreira e esperado meio século até recuperar as notas, apontamentos, transcrições de originais, roteiros, esboços, enfim o acervo que reunira na mocidade, como obsessivo "rato de arquivo".

Pensando melhor, concluí que "frustração" não se aplicava, necessariamente, ao conjunto do livro e evoluí para *História do Brasil, incursões descontraídas*. A alguns amigos, pareceu longo, pouco atraente. Porque não o título de um dos capítulos? Fixei-me, então, em *Brasil, segredo de Estado*. Por uma razão muito simples. A primeira frase do livro que esbocei no verdor da juventude — *O Brasil antes de 1500* — era precisamente "*O Brasil começou como um segredo de Estado*".

Não obstante, conservei o título inicial em todas as pastas de rascunhos, notas e documentos — que ainda pretendo desenvolver — porque, para mim, esta pesquisa não deixará nunca de ser a crônica de uma longa frustração.

A HISTÓRIA DA MARGEM

Eduardo Portella

Estamos diante de um relato histórico. Que sendo relato, narrativa, enredo, não deixa de ser história, constatação, documento. É nesse ponto de interseção, nessa linha divisória, que se situa o novo livro de Sergio Corrêa da Costa: *Brasil, segredo de Estado*. O seu autor, diplomata de carreira com excepcional folha de serviços prestados ao país, jamais conseguiu afastar-se da vocação congênita do historiador, do perquiridor obstinado do nosso passado e do nosso percurso. O que fez o "Seu Manuel", um dos personagens principais deste volume, foi instigar e instrumentalizar o precoce compromisso da pesquisa histórica, que desde então e progressivamente se afirmaria como uma espécie de saudável fatalidade.

I

Graças à criteriosa contribuição de Sergio Corrêa da Costa, a compreensão de nossa história vem se enriquecendo substancialmente. Ele tem sabido aliar, no mesmo esforço indagador, a cuidadosa investigação factual e o apurado exercício da imaginação. Sem o segundo, a primeira dificilmente ultrapassaria as barreiras da classificação fria e desfibrada. Sem a primeira, o segundo ficaria circunscrito ao devaneio abstrato. Os dois, juntos, reconstituem e dão nova vida aos feitos da história.

O olhar mais abrangente, a visão mais ampla, certamente assistidos por instrumentos críticos pluridisciplinares, inscrevem o entendimento no interminável horizonte da história das culturas e das mentalidades. Quando se verifica o oposto, em tantas peripécias da historiografia, ocorre a morte súbita por excesso e acesso de *documentalite*, uma enfermidade ainda à busca de estudos científicos. E a morte, agarrada ao documento, pode ser um signo de fidelidade, mas será inevitavelmente uma inumação inglória. O profissional que se isola da vida do mundo corre o risco de vir a falecer de claustrofobia. Estes males mais ou menos conhecidos nunca ameaçaram o trabalho inteligente de Sergio Corrêa da Costa.

II

Algumas perspectivas parecem sobrepor-se no empreendimento interpretativo de Sergio Corrêa da Costa. A percepção da complexidade unida à sagacidade na compreensão das encruzilhadas históricas, onde o passado, o presente e o futuro se articulam estruturalmente, são traços identificadores que seguem, passo a passo, toda a sua trajetória. O pano de fundo europeu, desde a Europa quinhentista, do *Brasil antes de 1500*, assinala, o tempo todo, a predominância de relações crispadas, que remontariam a 1494, na mesa de negociação de Tordesilhas. O fascínio e o interesse pelo Oriente, que acionam a bússola avara de Vasco da Gama, não deixam dúvidas quanto às determinações mercantilistas do projeto conquistador levado a efeito pela gente lusíada. A controvertida viagem de Pedro Álvares Cabral se insere nesse mesmo quadro expansionista. De igual modo as ocupações territoriais, os saques e os massacres, o comércio negreiro, tudo aparentemente na mais santa paz de Deus. Digo aparentemente porque os Malês se revoltam, os Quilombos resistem, os Alfaiates contestam, os Inconfidentes anunciam a liberdade. A eloqüência desse passado silenciado ainda não foi descrita nos seus devidos termos. São acontecimentos encobertos ou sonegados por tantos dos nossos historiadores de plantão. Por amnésia, desconforto ou culpa. Não creio que por temor.

A investigação laboriosa de Sergio Corrêa da Costa tem colocado na ordem do dia vários desses temas latejantes, permanentemente oferecidos ao nosso debate despreconceituoso. E repentinamente passagens bloqueadas, margens proscritas, ações coletivas desacreditadas, pedaços de história perdidos ao longo do caminho se vêem revalorizados. Tudo por obra e graça de um certo olhar crítico, no interior do qual a versão heróica, apologética, triunfalista cede lugar ao reconhecimento quase natural, imune a qualquer tipo ou forma de ideologização. Como se o saber concreto de nossa interculturalidade, de que serve de exemplo o capítulo "O Reino da Bahia", apontasse para um pluralismo em franco desenvolvimento. Esperamos que sim.

III

Perpassa igualmente nas páginas deste volume o tonificante sopro autobiográfico, no qual se misturam, com impecável sabedoria, as relações exteriores e os negócios interiores. Em uma era, como a de hoje, em que os negócios e as relações deixaram que se extraviasse o que já fora o seu antigo traço distintivo. Os encontros cruzados de Europas, Américas, Orientes saltam à vista em passagens reveladoras das nossas Repúblicas velha e nova, aqui e ali, outrora na "fuga" da família real, depois nos tempos pouco sutis de Floriano, no rompimento com Portugal, na malfadada República de Santa Catarina, no aparecimento dos Andradas secretamente infiltrados na vida política de Buenos Aires, ou no episódio decisivo da "certidão de nascimento do Estado de Israel". É todo um repertório de indicações imprevisíveis. Esta última façanha política e diplomática, que confere ao Brasil um protagonismo inusitado na cena internacional, não parece, se levarmos em conta as turbulências médio-orientais, completamente encerrada.

IV

Quando o historiador, ou o observador atento da peripécia humana, procura entender as trepidações do tempo, ele recorre à memória e não raro se vale do esquecimento. O termo de equilíbrio razoável aconselha não abusar da memória nem se entregar ao esquecimento. Em um ou outro caso, ele se faz acompanhar de rigorosos instrumentos críticos. Mas na Europa de agora, na França precisamente, a conclusão é de Tzvetan Todorov, no seu *Os abusos da memória*, prospera o culto "literalmente obcecado" da memória, o fervor compulsivo que guarda e desdobra a nostalgia. No sentido contrário do que se observa nos países emergentes, amnésicos por excelência, tendentes a confundir as mazelas do passado com o próprio passado, a dedicar-se a acertos de contas inteiramente ociosos e em geral mal-humorados. Nestes países a tarefa dos historiadores se vê acrescida de responsabilidades adicionais. Cabe a eles elaborar uma pedagogia coletiva, capaz de evitar a hipoteca do futuro e a reprodução pura e simples do passado. Ou ainda a presentificação predatória.

Convém, nos ensina Sergio Corrêa da Costa, que o rigor da reconstituição em nenhum momento abandone o humor. O segundo confere agilidade, fascínio, às exigências do primeiro. É quando o profissional da história consegue ser sério, sem ser necessariamente sisudo. Freqüentemente confundem-se as duas dimensões. E quando isso se verifica, passamos a notar que a sisudez pode ser apenas a máscara de ferro, o disfarce inútil diante do qual se esconde a falta de seriedade. Neste seu livro de hoje, *Brasil, segredo de Estado,* a investigação ágil de Sergio Corrêa da Costa nos traz o extremamente sério, a valorização adequada da história esquecida (ou escondida), sem abusivamente conceder às aparências formais.

Brasil, segredo de Estado concilia, de maneira exemplar, a veracidade da documentação (*history*) com a versatilidade do estilo narrativo (*story*). A história narrada jamais reduz ou avilta a história acontecida. Pode e costuma iluminá-la, torná-la mais fascinante e convincente. Os grandes historiadores sempre foram admiráveis narradores, sempre escreveram identificando e criando o discurso da história. É o que ocorre quando o historiador dispõe de elevação ética, solidez argumentativa, prosa fluente no melhor registro ensaístico — como é o caso de Sergio Corrêa da Costa.

I.

Crônica de uma frustração

Para este relato, terei de recuar ao ano 001 de minha longuíssima carreira no Itamaraty. Vencido o concurso, fui designado para uma das divisões políticas. Mas algo aconteceu e o funcionário que me caberia substituir teve sua remoção anulada. Não sabendo onde me colocar (as lotações de cada serviço eram àquela altura rígidas, sem a desenvoltura dos nossos dias), a administração mandou-me "esperar" no arquivo histórico. Sinto aí a mão do destino, pois essa designação, talvez mais do que qualquer outra, influenciou o meu futuro.

Poucos terão idéia de como era, àquela altura, o precioso arquivo histórico do Itamaraty. O encarregado, havia mais de vinte anos, chamava-se Seu Manuel, contínuo português de poucas letras mas invulgar dedicação ao trabalho. À primeira vista, tudo me pareceu impecável: avenidas de estantes de metal abarrotadas, de alto a baixo, de embrulhos de papel pardo, cuidadosamente alinhados. Fichários, livros de registro, cadastros, isso nem pensar. Verifiquei logo que, à falta de instruções e deixado a seu inteiro arbítrio, Seu Manuel fora "arquivando" zelosamente, ao longo de décadas, o imenso acervo de documentos em amarrados, como mercadorias numa loja. Cada embrulho levava uma etiqueta com uma das três seguintes e únicas classificações: "Vários", "Diversos" e "Miscelânea".

Despreparado em termos de arquivologia, mas com o imenso apetite de trabalho dos meus vinte anos, comecei a abrir os embrulhos e a classificar de algum modo os documentos, de cujo valor logo me apercebi. Apaixonado pela tarefa, chegava cedo, saía tarde, indiferente à passagem das horas a ponto de, certa vez, ter adormecido no arquivo e acordado no meio da noite. Sendo inútil gritar pelo vigia, acomodei-me como pude, provavelmente deitando a cabeça num maço de "Miscelânea", até a chegada da turma da limpeza às sete da manhã.

Em suma, vivi intensamente essa aventura, cada dia mais impressionado pelo que ia encontrando. Já nos primeiros seis meses, pude identificar e reconstituir o chamado "Arquivo Militar de Lisboa", esquecido no Brasil por Dom João VI e dado pelos historiadores portugueses como definitivamente perdido, bem como reunir mais de trezentas cartas do marquês de Pombal, quando ainda conde d'Oeiras. Estávamos em 1940, ano das comemorações do terceiro centenário da Restauração portuguesa. Em memorando ao meu superior imediato, tive a ousadia de sugerir que esses documentos fossem devolvidos a Portugal, o que efetivamente ocorreu.

Uma das batalhas seguintes foi a reconstituição do arquivo do Conselho de Estado da monarquia, espalhado em mais de uma centena de embrulhos. A coleção de pareceres, classificados e com ementas que acrescentei a cada um, constituiu o meu primeiro trabalho histórico, editado pela Imprensa Nacional sob o título *Pareceres do Conselho de Estado e do Consultor do Ministério dos Negócios Estrangeiros, 1842-1889.* Estava traçado o meu futuro, identificada a minha vocação. O acaso, sempre o acaso, me faz encontrar, logo a seguir, a documentação inédita que propiciou a elaboração de *As quatro coroas de Dom Pedro I*, a rigor meu livro de estréia. Pouco depois, *Dom Pedro I e Metternich, traços de uma guerra diplomática* e, logo em seguida, *A diplomacia brasileira na questão de Letícia*, com prefácio de Afrânio de Mello Franco, que idealizei como o primeiro de uma série de estudos sobre nossa história diplomática. Em resumo, quatro títulos publicados em 1942 e, já no estaleiro, duas pesquisas em curso que me apaixonaram intensamente. Uma sobre *O Brasil antes de 1500*, pois continuo convencido de que Cabral não foi o verdadeiro descobridor. Outra, uma iconografia do Primeiro Reinado.

Mas onde é que entra a frustração? Estou chegando lá. Em *As quatro coroas*, mais do que as novidades que representaram os documentos ligados à oferta das coroas da Grécia e da Espanha ao nosso Dom Pedro, interessou-me especialmente a revolta, em 9 de junho de 1828, dos mercenários alemães e irlandeses recrutados na Europa para servirem na guarnição do Rio de Janeiro e, a seguir, no teatro da guerra no Sul, onde argentinos e brasileiros se batiam pela posse da Cisplatina. Durante três dias, o Rio foi transformado em verdadeiro campo de batalha. Somente no dia 12, puderam as forças imperiais submeter os amotinados, depois de um combate em que tomaram parte ativa, além das tropas regulares, cerca de mil paisanos armados, entre os quais cinqüenta frades de diversas congregações e mais de cem padres e estudantes. Durante a refrega morreram 240 mercenários e ficaram feridos cerca de trezentos. Do lado nacional, as baixas se elevaram a 120 mortos e 180 feridos. Um conselho de guerra condenou August von Steinhousen, do 2º Batalhão de Granadeiros, a ser arcabuzado, cinco soldados à prisão perpétua e 26 a penas diversas.

Menciono esses detalhes com o fim exclusivo de salientar que nem um só dos nossos compêndios de história do Brasil, nem mesmo aqueles que descem à descrição das camisas de Tomé de Souza, chegou, sequer, a registrar o episódio. Episódio tão sério que o governo imperial se viu forçado a pedir aos comandantes das forças-tarefa inglesa e francesa, em visita à capital, que desembarcassem seus efetivos para colaborar no restabelecimento da ordem. Cerca de quatrocentos marujos ingleses foram, assim, guardar o Palácio de São Cristóvão e seiscentos franceses se concentraram nas proximidades do Arsenal de Guerra. Somente Capistrano, que sabia tudo, que lia tudo, reproduziu, em artigos no *Jornal do Commercio* de julho de 1908, cenas desse motim, que encontrou num livrinho raríssimo, editado em Hamburgo em 1835, com as recordações de Eduardo Theodoro Bösche, que viveu no Brasil de 1825 a 1834. Ainda nenhuma suspeita de possível vínculo entre o motim no Rio de Janeiro e a guerra no Sul, como veremos mais adiante.

*

Antes de prosseguir no meu relato, e convencido de que o leitor dificilmente irá à cata do livro de Bösche para conhecer melhor a intimidade dos mercenários, não resisto à tentação de abrir um parêntese para uma nota pitoresca, ilustrativa do ambiente no Rio de Janeiro e do trato do Imperador com esses soldados.

No começo de junho (1828), tendo corrido o boato de que dois alemães haviam sido mortos por soldados de um batalhão brasileiro, o oficial de dia no quartel da Praia Vermelha (onde se alojava o 3º Batalhão de Granadeiros, integrado quase inteiramente por alemães), tenente Prahl, bêbado, saiu à frente de um bando de indisciplinados e atacou a baioneta a guarda do Largo da Carioca. No mesmo dia, o tenente foi recolhido à ilha das Cobras e o batalhão de mercenários, reunido no Campo de Sant'Ana. Dom Pedro para lá se dirigiu e ordenou que desse um passo à frente quem tivesse entrado no incidente. Todos os que se apresentaram foram punidos com cem chibatadas, desferidas pelos cornetas do 13º batalhão. Ao registro do episódio, Bösche acrescentou:

> O comandante, Major Ewald, intercedeu por um dos culpados, mas o Imperador repeliu-o arrebatadamente. Como, apesar disso, o major insistisse, dignou-se Sua Majestade, com sua mão sereníssima, chegar-lhe o azorrague no lombo, uma meia dúzia de vezes.

Mais pitoresco ainda é o episódio em que se vê que os tempos mudaram e que nosso imperador não admitia brincadeira em serviço:

Quando o 27º de caçadores alemães ia embarcar para o teatro da guerra do Sul, mandou Dom Pedro que o pagador do Tesouro, coronel R., pagasse os soldos atrazados do batalhão. Indo o quartel-mestre à repartição no outro dia receber o dinheiro, disseram-lhe que não tinham tempo. Debalde representou que o navio podia partir a cada instante; e como o batalhão já estava a bordo, resolveu ir a S. Cristóvão, entender-se diretamente com Dom Pedro. Ao chegar à Quinta Imperial, o Imperador, que estava à sacada, perguntou-lhe o que queria. O quartel-mestre expoz o caso, e teve ordem de ir esperar no Tesouro. Não havia cinco minutos que tinha chegado, quando apareceu o Imperador, a cavalo, munido de um rebenque; apeou-se, ordenou-lhe que o acompanhasse e entrou pelo salão em que estavam em conferência o pagador geral e colegas. Dom Pedro postou o quartel-mestre à porta, mandando que não deixasse ninguém sair, e, voltando-se para os funcionários atônitos, bradou: "Como vocês, seus ... (aqui uma palavrada muito suja que o Imperador trazia sempre à boca, e empregava até com pessoas da própria família), — como vocês não têm tempo para dar cumprimento às minhas ordens, é justo que venha ajudá-los." E, pegando-os, um a um pelo topete, passou todos a chicote.

*

Gustavo Barroso, na sua *História secreta* (1936), desconfiou de que deveria haver algo por trás do que aparentava ser uma simples conseqüência da indisciplina militar então reinante. Tal suspeita se acentuou quando encontrou as primeiras referências a uma tentativa de seqüestro de Dom Pedro I pelos argentinos.

Não apenas tive a mesma reação, mas também a sorte de encontrar pistas muito seguras de vínculo entre os dois episódios, pistas que aspirei intensamente a perseguir. Designado secretário da embaixada em Buenos Aires (1944-46), tive a possibilidade de fazer a reconstituição completa da trama secreta que transformou o levante dos batalhões mercenários em episódio da guerra com a Argentina. Indizível o meu regozijo, graças ao qual as edições posteriores de *As quatro coroas* relatam, em toda a sua amplitude, o plano de seqüestro de Pedro I e reproduzem fotografia da peça principal, guardada a sete chaves no Archivo Nacional, em Buenos Aires. Trata-se de verdadeiro tratado, de potência a potência, firmado pelo próprio Manuel Dorrego, na qualidade de "*Gobernador y Capitán General de la Provincia de Buenos Ayres, encargado de la dirección de la guerra*", pelo seu ministro e secretário da Guerra e Marinha, Juan Ramón Balcarce, e pelo plenipotenciário dos mercenários, Federico Bauer, "*apoderado de los militares alemanes al servicio del Emperador del Brasil, en nombre de ellos*".

Preciso contar, um dia, as perícias dessa minha primeira missão impossível: fotografar documentos ultra-secretos, altamente comprometedores do governo argentino, antes que James Bond nos tivesse ensinado o caminho. Àquela época, para copiar um documento do Archivo Nacional, mesmo de natureza eminentemente pública, como certidões de nascimento ou de óbito, era imperativo o visto prévio do encarregado. Quanto a documentos confidenciais ou secretos, era virtualmente impossível sequer o acesso para consulta, sobretudo no caso de estrangeiros. Mas como os detalhes da minha aventura fogem ao objeto deste livro, direi apenas que exigiu três anos de assiduidade às salas de consulta, anos de observação persistente da personalidade, dos hábitos e, mesmo, do perfil psicológico de cada um dos funcionários com quem tratava. Para não despertar suspeitas, simulei interesse pela genealogia de famílias brasileiras com raízes na Argentina. Assim, todos os dias, ao encerrar a busca "para valer", pegava a esmo um certo número de certidões de batismo ou formais de partilha, submetia a papelada ao encarregado, pagava as cópias com que saía para jogá-las sistematicamente, na primeira lata de lixo.

Minha esperança era descobrir alguma falha no sistema, imaginar um jeito, um caminho, um truque qualquer, uma inspiração que me guiasse ao momento ideal de agir. Até a chegada desse momento, não tive a menor idéia do que iria fazer. Contei muito com a sorte, que não me falhou. Logrei conseguir, assim, não apenas o acesso, mas autorização para reproduzir as peças mais importantes. Conservei as placas fotográficas, então em lâminas de vidro, e as confiei recentemente ao Centro de Memória da Academia Brasileira de Letras, onde podem ser vistas pelos interessados.

Aventura de capa e espada

Verifiquei que, ainda durante a presidência de Bernardino Rivadavia (1826), alguns líderes mercenários enviaram a Buenos Aires um agente secreto com a missão de propor um pacto de aliança com o tríplice objeto de:

1. terminar a guerra entre o Império e a República Argentina;
2. subtrair os alemães da tirania do imperador; e
3. proclamar o Brasil livre e independente para sempre.

Bauer era considerado, no Brasil, técnico em mineração, havendo solicitado patente de invenção de uma "máquina para extrair ouro das minas". Por isso, estava autorizado a viajar livremente pelo Império, munido de passaporte especial então concedido a viajantes ilustres, cientistas e industriais progressistas.

Em Montevidéu, a caminho de Buenos Aires, o acaso o pôs em contato com um comerciante alemão, Antonio Martín Thym, que passaria a ser seu comparsa de aventura. A irritação de Thym contra os brasileiros terá provavelmente convencido Bauer de que poderia encontrar no seu patrício um auxiliar importante. Com efeito, quando chegaram à capital argentina, relatou-lhe o plano que desejava submeter ao presidente Rivadavia. Não falando uma palavra de espanhol, propôs a Thym dar-lhe a representação oficial da empresa e prometeu pagar-lhe 20 mil pesos e 5% das gratificações que recebesse, na hipótese de êxito da operação.

Thym revelou-se, desde logo, um aliado valioso, sobretudo pelas ligações pessoais com que já contava em Buenos Aires. Uma delas, Don José Joaquín de Mora, que conhecera na Europa, encarregou-se de redigir o projeto a ser levado ao governo argentino. A idéia inicial foi, então, ampliada com a de revolucionar o Brasil e a de erigir a província de Santa Catarina em República independente. O amigo de Thym apresentou os dois alemães ao ministro do governo, Julian S. de Agüero, que se prontificou a submeter o plano a Rivadavia. O presidente, entretanto, com grande dignidade, repeliu-o de imediato, sem qualquer hesitação, por considerá-lo desonroso para a república.

Bauer ficou desesperado, mas Thym logo o acalmou dizendo ter informação segura de que Rivadavia estava em vésperas de ser derrubado. E eram tais as ligações desse alemão em Buenos Aires que, logo depois, logrou aliciar o apoio de um religioso, o cônego Pedro Paulo Vidal, do conselho dos conspiradores, a fim de que influísse junto ao futuro governo em favor do plano.

Foi exatamente o que veio a ocorrer. Rivadavia foi forçado a renunciar em 7 de julho de 1827 e Vicente López assumiu interinamente o governo. Cinco semanas depois, Manoel Dorrego, feito governador de Buenos Aires, foi "investido de todas as faculdades nacionais, por delegação das províncias".

Mas, já durante a interinidade de Vicente López, o cônego subversivo apresentou-lhe Thym e o recomendou vivamente ao ministro da Guerra, Juan Ramon Balcarce. López, por sua vez, comprometeu-se a pedir a atenção do seu sucessor para a proposta dos alemães.

Com efeito, ao assumir o poder em 12 de agosto, Dorrego não resistiu à atração da aventura. Entusiasmou-o a perspectiva de iniciar um novo gênero de hostilidade ao Império, "levando a desordem ao seu próprio território e fazendo com a ilha de Santa Catarina algo parecido com o que os portugueses fizeram com a Banda Oriental: subtraí-la à obediência de seu governo legítimo e proclamá-la independente".

Ao longo de outubro, tiveram lugar várias entrevistas, não apenas com Dorrego, mas com outros membros do governo. José Maria Roxas, ministro da Fazenda, e Manuel Moreno, ministro do governo, manifestaram-se contrários à aliança com os mercenários. O segundo foi ao ponto de demitir-se para não pactuar com um ato "que era a justificativa da política portuguesa na Banda Oriental". Tratava-se, ademais, de um ato "contrário ao direito público moderno, e que envolvia uma tendência conquistadora, sendo assim que a República propagava idéias e princípios, mas não usurpava territórios".[1] Roxas, menos intransigente, continuou no posto, reservando-se o direito de, eventualmente, travar a execução do plano.

Para Dorrego, as alegações dos ministros eram certas na teoria, porém não na prática, pois "a guerra autorizava todos os meios agressivos". E prosseguiu argumentando que o governo, com o tratado em exame, "preocupava-se mais em trazer os alemães para a Província de Buenos Aires na qualidade de colonos do que conservar a ilha [Santa Catarina], com cuja devolução a República demonstraria, e ainda fixaria em tratados, os fundamentos do direito internacional americano".

A fim de guardar melhor o sigilo sobre as conversações que mantinha com Bauer e Thym, Dorrego teria feito "correr a voz, entre seus amigos, de que se tratava de combinar um plano para a captura do Imperador, na sua próxima viagem ao Rio Grande, para dar-lhe o gosto de entrar em Buenos Aires, se não como vencedor, pelo menos como prisioneiro".[2]

Desmembramento do Brasil: a República de Santa Catarina

Encerradas as negociações entre o governo argentino e os mercenários, foi firmado em 3 de novembro de 1827 o pacto a cujo original logrei acesso e cujas cláusulas principais eram as seguintes:

- As tropas alemãs abandonarão o serviço do Brasil para tomar o da República Argentina, em classe em que ficarão inteiramente independentes e livres, com jurisdição militar à parte e um chefe de sua escolha que os comandará e organizará da forma que melhor entender;

- Os soldos e vantagens serão os mesmos concedidos às tropas da República, podendo o chefe alemão efetuar promoções, a seu juízo exclusivo, para preenchimento de vagas até a classe de tenente-coronel. Os soldos serão devidos "a partir do dia em que as tropas alemãs se declarem contra o imperador ou se ponham em marcha" (com destino ao Sul);
- O governo argentino fornecerá aos mercenários as "provisões, munições, apetrechos e outros artigos, bem como as somas necessárias às operações militares";
- As tropas alemãs receberão ordem do governo argentino de ocupar a ilha e a província de Santa Catarina, "abolindo nelas o regime imperial e substituindo-o pela forma republicana";
- Se os catarinenses aceitarem essas condições, e se a forma imperial vier a ser abolida no Brasil, a província será reconhecida, depois de feita a paz, como "República de Santa Catarina, Estado separado e independente". Nesse caso, os alemães residentes no Brasil terão o "direito de participar legalmente com os habitantes na administração e governo da nova república";
- Se se lograr abolir a monarquia no Brasil, as tropas alemãs se retirarão, depois de cessadas as hostilidades, para a província de Buenos Aires, devendo o governo argentino fornecer os barcos necessários ao seu transporte. Nesta condição se incluem os colonos alemães estabelecidos no Brasil que estejam temerosos de ser molestados;
- Se as tropas alemãs não conseguirem estabelecer-se na Província de Santa Catarina, perceberão do governo argentino as seguintes vantagens e indenizações: (a) para cada mil indivíduos (ou proporcionalmente) que chegarem a seus portos: 300 mil pesos em ouro; (b) meia légua quadrada de terra a cada indivíduo, na forma concedida aos filhos do país;
- Os bens de brasileiros de que se apoderem as tropas alemãs serão de sua exclusiva propriedade, incluídos os navios mercantes ou de guerra que se encontrem nos portos de Santa Catarina quando ocuparem a província, exceto os pertencentes aos habitantes da mesma que acatarem o novo governo escolhido pelos alemães;
- O governo argentino reconhece o Sr. Antonio Martín Thym como encarregado de negócios do Corpo de alemães e com ele se entenderá em tudo o que diz respeito aos objetivos da expedição, e com o Sr. Bauer como diretor imediato ali e, por sua vez, agente diplomático para oferecer a paz aos habitantes de Santa Catarina.

O tratado foi feito em três exemplares, um dos quais se encontra na pasta nº 6719 do Archivo Nacional, em Buenos Aires.

Por que a fixação em Santa Catarina?

Gustavo Barroso, com aguçado sexto sentido, deteve-se sobre essa indagação, a que responde:

> Santa Catarina é um ponto nevrálgico do colosso brasileiro. Ela separa a massa central do território, da parte avançada do Extremo Sul. Os bandeirantes paulistas sentiram isso, quando fundaram o núcleo da Laguna. Dominá-la é separar o Rio Grande do resto do Brasil, amputá-lo de uma região rica e povoada, terra de soldados aguerridos. Daí o interesse do avanço da cunha missioneira, estreitando a faixa brasileira entre ela e o mar, criando um istmo ou corredor. Nos primeiros dias da República, o tratado maçônico de Quintino Bocaiúva, admiravelmente combatido por Eduardo Prado, quasi dá à Argentina o que Garcia pretendeu dos Granadeiros alemães".[3]

No livro de Eduardo Teodoro Bösche, que também participou do levante, vê-se que granadeiros alemães ainda integravam a guarnição da ilha de Santa Catarina em 1830, enquanto o 27º de Caçadores e os Lanceiros se mantinham aquartelados em Porto Alegre. Segundo seu depoimento, o caudilho argentino Manuel García ainda tentou articular-se com esses alemães, em 1833, para invadir a província catarinense e nela proclamar uma República independente.[4]

Ainda segundo Bösche, uma vez dissolvidos pelo governo imperial, os remanescentes dos antigos mercenários espalharam-se pelas fronteiras meridionais, "tornando-se salteadores de estradas e fabricantes de moeda falsa, unindo-se aos argentinos, quando a guerra esteve outra vez prestes a rebentar".[5]

A atração exercida pelos argentinos era grande, sobretudo porque tinham eles, igualmente a seu serviço, unidades de mercenários que tomaram parte ativa na guerra. Bastaria mencionar, pela notoriedade que ganharam, Brandsen, morto no combate de Ituzaingó, e os lanceiros alemães do barão Heine. Em outras palavras, os dois lados em conflito recorreram a contingentes mercenários europeus. No comando da marinha argentina, o almirante Brown; um outro Brown comandou o exército brasileiro em operações. Autores argentinos mencionam "massas de infantes alemães", além de 5 mil austríacos nas forças brasileiras, o que é pura fantasia. Do lado brasileiro, só participaram da luta o 27º de Caçadores, com 505 homens, e 68 lanceiros.[6] Do lado argentino, os efetivos foram sensivelmente mais importantes.

O desenrolar da trama argentina

No mesmo dia em que foi assinado esse documento, o almirante Brown, que comandava a marinha argentina, recebeu ordem de aprontar o barco *Convención*, comandado pelo capitão Granville, para transportar Bauer até a altura do Rio de Janeiro. Segundo as instruções, o agente alemão "deveria preparar na capital do Império a insurreição das tropas e esperar para o pronunciamento a chegada da esquadra argentina em que deviam conduzir-se aquelas". Seriam postos à sua disposição 60 mil cartuchos e 4 mil pesos em dinheiro, além de "ordem de 3 mil pesos contra o Banco Nacional, para fazer frente aos seus gastos em Buenos Aires".

Antes de partir, Bauer pediu mais dinheiro, encarecendo a necessidade de levar letras (de câmbio) sobre o Rio de Janeiro, no valor de 10 mil pesos. Ficou combinado que Thym sacaria essa quantia na base de uma suposta venda de sapatos à Comisaría de Guerra y Marina. O original desse documento, firmado pelo comissário-geral, Fabián Fernández, registra a venda fictícia por Don Antonio Martín Thym da "quantidade de sapatos [sic] equivalente a dez mil pesos em prata selada ou ouro", em 5 de novembro, isto é, dois dias depois de assinado o pacto com Dorrego.

Bauer embarcou nessa mesma noite mas, horas depois, "o barco fez quatro pés de água e fomos obrigados a voltar ao porto de Buenos Aires. Os quatro mil pesos em dinheiro foram devolvidos ao governo, até que se aprestasse a nova expedição".

O almirante Brown já não escondia sua opinião contrária ao plano e passou a tratar mal os agentes alemães. A Thym, por exemplo, que se queixava das dificuldades, teria respondido em tom áspero: "Que importam ao senhor e a Bauer os assuntos da guerra? Se o governo me houvesse consultado, nunca teria aceito semelhante projeto. As vantagens que os senhores prometem não serão conseguidas com a expedição. O que os senhores querem é fazer revolução no Brasil, e fariam melhor em não ficar intrigando."

Dorrego tentou, então, despachar o agente alemão no bergantim-galera *8 de Febrero*, único barco de guerra que se encontrava no porto. Brown opôs-se com a maior firmeza: a segurança do Rio (da Prata) dependia tanto daquele barco que, sem ele, não poderia resistir a um ataque marítimo. O governo teve de ceder, muito a contragosto, adiando a partida e ordenando que o dinheiro desembarcado continuasse na Tesouraria. "Vocês tenham paciência", disse Dorrego aos dois alemães, "a expedição se fará no momento oportuno. Há, aqui, u'a mão oculta que atravessa todos os meus planos e é preciso que eu ande com uma sonda na mão, pois sem o que estou perdido."

Dorrego atribuía os contratempos à ação sub-reptícia dos unitários, sem suspeitar de seu ministro, José Maria Roxas, que anos mais tarde admitiria, em relato escrito, que usara "decisões arbitrárias [*arbitrios*] para impedir que o plano se consumasse". A intenção de Roxas não era trair seu chefe, mas salvá-lo de um mau passo, que ameaçava frustrar os esforços pela paz e provocar a perda da amizade do governo inglês, que já havia oferecido os seus bons ofícios.

Com efeito, a escassez de recursos era tal que os 4 mil pesos desembarcados tiveram de ser remetidos a Bustos, governador de Córdoba, que lhe exigia dinheiro. "Assim livro-me de um inimigo", disse Dorrego [*me desahogo de un enemigo*], "pois nada pode ser feito sem dinheiro com esses governadores das províncias."

Bauer teve, assim, de esperar até janeiro, quando finalmente foi chamado e instruído a embarcar no *Juncal*, que sairia em "*comisión reservada*" sob o comando de César Fournier, corsário francês a serviço da República. O próprio Dorrego deu instruções ao corsário no sentido de desembarcar Bauer no ponto exato que este indicasse. A missão de Fournier consistia em receber um ou dois navios que estavam sendo adquiridos em Nova York e trazê-los às proximidades da capital brasileira. Bauer deveria ficar atento, "na altura do Rio de Janeiro, ou ao sul da entrada do Porto", aos sinais que lhe seriam feitos para indicar o local de embarque das tropas alemãs.

Bauer relutou em partir sem os recursos anteriormente fornecidos e manifestou ter fundadas suspeitas de que o ministro inglês, lorde Ponsonby, farejara o plano e o havia denunciado ao imperador do Brasil. Mas acabou embarcando, com a promessa do governo de enviar-lhe, pelos paquetes ingleses (único meio fiável de comunicação), todo o dinheiro necessário, tão pronto comunicasse a sua chegada.

A viagem foi cheia de peripécias e incidentes com Fournier, que instalou Bauer no alojamento da tripulação e deu os dois camarotes de bordo aos seus oficiais subalternos. Um ano antes, o corsário francês havia conseguido tomar por abordagem a escuna-canhoneira *Leal Paulistana*. Mas quando tentou, meses depois, assaltar o brigue brasileiro *Rio da Prata*, fundeado nas proximidades de Maldonado, sofreu tremendo revés, em que pereceram quase todos os seus duzentos homens. Recebera, por isso, de má vontade o encargo de transportar o agente alemão até as proximidades do Rio, temendo por certo um novo encontro com navios brasileiros. Os três barcos de guerra, mandados pelo almirante Brown, escoltaram-no apenas por algumas horas, regressando depois a Buenos Aires.

Na altura de Cabo Frio, Fournier avistou o bergantim-corsário *Níger*, também a serviço da Argentina, e rogou ao seu comandante, John Holstead Coe, que recebesse o passageiro e o depositasse em terra. Coe acedeu e, na noite seguinte, Bauer desembarcou num ponto deserto da costa e prosseguiu por terra até o Rio de Janeiro, onde chegou no dia 16 de fevereiro (1828). (Em 23 de maio, o *Níger* foi capturado em águas platinas pelo brigue imperial *Caboclo* e incorporado à nossa Marinha.)

Os oficiais alemães, que aguardavam Bauer com impaciência, aprovaram o tratado com Dorrego e começaram a articular o levante.

Espionagem argentina no Rio

Logo ao chegar, Bauer foi à casa de um comerciante cujo endereço era utilizado para os contatos com Buenos Aires. Aguardava-o já uma carta em que Thym se queixava de haver recebido apenas 350 pesos metálicos, mas prometia enviar somas maiores o mais cedo possível. Todavia, nos dois paquetes seguintes, nada chegou. No terceiro, vieram quinhentos pesos e, logo depois, cinqüenta onças de ouro. Nada mais chegou-lhe às mãos para financiar a insurreição contra o Império.

Diariamente, Bauer ia a determinada elevação nos arredores da cidade a fim de tentar receber os sinais convencionados dos barcos argentinos. Uma comunicação de Thym chegou a confirmar-lhe a partida de vários navios de guerra com destino ao Rio. A sensação de iminência da ação fez com que o segredo se estendesse a outros mercenários. Anotou Bauer: "Os oficiais fazendo confidências a seus ordenanças, a seus sargentos e a muitos outros soldados; de modo que, pela demora, a cada dia se observavam novos perigos."

Era essa a atmosfera reinante no começo de junho de 1828. Quase todos os alemães e muitos irlandeses estavam convencidos de que, dentro de alguns dias, embarcariam para Buenos Aires. A pregação dos oficiais contra o jugo brasileiro, que consideravam "indigno e insuportável para os alemães", gerou um estado de espírito de semi-rebelião. Foi quando irrompeu, inopinadamente, o incidente já descrito — aplicação de castigo corporal a um soldado alemão —, que precipitou o motim de 9 de junho, para grande desgosto de Bauer e dos oficiais mais prudentes. Estes fizeram tudo para retardar a rebelião até a chegada dos navios. Mas os oficiais mais jovens e impulsivos, não contendo a impaciência, insistiam que "era necessário marchar por terra porque os barcos não chegariam".

Bauer encontrava-se a duas léguas do Rio, no ponto combinado para receber os sinais da esquadra argentina, quando um mensageiro levou-lhe a notícia do irrompimento prematuro do motim. Regressou rapidamente ao encontro dos líderes alemães e decidiu com eles que a tropa iniciasse a marcha, no dia imediato, em direção a São Paulo e Santa Catarina, a fim de aproximar-se do exército argentino.

"Cuando sucedió la cosa menos esperada..."

Aprestavam-se, assim, os rebeldes para deixar os quartéis, relatou Bauer, "quando aconteceu a coisa mais inesperada, que foi ver tropas estrangeiras, a saber francesas e inglesas, desembarcarem e se intrometerem em assunto que em nada lhes interessava!"

O desembarque dos marinheiros e fuzileiros europeus constituiu, de fato, um tremendo choque para os conspiradores, que se convenceram da inutilidade de qualquer esforço. Por essa razão, os batalhões rebelados depuseram as armas pouco depois. Bauer passou um mês inteiro escondido em um pequeno quarto, sem janelas, na casa de um chapeleiro amigo, mudando depois para outro esconderijo mais confortável, onde retomou contato com os oficiais alemães.

A ineficiência da polícia e a imprevisão do governo foram tais, segundo Bauer, que mesmo depois do motim os conspiradores ainda continuaram com a possibilidade de executar o projeto, pelo menos em parte. O 28º Batalhão de Caçadores, com oitocentos praças, permaneceu virtualmente intacto na Praia Vermelha, "próxima à enseada do Rio, onde tinham apenas que embarcar se o governo de Buenos Aires nos tivesse enviado os navios prometidos, pois todas as medidas estavam tomadas para deliberar [sic] também os dois batalhões de granadeiros, que estavam em barcos desarmados, para que pudessem unir-se aos caçadores do 28º e partir com eles sem grandes obstáculos".

Por essa razão, os líderes da revolta não se deram por vencidos. Os sumários de culpa e os inquéritos feitos não haviam descoberto os verdadeiros responsáveis nem a extensão do movimento. Steinhausen recusou, com altivez, a proposta de conservar a vida mediante a confissão. Diante do pelotão de fuzilamento, teria exclamado, dirigindo-se aos seus companheiros: "Aprendei a morrer antes de atraiçoar os vossos compatriotas!"

Salvou-nos a Marinha do Brasil

Roxas, ministro de Dorrego, anotaria mais tarde, entre suas recordações, que o governo argentino se convenceu da impossibilidade de reunir uma esquadra capaz de burlar o bloqueio brasileiro e chegar ao Rio de Janeiro. Mas como se preparava uma expedição para invadir as Missões, chefiada por Rivera, a decisão foi mandar a Bauer apenas o dinheiro, com instruções de que os mercenários "marcharão por terra à província de São Paulo para a sublevar e pôr-se em contato com nossas forças do norte". E o dinheiro já não seria entregue por intermédio de Thym, conforme combinado antes. Havia, então, sérias suspeitas de que o agente alemão entrara em contato com o ministro inglês em Buenos Aires, lorde Ponsonby, para vender-lhe o segredo. Roxas anota essa circunstância e prossegue: "Naquele tempo, o governo recebeu uma proposta para pôr à sua disposição a pessoa do Imperador, que não deixava dúvidas quanto ao seu bom êxito. A sorte do Imperador e do Império estava em nossas mãos."

O exagero de Roxas é flagrante, pois, àquela altura, os generais Guido e Balcarce (este signatário do pacto com os mercenários) já se encontravam no Rio de Janeiro para os entendimentos preliminares. E ele próprio se empenhava em evitar que a relutância de Dorrego em aceitar a independência da Província Oriental pusesse a perder o esforço pela paz. Sentindo que Dorrego mal se conformava com as instruções que acabara de assinar, obcecado pelo plano de aprisionar Dom Pedro I, fez-lhe apelo candente, que registrou em seus apontamentos:

> Que a glória que lhe era apresentada era como moeda falsa, que aquilata a parte brilhante: aparecia a vileza da matéria que formava a sua alma; que a formação de uma República no Brasil era impossível pela heterogeneidade de sua população, sua falta de ilustração e de costumes e a influência do clima. Que, por conseguinte, se a história castiga justamente com eterna infâmia os autores de uma grande calamidade nacional, por ninguém era mais merecida aquela pena que por aqueles que expuseram uma parte do Novo Mundo a cair outra vez, e por alguns séculos, na barbárie; porque toda revolução no Brasil terminaria pelo triunfo dos negros, que, derramando-se depois pelo nosso território, chegariam a combinar-se com os Índios do Peru. Que não era digno de um governo abandonar o triunfo certo e glorioso para baixar ao rol dos conspiradores. Que os soberanos da Europa nunca seriam indiferentes a tal acontecimento e que só conseguiríamos dar-lhes pretextos para intervirem em nossos negócios.

Enquanto Roxas assim argumentava, lorde Ponsonby também agia. Não se sabe ao certo como terá chegado ao mediador inglês a notícia dessas maquinações, ou que noção terá tido do grau de envolvimento do governo argentino. No Archivo Nacional de Buenos Aires há um documento secreto com referência a uma proposta feita a Thym de 10 mil pesos "*por el desistimiento y la entrega de todos los papeles relativos al proyecto*". O fato é que Ponsonby passou nota ao governo argentino contrária ao projeto e prevenindo-o de que, se não o impedisse, pediria imediatamente a sua retirada.

Dorrego, afinal, concordou em recuar. Havia perdido o concurso valioso de Moreno e tinha pela frente a opinião sensata de Roxas, a resistência do almirante Brown e a firme atitude do diplomata inglês. Insistir significaria, àquela altura, "romper as negociações de paz e quebrar a amizade com a Inglaterra, potência poderosa de utilíssimo concurso". Convocou, assim, o encarregado de negócios dos mercenários, Thym, e declarou-lhe: "É preciso que faça suspender as hostilidades. No momento, não posso fazer outra coisa. A República inteira deseja a paz e necessita dela, e com ela abaterei também meus inimigos e rivais. Com o nosso plano, não há paz possível."

Thym não transmitiu essas instruções com a urgência requerida. Por essa razão é que os conspiradores, apesar de enfraquecidos pelas medidas acautelatórias adotadas pelo governo imperial, continuaram esperando pelo dinheiro e pelos barcos argentinos. Estavam, ainda, nessa postura quando chegaram ao Rio os plenipotenciários argentinos para as negociações de paz com o nosso marquês de Aracati, o que Bauer, inconformado, qualificou de "*golpe de rayo para nosotros*". Ainda assim, procurou os representantes argentinos para dissuadi-los de concertar a paz. Tentou demonstrar-lhes que o golpe ainda era possível e cobrou-lhes os 10 mil pesos de que Thym, de Buenos Aires, anunciara seriam *eles* os portadores! Em outras palavras, havia sido informado pelo seu agente de que os próprios negociadores da paz levariam o dinheiro necessário para financiar a subversão e a continuação da guerra!

A insistência de Bauer, como se verá adiante, não era totalmente descabida, nem estava seu agente Thym inteiramente desinformado. Dorrego custara, realmente, a desistir da trama urdida com os alemães. Forçado pelas circunstâncias internas e pela pressão inglesa, resolvera, a contragosto, aceitar o Projeto de Convenção Preliminar de Paz, proposto em 18 de março de 1828 pelo imperador, em que este declarava renunciar à Província Oriental, para que se tornasse Estado independente. O documento, firmado pelo marquês de Aracati e enviado a Ponsonby, fora entregue a Dorrego pelo encarregado de negócios inglês em Buenos Aires, Woodbine Parish.

A duplicidade de Dorrego parecia não ter fim. Depois de aparentemente conformado com esse texto, que fundava a paz na independência uruguaia, encorajou Rivera a invadir as Missões, partindo de solo argentino. Em 17 de junho, nomeou os generais Guido e Balcarce para firmarem a paz no Rio de Janeiro. As instruções que levaram eram precisas: independência do Uruguai e entrega das Missões.

Os entendimentos estavam já em fase final quando Dorrego se arrependeu e mandou contra-ordem. Em 26 de julho, nota urgente aos seus dois generais no Rio, no sentido de que "não consentissem na estipulação de nenhuma espécie de tratado que tivesse por objeto especial reconhecer a independência absoluta do Estado Oriental". Segundo a própria nota, três argumentos haviam ditado a mudança: (1) esperança de ainda poder sublevar as tropas estrangeiras no Brasil; (2) os avanços de Rivera nas Missões; e (3) o aumento da força naval argentina.

Guido e Balcarce responderam prontamente (18 de agosto), mostrando a pouca solidez, ou antes, o nenhum valor desses fatos novos, bem como a repulsa com que o Brasil encarava a idéia da independência temporária da Banda Oriental. Quanto aos mercenários alemães, foram taxativos:

> Os tumultos não deixaram mais vestígios que a lembrança de que um dia tiveram lugar. A desordem foi sufocada pelo concurso do povo e de tropas de potências neutras, cuja dupla cooperação, longe de ter minimamente enfraquecido, fortaleceu a autoridade deste Governo.

Informaram, ainda, que muitos irlandeses já haviam sido recambiados à Europa e alemães espalhados por outras guarnições do Império, procurando remover, de vez, qualquer veleidade que ainda subsistisse no espírito de Dorrego a esse respeito.

A meta de Dorrego voltara a ser a reanexação da Banda Oriental, sem se aperceber de que já não seria viável. Os plenipotenciários tentam chamá-lo à razão salientando que a oposição argentina à independência absoluta da província provocaria até uma "guerra doméstica" com o Uruguai.

Dorrego, finalmente, e com extrema relutância, rendeu-se à realidade e a Convenção Preliminar foi assinada em 27 de agosto, ratificada pelo Brasil três dias depois e pela Argentina em 29 de setembro.

Em 19 de novembro, Bauer já desembarcava em Buenos Aires para cobrar o que lhe era devido. Dorrego recebeu-o com afabilidade e prometeu-lhe recompensa adequada. Antes, porém, da segunda entrevista, em que as condições seriam ajustadas, ocorreu a sublevação do general Juan Lavalle, em 1º de dezembro. Dorrego teve de abandonar a capital e, no dia 13, caiu prisioneiro. O general rebelde deu-lhe apenas uma hora para preparar-se e o mandou fuzilar sumariamente.

A morte de Dorrego — qualificada de assassinato político — abriria o caminho à ditadura de Juan Manuel de Rosas, "*el caudillo campesino*", com dias sombrios para a nação argentina e nova confrontação militar com o Império brasileiro.

O último macaco se afoga...

Bauer continuou a pleitear indenizações junto ao novo governo, lembrando que a Thym, além da parcela dos 10 mil pesos, já haviam sido dadas 2 mil vacas. As suas petições e eventual acerto de contas figuram nos arquivos secretos argentinos, especialmente nos do Ministério da Fazenda, e constituem pitoresca ilustração desse lamentável episódio.

José Maria Roxas, ministro de Dorrego, continuou a acompanhar de perto os acontecimentos, que relatou em extensa carta a Rosas: o esconderijo de Bauer durante dez meses na casa de uma francesa no Rio; o sumiço da francesa, aparentemente por ação da polícia; entrega de 50 mil pesos em fundos públicos ao alemão. Para "*cerrar la boca á D. Antonio Martín Thym*" e, apesar da suspeita de que tivesse vendido o segredo, "demos-lhe uma ordem, assinada por mim, para o general D. Fructuoso Rivera, a fim de que lhe entregasse duas mil vacas brasileiras. Thym mandou a ordem com o indivíduo que as devia receber. Rivera não as quis entregar. Já era o fim da festa. O último macaco se afoga..." *Ya era el fin de fiesta. El último mono se ahoga...*

O seqüestro de Dom Pedro I

O projeto de seqüestro do imperador, ao que tudo indica, estava embutido no plano geral de subversão articulado com os alemães. Para maior garantia de sigilo, somente as autoridades diretamente envolvidas nos preparativos ou na execução do *golpe de mão* teriam sido iniciadas no segredo.

O grande pesquisador argentino Adolfo Saldías encontrou traços dessa trama e os registrou em sua alentada *Historia de la confederación argentina*. Os chefes da força alemã no Rio de Janeiro entrariam em contato com o francês César Fournier, então no comando do corsário argentino *Congreso*, que lhes daria instruções precisas, no momento de agir,

> De modo que el Emperador D. Pedro I, que acostumbraba pasearse solo por cerca del jardín botánico, fuese secuestrado por esa fuerza, elevado al corsario y trasladado a Buenos Ayres. Tudo estuvo preparado para el secuestro pero este se frustró por diferencia de algunos minutos.

Adolfo Saldías descobriu e conservou em seu arquivo particular uma interessantíssima carta de José Maria Roxas, de que destacamos o seguinte trecho:

> Dos conspiraciones había en la corte del Brasil, una contra el Imperio, otra contra la persona del Emperador. Estaba á nuestra disposición concluir con aquel, y recibir á éste en un corsario y traerlo a Buenos Ayres.

O testemunho de Roxas era extremamente valioso, pois ele se encontrava no centro dos acontecimentos, como ministro do governo, ao tempo de Dorrego. Suas revelações foram feitas poucos anos depois, em carta a Rosas, então exilado em Londres.

Os Andradas secretamente em Buenos Aires!

Foi nessa correspondência de Roxas que encontrei a primeira menção à surpreendente presença de José Bonifácio na capital argentina, em plena guerra contra o Brasil, e logo a seguir a chegada de seu irmão Antonio Carlos.

> Por outro lado, lorde Ponsonby havia deixado transparecer algo, suspeitávamos que fosse pelo comissário, o Alemão, D. Antonio Martín Thym, que Bauer deixara aqui encarregado da correspondência.
>
> Lorde Ponsonby escreveu a Dorrego uma carta muito forte sobre o assunto. Garantia que aqui estivera incógnito uma personagem brasileira chamada José Bonifácio de Andrada e Silva (o mesmo a quem deixou como tutor de seu filho, o imperador atual. Fez do ladrão guardião, pois devia saber dos antecedentes, pelo menos por lorde Ponsonby).
>
> Tudo o que Dorrego me disse a esse respeito foi que tinha vindo falar com ele uma personagem republicana de alta posição, mas com a condição de que a ninguém se revelasse o seu nome.
>
> O que soube foi da chamada, e da vinda da Europa, de D. Antonio Carlos de Andrada e Silva, irmão de Dom José Bonifácio; e de um terceiro irmão, de cujo nome não me lembro.
>
> Antonio Carlos, estando José Bonifácio como tutor do Imperador menor, declarou em um discurso pronunciado nas Câmaras que era republicano de coração, porque, de cabeça, era monarquista. Assim desculpou seu passado.

Ainda o seqüestro do Imperador

Roxas registrou, ainda, no mesmo extenso documento enviado ao ditador no exílio, a "maquinação paralela" visando ao seqüestro de Dom Pedro:

O Sr. Dorrego manejou, sozinho, outra conspiração parcial. Esta foi a de um jovem alemão da guarda seleta do Imperador, que se queixava de uma ofensa grave inferida a ele pelo Imperador.

A guarda era composta por trezentos homens, que estavam de permanência na quinta real de Bela Vista, por cima do porto.

Proponho entregar a pessoa do Imperador, amarrada, a bordo de um corsário veleiro nosso que se apresentasse à boca do porto do [Rio de] Janeiro.

Por ordem do Sr. Dorrego, saiu daqui um bergantim corsário, chamado *Níger*, a mando do capitão Coe, de infame memória; e, para não ocupar lugar, levou de lastro bombas vazias de ferro tiradas do Parque de artilharia. Tive suspeitas de que a sua comissão tinha relação com o projeto de rapto imperial, mas foram apenas suspeitas.

O *Níger*, ao sair do Rio [da Prata], foi encontrado por barcos de guerra inimigos, que por acaso o aguardavam, e foi forçado, para salvar sua gente, a abicar na costa, onde foi incendiado pelos brasileiros.

Duarte da Ponte Ribeiro, nosso ministro em Buenos Aires, um quarto de século depois, teve notícia, posto que imprecisa, de tais maquinações. Em ofício de 24 de abril de 1850, comunicava ele ao Itamaraty:

Em 1826, apresentou-se ao governo de Buenos Aires, então presidido pelo dito Rivadavia, um francês de nome Fournier recém-chegado dessa corte, oferecendo-se para vir assassinar o imperador o senhor D. Pedro I cuja morte daria a Buenos Aires uma completa vitória sobre o Brasil.

Sabendo aquele malvado que o imperador faria nessa época repetidas viagens à fazenda de Santa Cruz, muitas vezes de noite, e quase sempre só por haver poucas pessoas que corressem tanto como Sua Majestade, e tendo perfeito conhecimento do caminho, e de toda a costa ao sul da barra do Rio de Janeiro, *propôs ao referido governo vir desembarcar na Sepetiba, ocultar-se nas imediações do lugar em que sua majestade imperial costumava mudar de cavalo, e matá-lo logo à saída porque partia sem esperar por ninguém.*

Ponsonby teve realmente ciência da conspiração e mandou detalhes para Londres:

As tropas alemãs no Rio de Janeiro — uns mil homens — foram conquistadas [...] E também os irlandeses recentemente chegados, e seu agente foi a Buenos Aires, de onde regressou com Fournier. Os alemães e irlandeses serão recompensados com terras e dinheiro; supõe-se que o imperador não dispõe de tropas nacionais para mantê-lo. Há intenção de seqüestrá-lo, mas somente no caso de resistência, matá-lo.

Mais adiante, uma declaração alarmante: "Penso que o imperador está em perigo iminente."

Isso em 12 de fevereiro de 1828. Em 13 de maio do mesmo ano, isto é, quase nas vésperas do levante, comunicou ao Foreign Office:

> Segundo notícias que me chegaram do Rio, os conspiradores estão prontos a agir quando receberem o sinal daqui [Buenos Aires], e tenho informações de que Dorrego está decidido a ir adiante tão pronto saiba que o imperador não faz a paz."

Balanço

A documentação aqui alinhada não deixa dúvida quanto à articulação do levante dos mercenários no Rio de Janeiro com os dirigentes da República argentina, em luta com o Brasil. E afasta a penumbra que envolvia o motim das tropas estrangeiras.

Nesse contexto, ganha especial significação a atitude digna e altiva de estadistas argentinos, como Rivadavia e Moreno, que não hesitaram em repelir a proposta dos alemães por julgá-la incompatível com os princípios morais da República; e também se revela, em toda a sua extensão, o temperamento caudilhesco de Dorrego, que embora desejando e necessitando a paz, não sabe resistir à tentação de uma possível decisão pelas armas. Enquanto alimentou essa ilusão, nenhum obstáculo o deteve.

Onde a frustração?

Mesmo tendo chegado a tais resultados, fiquei com a sensação de haver apenas descoberto a ponta do *iceberg*. Muitas circunstâncias reclamam, ainda, melhor explicação e comprovação. Incógnitas persistem. A principal, a presença dos Andradas na capital de um inimigo em luta de morte com o Brasil. Como se não bastasse a surpresa dessa descoberta, a suspeita de que o representante dos mercenários alemães, Antonio Martín Thym, teria encontrado José Bonifácio. Como nada escapava a lorde Ponsonby, os arquivos reservados do Foreign Office devem conter algo mais sobre esse episódio.

- Teria Ponsonby alertado o nosso imperador?
- O mercenário Thym ter-lhe-ia vendido o segredo, como suspeitaram os argentinos?
- Quem teria proposto a Thym 10 mil pesos "*por el desistimiento y la entrega de todos los papeles relativos al proyecto*"?
- Thym, ao que parece, antes de tomar o bergantim francês rumo à Argentina, já teria conhecido José Bonifácio na Europa, precisamente em Bordéus, e dele adquirira informações gerais sobre o Brasil, bem como ouvira referências desfavoráveis ao imperador.
- Como reagiram os argentinos ao saber da existência de duas conspirações na corte brasileira, uma contra o Império, outra contra a pessoa do imperador?
- Qual a razão de a presença dos Andradas (rompidos com o imperador, e em exílio na Europa) precisar ser tão secreta que Dorrego não lhes revela o nome, nem mesmo a seu ministro Roxas, a quem apenas informou que fora procurado por "*un personaje republicano de alta posición: pero con la condición de que á nadie se revelaría su nombre*"?
- Por que teria sido "*muy fuerte*" a carta de Ponsonby a Dorrego, em que menciona expressamente a visita que lhe teria feito José Bonifácio?

Para eliminar qualquer dúvida sobre a identidade do "*personaje republicano de alta posición*", Roxas, poucos anos depois, em carta a Rosas, esclarece que se tratava, sim, de José Bonifácio de Andrada e Silva. E, como se quisesse afastar até mesmo a possibilidade de um homônimo, acrescentou: "o mesmo a quem [Dom Pedro I] deixou como tutor de seu filho menor, o Imperador atual".

*

Sem saber se, um dia, os percalços da carreira me permitiriam encontrar a resposta a esse enigma, inscrevi, desde a primeira edição do meu livro de estréia, o seguinte apelo:

> Que teriam ido fazer os Andradas, secretamente, na capital de um país em guerra com o Brasil? É esta uma alegação que merece a atenção dos historiadores brasileiros.[7]

Ao que eu saiba, essa pesquisa até hoje não foi feita, e guardo a frustração de não ter podido fazê-la eu.

Como a historiografia brasileira ganhou consistência nos últimos anos e seduziu vocações autênticas, quem sabe se o relato desta frustração não induzirá algum dos novos pesquisadores, dentre os que privilegiam as fontes primárias, documentais, a procurar respostas aos desafios como o que enunciei no ardor dos meus vinte anos?

A remoção para outro posto não me deu tempo para solver o mistério, nem encontrar respostas a dezenas de outras dúvidas. Mais adiante, as responsabilidades que me couberam, consecutivamente, na Secretaria Geral do Itamaraty, em Londres, nas Nações Unidas e, finalmente, em Washington, não me permitiram concluir as tarefas iniciadas sob a égide de Seu Manuel.

NOTAS

1. Mariano A. Pelliza, *Historia argentina*, vol. II, p. 62, Buenos Aires, 1910.
2. Idem, p. 63.
3. Gustavo Barroso, *História secreta do Brasil*, vol. I, p. 363, Companhia Editora Nacional, Brasiliana, 1936.
4. O livro, *Quadros alternados*, foi traduzido do alemão e editado pela *Revista do Instituto Histórico de São Paulo.*
5. Gustavo Barroso, op. cit.
6. Gustavo Barroso, op. cit. Um livro do maior interesse e tornado acessível ao leitor brasileiro, pois foi traduzido do original alemão (*Beiträge zur Geschischte zwischen Brasilien und Buenos Aires*), é *Contribuições para a história da guerra entre o Brasil e Buenos Aires.* O autor, que se oculta sob a designação de "Uma Testemunha Ocular", fez imprimir o volume em Berlim, na tipografia G. Reimer, em 1834, com 340 páginas de texto e um mapa que se estende desde Santa Catarina até o sul do rio da Prata. O barão do Rio Branco atribui a autoria ao capitão mercenário barão Carl von Leenhof. A exposição é bastante objetiva e imparcial, baseada em copiosa documentação. O general Bertholdo Klinger traduziu os principais capítulos, referentes à guerra, dando em resumo os demais e enriquecendo o trabalho com grande número de notas. Essa tradução faz parte da Biblioteca da Defesa Nacional, Papelaria Velho, Rio de Janeiro, 1938. Em 1946, a Livraria Martins Editora publicou uma edição brasileira, hoje rara, com tradução de L. Brockman e notas de Aurélio Porto. Essa edição teve reprodução fac-similar em 1975 pela Livraria Itatiaia Editora, Editora da Universidade de São Paulo.
7. Sergio Corrêa da Costa, *As quatro coroas de D. Pedro I*, Paz e Terra, 1995.

2.

O Reino da Bahia

Não posso suportar fofos barões
que trocam a virtude por dobrões.

Luiz Gama

Meu pai não posso afirmar que fosse branco, porque tais afirmações, neste país, constituem grave perigo perante a verdade, no que concerne à melindrosa presunção das cores humanas...

Luiz Gama

Não eram negros boçais os Haussás, que o tráfico lançava no Brasil. O islamismo organizou-se em seita poderosa; vieram os mestres que pregavam a conversão e ensinavam a ler no árabe os livros do Alcorão, que também de lá vinham importados.

Nina Rodrigues, Os africanos no Brasil

Ainda uma pequena frustração. As referências, no capítulo precedente, à República de Santa Catarina, com a qual a Argentina começaria o desmembramento do Brasil, me trouxeram à lembrança outro episódio relevante, também ignorado pelos nossos compêndios: o do projetado Reino da Bahia, a ser proclamado em 1835, se vitoriosa a rebelião de escravos muçulmanos, sem dúvida a mais importante ocorrida no Brasil.

Rainha Luiza

Interessei-me, também, na minha mocidade, por esse episódio e cheguei a coligir uma série de elementos no Arquivo Público da Bahia, onde se encontra copiosa documentação, inclusive papéis dos conspiradores, recados, comunicações, rezas, amuletos, suras do Alcorão, apreendidos pela polícia, escritos em árabe ou em línguas africanas. Fiquei sabendo que o plano consistia na eliminação ou expulsão dos brancos da Bahia e na instauração de um regime monárquico islâmico, com sede em Salvador. Conforme documento desse Arquivo (sob a referência B-13), depois da vitória, seria proclamada rainha "uma princesa negra reduzida à escravidão e trazida pelos traficantes de carne humana para o Brasil". Com efeito, a própria coroa chegou a ser apreendida pela polícia. Encontrava-me precisamente na pista para chegar à identidade da escolhida para o trono, quando os deveres do ofício me obrigaram a partir com urgência para o exterior.

A hipótese sobre a qual trabalhava, e que então me pareceu a mais provável, foi a de que a escolha para a sagração real havia recaído em uma africana da costa de Mina, nação nagô, de nome Luiza e ascendência nobre. Foi realmente grande a emoção quando constatei que tudo indicava tratar-se, nada mais nada menos, de Luiza Mahim, negra forra de história quase lendária, mãe do escritor e jornalista baiano Luiz Gama. Segundo a descrição do filho, em carta a seu íntimo amigo, Lúcio de Mendonça, "africana livre, insofrida e vingativa, que sempre recusou o batismo e a doutrina cristã". Com efeito, esteve envolvida na Sabinada e em insurreições de escravos, foi presa várias vezes e, "acossada pela perseguição na Bahia, bandeou-se para o Rio, onde levou sumiço".[1] Pedro Calmon chamou-a "teimosa agitadora" e, inspirado no que sobre ela ouviu, arquitetou o romance *Os malês, a insurreição das senzalas*.

[Pausa para a ficção.]

Onde entram Calmon e Luiza Princesa

Estou certo de que o leitor apreciará o parêntese que abro para evocar a breve e altamente sugestiva "Explicação" com que o saudoso baiano, então muito jovem, apresentou o seu romance (1933):

> Foi em 1835. Houve na Bahia uma insurreição de muçulmanos "malês" que ameaçou a província — a religião e a raça. Milhares de cativos tentaram, desfraldando a bandeira verde do Propheta na calada de uma noite trágica, proclamar a sua monarchia negra.

Em destaque, a mensagem final: "É a verdade que eu conto..."

> [...] "Luiza Princesa tornou-se a primeira figura do *candomblé* da rua do Godinho. Não que morasse lá. Tinha casa no Gravatá, e vendia iguarias às famílias da redondeza, que a detestavam. Os rapazes aristocratas, esses, ao contrario, não se fartavam de namorar-lhe a quitanda — e vulgarizaram a antonomazia, que se tornou conhecida de todos, de "Luiza Princesa". O mais importante é que ella era o que apparentava: princesa, não de alcunha, mas de sangue, genuinamente filha de rei. Nascera numa floresta do Congo onde dous *sobas* rivais se guerreavam ha longos annos. O pae de Luiza governava a Nação dos mais guapos guerreiros — e occupava o sertão. O inimigo, recalcado para a costa do mar, perdera os seus melhores soldados, e só se mantinha naquellas terras porque os portuguezes o ajudavam, em troco dos escravos que lhes vendia. Um dia, um exercito de brancos e negros trahidores deu nas choças sertanejas, matou os homens leaes que não se renderam, e trouxe como captivos todos os outros — entre os quaes o rei e a filha. Luiza nunca mais viu o pae. Embarcaram-n'a num brigue que fazia o trafico da Bahia, juntamente com tres centenas de desgraçados. Era tão criança, que não sabia ainda rezar a Changô, nos dias de tempestade..."

Dissidente de toda uma época, negro e escravo, não obstante ter nascido livre, a vida de Luiz Gama foi um verdadeiro romance de aventura, que ainda precisa ser escrito. Bastardo de um fidalgo de origem portuguesa, rico e perdulário, dado à prática de jogos de azar, acabou vendido pelo próprio pai, quando este "já de nada mais dispunha para lançar mão".[2]

De como esse menino de dez anos, "reduzido à condição de escravo e atirado no porão de um navio, em promiscuidade com cento e tantos outros negros cativos que se destinavam ao sul do país", logrou tornar-se uma das personalidades marcantes de seu tempo, grande orador, elemento destacado da campanha abolicionista, poeta celebrado, constitui um prodígio absolutamente singular. Sua biografia, escreveu Raul Pompéia, "é a legenda do bem e da luta". Alberto Torres vai mais longe: "um preto, que tinha o caráter e seria capaz de ter a energia de Washington. Não teve o 'meio', nem os meios; eis tudo". E Rui Barbosa perora:

> Uma das raras fortunas de minha vida é a de ter cultivado intimamente a sua amizade, em lutas que nunca esquecerei. Um coração de anjo, a harpa eólia de todos os sofrimentos da opressão, um espírito genial; uma torrente de eloqüência, de dialética e de graça; um caráter adamantino, cidadão para a Roma antiga, inaclimável no Baixo Império; personalidade de granito, aureolado de luz e povoado de abelhas do Himeto. Se devesse escrever-lhe o epitáfio, iria pedir este ao poeta da "Legenda dos séculos": *De verre pour gémir, d'airain pour résister.*

[Segunda pausa, para que entre o filho de Luiza Princesa.]

[...] "Por ser tão graciosa e ladina, a mulher do armador ficou com ella. Não houve na Bahia *mucama* mais risonha — e talvez fosse feliz na casa rica, onde cresceu. Mas ardia-lhe nas veias o sangue incandescente dos livres — e a lembrança do pae creou nella o odio profundo á gente branca. Um moço peralta prometeu-lhe a liberdade... Acceitou. Elle comprou-a e deu-lhe a alforria. Ella pagou-lhe com o seu amor — e tinha um filho. Mas o coração da mãe e da mulher não se abrandara no seu peito forte — e julgando-se instrumento de uma vontade divina, que havia de realizar-se, se entregou completamente á embriaguez do seu odio. Que importava tivesse, tamanino, a correr pela quitanda, um filho claro, em quem vivia, nos olhos rasgados, toda a nobreza do sangue paterno? Luiz não era obstaculo, antes era estimulo para a missão terrivel que se impuzera. Porventura elle tinha um nome?

Filho de escrava, com a carinha bôa também negra, qual seria o seu futuro na sociedade impiedosa que lhe recusava a instrucção, mas o marcava a ferro, que não lhe reconhecia direitos, senão deveres, que nada lhe promettia, mas tudo lhe exigia? Luiza, com a renda do seu commercio e os mimos do senhor, possuia haveres consideraveis, que empregava na propaganda revolucionaria. No fundo da quitanda guardava as armas, que pudéra recolher, e, ali, quando não se *batucava o candomblé* no terreiro do velho José, se reuniam os chefes *malês* que discutiam em arabico. Luiza "Princeza" reinava entre os conspiradores — porque nenhuma energia se comparava á sua, e não havia forte coração de homem que valesse o seu frio coração de mulher..."

Foi a leitura de um belo artigo de Wilson Martins sobre Luiz Gama (*O Globo*, 12.8.00) que me fez evocar o episódio e realinhar as minhas reminiscências. Conforme salienta o articulista, Luiz Gama, considerado também precursor involuntário da negritude, alcançou tal proeminência na vida brasileira e paulistana do século XIX que mereceu plenamente o elogio público de Rui Barbosa, em 1885, em conferência no Teatro Politeama sobre "A situação abolicionista".

Já que o parêntese foi aberto, não resisto à tentação de esticá-lo umas poucas linhas para acrescentar o inimaginável: o menino de dez anos, refugo do lote contrabandeado do Norte, acabou comprado por um fazendeiro de Lorena, São Paulo, psicopata tão desvairado que, anos mais tarde, chegaria a matar à fome alguns escravos septuagenários, encerrados em uma cela. Ao receber ordem de prisão, estourou os miolos com um tiro de garrucha.

Luiz permaneceu oito anos nas garras desse facínora. Estava empenhado, da manhã à noite, na luta para inverter o próprio destino, sobre o qual acabou por triunfar. Aprendeu a ler e a escrever com tanta facilidade que o fazendeiro, que o utilizava como pajem, encarregou-o de ensinar aos próprios filhos. Conta-se, anotou J. Romão da Silva, em seu estudo sobre as *Poesias satíricas* de Luiz Gama, que este, em dado momento, teria ousado dizer ao dono:

— O senhor comprou-me para o trabalho braçal e manual. Não está nas minhas obrigações de escravo o trabalho intelectual, que é muito mais difícil.

O escravocrata não apenas não cedeu como considerou a pretensão afrontosa: "Aí está no que deu minha permissão para que aprendesses a ler!"

— Pois bem — teria dito Gama —, nesse caso, vou levar a questão ao tribunal. O senhor bem sabe que eu não sou escravo e que nasci livre.

Verdade ou não, o fato é que, alguns meses depois, o jovem escravo desaparecia. Estava maduro para o papel relevantíssimo que o aguardava na imprensa, na campanha abolicionista, nas lides políticas de seu país.

Como conseguiu chegar até lá, prometo contar em outra ocasião. Isto é, como um garoto ardiloso logrou fazer-se cabo de esquadra da Força Pública de São Paulo, a seguir amanuense, depois ser autorizado a advogar sem diploma, enveredar pelo jornalismo irreverente e publicar, em 1859, as *Trovas burlescas de Getulino*, livrinho-bomba, "ridicularizante e afrontoso à aristocracia e aos homens do poder na época". E com que manhas chegou a fundar um jornal, o *Diabo Coxo* (outubro de 1876), digno precursor do *Pasquim*, qualificado como "pulga incômoda na camisola da gente graúda que então constituía o governo e as elites políticas e sociais de Paulicéia".

Prometo, também, não omitir a descrição de como a sociedade ultrajada reagiu contra semelhante petulância. Nem deixar de contar como o *Diabo Coxo* conseguiu se agüentar até novembro de 1865, páginas que Luiz Gama ilustrou com suas "Novidades antigas" e inúmeras outras poesias satíricas mais adiante reunidas no volume das *Trovas burlescas*. A essa altura, não haverá como não contar sua atuação em organizações secretas destinadas a facilitar a fuga de escravos, bem como o êxito que alcançou nos tribunais, ante os quais chegou a proclamar, sob o aplauso de auditórios apinhados: "Todo o escravo que mata o senhor, seja em que circunstância for, mata em legítima defesa!" Evaristo de Morais viu nesse autodidata sem traço de pergaminho "um legítimo expoente da cultura jurídica brasileira". Com efeito, em 35 anos de militância no foro, logrou arrancar aos grilhões do cativeiro cerca de quinhentos seres humanos, "homens livres nascidos como feras ou como anjos, nas fúlgidas areias da África". Não poderia, finalmente, deixar de mencionar a convivência do jovem subversivo com as grandes figuras do seu tempo, Joaquim Nabuco, Rui, Raul Pompéia, Lúcio e Salvador de Mendonça, Castro Alves, Machado de Assis, José de Alencar. O crescendo irá até a beira do túmulo, ao momento em que baixou à sepultura o corpo do "Horácio encarapinhado". Ante a multidão consternada que se despedia do antigo escravo como de um santo, Joaquim Nabuco teria dito: "Os escravocratas têm tudo: têm dinheiro; têm o governo; têm a justiça. Mas não têm, como nós, o cadáver do negro sublime!" E Raul Pompéia proclamado que o corpo do poeta, no caixão, seria comparável ao Senhor Morto.

A guerra santa, ou *jihad*

Os negros, em maioria fetichistas, chamavam *malês* (isto é, islamistas, pois *imalê* quer dizer muçulmano em iorubano) os escravos importados dos reinos maometanos da África para a Bahia e, em menor número, para o Rio de Janeiro e Pernambuco. Muitos sabiam ler e escrever nas suas línguas nativas, ou em árabe, e tinham mestres que se ocupavam da instrução e da propagação do credo junto aos demais escravos. Gustavo Barroso, um dos raros historiadores que registraram essa insurreição, lembra que possuíam até o seu clero: limanos ou imames, alumás ou marabus, a quem obedeciam cegamente e consultavam para tudo.

Os *malês*, bem como os nagôs ou iorubas, haviam tentado alguns levantes de menor vulto, entre 1807 e 1828, de que ficou registro na correspondência do governador da Bahia à corte portuguesa, depois à imperial, todos esmagados com mão de ferro. Sobretudo os nagôs, reuniam-se nas chamadas *casas de candomblé* para discutir planos de ação, circular instruções ou, mesmo, distribuir armas. Os insucessos anteriores recomendaram que fossem tomadas maiores cautelas e melhorada a articulação geral, sobretudo para permitir ações simultâneas dos diferentes grupos, o que não ocorrera até então.

Desta vez, tratar-se-ia de uma guerra santa, ou *jihad*, visando à chacina de todos os brancos e à redução dos mulatos ao papel de escravos dos vencedores. No planejamento e, mesmo, na execução do plano, foi intensa, se não dominante, a participação de homens forros e abastados, que forneceram dinheiro para a compra de armas e outras despesas. Grande atenção foi dada ao aliciamento de negros fetichistas de diferentes origens, igualmente sequiosos de liberdade. A escolha do momento mais favorável pareceu precedida de intensa coleta de informações, ou seja, inteligência, sobre os recursos de que disporia o adversário. Coincidência ou não, dias antes da insurreição, algumas unidades militares haviam sido deslocadas para o Sul, por ordem do governo imperial, para tomar parte no combate à rebelião farroupilha. "As tropas que ficaram eram pouco numerosas e armadas com péssimas espingardas, o refugo dos depósitos", anotou um estudioso, o padre Etienne Ignace Brasil.

Raízes da revolta

Nina Rodrigues (*Os africanos no Brasil*, Cia. Editora Nacional, São Paulo, 1932) assinalou que "para apreender a verdadeira significação histórica" das revoltas de escravos no Brasil, era "mister remontar às transformações político-sociais que a esse tempo se operavam no coração da África". Vinculou-as, no que teve o endosso de Alberto da Costa e Silva, à jihad de Osmã den Fodio (nascido no reino de Gobir, no norte da atual Nigéria), xeque, poeta, teólogo e pensador, que pregou um islã fervoroso e militante, purificado de todo sincretismo e destruindo de vez as religiões pagãs que com ele conviviam. Em 1812, após uma série de vitórias militares, Osmã den Fodio tornou-se califa de um grande império, o de Socotô, pois a sua guerra, sendo religiosa, sendo muçulmana, era também nacional, era também fula.

"Os poucos fulas e os muitos hauçás e iorubas (estes últimos recém-convertidos ao islamismo) aprisionados nas guerras e embarcados como escravos para o Brasil aqui prosseguiram a catequese e o sonho do califado", escreveu Alberto da Costa e Silva. Para eles, a situação no Brasil era tão intolerável quanto a do reino de Gobir: continuavam sob o jugo de infiéis. O Império do Brasil era tido por ilegítimo, uma vez que não se fundava na crença e no direito islâmico; os cativos não podiam aceitar de forma alguma sua condição, em tudo contrária à lei divina. Para o islã, só o incréu pode ser escravizado.[3]

Os circuncisos do Brasil

Padre Etienne conhecia a fundo a fé muçulmana, tal como professada pelos escravos importados da costa ocidental africana, e produziu um relato minucioso do levante de 1835, em boa hora confiado ao Instituto Histórico e Geográfico Brasileiro.

Embora objetivo na descrição dos acontecimentos e na riqueza de detalhes, o tom usado pelo sacerdote é freqüentemente depreciativo e, mesmo, insultuoso. Emprega, por exemplo, expressões como "chusmas de maometanos", "sequazes de Mafoma" (do antropônimo Maomé, por irrisão) ou "sequazes do impostor árabe". A redução, ao longo do tempo, do número de malês é por ele explicada, não apenas pelo desaparecimento progressivo dos africanos puros, "como também pela impossibilidade de uma religião rasteira e imoral manter-se num meio civilizado, como é a ínclita pátria brasileira". Por vezes, lança em riste, o padre

Etienne parte para a agressão direta: "De engenho bronco, imbuídos em necedades e pequices, os malês são inchados de insulsa soberba. São fartos de ódio contra os brancos e cristãos. Com uma ignorância crassa e demasiada, agarram-se, por contencioso fanatismo, a umas desenxabidas práticas."

Mas o que interessa na sua monografia é a soma de informações factuais sobre os hábitos, preferências, trajes, costumes, línguas, em suma, a vida doméstica e social dos "circuncisos do Brasil". No tocante, por exemplo, à escrita, o padre põe de lado o mau humor e explica, até com vivo interesse, como os malês faziam a transcrição do Alcorão, a manipulação das suras, sem omitir, sequer, o detalhe dos instrumentos usados para o *k'lem*: "de caniço comum (*arundo donax*) ou de caniço chamado *bambusia scriptoria*". Nenhuma invectiva ou traço de mofa.

[Aqui, entra o complemento da ficção esclarecida:]

> [...] Homens "malinkes" (ou malês, de Guiné) tinham uma corpulencia de gigantes e passavam por ser os mais intelligentes dentre os negros importados. Não se confundiam, e tratavam com despreso os *efens* de cara queimada (nagôs), os *igêchá* barbudos e os *urubás*, de cara cortada. Fortes, dextros, sagazes, tinham a consciencia da sua valia, e proclamavam-n'a. Os que não seguiam, fieis á tradição, o culto mahometano aprendido no paiz natal, adoravam só a duas entidades superiores — não á copia de santos, espiritos maleficos e divindades intermediarias, dos altares dos pretos minas. *Olarum-e-luá* e *Mariama*, o "creador e a mãe do mundo", eram os unicos sêres celestiaes dignos de uma oblata. Para os mais, remoiam os "malinkes" o seu soberbo — "au-su-bilai!" — que significa "t'esconjuro".
>
> Não havia sujeito dessa raça que não usasse a barbicha em ponta. E, polygamos, as mulheres que cada um podia sustentar pintavam, com a tinta azul da Costa, a palpebra inferior, e auxiliavam os esposos nas rézas collectivas dos domingos. Eram circumcisos desde os dez anos — e tinham dos mussulmanos os hábitos das abluções do ritual, que faziam sobre uma pelle de carneiro. Cantavam as orações passando nos dedos as noventa e duas contas de madeira do "tecebá" — que era um grande rosario grotesco que os não abandonava.
>
> [...] — *Sinhá* Luiza, quando nos mandará atacar os cães infieis, *sinhá* Luiza?
>
> — Logo será, compadre.
>
> [...] — Começaremos pelos trapiches, armando os negros boçaes ... Luiza é a nossa rainha ... *Alarum-e-luá* nos proteja ...
>
> [...] — Fada de onix — gracejou o chefe de policia ao ouvido do Promotor.

— Majestosa como uma dama ... Singular mulher! Não vi ainda, daquella côr, tão bello rosto.

— É a Luiza, do Capitão Mór. Chamam-n'a de "Princeza". Ali, com um suave palminho de cara, é mulher de truz. Descende de reis do Congo. Namora como uma *sinházinha* — e tanto frequenta as missas elegantes da Piedade, como os *candomblés* endemonhados da rua do Godinho. Hypocrita e petulante... O Capitão Mór gastou com ella metade da herança. Creio que tem um filho...

A rebelião muçulmana

Embora não exclusivamente, pois comecei pelo Arquivo Público da Bahia, a descrição que se segue foi em boa parte baseada nas anotações do padre Etienne. Confirma ele, por exemplo, que as reuniões conspiratórias tinham como pretexto danças e cantorias. Outras se faziam nos adros desertos das igrejas, na calada da noite. Um traje de guerra chegou a ser adotado — camisola branca e faixa vermelha — bem como uma bandeira, não identificada, provavelmente o estandarte verde do Profeta. O plano para execução do levante, embora grosseiro, estabelecia o essencial. Como a maior parte da população se concentraria no Bomfim, para os festejos de Nossa Senhora da Guia, na noite de 24 para 25 de janeiro, os *malês* imaginaram poder ocupar, sem maior resistência, o forte de São Pedro e o quartel da Mouraria. Com o armamento de que se apoderassem, espalhariam o terror na cidade e dominariam os pontos estratégicos.

Detalhe significativo foi coincidir o dia 25 com o final do Ramadã, momento especialíssimo do calendário religioso muçulmano, na verdade o mais importante. Nesse nono mês do ano islâmico, a lei de Maomé prescreve o jejum diário entre o alvorecer e o pôr-do-sol, sendo a principal celebração a *Lailat al-Quadr*, ora traduzida como Noite da Glória, ora como Noite do Poder. Na África Ocidental acredita-se que nessa noite Alá aprisiona os *djins* para livremente reordenar os negócios do mundo. (O *Quadr* constitui a sura 97 do Alcorão, curta, bela e incitadora.) Não é pois sem razão que um dos relatos da polícia registra o desaparecimento de farinha de amendoim e rapadura das feiras de Salvador, ambos produtos consumidos pelos malês ao cair da noite durante o mês do Ramadã. [4]

Antes de tudo, terá prejudicado os insurgentes o radicalismo com que delinearam o futuro Estado livre. A perspectiva de serem os mulatos reduzidos à servidão, bem como as ameaças de morte após a vitória, intimidaram alguns participantes e acabaram criando clima propício à delação. Duas libertas nagôs, Sabina e Guilhermina, no último momento, denunciaram a insurreição a um juiz de paz, que procurou imediatamente o presidente da província, Francisco de Souza Martins. Este mobilizou a polícia no sentido de reforçar as patrulhas e prender os indivíduos suspeitos. Às onze horas, o chefe de polícia mandou guardar o palácio do governo, pôs de prontidão a cavalaria e, com um piquete, foi ao Bonfim, onde estava em curso a festa de Nossa Senhora da Guia.

[...] Contrastava com esse temperamento grave o da mulata Sabina da Cruz, tagarella, beata e prazenteira.

[...] Francisco de Souza Martins leu-lhe nos olhos a importância da conferência.

— Senhor, começou, emphatico, o chefe de policia; as previsões que todos alimentavamos já são de ordem a não deixar dúvidas possiveis. Uma grande insurreição de escravos se preparou, desta vez geral, abrangendo a cidade, os arredores e talvez o reconcavo, e se destina a afogar em sangue a sociedade organizada... Esses desgraçados souberam unir-se, estender a trama dos seus odios, coser a teia do criminoso intento por toda parte, e são aos milhares de milhares. Se eu disser que elles são trinta mil, não mentirei. Escusado será acrescentar que principiarão pelos quarteis. Garroteada a força publica, a resistencia estaria sacrificada...

O presidente interrompeu: — Mas é horrivel o que o sr. tem dito, Dr. Gonçalves.

— E o Dr. Gonçalves é optimista — rosnou, da sua cadeira, o Dr. França.

[...] Em casa do velho José dos Milagres, os chefes "malês" e Luiza "Princeza" ouviram o preto novo, que lhes dava o recado dos criados do chefe de policia. Não havia duvida. O plano fôra descoberto e tinham de precipitar o assalto, antes que se vissem todos presos. Não se esperaria mais o Hilario, que fora aos engenhos, onde trabalhava a flôr da escravatura. Tudo devia estar prompto para a noite. Seria á noite, emfim, quando a cidade adormecesse...

[...] E tirou de sob o chale enfeitado d'oiro um estylete, que lampejou. — Viva Luiza... Viva a "Princeza"! aclamaram os malês. José dos Milagres, a barbicha lanzuda mais aguçada, as veias da cara entumecidas, a tremerem, a boca sem dentes escancarada num riso bestial — aplaudiu com furor. — E serás rainha, Luiza.

— Eu, rainha?

[...] Ateado o fogo, a um tempo, no reconcavo e na cidade, nenhum só homem branco sobraria da queimada, para contar a historia da colossal desforra. Seria a monarquia negra, a nova Meca do Islam transoceanico, o Estado dos escravos redimidos que mais potencia nenhuma reduziria, o sonho politico do Haiti!

Àquela altura, os negros já se agitavam na Vitória, na Baixa do Sapateiro, na ladeira do Carmo, no Pilar e no Taboão. Uma busca de negros fugidos deu por acaso com um ajuntamento de *malês* no Guadelupe. "Os negros se alvoroçaram, pensando que estavam descobertos e resistiram. Houve tiros. Espalhou-se certo alarma entre os insurgentes, que cometeram o erro de esperar a calma da madrugada para se lançarem ao assalto dos pontos visados em seu plano. Os minutos eram preciosos. O governo ganhou tempo para se precaver." [5]

> [...] Nos entrementes, o fogo se acendera no Guadelupe, ao forçar um inspector de quarteirão certa casa suspeita. Os negros, fardados á guerreira, lançavam-se a campo de terçados e garruchas brandidos, e, na desorientação do combate, como animaes ferozes escurraçados da toca que o grande ar embebedasse, iam golpeando e matando a esmo...
>
> [...] Um grupo de oito negros robustos, rojando-se de uma casa ao Gravatá pela Palma acima — tinham sahido da quitanda de Luiza Mahim — tentou romper as linhas de milicianos espalhados pela cidade e attingir a Baixa...

Padre Etienne assim retomou o seu relato:

> Ao madrugar, atiraram-se à luta com o maior denodo. Suas colunas convergiram para o centro da cidade, deslizando pela escuridão no mais completo silêncio. Vinham armados, na maioria, de chuços, espadas, parnaíbas, facalhões e pistolas. Os escravos dos ingleses traziam todos boas armas de fogo! Iam matando quem encontravam. Um grupo atacou o palácio, assassinando a sentinela. A guarda fechou o portão e meteu-lhe bala. Recuou ante o inesperado revide e lançou-se sem resultado contra o quartel dos Permanentes, em São Bento. Outro devia assaltar o forte de São Pedro. Julgando-se fraco, resolveu esperar o terceiro bando, que marchava da Vitória e estava tardando. Erro grave. O forte estava de sobreaviso e abriu fogo, repelindo-os. Correram tontos a ver se, ao menos, tomavam o quartel da Mouraria, onde só estavam doze soldados. Estes tinham cerrado os pesados portões e resistiram. Então, desceram, saqueando, depredando e chacinando as pessoas indefesas, para a Barroquinha.

Em Água de Meninos, deu-se o combate decisivo. Um esquadrão de cavalaria e quinhentos infantes, rapidamente mobilizados, atacaram de rijo os *malês*, que venderam caro as suas vidas enquanto se retiravam em direção à beira-mar. Subitamente, à sua retaguarda, tiros partidos da praia. Um escaler da fragata *Bahiana* desembarcava ali um pelotão de imperiais marinheiros. Entre dois fogos, as hostes muçulmanas foram destroçadas. "Uns galgam as ladeiras, outros se açoutam nas vielas e nos matos próximos, grande número se afoga, querendo fugir a nado".[6]

Encerrou-se, assim, o triste e doloroso episódio.

O impacto da revolta

A Revolta dos Malês sacudiu o Império. Temeu-se que viesse a ocorrer outra ainda mais ampla, a exemplo da rebelião do Haiti, onde os negros sublevados sacudiram o jugo francês e proclamaram um Império. Se a revolta foi sanguinária e feroz, "a repressão portou-se à altura da provocação, em desforra violentíssima".[7] Pela pressa que havia em punir os rebeldes, o processo foi rápido e superficial, e os interrogatórios por demais sumários, o que fez com que permanecessem obscuros muitos aspectos da rebelião.

> Os chamados "costumes africanos", que já pareciam tão próprios da Bahia, de repente afloram nos documentos da repressão como o estranho e subversivo que precisavam ser proibidos e se possível extintos. Acabar com a africanidade baiana — não se pode ver de outra forma a qualificação de "subversivo" dada a qualquer objeto da África encontrado nas casas vasculhadas pela polícia em 1835. Pois não eram só os abadás, rosários malês, papéis árabes que se tomavam como prova de rebeldia. Também nocivos à ordem social eram os instrumentos musicais, os colares, os panos-da-costa encontrados.[8]

Quatro africanos, considerados chefes, foram executados. Como toda execução pública àquela altura, o evento foi coberto de pompa.

> As vítimas, algemadas, seguiram pelas ruas de Salvador até o Campo da Pólvora, onde novas forcas haviam sido construídas em substituição às antigas, já apodrecidas e em desuso. Puxando o cortejo vinha o "porteiro" da Câmara, José Joaquim de Mendonça que, ao som dos sinos, anunciava em voz alta o decreto de sentença. Atrás dele caminhavam João Pinto Barreto, escrivão das execuções, e Caetano Vicente de Almeida, juiz municipal de direito. Ladeando os condenados seguiam duas fileiras de soldados municipais permanentemente armados.[9]

Faltou, porém, o principal, o carrasco, que desertou. A polícia ofereceu considerável recompensa (vinte a trinta mil-réis) a qualquer preso comum das cadeias baianas que se dispusesse a substituí-lo, mas em vão. O presidente da província ordenou que se procedesse ao fuzilamento, o que ocorreu. "Sem o enforcamento", comentou João José Reis, principal estudioso da rebelião, "o espetáculo de suas mortes perdeu o brilho didático previsto pelos dirigentes baianos".

As penas de açoite eram também executadas publicamente, no Campo da Pólvora ou no quartel de cavalaria em Água de Meninos. Os *Anais do Arquivo do Estado da Bahia* registram que houve momentos em que as autoridades chegaram a temer pela paz da cidade. Assim, a sentença de mil açoites do mestre malê Licutan seria executada num local "público contanto que não seja nas ruas da cidade".

Os açoites eram dados em número de cinqüenta cada dia, "por tantos dias quantos bastem para sofrer o número cominado na sentença... salvo porém o risco de vida". O sofrimento das vítimas, anotou João José Reis,

> (...) era vigiado de perto por guardas armados e cuidadosamente acompanhados por oficiais de justiça e o escrivão do tribunal, que tomava notas diárias de nomes, datas e número de chicotadas. Vez por outra os sentenciados recebiam a visita de um médico, que examinava suas condições de saúde e recomendava ou não a suspensão temporária do castigo. Os relatórios desses médicos são um testemunho chocante do estado em que ficavam os torturados.

Segue-se um exemplo:

> No dia 2 de maio de 1835 o doutor José Souza Brito Cotegipe informou ao juiz municipal do crime, Caetano Vicente de Almeida: só achei dous que estão em estado de poderem continuar no cumprimento das mesmas sentenças achando-se todos os mais impossibilitados em razão das grandes ulcerações que ainda existem abertas nas nádegas.[10]

Setecentos rebeldes foram logo deportados para a costa da África, outros pressionados a deixar o país. A Lei nº 9, de 13 de maio (que ironia!) de 1835, regulamentou a deportação dos africanos libertos vivendo na Bahia. Suspeitos ou não, deveriam deixar o país tão logo o governo negociasse um lugar na África para recebê-los. Até que as deportações extinguissem por completo a comunidade de africanos libertos da Bahia, o artigo 8º dessa lei os obrigava a um imposto especial de

10$000 anuais, o equivalente na época a três arrobas de carne-seca ou 73 litros de feijão ou 16 litros de farinha de mandioca.[11] Muitos dos mais aptos partiram com recursos próprios, forçados pela discriminação que persistia mesmo após a alforria. Outros se beneficiaram da medida governamental que comutou em banimento para a África a pena dos condenados à prisão. Os libertos não apenas eram obrigados a pagar um imposto exorbitante, não exigido dos brancos, como virtualmente impedidos de comprar bens de raiz. A polícia os vigiava como se estivessem em liberdade condicional.

Bahiano... nem de graça!

No mercado de escravos, despencou a cotação dos provenientes da Bahia. Muitos dos que chegaram à capital no patacho *Saraiva*, entre os quais o menino Luiz Gama, foram incluídos em grosso lote destinado à província de São Paulo. Faminto e roto, o filho de Luiza Mahim transpôs, a pé, a serra do Cubatão, para ser "praceado" nos melhores centros agrícolas. Mas devido à procedência da "mercadoria", foi sendo rejeitado sucessivamente por diversos compradores. Quando parecia resolvido o seu destino, por ter conquistado a simpatia de um grande fazendeiro de Campinas, Francisco Egydio de Souza Aranha, que logo o escolheu para pajem de um dos filhos, ocorreu o diálogo:

— Onde nasceste?

— Na Bahia.

— Bahiano... nem de graça! Já não foi por bom que te venderam tão pequeno...[12]

Os libertos integravam uma espécie de elite negra. Haviam aprendido um ofício e eram plenamente capazes de prover o próprio sustento. A prova está no sucesso material que esses ex-escravos vieram a ter na África, não apenas no artesanato, mas na construção e no grande comércio. Antigo embaixador na Nigéria, Alberto da Costa e Silva mencionou, em artigo recente, que os muçulmanos chegados da Bahia, do Recife se fizeram prósperos rapidamente graças à intimidade com ofícios adquiridos no Brasil. Não só praticavam abertamente a sua crença, mas construíram as mais antigas mesquitas de Lagos. A própria Mesquita Central foi iniciada por um mestre-de-obras brasileiro, João Baptista da Costa, e concluída por seu discípulo *sarô* Sanusi Aka. Quando o embaixador deixou o posto, em 1983, o imame-em-chefe da cidade, El Haji Liadi Ibrahim, era descendente, pela linha materna, de brasileiros, e disso se orgulhava.[13]

Agudás, amarôs... ou *tá-bom*

Os ex-escravos retornados do Brasil passaram a ser conhecidos, do Togo à Nigéria, como "agudás", ou "amarôs", ou ainda, em Gana, os "tá-bom". Em maioria, tinham qualidades e aptidões dignas de nota, graças às quais haviam adquirido a liberdade e a dos seus. Alguns se dedicaram ao comércio a retalho ou a grosso (importando do Brasil cachaça e tabaco em rolo e para lá mandando dendê, nozes de cola, panos e sabão da costa), enquanto outros se consagravam à construção (pelo menos três deles, Lázaro Borges da Silva, Francisco Nobre e João Batista da Costa foram, na verdade, grandes arquitetos), pedreiros, carpinteiros, marceneiros (um dos quais, Baltazar dos Reis, ficou famoso em Lagos), pintores, ourives, estofadores, alfaiates, modistas e doceiras.[14]

Foi esse sucesso que levou Gilberto Freyre a qualificá-los de pioneiros do capitalismo na África. Sua presença, disse, "marca significativo começo de burguesia capitalista africana em terras até então virgens de burguesismo e de capitalismo indígena".

Os brasileiros levavam vantagem sobre os nativos, assinala Paulo Moreira Leite.

> Eram os únicos cidadãos ocidentalizados num continente que começava a ser conquistado por Inglaterra, Bélgica, Alemanha e França. Eles acabaram recrutados, em boa quantidade, para os melhores empregos na administração colonial e para grandes casas comerciais européias. Outra diferença era a religião. Uma parcela dos que retornaram era formada por muçulmanos, mas a maioria chegou convertida ao catolicismo, e isso marcava. A identificação com essa religião era tão grande que, na língua ioruba, um mesmo termo, *agudá*, serve para designar brasileiro e católico.[15]

Após a abolição do cativeiro, aliás, nenhum governo julgava prudente a permanência de negros no país. Os Estados Unidos improvisaram um Estado, a

Libéria, para incentivar o retorno dos escravos à África. No Brasil, não se chegou a esse extremo, mas um conjunto de medidas discriminatórias teve por objetivo óbvio coagir os negros a deixarem o país. Quando o Brasil, tardiamente, decidiu encorajar a imigração européia, no fim do Império e no começo da República, o governo mobilizou recursos para financiar a volta de milhares de negros.

Ficção: Epílogo

Correu na repartição da Guerra da corte que, por fins do anno do Senhor de 1865, e vigésimo primeiro do Reinado do Sr. Dom Pedro II, um homem de bizarro aspecto, acompanhado de um funccionario civil, entrára no gabinete do ministro. Era negro, e uma barba rala ornava-lhe o queixo espêsso: mas os seus grandes olhos vivos tinham a doçura e a penetração de um sofrimento que devia ser antigo e paciente. Havia na sua fronte abaulada, extranhamente altiva, o sello nobre da intelligencia. Nas suas mãos grandes tremia o chapéo, e um visivel sentimento de humildade lhe retardava, sobre o velho tapete asiatico, o passo lento e indeciso.

Um nome circulou pelas mesas onde os amanuenses escreviam com pachôrra. Cabeças indagadoras levantaram-se dos livros e da papelada que nevava as bancas de mogno, e um longo sussurro volteou a sala ampla e contigua á do barão de Uruguayana.

— Elle?

— Garanto. Aquela cara de preto fiel, e os olhos largos, meigos...

— Mas assim, tão escuro?

— E que tem isso? Porventura um homem de côr não póde sentir e escrever lindos versos? É elle — poeta e jornalista, rabula e patrono de escravos...

Luiz Gama — recem-chegado de São Paulo — viu correr o reposteiro verde fimbriado d'oiro da camara ministerial, e achou-se diante de um homem muito magro, alto, a barba grisalha cerrada, sem bigode, de marinheiro, ligeiramente inclinado, e a quem a sobrecasaca negra abotoada até quasi á gola dava o aspecto de um velho lôbo do mar.

— Sr. Conselheiro...

Angelo Muniz da Silva Ferraz estendeu-lhe a mão descarnada. Os joelhos do jovem abolicionista se dobraram. Se o ministro não lhe impedisse, com um gesto enérgico, cahiria ajoelhado.

— Senhor, os joelhos já se me habituaram a vergar... quando é diante das almas cheias de nobreza!

— Não, rapaz. De pé. É a posição que Deus determinou para o homem, e a única que bem se ajusta ao seu alto papel neste mundo. De pé o corpo, como o espírito ... para receberes também os aplausos de um grande povo.

— A mim?

— Ao poeta dos desgraçados.

— O maior destes...

— O seu mestre — de uma liberdade que se aproxima, como a alvorada vem depois da noite enorme.

Luiz Gama como que se transfigurou. Illuminou-lhe a face um clarão de alegria intensa, a testa pareceu crescer, com o retesamento do corpo que um fremito agitara, e os seus dentes alvos riram.

— A liberdade!

— Não ha de tardar, repito. Não a verei eu, é certo. Estou doente e velho. Mais que as dôres do corpo as da alma férem, destramam, anniquilan a alma, cuja antiga robustez a idade destruiu. Não a verei com estes olhos que te vêm, meu rapaz — que a caminhada se acerca do seu fim e vae parar em breve; mas com os olhos que lá na eternidade permitte Deus, aos corações, purificados pelos padecimentos[...] A tua poesia é um clarim que estremece os horizontes. Mas não é o teu sopro que o anima; é a tua raça que o faz vibrar. Os antepassados, os martyres, cem gerações de torturados, os "malês" e os "aussas" que eu ajudei a matar na Bahia! Porque eu fui o promotor publico de 1835, o que accusou os implicados na conspiração de Luiza ...

— Luiza ...

— Luiza Mahim, ou Luiza "Princeza", a quem perdoei. Unico bem, numa occasião de tantas desgraças. Mas bemdita piedade, que me fez esquecer a furia assassina da minha palavra, condemnando os miseraveis que se tinham revoltado — criminosos... e innocentes!

— Essa mulher, Luiza,... essa mulher, senhor, era minha mãe ...

Ferraz sorriu com tristeza. Pousou no hombro do poeta a mão que a febre aquecia, e disse devagar, suavemente, num desabafo tranquillo que era como a leitura de um velho papel guardado ha muitos annos — dobrado, escondido, perdido desde o longinquo tempo da mocidade no fundo do seu coração:

— Eu sabia, e porisso não te perdi mais de vista. Fiz acompanhar os teus passos em São Paulo, desde a "republica" de estudantes onde aprendeste a lêr até o cartorio onde garatujavas as escripturas. Segui-te, longe e perto, na tua marcha para cima, áspera e heroica como um caminho rasgado entre sarças ardentes — e quando li o teu primeiro livro, inquieto, magoado, enraivecido, chorei. É que nunca mais esqueci uma scena brutal, trinta annos passados, quando eras pequenino, tão pequeno que cabias inteiro nos braços egoistas de tua mãe, e enxugavas a fronte que os máos sonhos annuviavam ao calôr amoroso do seu seio... De então para cá, esta mão que ella beijou (e mostrou-a, enrugada e vacillante) jamais concorreu para que soffresse um escravo — tão bom é o perdão, que é como os rios do sertão queimado — quando o tempo bebeu a agua que corria, nos cascalhos os diamantes brilham ...

FIM

"É a verdade que eu conto..."

Pedro Calmon

Vida real: Epílogo

Para gáudio e gozo dos brasileiros,
a Bahia continuou firmemente ancorada no Brasil.

NOTA DE RODAPÉ

Quando o jovem Pedro Calmon escreveu seu romance, em 1933, os estudos africanos em nosso país estavam na sua infância. A obra de Nina Rodrigues apenas acabava de ser lançada. João José Reis, meio século depois (1987), foi o primeiro a analisar, com metodologia correta, o levante dos malês. Não são, pois, de estranhar algumas imprecisões do romancista ao nomear, por exemplo, as etnias de alguns personagens, ou imaginar muçulmanos em casas de candomblé.

Se Alberto da Costa e Silva chegar a ler este livro, por certo notará essas fantasias, a começar pelo nascimento de Luiza Mahim numa floresta do Congo. Se fosse realmente uma princesa do Congo, dirá ele, não rezaria a Xangô nos dias de tempestade, pois os congueses não conheciam esse orixá, nem nenhum outro, uma vez que suas divindades, cosmogonias e ritos eram inteiramente distintos. Ademais, acrescentaria, se Luiza Mahim rezava a Xangô não seria muçulmana, pois é conhecida a inimizade entre os malês e o povo dos orixás, na Bahia. Por certo concluiria dizendo que nenhum islamista ou islamizado iria conspirar num candomblé.

Mas se isso vier a ocorrer, terei de retrucar que vejo em Luiza Mahim, antes de mais nada, uma subversiva nata, uma agitadora incoercível. Muçulmana, ou não, freqüentaria quantos candomblés fossem necessários para ajudar a derrubar o poder vigente. A prova? Seu envolvimento na Sabinada, sim, numa briga de branco contra branco, exclusivamente. Se não vingou o Reino da Bahia em 1835, por que se dispôs a princesa a militar no movimento de Francisco Sabino (1837-38), para desligar a província do Império e instaurar uma república, a *Baiense*?

O leitor que releve a cosmogonia de Calmon e medite sobre o que acaba de ler, para formar sua própria opinião. Opinião que acolherei com o maior agrado.

NOTAS

1. J. Romão da Silva, *Luís Gama e suas poesias satíricas*, Livraria Editora da Casa do Estudante do Brasil, Rio de Janeiro. Tudo parece indicar que o fim misterioso de Luiza Mahim se deve à execução pela polícia. Pedro Calmon, que muito se interessou, como historiador, pelo episódio, não a exclui quando se referiu à "desenganada missão revolucionária, razão afinal (se outra melhor não se conheceu) do seu desaparecimento em plena mocidade, mal lhe arrancaram dos braços a sua criança, e sem que mais ninguém soubesse, nunca mais, para onde foi".
2. J. Romão da Silva, op. cit.
3. Alberto da Costa e Silva, *O Brasil, a África e o Atlântico no século XIX*, artigo na revista *Studia*, nº 52, Lisboa, 1994.
4. *Devassa do levante de escravos ocorrido em Salvador em 1835*, in *Anais do Arquivo do Estado da Bahia*, nº 38, 1968, apud João José Reis, *Rebelião escrava no Brasil, A história do levante dos malês 1835*, Editora Brasiliense, 1987.
5. Padre Etienne Ignace Brasil, "Os malês", in *Revista do Instituto Histórico e Geográfico Brasileiro*, t. LXXII
6. Etienne Brasil, op. cit., pp. 100 e segs.
7. Sud Menucci, *O precursor do Abolicionismo no Brasil, Luiz Gama*, Brasiliana, vol. 119, Cia. Editora Nacional, São Paulo, 1938. Livro que merece ser lido pela pesquisa inteligente em torno do mistério Luiz Gama.
8. João José Reis, *Rebelião de escravos no Brasil, A história do levante dos malês 1835*, Editora Brasiliense, 1987.
9. João José Reis, op. cit.
10. João José Reis, op. cit.
11. João José Reis, op. cit.
12. Alberto de Faria, *Luiz Gama*, in Revista da Academia Brasileira de Letras, ano XVIII, nº 67, julho de 1927.
13. Alberto da Costa e Silva, op. cit.
14. Alberto da Costa e Silva, *Os brasileiros ou agudás e a ocupação colonial da África ocidental: cumplicidade, acomodação e resistência*, trabalho apresentado à III Reunião de História da África, publicado em *A África e a instalação do sistema colonial* (c. 1885-c. 1930): Actas da III Reunião Internacional de História da África, Lisboa: Instituto de Investigação Científica Tropical, 2000.
15. Paulo Moreira Leite, *A epopéia do retorno*, in Veja, 7.7.1999.

3.

Quinhentos anos de Brasil: hora de pôr em ordem as versões e os fatos

As comemorações do quinto centenário foram vivificantes e a bibliografia produzida, rica e informativa. A reação do público seguramente superou de longe a expectativa mais otimista dos editores. O público mostrou-se sedento de informação, fazendo esgotar edições sucessivas dos principais títulos. Deveríamos aproveitar o embalo, capitalizar o interesse dos leitores e incentivar o aprofundamento das pesquisas em torno do nosso primeiro século, que ainda nem sabemos ao certo quando começou. Não são muitas as pistas, mas algumas existem e deveriam ser exploradas, pois ainda há muito o que desvendar na penumbra do nascimento do Brasil.

Ao longo das últimas décadas, a historiografia brasileira deu sinais extraordinários de maturidade e espírito científico, superando a fase de improvisação e amadorismo da maioria dos nossos autores, entre os quais me incluo. Está, portanto, madura para essa tarefa, sobretudo se de mãos dadas com os pesquisadores portugueses.

Senti essa curiosidade pelo começo do Brasil nos meus vinte anos e cheguei a arregaçar as mangas. Não pude ir muito longe, por imposição do ofício. Mantive, porém, essa curiosidade, sempre insatisfeita. Neste capítulo, e nos dois seguintes, evoco minhas primeiras interrogações, algumas leituras muito antigas e outras bem recentes.

*

Não esqueçamos o quanto o Brasil relutou em estudar sua própria história. Para gerações sucessivas, o tema não passou de acessório à história sagrada, às línguas antigas e à retórica. Somente depois da Independência, nos lembra Hélio Viana, apareceu a *idéia* da preparação de uma obra que enfeixasse a história dos principais sucessos do então recente Império e de seus antecedentes, tendo em vista o seu ensino. Nenhuma das histórias do Brasil, do século XVI em diante, tinha tido esse objetivo. Só em 1837, com a criação do Imperial Colégio de Pedro II, foi dado o primeiro passo no sentido do ensino da história em geral, como cadeira autônoma.

Por essa razão, durante trezentos anos, pouco foi dito ou escrito no Brasil sobre o descobrimento. Deve-se a Dom Pedro II a incumbência ao Instituto Histórico e Geográfico Brasileiro (fundado em 1838) de pesquisar o que de fato ocorrera. A carta de Pero Vaz de Caminha, encontrada em 1773 na Torre do Tombo, só foi publicada em 1817, pelo padre Aires do Casal, devidamente expurgada dos trechos menos conformes com o decoro. A peça-chave, que foi a carta do mestre João, descobriu-a Varnhagen, também na Torre do Tombo, em 1843. Esse feito ajudou a elucidar muitos aspectos do mistério, bem analisado por ele e, a seguir, por Capistrano de Abreu. É evidente que muito contribuiu para essa penumbra que envolveu a história do descobrimento o incêndio provocado em Lisboa pelo terremoto de 1755. Os arquivos da coroa foram os mais afetados. Como a família real esteve ligada intimamente à construção naval e à expansão marítima, a perda quase total dessa documentação de Estado criou imensa lacuna, virtualmente irreparável. O pouco que sobrou foi a Relação do Piloto Anônimo, fragmentos de instruções a Cabral, a carta de capitania-mor a Pedro Álvares de Gouveia (assim assinava o nosso Cabral, nome de sua mãe) para a viagem à Índia, a carta de El-rei aos Reis Católicos, informando-os da descoberta, e poucos outros que podem ser compulsados em *Alguns documentos do Archivo Nacional da Torre do Tombo acerca das navegações e conquistas portuguesas* (Lisboa, 1892). Outros, ainda, se encontram esparsos em arquivos particulares, não se sabe bem como, a exemplo da carta de Cabral a Dom Manuel, comunicando a descoberta do Brasil, recolhida ao acervo de documentos de lorde Stuart.[1]

Que fazer diante de quadro tão desanimador? Jaime Cortesão, que dedicou vários anos ao estudo das circunstâncias do descobrimento, aponta um caminho, que ele próprio começou a percorrer, ou seja, o dos arquivos estrangeiros, públicos e particulares. A política do sigilo, que tanto omitiu e tanto suprimiu em matéria de documentação, não poderia ter sido cem por cento infalível. Algo, aqui e acolá, terá seguramente escapado. Falhas, distrações, inconfidências terão certamente ocorrido. A espionagem estrangeira em Lisboa foi ativíssima e muita informação deverá ter sido conservada nas respectivas capitais. Um exemplo. Supõe-se que a armada de Cabral tenha percorrido cerca de 2 mil milhas de costa antes de tomar o rumo do Cabo, na altura do paralelo de 40º, com o fim de se certificar que não se tratava de ilha, mas de "terra firme". Pouco depois, o embaixador de Veneza em Madri, Domenico Pisani, já informava à Senhoria: "*Judicano questa terra esser terra ferma, per ché corsono per costa 2.000 mila a più, nè mai trovarono fin.*"[2]

Assim, enquanto a carta de Caminha fala duma ilha e a Relação do Piloto Anônimo hesita entre chamar ilha ou terra firme, Pisani fala claramente de uma terra firme e de uma extensão de costas já exploradas, superior a 2 mil milhas. Pietro Pascuáligo, embaixador em Lisboa, em carta da mesma data, corrobora os informes de seu colega

Pisani, ainda que dando apenas seiscentas milhas de extensão de costa conhecida, com o que se aproxima da versão de Caminha: "*corsa la costa de ditta terra per spazio de 600 e più milia no hanno trovato fin alcuno*". Vespúcio, na sua carta de Cabo Verde (1501), referindo-se às terras de Santa Cruz, não hesita em afirmar que eram ligadas à que ele descobrira muito mais ao norte, a serviço de Castela. Felizmente que Veneza espiava, conclui Cortesão, "e os embaixadores alvissareiros noticiavam às metrópoles respectivas as façanhas, que nós outros ocultávamos tão avaramente". Explicação que encontra para o fato de Portugal não ter reivindicado, então, a descoberta da América:

> Só uma alta consciência nacional, convicta que o silêncio mais que a vanglória aproveitava, podia realizar esse heroísmo tão contrário à própria natureza humana de calar alguma das suas mais lídimas façanhas. Dom João II, no seu nacionalismo ciosíssimo, quis esconder do mundo o próprio mundo.

E para concluir: "Em troca da glória do descobrimento e nome do Novo Mundo, o nacionalismo português frutificou numa das maiores nações americanas".[3]

Não esqueçamos, também, que, na aventura dos descobrimentos, os reis de Portugal atuavam como gestores de imensa empresa mercantil. Tinham particulares como sócios, inclusive estrangeiros, que financiavam parte dos custos das expedições. O armador desfrutava, entre outros, o direito de apresentar ao rei aquele a quem desejava fosse confiada a capitania do seu navio, embora a nomeação continuasse atribuição régia. Em 1501, por exemplo, os grandes comerciantes e a coroa constituíram uma sociedade que elegeu armador-mor o florentino Bartolomeu Marchione, radicado em Portugal. A coroa armaria duas naus e forneceria a artilharia, as armas, munições e vitualhas para toda a frota; as outras partes armariam igualmente duas naus; as tripulações seriam portuguesas, e os oficiais nomeados ou confirmados pelas autoridades régias. Na frota mercantil integrada na armada de 1505, duas naus pertencem ao Estado, uma ao capitalista português Fernando de Noronha, três outras a um consórcio de alemães (Welser, Voehlin, Fugger, Höchstetter, Grossembrot, Imhof e Hirschvogel, com 36 mil cruzados), além do onipresente Bartolomeu Marchione e outros italianos, com 29.400 cruzados.[4]

Na frota de Cabral, o armador de uma das naus foi esse mesmo Marchione, certamente interessado nos menores detalhes da viagem por ele em parte custeada. Eram tais os serviços que esse rico mercador prestava à coroa que seria lícito supor estivesse, pelo menos em parte, informado do segredo. Admite-se, inclusive, que se deva a ele o recrutamento de Américo Vespúcio para o fim de revelar a Dom

Manuel os conhecimentos que adquiriu das costas sul-americanas a bordo dos navios espanhóis. Deixou uma carta, que se encontra nos Arquivos de Veneza, juntamente com outras, de italianos residentes em Lisboa, com referências à viagem de Cabral, entre as quais se destaca a de Zuan Francesco de La Feitada, escrita em Lisboa (26.6.1501), dirigida a Domenico Pisani. Nesta carta, lê-se que um dos primeiros navios da armada de Cabral que chegaram a Lisboa era "*del signor Don Alvaro, in compagnia de Bortolo fiorentino et Hieronimo et un genovese, l'altro del conte de Porta Alegre e de certi altri merchadanti assai*". Somente neste documento, comenta Cortesão, aparecem "mais ou menos individuados cinco dos parceiros da coroa nos interesses da expedição". Lembra ainda Cortesão que a carta de Américo Vespúcio, de 4 de junho de 1501, em missão de reconhecimento ao Brasil, apareceu em 1745 na Biblioteca Riccardiana, em Florença, juntamente com outra, de 18 de julho, numa coleção de manuscritos do século XVI.[5] Outros depoimentos contemporâneos existirão certamente. E se a pesquisa se fizer, repito, de mãos dadas com os portugueses, o ponto de partida óbvio será o dos relatos dos cronistas desse século, a começar por Castanheda, a quem se deve o primeiro livro impresso em Portugal sobre a viagem de Cabral e cuja narrativa se aproxima bastante da Relação do Piloto Anônimo. A seguir, os escritos de João de Barros (que conheceu o Piloto Anônimo), de Damião de Góis, de Osório, e de Gaspar Correa, sem esquecer o *Livro das armadas.*

Na Universidade de Bolonha, para citar um exemplo entre muitos, encontra-se um mapa de Gratiosius Benincasa, de 1482, no qual aparece uma caravela portuguesa velejando em direção às Antilhas. Não podia tratar-se de simples fantasia esse registro dos avanços portugueses no mar Oceano, tantos anos antes das viagens de Colombo. Igualmente eloqüente foi a concessão a Fernão Dulmo e a João Afonso do Estreito, em 24 de julho de 1486, para "*dar achada huua grande yilha ou yilhas ou terra firme per costa, que se presume seer a yilha das Sete Cidades*". A dúvida não incide sobre a existência de terras, mas sobre se constituiriam elas, ou não, a ilha das Sete Cidades. Ora, sem indícios muito precisos de terra no outro lado do mar Oceano, como poderia El-rei, em 1473, doar as Sete Cidades à infanta Dona Beatriz como parte do seu "bragal" (enxoval)? Manuel Heleno, professor de história dos descobrimentos, na Universidade de Lisboa, assinala ainda que, muito embora as caravelas fossem abastecidas e armadas para seis meses, Fernão Dulmo esperava encontrar a ilha das Sete Cidades em quarenta dias de viagem, tempo pouco mais ou menos gasto por Colombo na travessia do Atlântico.[6]

Sustentam os portugueses que a ilha do Haiti foi descoberta por Vicente Dias, de quem Colombo teria herdado o segredo, ou por alguma das expedições portuguesas que anteriormente para lá se dirigiram. Esta presunção é corroborada por Las Casas, que, além de ter sido um dos melhores amigos de Colombo, esteve nessa ilha em 1502. Conta ele que os primeiros espanhóis que lá desembarcaram ouviram dos ilhéus que *pocos años antes que llegasen habían aportado allí otros hombres blancos y barbados como ellos.* Daí, por certo, a declaração irada de Dom João II ao próprio Colombo, de volta de sua primeira viagem, que aquela conquista lhe pertencia.[7]

Quando entra Vasco da Gama

> Boa ventura! Boa ventura! Muitos rubis, muitas esmeraldas!
> Estais na terra da especiaria, da pedraria e da maior riqueza que há no mundo!
> Assim grita o Monçaide, direto ao Gama, a touca ao vento, ao entrar na capitania em Calicute.
> E quando assi ho ouvirão falar, estavão todos pasmados... e davão graças a nosso senhor chorando de prazer, e Vasco da Gama ho abraçou e ho fez assentar a par de si.
> (Castanheda, *História do descobrimento e conquista da Índia,* Livro I, cap. XV.)

Ná década de 1940, quando comecei a ler sobre as explorações marítimas precursoras da descoberta do Brasil, a proeza de Vasco da Gama me atraiu de forma irresistível. Não apenas pela audácia do navegador, mas pelo que foi encontrando no outro extremo do mundo, ao aportar com suas caravelas aos reinos míticos da Costa de Malabar. No curso da pesquisa, fui anotando os indícios de que os portugueses teriam sabido da existência do Brasil muito antes da aparatosa viagem de Cabral à frente da maior frota jamais aparelhada pelos portugueses. Imaginei, então, reunir esse material em livro, *O Brasil antes de 1500.* Entusiasmo juvenil, cheguei mesmo a idealizar um subproduto, pequeno romance (*Aventura em Calicute*) em que um rapazola, fascinado pelas histórias de marinheiros que ouvia nas estalagens de Lisboa, consegue ser engajado como grumete na frota que se aprestava para tentar o caminho das Índias.

Ansioso por saber mais, ler mais sobre o navegador, conhecer detalhes das andanças desse extraordinário aventureiro em paragens tão estranhas, pouco encontrei nas livrarias do Rio. Nossos compêndios de história do Brasil, ao tratar do descobrimento, evocam necessariamente os ciclos dos grandes navegadores, ou seja, a exploração da costa ocidental da África pelos portugueses e a descoberta do caminho das Índias por Vasco da Gama. Com maior ou menor nitidez, nosso descobrimento é descrito como um episódio do périplo africano. Sim, para chegar ao Brasil, bastou a Cabral fazer um pequeno desvio de rota. Desembarcou, tomou posse oficialmente da terra, fez rezar a primeira missa, e retomou, apressadamente, o rumo de Calicute, que era o seu destino. A descoberta de um continente como o Brasil constituía, então, um episódio bem menos importante do que o imperativo de chegar às Índias o mais rapidamente possível e assegurar o monopólio do comércio das especiarias, que se tornara meta obsessiva dos portugueses. Cabral chegou a Calicute e, com os canhões de bordo, novidade para a época, foi o primeiro a bombardear uma cidade a partir do mar. Era isso o que mais contava. A prova é que o Brasil só começou a ser ocupado trinta anos depois.

Com efeito, como desviar recursos para o Brasil quando o desafio maior, a prioridade suprema, era quebrar o monopólio árabe do comércio com a Índia, só conseguido em 1510 com a conquista de Goa? Não há, pois, o que estranhar no fato de o Brasil ter sido praticamente abandonado pelos portugueses durante as primeiras décadas. Não poderia ter sido diferente.

Eloqüente demonstração de que o Brasil, àquela altura, não passava de uma escala na carreira da Índia se encontra na carta em que o próprio Dom Manuel relata aos Reis Católicos a viagem de Cabral: mereceu não mais de quatro das 156 linhas de um texto em que o assunto básico é a Índia.[8] Aqui a breve referência:

> O dito meu capitão... chegou a uma terra que novamente descobriu a que pôs o nome de Santa Cruz, em que achou as gentes nuas como na primeira inocência, mansas e pacíficas, a qual pareceu que Nosso Senhor milagrosamente quis que se achasse porque é muito conveniente e necessária à navegação da Índia, porque ali corrigiu suas naus e tomou água, e pelo caminho grande que tinha para andar não se deteve para se informar das causas da dita terra, somente dali me enviou um navio a notificar-me como a achara, e seguiu seu caminho pela via do Cabo da Boa Esperança.

Como se vê, mesmo nessas curtas linhas, o que mais conta é ser a terra descoberta "muito conveniente e necessária à navegação da Índia". O feito de Vasco da Gama primava sobre tudo o mais, pois rasgava à Europa todo um horizonte até então insuspeitado: o acesso marítimo à Ásia.

O tom dessa carta, escrita com *nonchalance* e sem a menor pressa, tanto que só foi enviada mais de um ano após o desembarque de Cabral em Porto Seguro, contrasta vivamente com a exuberância e o tom triunfalista com que El-rei se apressara a comunicar aos soberanos de Castela a viagem de Vasco da Gama:

> ... acharam e descobriram a Índia e outros reinos... acharam grandes cidades e de grandes edifícios e ricos e de grande povoação, nas quaes se faz todo o trauto de especiaria e pedraria... trouveram logo... canela, cravo, gengibre, noz moscada e outros modos de especiaria... e muita pedraria fina de todas as sortes, a saber rubins e outros; e ainda acharam terras em que ha minas de ouro...

Antes de tudo, esta carta mostra que os Reis Católicos estavam longe de suspeitar que a região do Cabo era a própria chave do sonho das Índias. Colombo, com os olhos fixos nos preparativos para a volta ao Novo Mundo, alguns dias depois, aparentemente não terá visto motivo de alarme. Caso contrário, e se Madri tivesse obtido a mudança da bula, não restaria a Portugal senão a luta armada, para não perder o fruto de tão longos anos de persistente esforço. Tudo esteve em jogo naquele curtíssimo espaço de tempo. De todo modo, com o afastamento de Colombo, as negociações do tratado puderam se desenrolar mais descontraidamente. Dom João tinha pela frente os Reis Católicos e o papa.

Desde sua eleição, o papa Borgia se consagrara ao projeto de constituir a Igreja em Estado. Tal política impunha a submissão dos principados italianos, o que perseguiu encarniçadamente, acolitado pelo filho, César. Política que exigia recursos financeiros de vulto, que Castela dificilmente poderia fornecer.

O que mais surpreende é que o Tratado de Tordesilhas, a despeito dessas premissas, tenha sido tão nitidamente favorável a Portugal. Primeiro, a aceitação do princípio de um meridiano de demarcação; em seguida o recuo do meridiano para o Ocidente até assegurar a entrada do Brasil na metade do globo reservada a Portugal.

A hostilidade dos comerciantes muçulmanos de Calicute foi imediata. A chegada da pequena frota de Vasco da Gama ameaçou, desde logo, toda uma estrutura de interesses consagrados e práticas comerciais. Na Europa, não foi menor o impacto, notadamente na Itália. Em cidades como Veneza, Gênova, Pisa e Amalfi, proprietários de casas comerciais que importavam produtos orientais "foram levados ao desespero". Acostumados ao monopólio da revenda de sedas, especiarias e drogas, que compravam dos árabes e dos turcos, viram ruir esse privilégio ante a perspectiva de tornar-se Lisboa, como de fato ocorreu, um centro importante de distribuição desses produtos, certamente a preços muito mais baixos.

Dentre os inúmeros relatórios e cartas de comerciantes italianos, destaco duas passagens ilustrativas do impacto causado pelo Gama:

> Aproximando-se a época do recebimento de notícias de Portugal sobre a chegada das caravelas, eram elas aguardadas com muito medo e apreensão, e por este motivo não havia trocas, nem de um ducado.
>
> [As viagens dos portugueses à Índia] fizeram baixar muito os preços de todas as especiarias, assim como os de outras mercadorias complementares deste comércio, levando os comerciantes ao desespero, pois não sabiam como agir, tendo em vista que os árabes, para favorecer seu comércio, propagaram falsas notícias sobre supostas vitórias suas contra os portugueses, enquanto as notícias de Portugal mencionavam a tomada de um navio árabe carregado de especiarias e tendo a bordo vários ricos comerciantes.

Para citar um só exemplo. A pimenta, a três cruzados o quintal na Índia, chegava ao Egito a oitenta, e a muito mais em Veneza. Depois da viagem de Vasco da Gama, despencou, de imediato, a menos de trinta em Lisboa, "quanto se queira". Já se disse, aliás, embora com evidente exagero, que no descobrimento da Índia a chave de tudo foi a pimenta, estrela das especiarias. Apenas para citar uma estatística, a do movimento da feitoria de Cochin entre 1510 e 1518: de um valor total de 50.656 cruzados em compras de especiarias, só a pimenta representou 42.880, quando o total aplicado em canela, noz, cravo, maça e lacre não passou de 7.770 cruzados. Enquanto o mercado das especiarias e drogas se destinava quase sempre à classe senhorial e à burguesia mais alta, a pimenta foi a única a se aproximar, ainda que muito longe, do que hoje chamamos consumo de massa.[9]

Pardaus, tangas e pagodes
ou
Pimenta a peso de cobre

O cobre teve particular importância no pagamento das compras de pimenta. Em 1498, um quilo de cobre valia 3,57 quilos de pimenta. Essa relação só começou a melhorar (para a pimenta) em 1569, quando o quilo de cobre não comprava mais de 2,9 quilos.

Segundo V. Magalhães Godinho, maior especialista português, "em moeda de ouro, o preço da pimenta passa de 3 pagodes em começo de Quinhentos a 6,7 em começo de Seiscentos". Tendo Portugal, a meio do século XVI, abandonado a prática de pagar um quarto do preço unitário em cobre, substituído por moedas, agravaram-se as dificuldades de câmbio. Eis como esse estudioso apresenta o negócio, dobrado o meio do século:

— Preço médio do quintal posto a bordo no Malabar: 4 1/2 pardaus.
— Idem, somando as despesas de administração: 11 pardaus e 15 réis.
— Preço desembarcado em Lisboa: 19 pardaus, 3 tangas e 40 réis.
— Idem com o frete [4 cruzados]: 17 e 8/10 cruzados
— Preço de venda na Casa da Índia: 34 cruzados

"Logo", conclui o estudioso, o lucro líquido é de quase 89%; "se não contássemos as despesas extraordinárias, mas contando todas as perdas, atingiria 152%".

L'Économie de l'empire portugais aux XV et XVI siècles — L'or et le poivre — Route de Guinée et route du Cap; tese, Sorbonne, 1958.

Alarmado, o embaixador veneziano escreve para a Senhoria, em 27 de julho de 1501, isto é, logo após o regresso a Lisboa dos navios de Cabral, carregados de mercadoria: "*Hano carga ad stiva per precio* che me temo dirlo, *e dicono comprano uno canter de canela per un ducato e meno.*"

Os venezianos não tardariam a chegar a Lisboa para comprar pimenta pela metade do preço que pagavam aos árabes em Alexandria, enquanto o auge açucareiro de Portugal levava a uma política de retenção e de defesa de preços, sob Dom Manuel. Invertiam-se as posições relativas de Veneza e de Portugal.[10]

A despeito da prioridade máxima à Índia, para onde partem mais quatro naus (5 de março de 1501), outras três seguem para as Terras de Santa Cruz (10 de maio), "a continuar o descobrimento". Numa delas, viaja Américo Vespúcio, em missão que El-rei lhe confiou. Mas a euforia, a sensação de poder sobem à cabeça de Dom Manuel, que, já no ano seguinte, envia ao Mediterrâneo uma armada de trinta naus, sob o comando do conde de Tarouca, em socorro a Veneza, a pedido da Senhoria. Tal o seu delírio de glórias, chega a convocar um exército de 26 mil homens, com que contava invadir a África, sob seu comando pessoal. Somente a instâncias do seu conselho e da rainha, Dona Maria, acabou persuadido a desistir de tão insensato projeto. Antevendo a missão que Lisboa estaria destinada a desempenhar, El-rei tratou de a alargar, polir e enobrecer. Os embaixadores da Índia das maravilhas iriam afluir à capital e "Dom Manuel peja-se do seu velho burgo". Um plano de enobrecimento da cidade foi concebido a toque de caixa. Cumpria preencher os espaços vazios, derrubar todos os olivais que se encontrassem no perímetro urbano ("quer sejam de igrejas, de mosteiros, de morgados ou qualquer outro senhorio"), abrir um rossio em volta à cidade e contíguo às muralhas ("da largura de dois tiros de besta onde os animais de carga se possam acomodar, para que assim não pejem e afeeiem a cidade"), promover a construção acelerada de casas mediante isenções e privilégios, com o fim de melhorar o visual lisboeta o mais rapidamente possível. Surgiu, assim, e logo se consagrou, o estilo manuelino nas construções, de que são exemplos muito citados o Mosteiro dos Jerônimos e a Torre de Belém.[11]

Nossos historiadores foram lentos em apreciar a relevância do episódio. Se tomarmos, por exemplo, três dos nossos compêndios clássicos, isto é, os de João Ribeiro, Afrânio Peixoto e Hélio Viana, veremos que o primeiro dedicou apenas duas linhas à extraordinária descoberta ("Pouco depois, em 1497, partiu de Lisboa Vasco da Gama que, com grande glória, achou o caminho da Índia."). Afrânio consagra-lhe 11 linhas, e Hélio Viana, 12. E estas 12 linhas, em livro que considero o mais completo, contrastam com as 18 dedicadas à exploração do litoral africano e, mais ainda, com as 44 sob o título "Espanhóis no litoral brasileiro".

Sempre me intrigou essa parcimônia de juízo sobre um acontecimento de semelhante relevância, em vivo contraste com os superlativos dos maiores pensadores. Com efeito, Arnold Toynbee, ao delinear a teoria cíclica das civilizações, foi ao ponto de chamar *era gâmica* a que se inicia com o feito do Almirante dos Mares das Índias — a ligação do Oriente ao Ocidente. Mas muito antes, Adam Smith, em sua obra fundamental, *A riqueza das nações* (1776), qualificara o feito de Vasco da Gama e o de Cristóvão Colombo como "*the two greatest and most important events recorded in the history of mankind.*" Portanto, não os incluiu *entre* os maiores e, sim, os designou, explicitamente, como sendo *os dois mais importantes acontecimentos da história humana.* O historiador emérito Franz Hümerich é ainda mais taxativo: "A descoberta do caminho marítimo para a Índia foi considerada pelos contemporâneos mais importante do que a descoberta da América."

O "Oriente habitado"

O que estava em jogo com a proeza de Vasco da Gama ultrapassava de muito a descoberta do Brasil, território distante, pouco povoado, sem riquezas aparentes além do pau de "brasa", que se podia obter em outras fontes. Assegurou, durante todo um século, o monopólio português do acesso marítimo ao mundo do oceano Índico, aos Arquipélagos das Drogas.

Hieronymus Monetarius, sábio de Nüremberg, escrevendo a Dom João II, em 14 de julho de 1493, antes de conhecer a descoberta da América, faz eloqüente panegírico dos esforços de Portugal para alcançar a Ásia e conclui: "Se fizeres conhecer o Oriente habitado ao Ocidente... serás louvado como um Deus, como um Hércules".

O "Oriente habitado" era o destino mágico. Lá chegar pela via desimpedida dos mares, estabelecer entrepostos de comércio, dominar países, recolher as especiarias nas próprias fontes, não mais sujeitos à extorsão dos muçulmanos, nem aos custos exorbitantes impostos pelo transporte terrestre e pelas cadeias de intermediários. O Oriente era a atração do lucro imediato e fácil. O Brasil, um investimento custoso e de muito longo prazo.

A novela das especiarias

A alva rede que Iracema perfumara com a resina do beijoim, guardava-lhe um sono calmo e doce.

(José de Alencar, *Iracema*)

A maioria dos livros brasileiros se detém muito pouco no significado real das especiarias, sua composição, origem, usos e valor, não citando senão pouco mais de meia dúzia. Batalhas se travaram, muito sangue correu por conta desse conjunto de produtos, na quase totalidade vegetais, que faziam sonhar toda a Europa.

De modo geral, serviam de condimentos, masticatórios (**bétele, areca**), excitantes (**cubebas, pedra-bazar**) ou estupefacientes (**ópio**), perfumes e ungüentos e cores de tinturaria (**pau-brasil, açafrão, anil**). Quanto às fontes de produção, eram bem conhecidas, freqüentemente distantes umas das outras. As **maças e noz-moscada** vinham das três pequenas ilhas de Banda; **o cravo**, das cinco ilhas das Molucas; o **sândalo**, de Timor; a melhor **canela**, do Ceilão. Quanto à **pimenta**, os principais mercados eram o Malabar e, a partir do século XVI, também o Canará, seguidos de Sumatra, Sião e ilha de Sonda (Java ocidental). Os melhores rizomas do **gengibre** eram colhidos principalmente no Malabar, mas também em Bengala. Os jardins de **bétele** revestiam a fachada marítima da Índia ocidental até a zona de Calaiate, na Arábia, ao lado de bosques de **arequeiras**, que se encontravam ainda no Ceilão e à volta da Malaca. O ópio era cultivado na Anatólia, no Egito, à volta de Adem, no Guzerate e em praticamente todo o vale do Ganges. O **âmbar cinzento** provinha da costa oriental da África e das ilhas vizinhas, das Maldivas e das Nicobares, bem como da Arábia e do Ceilão. O **almíscar**, por sua vez, era encontrado nos planaltos tibetanos e na China, país maior produtor e exportador de **cânfora**, embora a de melhor qualidade fosse originária de Bornéu e de Sumatra. Só no Sião, Sumatra e Java se extraía das árvores a resina **beijoim**, ao passo que o **gato-de-algália** estava espalhado por todo o Oriente.

As **cubebas** só se encontravam na ilha de Java, ao passo que o cálculo intestinal do bode, conhecido como **pedra-bazar**, vinha do Khorassane ou de Malaca, também considerada milagrosa, usada como contraveneno, no tratamento da lepra e da sarna e, como se não bastasse, afrodisíaco. O **anil** era principalmente exportado pelo Guzerate. O **aloés** crescia no Guzerate, em Bengala e na ilha de Socotorá, enquanto o **cardamomo**, sublime zingiberácea cantada em prosa e verso por gregos e romanos, se colhia fartamente no Ceilão, no Malabar e em Java. O fruto **tamarindo**, considerado milagroso, era exportado principalmente pelo Guzerate, Malabar, Coromandel, Java e Byma. Dele se fabricavam conservas com açúcar ou, previamente secos, com sal. Diziam os antigos que, tomado em infusão xaroposa, não havia igual para domar o humor colérico. "Tomado com óleo de coco", acrescentavam, "serve de purgante; do fruto extrai-se um substituto do vinagre e o pó de suas folhas aplica-se na erisipela". E por aí vai a gama quase inesgotável de substâncias prodigiosas que culminam com o almíscar (do sânscrito *muska*, "testículo"), "cujo preço, em ouro, era o equivalente do seu próprio peso".[12]

Em torna-viagem: o açafrão, cultivado na Itália, entre Pádua e Brescia, bem como na Catalunha, foi a única especiaria que o Ocidente exportou para o Oriente, simplesmente porque o similar produzido entre Cananor e Calicute era de qualidade inferior.

A influência de Hollywood nos Descobrimentos

As idéias cosmográficas e geográficas de Ptolomeu, fundamento primeiro da cultura de Colombo, foram principalmente professadas nas universidades medievais com base no célebre *Tratado da esfera*, escrito em latim pelo matemático e astrônomo inglês John Hollywood (mais conhecido sob o nome latinizado de *Johannes Sacro Bosco*, ou *Sacrobosco*), professor na Universidade de Paris durante a primeira metade do século XIII.

Nos últimos tempos da Idade Média, segundo Jaime Cortesão, nenhum outro manual de cosmografia teve tamanha voga, e os marinheiros portugueses, ainda no final do século XV e primeira metade do seguinte, aprendiam por ele as noções elementares de astronomia, indispensáveis à ciência náutica.

Leio no extraordinário *Dicionário enciclopédico*, de Ronaldo Rogério de Freitas Mourão, que o *Tratado da esfera* (*Tractatus de sphaere mundi*), publicado em 1472, teve 25 edições antes de 1500 e mais quarenta até 1647: "Durante 300 anos foi o livro-texto preferido dos astrônomos, consultado e traduzido em quase todas as línguas". Em homenagem a John Hollywood, o nome de *Sacrobosco* foi dado a uma cratera lunar de 545 quilômetros de diâmetro, no hemisfério visível (24ºS, 17ºE). Fonte: *Dicionário enciclopédico de astronomia e astronáutica*, Nova Fronteira, 1995.

O Brasil antes de 1500

Logo de início, senti o imperativo de entender primeiro o que tinha sido a Europa ao longo do século XV, conhecer melhor as condições políticas, culturais, religiosas, científicas, econômicas e sociais vigentes, especialmente na Península Ibérica, a estrutura de poder, recursos naturais, situação da agricultura, da pesca, do artesanato, da indústria e do comércio. Esse lastro de informação me levaria ao cotidiano desses países, a começar por Portugal, e às condições que teriam propiciado a um minúsculo reino, plantado na extrema periferia do continente, a condição de primeiro Estado moderno a se valer da ciência da época para conceber e executar um vasto projeto de expansão política e econômica.

Consciente de que as invenções portuguesas revolucionaram a navegação a partir daquele século, empenhei-me em reunir o máximo de informação possível sobre nomes, circunstâncias, aportes externos, evolução de cada uma das etapas, desde o formato e dimensões das velas ao aprimoramento da balestilha, do astrolábio, do quadrante.

Em matéria de marinharia, cumpria descer ao detalhe de cada tipo de embarcação, a começar pela *galeota*, de um só mastro e 16 bancos de remeiros, pescadores ou criminosos; a seguir, a *galé*, de dois mastros e 25 a trinta bancos de remeiros, equipada com castelos à proa e popa, para permitir o lançamento de dardos, setas e material incendiário. Vieram depois as *barcas*, os *barinéis* e, finalmente, as *caravelas*, que seriam as vedetes das façanhas do infante Dom Henrique, precursoras das *naus*, de quinhentas e, mesmo, seiscentas toneladas, um prodígio para a época. A seguir, os *galeões* chegaram a alcançar o dobro dessa tonelagem e a comportar até 40 bocas de fogo. Lembro-me, ainda hoje, de que os chamados *navios redondos* eram os de comprimento não superior a três ou quatro vezes a largura, e que a capacidade das embarcações era medida em *tonéis*, isso mesmo, pelo número de barris (1,2 metro de comprimento por 0,80 metro de diâmetro) que podiam transportar.

As *caravelas* eram de origem moura, com velas latinas ou triangulares, próprias para navegar com qualquer vento e, por isso, adequadas às explorações. Com elas, foram descobertas as ilhas Madeira, Açores, Cabo Verde, São Tomé, trampolins para os grandes lances, como o contorno do continente africano por Bartolomeu Dias (1487-1488). Extrema a versatilidade que os construtores portugueses lograram dar à caravela, tirando partido do que havia de melhor no Mediterrâneo e no norte europeu. Cadamosto, navegador experiente, registra em sua crônica não haver navio melhor, nem mais veloz, elogio inusitadamente subscrito pelo próprio papa, Nicolau V, em bula de 1454. Efetivamente, a velocidade da caravela só foi superada com o advento dos *clippers*, em meados do século XIX. Já as *naus*, com velas quadradas ou redondas, eram destinadas à navegação em rotas já conhecidas. Razoavelmente manobráveis, e com muito maior capacidade de carga, podiam dar desempenho a diferentes tarefas mais eficazmente do que os modelos anteriores.[13] Navios de linha, dir-se-ia hoje. Eram mistos de guerra e transporte, com artilharia e porões para carga, podendo assim tornar efetiva a abertura da Ásia aos europeus.

A documentação técnica sobre o traçado dos navios é extremamente escassa, em decorrência de um imenso hiato na arqueologia naval. Segundo João da Gama Pimentel Barata, em obra monumental, *Estudos de arqueologia naval*, melhor se conhecem os navios egípcios, gregos e romanos do que um galeão quinhentista, simplesmente porque até hoje não houve a fortuna de se descobrirem no fundo dos mares e em locais acessíveis os restos de navios do século XVI. Duas razões principais: o número de caravelas perdidas foi relativamente pequeno; mais importante ainda, a temperatura elevada e a alta salinidade das águas ao longo da costa africana constituem o meio ideal à proliferação dos vermes "roedores", sobretudo os da espécie *Teredo navalis*, ávidos por qualquer madeira submersa. Nos textos da época, as descrições são omissas em pormenores essenciais. Ou os autores entendiam não valer a pena mencioná-los, por serem correntes, ou os ocultavam intencionalmente, em função da política do sigilo. Os desenhos, por sua vez, são sempre muito simplificados e reduzidos à quilha, roda de proa, cadaste, caverna mestra, almogamas e manco de popa.[14]

"Dois amantes na prateleira"
ou
"Melhor içar o ferro pelo anete"

Padeci muito para decifrar os livros de marinharia, a começar pelo *Livro náutico* (c. 1550) e pelo *Livro de traças*. Para entender o porquê de determinadas manobras, não bastava recorrer a um bom glossário de termos náuticos, pois a explicação era freqüentemente cabalística, como por exemplo: "Nos navios deste século o gato faz parte do aparelho do lambateiro e do aparelho do turco, este para içar o ferro pelo anete."

Para a manobra das âncoras, há um aparelho, que imaginei simples, mas não era bem o caso: "O 'aparelho' é composto de uma candelissa, em cuja polé superior arreiga um amante [sic] que vai gurnir no moitão alceado na pernada de uma coroa do mastro." Como o equipamento era também usado pelos castelhanos, achei que o glossário em espanhol talvez fosse mais claro. Era pior, pois os "amantes" aparecem amarrados numa prateleira: "... *estara ella* [polé] *y los amantes amarrados en un palo que llaman estante, que se asienta en el costado sobre las dichas messas de guarnición*...".

Não insisti e procurei o verbete "palanco": "Termo que designa o aparelho dos brióis, além de corresponder ao atual estingue."

O verbete "*anque*" me esclareceu que "é o mesmo que chanques; a troça e seus acessórios; Estanislau de Barros usa a grafia 'anches' e define-os como sendo as polés dos enxertários, e dá como termo moderno correspondente 'lebres e caçoilos'". Saí, então, à caça do *enxertário* e encontrei a definição clássica de Marcos de Aguilar: "As verguas se cozem aos mastros com huns cabos q. chamão barçios, e são dous, hum de cada banda, ou dous os quaes se infião por umas bolas a q. dizem cossouros, entreçalhadas por uns pàos compridos q. dizem lebres. E por fora singem estas cousas dous cabos singèllos, ou surdos, a q. chamão bastardos. E tudo isso junto assim cõmo parece se diz enxertário e he o q. abaixo mostro..." (segue-se um desenho do enxertário).

Dom Henrique, que seria chamado O Navegador, muito pouco navegou, tal como o nosso Cabral. Não fez mais do que duas curtas travessias ao Marrocos. Impôs-se, não obstante, como o maestro iluminado da vasta orquestração de recursos, sob a égide da divisa que escolheu — *Talent de bien faire*. Desde o recrutamento de talentos, onde estivessem, como foi o caso de Jácomo de Maiorca, cartógrafo catalão de renome e construtor de instrumentos náuticos, até navegadores como o veneziano Cadamosto, e vários outros. Por isso, as invenções portuguesas, em sua maioria, consistiram em aperfeiçoamentos ou adaptações práticas de instrumentos já conhecidos, como o astrolábio árabe, tornado não apenas portátil, mas especificamente ajustado à tarefa de avaliar a posição do navio em relação ao Sol. Melhoramentos desse tipo tornaram as bússolas muito mais confiáveis, o que passou a permitir o uso de tabelas e cálculos matemáticos para orientar a rota.

Cada etapa foi duramente vencida. Em 1456, na região de Cabo Verde, Cadamosto observa quanto a Estrela Polar havia baixado em direção ao horizonte; em 1462, Diogo Gomes mediu a altura polar com ajuda do quadrante; a travessia do equador foi a vitória de 1471; dez anos depois, Diogo de Azambuja começa a usar o astrolábio em suas andanças ao longo da costa africana; em 1484-5, José Vizinho, astrônomo e médico da corte, determina as latitudes da Guiné pela altura do Sol.

A colaboração estreita entre o astrólogo e o navegador conduziria à cristalização da obra-mãe que foi o *Regimento do astrolábio*, em data imprecisa, porém anterior a 1485, pois dele se serviu José Vizinho. Esta síntese foi das que conservei das primeiras leituras sobre o tema, formulada por Joaquim Bensaúde em sua *Histoire de la science nautique portugaise*, editada em Genebra, 1917, hoje raridade bibliográfica. "Foi o ponto de partida da ciência náutica portuguesa", sentenciou, a qual, por sua vez, "foi o ponto de partida da ciência náutica moderna na Europa". Duarte Pacheco, que tudo indica ter chegado ao Brasil quatro anos antes de Cabral, expõe com extrema clareza, no seu *Esmeraldo*, o cálculo das latitudes pelo Sol, o estudo das marés e a relação das latitudes de cada região descoberta.

A construção naval constituiu outro ponto culminante do esforço português. Àquela altura, a passagem da navegação costeira para a transoceânica exigia virtualmente um salto quântico. A *marinharia*, que tanto se expandiu ao tempo de Dom Henrique, alcançou o estágio de *arte de navegar* em meados do século XVI. E só no começo do século XIX mereceu consagração acadêmica, com o *status* de *ciência náutica*, de mãos dadas com a *arquitetura naval*.

Divertidos me pareceram os nomes de alguns dos navegadores, começando a série por Fuas Roupinho, que bateu os mouros no cabo Espichel, e culminando em Nuno Fernandes Cogominhas, que foi, historicamente, o primeiro almirante português, não obstante. Seleção pícara, perdoável nos meus vinte anos, citei esses dois heróis da marinha lusa já no primeiro capítulo de *Aventura em Calicute*.

Quando entram um espião, um sapateiro e um rabino

Para alcançar a meta ambiciosa da exclusividade do acesso à rota do Cabo da Boa Esperança, que Lisboa concluíra ser o mais viável para alcançar a Índia, toda uma operação foi cuidadosamente montada. Primeiro, o envio de um espião, o escudeiro Pero da Covilhã, em missão de reconhecimento detalhado dos principais portos do oceano Índico, no que consumiu cerca de quatro anos (1488-1491). Cabia-lhe reunir o máximo de inteligência ao longo das rotas terrestres ao Oriente, as condições gerais da região, tanto geográficas como políticas e comerciais, atentando particularmente para as cidades de Cananor, Calicute e Goa, na costa oriental da Índia, Ormuz, no Golfo Pérsico, e finalmente a costa oriental da África compreendida entre Zeila (no golfo de Adem) e Sofala (Moçambique). Covilhã, que dominava perfeitamente o árabe, passou pelo menos dois anos espionando atentamente o tráfego no oceano Índico antes de se deslocar para o litoral africano.

Antes do fim de 1491, um encontro secreto foi programado no Cairo, no curso do qual o espião passaria a emissários do soberano português suas principais informações, ansiosamente esperadas. Para esta delicada missão foram escolhidos o sapateiro José, natural de Lamego, e o rabino Abraão, natural de Beja. Jorge Couto, um dos mais eminentes historiadores portugueses contemporâneos, relata o momentoso encontro do espião com os dois delegados do soberano, cujos misteres nem de longe poderiam fazê-los suspeitos de envolvimento em aventuras de capa e espada.

> No pormenorizado relatório que elaborou, o servidor régio [escudeiro Covilhã] salientava o papel fulcral de Calicute como grande pólo comercial do Malabar (Índia), onde se vendia a pimenta, a canela e o cravo; descrevia as cidades asiáticas e africanas que tinha reconhecido e informava que os navios portugueses que sulcavam o Atlântico poderiam dirigir-se para o Índico, atingir Sofala, na costa oriental africana, ou uma grande ilha que os árabes chamavam da Lua (Madagascar) e, a partir daí, rumar para as mais importantes cidades da Índia.[15]

Com base nessa inteligência, foi devidamente programada a façanha de Vasco da Gama.

O sapateiro que foi além das botas

José, natural de Lamego, profissão sapateiro, havia feito uma viagem à Babilônia, onde ouviu muito falar da cidade de Ormuz (em pequena ilha no estreito do mesmo nome, que liga o Golfo Pérsico ao de Omã). De volta a Lisboa, foi ver Dom João, que se interessou particularmente por esse detalhe (pouco mais adiante, Ormuz se tornaria possessão portuguesa).

Enviado pelo rei, juntamente com o rabino Abraão, ao encontro de Pedro da Covilhã no Cairo, deste recebeu o encargo de informar o soberano de que havia bastante canela e pimenta em Calicute, e que o cravo lá se encontrava em igual abundância, porém provinha de outras cidades. Escusado dizer que essa inteligência deveria ser transmitida a Dom João o mais cedo possível, o que efetivamente ocorreu.

Ainda o espião, ou o reino de Preste João

Durante a Idade Média, acreditava-se na existência de um legendário rei-sacerdote cristão, Preste (de presbítero) João, fundador da dinastia com o seu nome, senhor de imenso território situado na Ásia central ou na África. Marco Polo e outros viajantes, notadamente John Mandeville, mencionam especificamente esse imperador-padre. Shakespeare, em *Much Ado About Nothing* (*Muito barulho por nada*) mostrou que nutria sérias dúvidas:

Will your grace command me any service to the world's end?
I will on the slightest errand now to the Antipodes
that you can devise to send me on;
I will fetch a toothpicker now from the furthest inch of Asia;
bring you the length of Prester John's foot;
fetch you a hair off the great Cham's beard;
do you any embassage to the Pygmies,
rather than hold three words' conference with this harpy.

Os serviços de inteligência de Dom João II concluíram que o mítico reino só poderia ser a Abissínia. Se confirmado, a dinastia do Preste João seria a do próprio negus. Cumpria estabelecer com ele um primeiro contato, preparatório de eventual aliança contra os infiéis. Ninguém mais confiável para isso do que Pero da Covilhã, cuja missão secreta ao Oriente, preparatória da viagem de Vasco da Gama, chegara a seu termo.

No mesmo encontro sigiloso do Cairo, em que o fiel escudeiro fez seu relato da missão ao Oriente aos dois emissários d'El-rei [o rabino Abrahão, de Beja, e o sapateiro José, de Lamego), deles recebeu as novas instruções, bem como as respectivas cartas credenciais.

Covilhã se pôs em marcha e, após inúmeras peripécias, conseguiu chegar à capital da Abissínia (somente acessível em lombo de camelo) cerca de dois anos depois (1493). Foi muito bem recebido pelo negus, ou melhor, pela então regente, rainha Eleni, que lhe fez inúmeras perguntas sobre Portugal e passou logo a conversar sobre possível assistência militar contra incursões muçulmanas. Covilhã, para melhor se informar sobre as práticas da Igreja local, que logo viu ser filiada à de Alexandria, do ponto de vista teológico, passou a assistir a todas as cerimônias, a acompanhar procissões, missas, comunhões, o que foi muito apreciado. Com efeito, os abissínios se afeiçoaram tanto a Covilhã que o detiveram para o resto de sua vida.

Mas se o escudeiro nunca mais voltou a Portugal para dizer ao rei o que vira e ouvira, as notícias que deu à rainha Eleni influenciaram-na profundamente e a convenceram de que os portugueses eram os aliados naturais da Etiópia, pois, se ocupassem as costas africanas do mar Vermelho e do golfo de Adem, cortariam o acesso dos islamitas do Adal a seus correligionários da outra costa e os obrigariam a combater em duas frentes. Esta convicção, assinala o nosso maior africanista, Alberto da Costa e Silva, ter-se-ia reforçado com o bombardeio de Mogadixo por Vasco da Gama em 1499, com a ocupação da ilha de Socotorá, em 1507, com a fugaz tomada de Zeila, em 1517, e com o saque de Berbera, em 1518. Mas a vontade da rainha regente já estava conquistada antes dos dois últimos feitos, pois enviou, em 1509, uma missão a Dom Manuel I, chefiada por um armênio de nome Mateus.[16]

Em 1515, isto é, 22 anos após a chegada de Covilhã, desembarcou na Etiópia o primeiro embaixador de Portugal, Rodrigo de Lima. Lá estava a esperá-lo o fiel agente secreto (já septuagenário!), que lhe fez relato minucioso das condições gerais do país. Tal como ocorrera com Covilhã, o negus tentou deter indefinidamente o embaixador e sua comitiva, talvez pelo receio de que se divulgasse no mundo exterior o que se passava em seus domínios. Somente após seis anos de paciência e de esforço de persuasão, o diplomata obteve autorização de partir. Ainda teve sorte. Seu colega Tomé Pires, enviado à China, foi recolhido à prisão, onde permaneceu até morrer, sem ter sido sequer recebido pelo imperador. Com o tempo, a profissão foi ficando menos perigosa.

Rodrigo de Lima levara, em seu séquito, um padre, Francisco Álvares (em linguagem de hoje, "adido eclesiástico"), com a missão específica de fazer o registro da vida religiosa, cerimônias, mosteiros e igrejas, a observância das práticas cristãs. O Preste João reinante, Debna Dengal, foi extremamente cooperativo, e o relato preparado por Álvares é tão minucioso que desce a detalhes como o do jejum observado em preparação da Páscoa ("alguns monges e freiras costumavam passar as noites deitados em água fria".) Escusado dizer que, no regresso a Lisboa, padre Álvares foi direto a Roma contar ao pontífice, em primeira mão, a descoberta do estranho reino cristão.

Graças às longas conversas que teve com Pero da Covilhã, o "adido eclesiástico" reconstituiu as peripécias por que passou o diligente espião desde sua partida de

Santarém, em 7 de maio de 1487, após longa entrevista com o rei "na presença do futuro Dom Manuel, então duque", ocasião em que recebeu instruções orais do monarca, "400 ducados para as despesas e um mapa de navegação". Esse relatório foi publicado em Lisboa, 1540: *Ho Presto Joam. Verdadera informacam das terras do Preste Joam*. Sobre o espião luso, é dito: "todas as coisas que o mandavam soube, e de todas deu conta". Cabe assinalar que foi este o primeiro livro europeu sobre a Etiópia.

A quem tiver curiosidade pelo dia-a-dia de um agente secreto português no século XV, aconselho a leitura desse livro. Dele foi feita uma tradução anônima para o inglês, em 1625, *The Voyage of Sir Francis Alvarez... made unto the Court of Presto Iani*. Ante o interesse que suscitou na Hakluyt Society, de Londres, o próprio lorde Stanley of Alderley o traduziu em 1881, sob o título *Narrative of the Portuguese Embassy to Abyssinia*. Em 1947, Charles David Lee reuniu as passagens mais relevantes desse e de outros livros sobre o assunto, sob o título *Portuguese Voyages, 1498-1663* (J. M. Dent & Sons, Londres, 1947), hoje acessível em qualquer boa biblioteca.

Apenas para singularizar uma vinheta pitoresca, destaco que Pero da Covilhã ficara tão condicionado ao culto do sigilo que contou ao padre Álvares que nunca se animara a confessar-se porque os sacerdotes locais não respeitavam o segredo da confissão. Por isso, ao longo dos 22 anos que já completara na Etiópia, se limitara a "ir à igreja e lá confessar seus pecados diretamente a Deus..."

O mistério Preste João

As referências que encontramos nos livros de história sobre o mítico Reino, além de escassas, são por demais vagas e difusas. A começar pela localização da Etiópia, a respeito da qual reinou sempre grande imprecisão. Os geógrafos gregos e romanos haviam estendido essa designação a todo o território ao sul do Egito. Ao longo da Idade Média, a Etiópia se encontra geralmente associada à Índia, considerando-se o Nilo — um dos quatro rios da Bíblia que nasciam no Paraíso Terrestre — a separação entre a África e a Ásia. Em virtude dessa confusão, surgiu a idéia de uma Etiópia que se estenderia do Atlântico pelo interior da África, até a contracosta, dividida em *Etiópia Ocidental*, ocupada por etíopes hespéridas, semi-selvagens e desprovidos das riquezas que desfrutavam os habitantes da *Etiópia Oriental*, vizinha do Índico. A confusão deveria ter desaparecido com a divulgação da *Geografia*, de Ptolomeu, na segunda metade do século XV, em que apenas o sul da África era designado como Etiópia. Mas o mundo desconhecido excitava por demais a imaginação dos homens da Idade Média e os mitos e as fábulas tendiam a falar mais alto que a realidade.

Quando os europeus, em contato com o Oriente, não encontraram traço algum do lendário reino, as atenções se voltaram para a Etiópia, terra de "índios cristãos", de que começavam a chegar à Europa as primeiras informações, apesar da cortina de ferro do Islã. O mítico Preste João foi, assim, identificado com o negus da Abissínia.

Com efeito, os abexins, descendentes parcialmente semitizados de autóctones instalados nas duas costas do Mar Vermelho, tinham criado, nas montanhas do Tigre, ao norte da Etiópia atual, o reino de Axum e haviam se convertido, no princípio do século IV, ao cristianismo.

A existência de um reino cristão na retaguarda do Islã fez com que as repúblicas italianas, Aragão e Portugal procurassem obter aliança com o imperador abexim.

Como vimos, o espião português, Pero da Covilhã, chegou à Abissínia com esse propósito, sem suspeitar que lá passaria o resto de seus dias.

Que aconteceu depois? Tendo os turcos conquistado o Egito em 1515, a Abissínia foi invadida pelas tropas do sultão de Adal, mas conseguiu repelir os árabes, desta vez já com a ajuda dos portugueses, em 1542.

Nos nossos dias, 40% da população é cristã, 45%, muçulmana. Entre os restantes, um resíduo de falachas, seita judaica que se acredita remonte a Menelik, filho do rei Salomão. Mais de 15 mil desses judeus negróides foram "airlifted" da Etiópia para Israel entre 1948 e 1990. Quase todos os restantes 14 mil foram evacuados pelo governo de Israel em maio de 1991.

Vasco da Gama e o Brasil

Sabemos todos que Vasco da Gama quase descobriu o Brasil em 1497. Ao afastar-se do litoral para realizar a grande curva que o livraria das correntes contrárias do golfo da Guiné, isto é, a celebrada "volta do mar", descrita em prosa e verso no ano do nosso quinto centenário, aproximou-se muito da costa brasileira, e anotou devidamente os inúmeros sinais de terra próxima. A "volta do mar" constituiu um dos segredos mais bem guardados de Portugal, a maneira de domesticar o Mar Tenebroso e, mesmo, apaziguar o Cabo das Tormentas. Ensinou, além do caminho das Índias, o caminho do Brasil. Rota que passou a ser seguida à risca nos séculos seguintes pelo tráfico entre Portugal e a colônia americana, e que, ainda hoje, orienta os modernos veleiros em competições esportivas.

Guardei a convicção de que Vasco da Gama só não aportara ao Nordeste brasileiro porque a missão que o levava ao Oriente era por demais urgente, não comportava nenhuma demora, o que logo se tornaria evidente. As ilhas que seguramente se encontravam a oeste dos Açores e da Madeira, no outro lado do mar, ou até mesmo um continente, poderiam esperar. E esperaram, efetivamente, a viagem seguinte, que não tardou.

Vasco da Gama não se entendeu bem com o samorim de Calicute, o primeiro soberano hindu que encontrou, em maio de 1498. Seus navios, pequenos e mal equipados, o aspecto seguramente bonachão do navegador e, sobretudo, a extrema modéstia dos presentes que ofereceu causaram a pior impressão ao régulo local. Nosso Gama, melindrado, voltou ao navio e fez troar as suas pequenas bocas-de-fogo, em inócua demonstração de força.

O vexame dos presentes e a primeira banana

Os presentes levados por Vasco da Gama, e que provocaram a hilaridade do majordomo do samorim, foram:

12 peças de algodão listrado
4 toucas cor escarlate
6 chapéus
4 fios de coral
1 caixa com seis tigelas para lavar dedos
1 caixa de açúcar
2 caixas de azeite e 2 de mel

Tendo o majordomo, a quem deveriam ser previamente mostrados, se recusado a encaminhá-los ao seu amo, por demasiado pífios, Vasco da Gama procurou reduzir o vexame alegando que eram seus, pessoais, uma vez que se tratava de uma viagem exploratória. Na seguinte, sim, os presentes seriam enviados por El-rei e estariam, certamente, à altura do soberano indiano.

Não é, pois, de estranhar que o respeitável navegador, embora com audiência marcada, tenha tido de esperar quatro longas horas diante da porta do samorim antes de ser recebido.

Nessa visita, o samorim ordenou ao capitão que se aproximasse, e aos acompanhantes que se sentassem em um banco de pedra um pouco mais distante. Fez, então, servir aos visitantes água para lavarem as mãos, após o que foi passada uma bandeja de frutas. Frutas absolutamente estranhas aos portugueses. Segundo o registro da viagem, uma "parecia melão, mas a casca era demasiado rugosa e o interior muito doce" (tratava-se da jaca); "a outra, parecia um figo e o gosto era delicioso". Primeiro encontro com a banana.

Portuguese Voyages 1498-1663, edição de C. H. Ley, J. M. Dent & Sons, Londres, 1953.

Dom Manuel, de todo modo, exultou com o êxito da expedição, que lhe permitiu acrescentar ao seu título de rei de Portugal e Algarves, o de Senhor da Conquista, Navegação e Comércio da Etiópia, Arábia, Pérsia e da Índia. Imperativo, porém, montar, a toda pressa, uma armada suficientemente poderosa para impor a instalação de feitorias nos pontos mais estratégicos daqueles confins para assegurar aos portugueses o domínio do comércio no oceano Índico. Seria a missão logo depois confiada, não mais a um profissional lobo-do-mar, mas a Pedro Álvares Cabral, fidalgo de aparência impecável, excelente família, muito bem casado [Dona Isabel de Castro era neta, a um tempo, do rei Dom Fernando de Portugal e de Dom Henrique de Castela), pouco importando que ignorasse praticamente tudo sobre o mar. Outros teriam a seu cargo o comando "técnico da viagem", equipe de alto nível, com Pero Escobar, Afonso Lopes, Pero de Alenquer.

A Europa em 1490

A população do continente chega a quase 60 milhões, mas apenas **três** cidades contam mais de 150 mil habitantes:

Paris, Nápoles e Istambul.

Duas têm mais de 100 mil: Veneza e Milão.

Cinco, mais de 60 mil: Córdoba, Gênova, Granada, Florença, Sevilha.

Vinte têm mais de 40 mil, como Antuérpia, Bruges, Bruxelas, Lisboa, Londres, Lyon, Palermo, Roma, Toulouse, Viena.

Àquela altura, o porto de Calicute, meta de Vasco da Gama, a 700 quilômetros ao sul de Bombaim, já contava 200 mil, equivalente ao total acumulado de Lisboa, Londres, Roma, Viena e Bruxelas.

Jacques Attali, *1492*, Fayard, 1991.

Iniciado em 1416, o ímpeto expansionista dos portugueses, que os levaria do oceano Índico à China e ao Japão, se apresentava como capítulo da luta entre a Europa cristã e o mundo árabe. Remontava, portanto, a muito antes da queda de Constantinopla (1453). Desde o plano de invadir Ceuta (1415), a ponta africana do estreito de Gibraltar, os portugueses haviam chegado a falar em "guerra santa", uma espécie de *jihad* às avessas, que justificava excessos e engajamento crescente de homens e recursos. Em realidade, o que buscavam controlar tinha pouco a ver com religião e muito com o que Dom João I descrevera com todas as letras: "a porta de entrada e a chave de todo o comércio africano". E foi essa a porta que Portugal forçou para dar início à sua expansão ultramarina, que se estenderia a três continentes, ao longo dos três séculos seguintes.

Mestres no culto do sigilo, os portugueses recorreram a requintes de simulação durante o preparo do assalto ao bastião marroquino de Ceuta, rico entreposto das especiarias e da seda. Para não mentir abertamente, El-rei começou por inventar como pretexto pedir a mão da rainha da Sicília para um de seus filhos. Nas viagens de ida e de volta, seus embaixadores fizeram escala em Ceuta para um discreto reconhecimento visual. Na volta a Lisboa, os viajantes apresentaram a Dom João uma reconstituição ardilosa da cidade, utilizando, para isso, areia, uma pele, feijões verdes e uma gamela.[17]

Com a queda de Ceuta, em 1415 (saudada como a primeira vitória sobre os árabes na África desde o Império Romano), as caravanas, principalmente as que para lá transportavam o ouro da Guiné, desviaram a rota para Tânger e Túnis, para grande desapontamento dos portugueses. Ora, tendo Dom Henrique lido, no *Atlas* de Abraão Cresques, uma referência ao "rio do Ouro" e a um reino opulento, o do Mansa Musa, o infante ficou obcecado pela idéia de conquistar a região, embora soubesse muito bem que lá não encontraria um mouro sequer. Não é de estranhar, porém. Segundo a lenda corrente, esse soberano teria feito a peregrinação a Meca em caravana de mais de cem camelos ajoujados de metal amarelo, que foi distribuindo aos pobres que encontrava no caminho. No séquito imperial, quinhentos escravos, cada um com dois quilos de ouro... "As estadas de Musa na capital egípcia, a caminho de Meca e de regresso da viagem devota, puseram o seu nome e o de seu país na boca de todo o mundo árabe e espalharam sua fama até mesmo na Europa. Ele esteve no Cairo em 1324, e já em 1339 o *Rex Melli* aparece no mapa-múndi do maiorquino Angelino Dulcert — vestido à européia, com cetro e coroa. Com cetro e coroa, e longas barbas encarapinhadas, tendo na mão direita uma grande pepita de ouro, que parece mostrar e oferecer a um azenegue a camelo".[18] Foi assim que o viu Dom Henrique no mapa desenhado por Abraão Cresques, também de Maiorca, por volta de 1375 — o chamado Atlas Catalão do imperador Carlos V.

Cruzar o deserto do Saara ao encontro de semelhantes benesses logo se afigurou missão impossível. Mas a atração da riqueza acabou inspirando a Dom Henrique a alternativa de flanquear a costa africana, a partir das Canárias, até alcançar a "terra da Guiné". Nenhum esforço foi poupado. Gil Eannes dobrou o temível cabo Bojador em 1434. Nuno Tristão contornou o cabo Branco em 1443 e, já no ano seguinte, Dinis Dias ultrapassou o cabo Verde. Pedro de Sintra se aproximou ainda mais, visitando a Serra Leoa em 1460. As etapas seguintes foram a passagem do equador e a chegada à embocadura do rio Congo. Já em 1471-75, estavam nas ilhas do golfo da Guiné, meta ambicionada.

Não tardou a luz verde do papa Eugênio IV, concedendo ao infante carta branca para fazer a guerra contra os infiéis, tirar-lhes as terras e [como se não bastasse] escravizá-los. Nascia, assim, um império escravagista.

Comércio de escravos: a tabela de preços

Ao contrário das etnias índias, que nunca traficaram seus iguais, a prática cedo se generalizou na África. Para o escambo, vinham panos bretões, flamengos, alentejanos e norte-africanos; ferro dos países nórdicos e de Biscaia, vinhos e aguardente ibéricos; cavalos da Espanha, do Marrocos e de Cabo Verde; "miçangas" da Índia. Duas dentre essas mercadorias tinham impacto direto na produção mercantil de escravos: os cavalos e as armas de fogo. Cadamosto, veneziano a serviço de Lisboa, refere que o escambo de negros por montarias importadas — cada cavalo valia de dez a vinte escravos — dava lugar a vários circuitos de tráfico ao norte do Senegal.[19]

Como estimar o valor de cada escravo? Como qualquer outra mercadoria: tamanho e qualidade. Os escravos eram designados como *peças*. Entendia-se por *peça* o escravo de 15 a 25 anos, cuja altura ideal era 1,80 metro. Um negro de 15 a 25 anos (molecão) ou de 25 a 35 anos não fazia uma peça inteira: eram necessários três para inteirar duas peças. As crianças de menos de oito anos (moleques) e os adultos de 35 a quarenta anos contavam por meia peça. Segundo Abreu e Brito (*Sumário e descrição do reino de Angola*), de 1575 a 1591 vieram de Angola 52.053 peças de escravos, o que perfaz 104.106 escravos.[20]

Em alto-mar

Como já assinalamos, a transição para a navegação transoceânica exigiu imenso esforço de criatividade. No hemisfério Norte, os navegadores se orientavam principalmente pela *Estrela Polar*. Mais adiante, com as incursões no hemisfério Sul, passaram a usar o *Cruzeiro do Sul*. Para estimar as latitudes pela altura do sol, consultavam as chamadas *tábuas de declinação*. Com o tempo, vários *regimentos* (o "Regimento de Munique" foi dos mais consultados) vieram facilitar o uso do quadrante e do astrolábio, enquanto as *cartas de marear* passaram a substituir, nos navios, os primitivos e muito imprecisos *portulanos*.[21]

Já consignavam uma espécie de balanço das observações dos pilotos, devidamente esquadrinhadas e tornadas acessíveis nas viagens seguintes. Um pouco mais adiante, vieram os *roteiros*, em que eram catalogadas todas as informações necessárias ao percurso a seguir, tais como descrições das costas, com os seus acidentes e perigos a evitar, a extensão e o rumo das derrotas entre duas escalas, indicações sobre os canais que, na foz de um rio, consentiam a entrada na barra etc.

Os instrumentos de navegação eram os mais rudimentares. A *agulha magnética*, proveniente da China, foi introduzida na Europa no princípio do século XIV, já com os ferros ligados a uma rosa-dos-ventos: flor-de-lis ao norte e cruz no leste. Só bem mais tarde, 1537, os portugueses começaram a usar uma suspensão chamada *balança*, que veio a ser conhecida, mesmo em Portugal, por cardã, do nome do italiano Cardano, que a descreveu como suspensão para uma cadeira. O *quadrante náutico* foi o primeiro instrumento de altura usado pelos portugueses, constando a primeira referência escrita na *Relação do descobrimento da Guiné*, por Diogo Gomes, cerca de 1460. De origem árabe, o quadrante era uma espécie de versão simplificada do astrolábio e servia para determinar a altura das estrelas. É constituído por um quarto de círculo — de onde o nome — e um fio de prumo suspenso no centro da circunferência de que se destacou.

Os antigos navegantes do oceano Índico mediam a altura das estrelas em relação ao horizonte utilizando-se do dedo polegar. Ao observar, por exemplo, a Estrela Polar, em sua culminação inferior, o piloto estendia o braço direito em direção ao horizonte, colocando o dedo polegar embaixo da Polar dirigido para a esquerda; o bordo inferior deste dedo tocava o horizonte, a estrela ficava no bordo superior. O piloto dizia, então, que a altura da Estrela Polar era de uma polegada (em árabe, *isba*). Foi deste processo natural e primitivo de observação que surgiram as tábuas da Índia, instrumento destinado à medição da altura das estrelas. De forma triangular, era constituído por três tabuazinhas ou réguas. Duas delas imóveis, ao redor de uma charneira colocada junto do olho, quando uma era dirigida para o horizonte e a outra para a estrela. Segundo o W. Tomaschek, de Viena, cada polegada equivalia a 1°42'50".[22]

Progresso significativo foi alcançado pelos portugueses com o *astrolábio náutico*, derivado do *astrolábio planisférico*. Era usado na determinação da latitude do local onde ancoravam as naus e as caravelas, ocasião em que se media a altura do

Sol. Os portugueses deram-lhe excelente robustez (fundido em bronze) e melhor configuração para uso a bordo dos navios, tais como aberturas para diminuir a resistência aos ventos. Graças ao desenvolvimento da arqueologia subaquática, dezenas desses astrolábios foram recuperados, boa parte dos quais de origem portuguesa. Lembro-me bem de tê-los visto no Museu de Marinha, em Lisboa, e na Smithsonian Institution, Washington.

A *balestilha* é referida pela primeira vez no *Tratado da agulha*, de João de Lisboa, portanto anterior a 1514. Os relógios de areia, ou ampulhetas, eram os relógios de bordo, virados oito vezes em cada quarto de quatro horas. Em linguagem corrente, virados cada meia hora. Escusado dizer que eram de utilização extremamente precária.

O objeto essencial das viagens exploratórias era conhecer os regimes dos ventos e correntes que constituíam tremendo obstáculo ao contorno da costa ocidental africana. Durante muito tempo, essa progressão para o sul ficou virtualmente bloqueada pelas calmarias equatoriais, nevoeiros freqüentes e outras dificuldades de navegação ao longo da orla marítima, particularmente a partir dos 20º sul. De muita coragem e persistência deram prova esses rijos marujos de Portugal.

Depois de muito penarem, os pilotos se aperceberam (e isso foi qualificado como uma das mais relevantes descobertas da época) que ao regressarem do saliente africano, se primeiro se dirigissem para oeste, e só rumassem para a costa de Portugal na altura dos Açores, a viagem levaria bem menos tempo, apesar de mais longa, "com a comodidade que dá o vento de feição". Foi a chamada *volta do largo*, ou *volta da Mina*, referência ao forte de São Jorge da Mina (atualmente Gana), que se tornou a capital de todos os estabelecimentos no golfo da Guiné.

Após a morte do infante Dom Henrique (1460), El-rei Afonso V, seu sobrinho, concentrou atenções no Magrebe e optou por "privatizar", temporariamente, o direito de navegar e comerciar no litoral africano. Assim, em apenas cinco a seis anos, os navegadores engajados pelo mercador Fernão Gomes cruzaram a linha do equador sem que os navios explodissem em chamas. Também ao contrário da advertência de Ptolomeu, descobriram que a metade inferior do continente era perfeitamente habitável e que os brancos não ficavam instantaneamente negros retintos.

Um palmo para nascer...

Enorme foi o custo em vidas humanas devido a naufrágios, fome e doenças. Só na primeira viagem de Vasco da Gama, mais de um terço da tripulação morreu, a maioria de escorbuto. No esforço de alcançar o cabo da Boa Esperança, muitos navios afundaram ou foram forçados a encalhar nas praias. Os sobreviventes tiveram de caminhar, não raro meses a fio, expostos ao ataque de nativos ou de animais selvagens, até alcançar algum forte português na costa oriental. Teve, pois, razão o Padre Vieira: Deus deu aos portugueses um palmo de terra para nascer, mas o mundo todo para morrer.

Charles David Ley, *Portuguese Voyages, 1498-1663*, J. M. Dent & Sons, Londres, 1947.

Coube ao filho de Afonso V — Dom João II — dar o grande salto que foi contornar o continente africano e chegar à Índia. A pedido do rei, dois italianos, Fra Mauro e André Bianco, haviam desenhado mapas-múndi em que a África aparecia como uma península. Se era península, poderia ser contornada. A decisão política foi, então, tomada.

Começou pela construção da fortaleza da Mina, em local próximo à atual capital de Gana, base naval e entreposto comercial, tarefa magna confiada a Diogo de Azambuja. Com esse apoio, poderia defender o seu monopólio da cobiça de outras potências. E desde logo, tornado detentor do ouro da Guiné, foi possível a El-rei acrescentar, legitimamente, ao seu já extenso título, uma vinheta: "Senhor da Guiné".

Para não parecer que se tratava de pura ganância — o ouro pelo ouro —, foi invocado o argumento de que era preciso impedir que tal riqueza continuasse a beneficiar os infiéis. É o que se lê na *Primeira década* (c. 1549), em que o cronista João de Barros argumenta que pelas novas feitorias costeiras lusitanas, "a terra da Guiné era sangrada do ouro que em si continha [...] com que não iria ter às mãos dos mouros, os quais o vinham buscar por tantos desertos em cáfilas de camelos".[23]

Internamente, Dom João fez concentrar as atenções no aperfeiçoamento do método de determinação de latitudes por alturas meridianas do Sol, na elaboração de tábuas quadrienais de declinações solares e no planejamento de explorações tendentes a revelar os condicionalismos físicos do sudoeste do Atlântico.

Somente com esses elementos ser-lhe-ia possível traçar uma rota que contornasse pelo largo o litoral africano, de modo a evitar as dificuldades da navegação costeira encontradas por Bartolomeu Dias.[24]

Jorge Couto assinala uma ordem de pagamento de quantia elevada (dez espadins de ouro) a Abraão Zacuto, provavelmente como recompensa pelo trabalho desenvolvido na feitura das tábuas quadrienais de declinações solares, imprescindíveis à navegação astronômica no alto-mar ("volta pelo largo"), sendo possível que tenha, igualmente, colaborado com mestre Diogo e, sobretudo, com o mestre José Vizinho, médico da corte e astrônomo, no aperfeiçoamento do "regimento da altura do Sol ao meio-dia" experimentado nos mares da Guiné por aquele colaborador íntimo de Dom João II, já em 1485.[25] Tratava-se de evidente trabalho preparatório ao envio de uma armada ao Índico, o que não tardou.

A consciência do inquisidor

Abraão Zacuto (Abram ben Samuel Zagut), astrônomo e historiador judeu espanhol, nasceu em Salamanca, c. 1450, foi professor em Cartagena e Salamanca. Seu *Almanach Perpetuum*, dedicado ao bispo de Salamanca e impresso em Veneza, em 1472 e 1502, teve enorme repercussão. Mas enquanto Cristóvão Colombo partia em sua histórica viagem sobraçando o *Almanach*, Zacuto era expulso do país e se fixou em Lisboa. Prontamente designado astrólogo e astrônomo de Dom João II, lá permaneceria até a expulsão dos judeus de Portugal (1496). Seu trabalho serviu de base à confecção das tábuas náuticas portuguesas e foi traduzido do hebraico para o latim por José Vizinho, seu discípulo dileto.[26]

Passados alguns anos da expulsão de Zacuto, talvez com a consciência pesada, El-rei concedeu ao genro de Zacuto, Pero Anes, não apenas terras e outras vantagens, mas até mesmo a cobiçada prerrogativa de porte de armas. Reconhecimento tardio do inquisidor aos serviços prestados pelo astrônomo judeu.

Por ocasião das viagens de Vasco da Gama e de Cabral, segundo o astrônomo Ronaldo Rogério de Freitas Mourão, os portugueses já haviam estabelecido as principais regras precisas sobre o uso das tabelas e sobre o método de cálculo da latitude. Não bastava, porém, que os pilotos conhecessem como determinar as latitudes. "Era necessário que os outros marinheiros fossem capazes de se orientar, caso os pilotos morressem, pois de três marinheiros que partiam somente um retornava". A precisão dos instrumentos e a exatidão dos métodos de cálculo, prossegue Mourão, "não teriam o menor valor se não fossem elaborados em um regimento que permitisse aos marinheiros com pouca formação astronômica calcular a posição das embarcações. Foi essa simplicidade que orientou o Regimento de Munique".[27]

A arte de bolinar

Uma vez vencida a batalha do cabo Bojador, os portugueses tiveram pela frente os alísios — ventos regulares que sopram constantemente, das altas pressões subtropicais para as baixas pressões equatoriais. Em linguagem corrente, esses ventos "alisam" o mar, soprando do nordeste para o sudoeste o ano inteiro. Como navegar, pois, para o norte, de volta a Portugal, se os navios eram tão fortemente impelidos para o sul?

Daí o mito do cabo Não, o Cabo do Medo, após o qual não haveria volta possível. O gênio português iria vencer mais esse desafio, derrubando, com extrema criatividade, uma barreira aparentemente intransponível ao retorno dos navegantes. A solução encontrada foi, a um tempo, simples e revolucionária: a *caravela de velas latinas*, que conjugava duas características fundamentais: a dimensão das vergas e as proporções do casco. As velas latinas, isto é, de panos triangulares, de bordas rígidas, demonstraram ser capazes de gerar uma força propulsora na direção oposta à do vento. Ora, este simples recurso tornava possível a execução da manobra que, em linguagem náutica, se chama "bolinar", ir de bolina. Lembro que o verbete "bolina", no *Dicionário ilustrado de marinharia*, de Antonio Marques Esparteiro, assim reza: "Cada um dos cabos que se fixam nos amantes das testas dos papa-figos, gáveas e joanetes." Mas se o leitor for amigo de precisões, acrescentarei que, segundo o mesmo dicionário, "amantes são cabos de grande bitola, na face inferior da pega para espigar e abicar os mastaréus de gávea. Os amantes de bolina têm no seio um moitão para a bolina". E o verbete conclui: "Os sobres não têm amantes."[28]

Por essas razões, a caravela foi definida, na época, como "um navio vocacionado para bolinar", isto é, "andar contra o vento, fazendo bordos". Já as naus, mesmo com vela latina a ré, bolinavam muito pouco. Apesar disso, foram as escolhidas para a viagem de Vasco da Gama, as primeiras a cruzarem o Atlântico Sul. Segundo o juízo de um especialista, a bolina tornou-se "uma das maiores obras do engenho lusitano".

Semântica quinhentista

Detalhe importante a ter presente: nos séculos XV e XVI, "descobrir" não significava apenas *achar por acaso*. Como assinalam os autores da estupenda *História da expansão portuguesa no mundo* (Lisboa, 1937, I, 272-3), era antes o resultado de "calculado *esforço de busca* de uma terra de cuja existência havia conhecimento prévio, ainda que vago ou errôneo". Podia significar, igualmente, "chegar" até uma terra já bastante conhecida, ao termo de uma viagem marítima, ou então, "explorar" um país ou região que já tivesse sido "descoberto", na acepção moderna.

Muito ilustrativa é a passagem da *História do descobrimento e conquista da Índia pelos portugueses*, de Castanheda, em que se lê:

- "Antes que a Índia fosse **descoberta** pelos portugueses a maior parte da especiaria, droga e pedraria dela se vazaua pelo mar roxo". Ora, nenhum país fora do continente era tão conhecido dos europeus como a Índia, a que alcançavam, secularmente, por caravanas.
- "D. João II determinou de prosseguir ho **descobrimento** da costa da Guiné (...) porque poe aquela costa lhe parecia que **descobriria** ho senhorio do Preste Ioão das Índias de que tinha fama;"
- "E coesta determinação mandou nouamente continuar este **descobrimento** por mar, per hum...
- "Bartolomeu dias (...) que mãdou por capitão mór a este **descobrimento**, em que **descobriu** aquele muyto grande e espantoso cabo dos antigos não conhecido: que agora se chama Cabo da Boa Esperança..." (negritos meus).

NOTAS

1. Manuel Heleno, *O descobrimento da América*, Tip. da Empresa do Anuário Comercial, Lisboa, 1933. Nesse documento, Cabral comunica ao soberano: "em obediencia a instruçam de vossa alteza, navegamos no Ocidente e tomamos posse, com padram, da Terra de vossa alteza que os antiguos chamavam Brandam ou Brasil." A frota percorreu, assim, 2.000 milhas de costa, tomando o rumo do Cabo apenas cerca do paralelo de 40º.
2. Manuel Heleno, op. cit.
3. Jaime Cortesão, *A expedição de Pedro Álvares Cabral e o descobrimento do Brasil*, Livrarias Aillaud e Bertrand, Paris-Lisboa, 1922.
4. A. A. D., verbete "Rota do Cabo", in *Dicionário de história de Portugal*, direção de Joel Serrão, 6 vols., Livraria Figueirinhas, Porto, 1985.
5. Jaime Cortesão, op. cit.
6. Manuel Heleno, op. cit.
7. Manuel Heleno, op. cit.
8. Boies Penrose, *Travel and Discovery in the Renaissance, 1420-1620*, Cambridge, 1952, apud Richard W. Unger, *Portuguese Shipbuilding and the Early Voyages to the Guinea Coast*, in *Vice-Almirante A. Teixeira da Mota in Memoriam*, vol. I, Academia de marinha, Instituto de Investigação Científica Tropical, Lisboa, 1987.
9. V. Magalhães Godinho, *L'Économie de l'empire portugais aux XV et XVI siècles — L'or et le poivre — Route de Guinée et route du Cap*, tese, Sorbonne, 1958.
10. Nelson Werneck Sodré, *Formação histórica do Brasil*, Editora Brasiliense, 1964.
11. Jaime Cortesão, op. cit.
12. V. Magalhães Godinho, op. cit.
13. Apud Fidelino de Figueiredo, *Literatura portuguesa*, p. 128, in Synesio Sampaio Goes Filho, op. cit.
14. João da Gama Pimentel Barata, *Estudos de arqueologia naval*, vol. I, Imprensa Nacional/Casa da Moeda, Lisboa, 1989.
15. Jorge Couto, *A construção do Brasil*, Edições Cosmos, Lisboa, 1997.
16. Alberto da Costa e Silva, *A enxada e a lança, A África antes dos portugueses*, Editora Nova Fronteira, Rio, 1992.
17. Yves Bottineau, *Le Portugal et sa vocation maritime*, Éditions E. de Boccard, Paris, 1977.

18. Alberto da Costa e Silva, op. cit.
19. Luiz Felipe de Alencastro, *O trato dos viventes, Formação do Brasil no Atlântico Sul*, Companhia das Letras, São Paulo, 2000.
20. "Escravatura", verbete no *Dicionário de história de Portugal*, direção de Joel Serrão, 6 vols., Livraria Figueirinhas, Porto, 1985.
21. O chamado Regimento de Munique, elaborado por encomenda de Dom João II, foi qualificado por J. H. Parry, em seu livro *The Age of Reconnaissance* (Nova York, 1963), *the first European manual of navigation and nautical almanac.* Parry acrescenta que o *Regimento represented the best navigational knowledge of the late fifteenth century; ... Even Columbus, who learned most of his navigation in Portugal, who understood the principle of latitude sailing and who certainly used Pole Star observations, never, so far as we know, took a sun sight, and probably could not have worked one out.* Com efeito, esse regimento estabelece, de forma simples e direta, as normas a serem seguidas na determinação da latitude a partir da altura do Sol e as tábuas de declinação solar.
22. Ronaldo Rogério de Freitas Mourão, *Primeiras observações da astronomia no Brasil*, in *Ventura*, número especial, 2000.
23. Luiz Felipe de Alencastro, op. cit.
24. Jorge Couto, op. cit.
25. Jorge Couto, op. cit.
26. Ronaldo Rogério de Freitas Mourão, *Dicionário enciclopédico de astronomia e astronáutica*, Nova Fronteira, 1995. Obra extraordinária, a meu ver única, indispensável ao estudioso de história. A massa de informação que contém, apresentada de forma primorosa, é simplesmente monumental.
27. Ronaldo Rogério de Freitas Mourão, *Primeiras observações da astronomia no Brasil*, in *Ventura*, número especial, 2000.
28. Antonio Marques Esparteiro, *Dicionário ilustrado de marinharia*, Lisboa, Livraria Clássica Editora, 2ª edição, 1943.

4.

Brasil, segredo de Estado

Sim, o Brasil começou como um segredo de Estado:

Muitos anos antes da descoberta oficial da América, os navegadores e cartógrafos portugueses já tinham conhecimento da existência do Brasil, mantida em rigoroso sigilo para não despertar as ambições de Castela, da França e da Inglaterra. O segredo era a arma com que o minúsculo reino contava preservar as conquistas dos seus bravos marinheiros.

... e assim começava o esboço de introdução à pesquisa que idealizei, na década de 1940, *O Brasil antes de 1500,* em torno do que teria efetivamente ocorrido em Portugal a partir de meados do século XV, quando qualquer progresso na arte de navegar, qualquer aperfeiçoamento em instrumento náutico ou, mesmo, qualquer relato de exploração marítima era mantido sob o mais absoluto sigilo. Foi o que ocorreu, invariavelmente, até o *coup de théâtre* que foi a chegada da frota de Cabral a Porto Seguro. Era como se lá aportasse exclusivamente para cumprir as "formalidades" do descobrimento ostensivo.

Uma vez que a versão do "descobrimento casual" havia partido dos cronistas da corte portuguesa, poucas décadas após a viagem de Cabral — portanto versão oficial —, sempre a considerei como simples recurso destinado a assegurar a "coerência" das manifestações formais da coroa. Com efeito, a preocupação com o sigilo ia a extremos como o de pôr fogo ao navio de Sancho de Tovar (da frota de Cabral, na viagem de volta da África, abarrotado de mercadorias), encalhado num banco de areia em frente a Melinde (Quênia), para evitar que alguma nação rival lá chegasse um dia e desvendasse melhoramentos náuticos. Durante a construção da base naval de São Jorge da Mina (Gana), o rei mandou destruir duas *urcas* de 400 toneladas (ou *hulks,* navios usados no norte europeu para movimentação de cargas) enviadas por Lisboa com suprimentos pesados para as obras em curso (pedras e artilharia). E isso apenas para cultivar o mito de que somente as caravelas dispunham de meios para fazer a viagem de ida e volta à costa da Guiné. Conta-se mesmo que, durante um almoço, um famoso piloto declarou ao rei que seria capaz de fazer essa viagem com qualquer bom navio. O soberano retrucou que se tratava de um grande exagero, mas logo o chamou a seu lado para dizer-lhe que, embora correta a afirmação, deveria guardá-la para si, no interesse do país. Por lei, era absolutamente proibida a exportação de caravelas e, mais adiante, de naus. A lei interditava, igualmente, os pilotos e mestres de serem engajados por estrangeiros. O objetivo era manter no país não apenas os planos e desenhos das caravelas, mas o *know-how* marítimo dos cidadãos. A aplicação da lei era das mais severas. Em 1454, por exemplo, um comerciante foi executado sumariamente por ter vendido uma velha caravela a um comprador inglês.[1]

A rivalidade com os vizinhos chegou a ser tão intensa que, logo após o Tratado de Alcáçovas (1479), Afonso V encarregou o príncipe Dom João — que dirigia os assuntos relacionados com a exploração da costa ocidental da África a partir do Bojador — de elaborar um regimento que cometesse aos capitães das suas caravelas a incumbência não apenas de apresar todas as embarcações armadas por castelhanos, aragoneses ou quaisquer outros estrangeiros que violassem a linha de demarcação, mas de lançar as respectivas tripulações ao mar, sem a menor contemplação.[2] Nesse clima de extrema paranóia, como poderia o "achamento" do Brasil, ocultado laboriosamente, talvez até negado, ser anunciado de repente, sem mais nem menos?

Inviável, em nossos dias, fazer crer que a frota perdeu o rumo nas proximidades de Cabo Verde e acabou se afastando para oeste, levada pelas correntes oceânicas. O artifício de conveniência foi amplamente desmentido pelos fatos e pela documentação diuturna da travessia. Com efeito, tendo largado em 9 de março, a frota chegou às Canárias em cinco dias, com velocidade média de 5,8 nós. Mais oito dias, relata o almirante Max Justo Guedes, nossa maior autoridade no assunto, chegava ao arquipélago de Cabo Verde, em velocidade média ligeiramente menor. Dispensou a aguada e prosseguiu na direção sul até alcançar, cinco dias depois, as calmas equatoriais (cerca dos 4º norte). "Começou, então, o trecho mais difícil da travessia. Não obstante, singraduras de 24 milhas foram conseguidas e, provavelmente, dez dias depois, já se fez sentir o alísio de sueste, que obrigava a armada a lançar-se na *volta do mar*."

Quando entram os rabos-de-asno

No dia 18 de abril, prossegue o almirante, "os 12 navios [a nau de Vasco de Ataíde se extraviara na altura de Cabo Verde] andariam pela da logo depois denominada Baía de Todos os Santos. Neste trecho, o vento aproxima-se bastante de leste, o que deve ter influído favoravelmente em Pedro Álvares Cabral para tentar achar a terra pressentida na viagem de Vasco da Gama, pois tal busca não atrasaria a viagem nem o desviaria de seu objetivo, a Índia. Por isto, creio que o rumo foi fechado sobre a provável terra, passando a armada a navegar a sudoeste." Três dias depois, portanto já 21 de abril, os sinais de terra se tornaram "por demais evidentes e foi natural que Cabral decidisse rumar diretamente na direção provável dela".[3] Foi exatamente o que assinalou Pero Vaz de Caminha: a terra estaria distante, "segundo os pilotos diziam, obra de 660 a 670 léguas". Os sinais evidentes de terra eram "muita quantidade de ervas compridas, a que os mareantes chamam botelho e assim outras a que também chamam de rabo-de-asno". Na manhã seguinte, quarta-feira 22, "topamos aves a que chamam fura-buxos e, neste mesmo dia, a horas de véspera, houvemos vista de terra".

Nenhum temporal, nenhuma perda de rumo, nenhuma surpresa maior. Lá os esperava a terra que viria a ser o Brasil.

Se tivesse ocorrido a propalada tempestade, pelo menos alguma referência teria aparecido nos relatos de bordo. Mais importante ainda, teria provocado alguma dispersão da armada, que não aconteceu. A *Carta de achamento* mostra que todos os navios aportaram simultaneamente ao litoral brasileiro, tendo prosseguido a derrota para o norte em perfeita ordem, com as unidades de menor calado na vanguarda.

Antecedentes: o quase assassinato de Colombo

Tendo Dom João II recusado a proposta de Colombo, que pouco depois seduziria os reis católicos pela sua simplicidade — "buscar el Levante por el Poniente" —, é natural que a notícia do desembarque espetacular do genovês nas Antilhas, em 1492, tivesse sacudido Lisboa. Como poderia ter chegado à Índia das especiarias em apenas 36 dias de viagem? Tudo indicava tratar-se de alguma das ilhas do Atlântico, talvez até o continente de Sete Cidades, que El-rei, seis anos antes, tinha dado em concessão ao governador da ilha Terceira (Açores), Fernão de Ulmo.

De todo modo, lembro-me do quanto me surpreendeu a intensidade da reação dos portugueses, que logo anunciaram preparativos para a guerra com os vizinhos. A excitação foi tal que alguns conselheiros de Dom João chegaram a planejar o assassinato do navegador. Com efeito, na volta da sua primeira viagem, tempestades forçaram Colombo a aportar a Lisboa. Dificilmente poderia suspeitar que sua vida estaria em perigo. Rui de Pina, nomeado embaixador para negociar na corte espanhola os problemas criados pela nova descoberta, descreveu em detalhe a entrevista de Colombo com o soberano português:

> "...e sendo El-rei logo avisado, o mandou ir ante si e... [afirmou] que o dito [descobrimento] era feito dentro dos mares e termos de seu senhorio da Guiné [o] Almirante, por ser de condição um pouco alevantado e no recontamento das suas coisas excedia sempre os termos da verdade, fez esta coisa em ouro e prata e riquezas muito maior do que era... E conquanto El-rei foi cometido que houvesse por bem de ali o matarem, porque com sua morte o prosseguimento desta empresa... dos Reis de Castela, por falecimento do descobridor, se acabaria; e que se poderia fazer sem suspeita do seu consentimento... Mas El-rei, como era príncipe muito temente a Deus, não somente o defendeu, mas antes lhe fez honra e mercê...[4]

É importante reter, assinala Synesio Sampaio Goes Filho, que Dom João II sustentou serem portuguesas as terras recém-descobertas, sob a simples alegação de que se encontravam nos "mares e termos do seu senhorio da Guiné". Nesse sentido, invocou bulas papais e o Tratado de Alcáçovas (1479), pelo qual Portugal desistia das Canárias mas, em compensação, passava a ter direitos sobre qualquer terra descoberta ao sul desse arquipélago.

> Na realidade, os textos das bulas eram menos precisos do que desejaria Portugal, e o alcance do acordo discutível, pois fora negociado para resolver problemas de posse sobre ilhas próximas da África e o litoral desse continente ao sul do cabo Bojador, a então chamada costa da Guiné. O que nele se diz é que os Reis Católicos *no turbarán, molestarán, ni inquietarán* a posse portuguesa da Guiné e de várias ilhas, que nomeia, *y qualesquier otras yslas que se fallaren o conquierieren de las yslas de Canarias para bajo contra Guinea.*[5]

Somente uma interpretação exageradamente lata poderia considerar *de Canarias para bajo contra Guinea* tudo quanto se encontrasse ao sul do paralelo, até mesmo na outra margem do Ocidente. Como o paralelo corta a Flórida, tanto Bahamas quanto Cuba, Haiti, e tudo o mais que Colombo e os espanhóis viessem a descobrir deveria pertencer legitimamente a Portugal, isto é, toda a América do Sul e Central, além de boa parte da América do Norte, incluída a totalidade do México. De todo modo, foi enorme a exaltação no reino e imediato o anúncio de preparativos militares, inclusive uma frota a ser armada com a finalidade específica de tomar posse das terras recém-descobertas. Não ficou claro se se tratava de simples retórica para fortalecer a posição negociadora de Portugal na batalha diplomática que começava. Talvez para maior credibilidade, foi nomeado comandante dessa esquadra, possivelmente imaginária, um fidalgo de alto coturno, Dom Francisco de Almeida, que seria, mais adiante, o primeiro vice-rei da Índia.

Entre os brasileiros interessados no assunto, é freqüente a confusão em torno desse e de outros episódios, pois a primeira partilha, em Alcáçovas, reconheceu a soberania de Portugal sobre as ilhas e terras descobertas ou por descobrir, a partir de um paralelo traçado ao sul das Canárias, na latitude aproximada do Cabo Bojador, ou 26º N. Era a chamada "partilha vertical", isto é, norte-sul. Só depois da viagem de Colombo é que a Santa Sé, para servir aos interesses de Castela, impôs a fórmula do meridiano, ou seja, leste-oeste, que acabou predominando com a alteração conseguida pelos portugueses em Tordesilhas (1494).

A Santa Sé, que tanto ajudara Portugal até então, passara a ser inteiramente enfeudada a Castela desde a eleição de Alexandre VI, nada menos que o cardeal aragonês Rodrigo Borgia, de triste memória. Sim, o próprio, o pai da licenciosa Lucrécia, de alegre memória, e de César, também licencioso, além de cruel, feito cardeal e tomado por Maquiavel como modelo no livro *O príncipe*. Madri tornou-se a fonte principal dos recursos financeiros e do apoio militar de que necessitava Sua Santidade. Em troca, evidente que pediria muitas mercês, e que as obteria.

Para começo de conversa, duas bulas — *Eximiae Devotionis* e *Inter Coetera* — logo asseguraram à Espanha a posse das terras descobertas. Uma terceira, também *Inter Coetera*, conhecida como "bula da partição", evoluiu para o conceito de partilha horizontal, leste-oeste, pois tudo indicava ser o mais vantajoso para Madri. Caberia, assim, à Espanha tudo que se encontrasse a oeste do meridiano situado cem léguas a oeste dos Açores e Cabo Verde; a Portugal, o que houvesse a leste dessa linha. Como o chanceler da Cúria Romana era súdito de Castela-Aragão, prestou-se a antedatar os documentos pontifícios para não despertar suspeitas entre os portugueses, isto é, dissimular o fato de que haviam sido redigidos exatamente como propostos por Madri.[6] Ora, Portugal sabia muito bem que, a prevalecer semelhante critério, a totalidade das terras já descobertas ou por descobrir pertenceria à Espanha. A Portugal, apenas um imenso vazio no oceano. A meta de Castela, decididamente, era confinar Portugal ao Atlântico africano.

Única circunstância favorável a Portugal, naquela conjuntura, foi estar a Espanha ainda a braços com sua recente unificação e enfrentando problemas militares na Itália. No plano diplomático, Dom João II mexeu-se o quanto pôde. Não apenas recusou o convite de Castela-Aragão, do papado e de alguns principados italianos para integrar a Liga Santa contra a França como passou a dar apoio tácito às reivindicações italianas de Carlos VIII[7], empenhado em arrancar a Santa Sé da órbita espanhola. Dom João ordenou a seus embaixadores, que estavam em Roma para prestar obediência ao pontífice, que se deslocassem para Siena e aí aguardassem a chegada do exército comandado pelo monarca francês, em claro alinhamento às posições gaulesas. Foi a maneira mais eloqüente de protesto contra a parcialidade da Santa Sé. Naquela conjuntura, Madri sentiu que não poderia correr o risco de nova guerra com Portugal. Tendo falado grosso, Lisboa obteve um compromisso: desde logo, negociação direta entre as duas cortes, independentemente das concessões papais; a seguir, o alargamento do meridiano divisor para 370 léguas a oeste do arquipélago de Cabo Verde. Trezentos e setenta, nem uma légua menos, declarou El-rei, pois esse é o espaço marítimo indispensável à viagem de regresso de seus navios oriundos da costa africana, de Cabo Verde, da Madeira e dos Açores. Sabiam os portugueses que, por esta linha, seriam devidamente aquinhoados. "No austro há terra firme", havia dito El-rei. E assim vingou o meridiano que logo depois tomaria o nome de Tordesilhas, burgo fronteiriço onde o tratado foi assinado em 1494. De outra maneira, este livro estaria escrito em castelhano.

Os espanhóis é que não sabiam. Foi a conclusão a que chegou Rui de Pina, o homem de confiança do soberano português junto aos reis católicos. Segundo ele, depois de muito analisarem os dados sobre a localização das novas possessões e de bem meditarem sobre as concepções de Colombo, os espanhóis chegaram "à quase certeza da inexistência de terras na região compreendida entre as cem e as 370 léguas".[8] Por via das dúvidas, ainda contrapuseram o deslocamento da "raia" de

270 léguas, depois de 350, o que não foi aceito. Ponto para os portugueses, pois ainda não seriam suficientes para conter o Brasil. "Tordesilhas", assinalou Pandiá Calógeras com extrema acuidade, "resguardava o mistério dos descobrimentos portugueses".

E não foi só. Ficou formalmente proibido qualquer recurso ao papa para modificar cláusulas do tratado. Os dois reinos se comprometeram a não efetuar explorações, resgates ou conquistas fora das respectivas jurisdições. Se navios de uma das partes encontrassem, "casualmente", ilhas ou terras nas esferas de influência da outra, comunicariam logo o ocorrido e procederiam à entrega a quem de direito. Com essas ressalvas, Portugal pôde assegurar, tranqüilamente, o direito de passagem no seu hemisfério aos navios de Castela.

Por falar em direito de passagem, o que os portugueses mais temiam era que viesse a caber a Castela-Aragão a "terra firme no austro", ou seja, o Brasil. Em mãos hostis, essa base poderia molestar o tráfico português na altura da grande volta pelo largo, pondo em risco não apenas o exclusivo domínio lusitano do Atlântico Sul, mas a própria segurança da rota das Índias. Em outras palavras, era menos importante "possuir" o Brasil do que impedir que caísse em mãos rivais. Essencial mesmo, àquela altura, era poder contar com uma base de apoio no hemisfério ocidental, ao sul do equador. O "Plano das Índias" primava sobre tudo. A viagem conjunta luso-espanhola para fixar o meridiano de demarcação, prevista em Tordesilhas, que esperasse. A reunião preparatória, na fronteira entre os dois reinos, de astrônomos, pilotos e marinheiros, idem. Nem a insistência, nem a irritação de Castela lograram demover a resistência passiva dos portugueses, arte em que eram mestres. No momento, o que mais contava era a primazia na abertura da rota da Índia. Ora, a concretização desse objetivo estratégico impunha cuidadosa escolha do momento oportuno para divulgar os descobrimentos. A linha acordada em Tordesilhas acabava de proporcionar a Portugal, além do senhorio do Atlântico Sul, a imensa protuberância atlântica compreendida entre a baía de Maracanã, no litoral do Pará, e Cananéia, na costa paulista. Importante era retardar, quanto possível, o conhecimento, pelos espanhóis, da existência dessa "terra firme no austro". Seria evidentemente melhor que eles continuassem acreditando, como jurava Colombo, que já haviam alcançado o Oriente. Assim, graças à política do corpo mole, tanto de Dom João II (1471-1495) quanto de Dom Manuel (1495-1521), os espanhóis só se deram conta da existência da massa continental sul-americana, portanto do Brasil, com a terceira viagem de Colombo, em 1498, quando já era tarde demais. Com efeito, essa terceira expedição colombiana levantou ferro, no porto de Sanlúcar de Barrameda, apenas dez dias depois de Vasco da Gama ter chegado a Calicute (20 de maio de 1498), fato que somente se tornaria conhecido na Europa no início de julho.

Diante desse quadro, tudo indicava que a política do sigilo perdera sua razão de ser. Parecia chegada a hora de levantar o pano. De proclamar, alto e bom som, a existência do Brasil, situado bem dentro do espaço alocado a Portugal. Mas não foi bem assim o que ocorreu. Segundo o professor Manuel Heleno, El-rei teria ocultado aos reis de Espanha, intencionalmente, a importância do acontecimento. Por quê? Para Jaime Cortesão, o sigilo sobre as viagens anteriores "visava exatamente à seqüência e à posse".

Primeiro ato de violência

Em qualquer caso, o que não podia demorar era o descobrimento ostensivo. Enquanto se aprestava a esquadra de Cabral, os espanhóis já se aproximavam, pelo norte, da "terra firme no austro". As expedições de Vicente Yañez Pinzón e de Diego de Lepe são de 1499-1500. Na costa do Amapá, vale lembrar, Pinzón acabava de capturar 36 índios que levou escravizados para a Europa, feito que assinalou o primeiro ato de violência de europeus contra índios brasileiros.

Os três tupiniquins que Cabral enviou a Lisboa, como prova do descobrimento, foram aparentemente aliciados sem maior esforço de persuasão. Foi também o caso do carajó Içamirim, embarcado para a França em 1504. Já os capturados em Cabo Frio e embarcados na nau *Bretoa*, em 1511, foram escravizados.

O "segredo da continentalidade"

Após a viagem do Gama, que trouxe, com os informes dos pilotos indianos e do pitoresco judeu cosmopolita Gaspar da Índia, novos e excitantes detalhes sobre o Extremo Oriente, o velho problema da passagem pelo Ocidente deve ter de novo preocupado os portugueses. Possuindo eles o que Jaime Cortesão chamou de "segredo da continentalidade americana", seria natural que procurassem um segundo acesso à Ásia — meta final do gigantesco esforço de expansão marítima.

É o que se poderia depreender da missão confiada a Américo Vespúcio imediatamente após a viagem de Cabral: chegar à Ásia pelo sul da América do Sul.

Aliás, quem o insinua é o próprio Vespúcio, na carta escrita de Cabo Verde, no começo da viagem de 1501. Depois de se referir ao que ouvira de Gaspar da Índia sobre as terras indianas, diz o florentino a Dom Manuel: *"E io tengo esperanza* **in questa mia navigazione** [negrito meu] *rivedere e correre gran parte del sopradeto e discoprire molto più e alla mia tornata daró di tutto buona e vera relazione."*

Gomara confirma essa versão ao afirmar que "em 1501, o rei Dom Manuel encarregou Vespúcio de procurar uma passagem para as Molucas, nas paragens do cabo de Santo Agostinho". Com efeito, àquela altura os portugueses, que dentro em pouco poderiam traçar o mapa de Cantino, deviam saber que, se houvesse alguma passagem praticável pelo Ocidente, só seria possível encontrá-la para o sul. Por isso, Cortesão pôde concluir:

> Assim Cabral, antecipando-se aos espanhóis, que já se aproximavam do Brasil pelo Norte, ia tomar posse duma região duplamente estratégica, em relação à Índia, quer por servir de escala na viagem pelo cabo da Boa Esperança, quer por assegurar uma suposta passagem pelo sudoeste.[9]

Em outras palavras, chegar à Ásia passando pelo sul da América do Sul. Exatamente o que conseguiu Fernão Magalhães, alguns anos depois, a serviço de Castela, ao descobrir o estreito que tomou o seu nome. Não esqueçamos, nesse mesmo contexto, que a bula do papa dividiu entre Espanha e Portugal não apenas o Ocidente, mas todo o globo terrestre. O meridiano papal continuava na Ásia, onde gerou conflitos entre os reinos peninsulares, ambos ávidos de riqueza e poder. Mas tudo isso fica para outra ocasião.

Recordarei apenas que, quase simultaneamente à viagem de Cabral, Gaspar Corte-Real chegava à Terra Nova, logo incorporada à coroa portuguesa. Sem cacife para policiar também o Atlântico Norte, Portugal não teve como evitar que *Sir* Humphrey Gilbert lá desembarcasse (5 de agosto de 1583) para proclamar a imensa ilha, na embocadura do rio São Lourenço, propriedade da rainha Elizabeth I. Mas os portugueses conservaram algo que para eles conta muito, o bacalhau, que até hoje continuam a pescar nas costas da atual província do Canadá. No começo da estação de pesca, os marinheiros portugueses ainda desfilam nas ruas da capital, St. John's, com a mesma indumentária usada ao tempo da descoberta.

Sim, Portugal também descobriu a América

Ao visitar Lisboa pela primeira vez, o historiador Samuel Eliot Morison se surpreendeu ao ler, em belo e decorativo mosaico na calçada da Avenida da Liberdade, a inscrição: DESCOBERTA DA AMÉRICA, 1472.

Imaginou que a prefeitura de Lisboa, por inadvertência, houvesse trocado o "9" pelo "7". Mas logo se apercebeu que não, que era "7" mesmo, pois, no lado oposto do pavimento, luzia a inscrição:

JOÃO VAZ CORTE-REAL,
DESCOBRIDOR DA AMÉRICA.

Morison assinala que essa afirmativa não chegou a abalar a historiografia americana, uma vez que vários escritores a consideraram pura fantasia. Não obstante, reconhece que muitos autores de Portugal e do Brasil a endossam, escolas e universidades a ensinam, e pessoas instruídas aceitam tal versão. Assinala, ainda, que a tese portuguesa foi apresentada de forma atraente em língua inglesa, sem ter provocado refutação de peso. A única análise crítica do problema foi a do professor Egmont Zechlin, que recomendo aos leitores que se animarem a enfrentar *Das Problem der vorkolumbischen Entdeckung Amerikas und die Kolumbusforschnung*, tese que pode ser facilmente encontrada no volume CLII de *Historische Zeitschrift*, 1-47.

Harvard Historical Monographs, XIV, Harvard University Press, MCMXL.

Tordesilhas, romance de aventuras

Para entender bem o que significou Tordesilhas, sem dúvida a obra-prima da diplomacia de Dom João II, peça essencial de sua estratégia política, cumpre ter presente que

- Nenhum país europeu dispunha de recursos para explorar países longínquos, com esperança de sucesso econômico. A ilha da Madeira, os Açores, Cabo Verde haviam produzido resultados ínfimos. Quando Cabral descobriu oficialmente o Brasil, a carta de Pero Vaz informou ao rei ser nulo o valor destas regiões;

serviam apenas para aguada, no caminho das Índias, ou para converter os indígenas. Américo Vespúcio, após sua visita ao Brasil, disse o mesmo: "terras sem valor". Diogo Ribeiro, em 1529, informa que "nada de útil se encontrava" nas regiões que são hoje Canadá e Labrador. Esta, a visão imediatista que então prevalecia, confirmada pelos problemas e decepções de Colombo no Novo Mundo, problemas que conduziram à sua destituição e desgraça.

- A obsessão era com a riqueza fácil, que se sabia encontrar nas Índias orientais: ouro, pérolas, especiarias.
- A descoberta da Mina (nunca entendi por que os ingleses dizem Elmina), no golfo da Guiné, em 1471, produziu intenso comércio de ouro. Foi o *turning point*. Atraiu imediatamente a cobiça das demais nações. A busca de riquezas se tornou contagiosa. Por essa razão, Dom João II, por muitos considerado o maior homem de Estado de seu tempo, viu com bons olhos a acolhida espanhola à promessa de Colombo, de alcançar as Índias pelo Ocidente. Afastava, com isso, o mais incômodo rival. Muito bom que Colombo e os espanhóis continuassem acreditando que haviam chegado à Ásia. Nenhum deles suspeitava, àquela altura, que os portugueses, à sombra de sigilo supremo, se aproximavam das verdadeiras Índias. Por isso, o anúncio da chegada de Vasco da Gama a Calicute ecoou como uma bomba.
- A idéia fixa de Dom João era concentrar recursos em um só projeto: alcançar as Índias orientais, onde estava certo de conseguir resultados imediatos. Nessa frente, exclusivismo absoluto, inclusive pena de morte para os nacionais das marinhas privadas com o fim de proteger o comércio do ouro e de outros produtos monopolizados pela coroa; proibição total de atos de comércio nessas regiões, sendo tais rigores ainda maiores no caso de estrangeiros. Ao setor privado, delegou a procura de terras no Ocidente. Daí o contraste marcante entre a legislação marítima da costa africana e a do Ocidente. Na primeira, estrito monopólio; no Ocidente, concessões generosas, prodigalidades mesmo.
- Em 1474, fez-se doação a Fernão Teles dos territórios que viesse a encontrar, inclusive a ilha de Sete Cidades (que já se imaginava estar na posição onde foi encontrado o Brasil). Em 1486, nova e vasta concessão ao governador da ilha Terceira (Açores), Fernão de Ulmo, e a seu associado, Afonso do Estreito, incidindo sobre a *ilha ou o continente de Sete Cidades*. Isto mostra que, nesses 12 anos, o conhecimento dos territórios no Ocidente se ampliou a ponto de a ilha de Sete Cidades haver adquirido as dimensões de um continente (terra firme por costa). Todas as despesas por conta dos donatários, exigindo o Estado ape-

nas que mantivessem sua nacionalidade, bem como a dos países descobertos, reservando-se, tão-somente, o dízimo das rendas auferidas.[10]

- Joaquim Bensaúde salienta ser a concessão a Fernão de Ulmo (1486) um decalque perfeito do plano de Colombo, sem o nome sedutor de Índias. Diferença digna de nota é a noção da *existência de um continente* que Colombo somente descobriria em sua terceira viagem (1498), ou seja, 12 anos mais tarde, quando se afastou de suas ilhas do Caribe para ver se havia mesmo "terra firme no austro", como pretendiam os portugueses. Havia. Mas a linha de Tordesilhas estava definitivamente consagrada.
- Como a documentação relativa ao reinado de Dom João é escassíssima, exceto no caso dessas concessões no Ocidente, conclui o pesquisador português que tanto a redação quanto a divulgação de documentos obedecia a um plano ditado pela diplomacia joanina. Por um lado, o intuito de desviar para o Ocidente o *élan* do setor privado, afastá-lo da costa africana. Isso explicaria a divulgação intencional de detalhes da concessão de Fernão de Ulmo, em previsão da entrada iminente de Castela no cenário colonial. O texto da concessão demonstra que (1) o Estado não investiria recursos em descobertas no Ocidente, mas, (2) ao mesmo tempo, preparava habilmente o terreno para afirmar seus direitos e conquistar, em conseqüência, todas as vantagens que advieram a Portugal no bojo do Tratado de Tordesilhas.

Em duas palavras, Portugal conseguiu em Tordesilhas o máximo que poderia esperar e não cedeu a Castela senão até onde se dispusera a ceder. Mas sabemos também, por Garcia de Resende (*Crônica de Dom João II*, cap. 184), que, por via das dúvidas, Dom João comprou secretamente o concurso de conselheiros de Fernando e Isabel. Os que se mostraram inabordáveis, Dom João neutralizou com presentes de tal vulto, enviados ostensivamente, que os destinatários se tornaram suspeitos aos Reis Católicos. Dom João esposava uma filosofia que se tornou corrente no Brasil de hoje: "Ninguém é de ferro..."

Como não havia tempo a perder, o soberano organizou um serviço de estafetas permanente com seus confidentes em Madri, o que lhe permitiu informar, cada dia, aos seus embaixadores, o que os Reis Católicos proporiam em determinado dia, e a ditar as respostas a serem dadas imediatamente, sem consulta. Em 9 de junho de 1494, tempo recorde, a assinatura.

Um papa venal?

O êxito diplomático de Portugal em Tordesilhas sempre me pareceu difícil de entender. Como conseguiu arrancar de uma nação muito mais poderosa e influente 270 milhas além das cem impostas pela bula papal, e garantir, com isso, a posse do Brasil? Sobretudo estando a Santa Sé ostensivamente a serviço de Castela.

Sim, a serviço de Castela, e não apenas as aparências contribuem para essa conclusão. Os próprios Reis Católicos estavam tão seguros de poder ditar sua vontade ao papa, que o declararam, *por escrito*. Tendo alguns portugueses cometido indiscrições na corte de Castela, os soberanos se alarmaram e escreveram a Colombo, em 5 de setembro de 1493, portanto entre a primeira e a segunda viagem do genovês[11]:

> Durante conversas com portugueses aqui, ouvimos que *além do cabo da Boa Esperança, para leste, devem encontrar-se ilhas ou um continente bem mais rico que todos os outros*; se V. achar que pode haver fundamento nisso, *mande nos dizer para que mudemos a bula do papa*" [grifos meus].

Esta carta mostra que os Reis Católicos estavam longe de suspeitar que a região do Cabo era a própria chave do sonho das Índias. Colombo, com os olhos fixos nos preparativos para sua iminente volta ao Novo Mundo, apenas alguns dias depois, aparentemente não terá visto motivo de alarme. Caso contrário, e se Madri tivesse obtido a mudança da bula, não restaria a Portugal senão a luta armada, para não perder o fruto de tão longos anos de persistente esforço. Tudo esteve em jogo naquele curtíssimo espaço de tempo. De todo modo, com o afastamento de Colombo, as negociações do tratado puderam se desenrolar mais descontraidamente. Dom João tinha pela frente apenas os Reis Católicos e o papa.

Desde sua eleição, o papa Borgia se consagrara ao projeto de constituir a Igreja em Estado. Tal política impunha a submissão dos principados italianos, o que perseguiu, encarniçadamente, acolitado pelo filho, César. Política que exigia recursos financeiros de vulto, que Castela dificilmente poderia fornecer.

O que mais surpreende é que o Tratado de Tordesilhas, a despeito dessas premissas, tenha sido tão nitidamente favorável a Portugal. Primeiro, a aceitação do princípio de um meridiano de demarcação; em seguida, o recuo do meridiano para o Ocidente até assegurar a entrada do Brasil na metade do globo reservada a Portugal.

Joaquim Bensaúde se pergunta se foi o fruto de simples inadvertência dos castelhanos, ou de pacto secreto com Dom João II. Os favores teriam sido concedidos gratuitamente, ou comprados? "Em aparência, o valenciano Rodrigo Borgia favorecia Castela, mas não é impossível que tenha havido algum entendimento secreto com Dom João."

O fato é que Castela, exausta financeiramente após a tomada de Granada, contrastava com a pletora de recursos de Portugal, proveniente do ouro da Guiné. Coincidência ou não, o fato é que Dom João, sem mais aquela, enviou um presente opulento, extraordinário — 30 mil pesos de ouro — ao rei de Nápoles. Outra coincidência: o presente chegou no preciso momento da reaproximação entre o dito monarca e o papa.[12]

O fundador do Brasil

Na reta final de Tordesilhas, e aparentemente para mostrar um mínimo de flexibilidade, Dom João aceitou a fixação de **dois meridianos**, certo de que nada lhe custaria: um a 250, outro a 370 léguas a oeste de Cabo Verde. O primeiro, porém, foi o que hoje se chamaria de "disposição transitória". Só teria valor se Colombo, então em sua segunda viagem, viesse a encontrar novas terras **antes de 20 de junho**, ou seja, apenas 11 dias após a assinatura do tratado. Caso contrário, o meridiano de 370 léguas é que vigoraria para todo o sempre como divisória entre os dois países.

Que poderia significar essa estranha fixação de dois meridianos? Colombo, àquela altura, só havia descoberto as três ilhas do Caribe, nem sequer suspeitava do continente a que os portugueses chamavam de Sete Cidades. Se tivesse descoberto outros territórios, ou o próprio Novo Mundo, antes da data estipulada, tais descobertas teriam provocado discussões e lançado dúvidas sobre a validade do tratado. Ora, a esdrúxula cláusula varreu, por antecipação, tal dificuldade, definindo inequivocamente a linha divisória. O meridiano de 250 léguas já assegurava uma boa parte do Brasil; o de 370 chegava folgadamente à embocadura do Amazonas. Como Colombo nada descobriu naqueles onze dias, a segunda linha ficou definitiva, já sem a menor margem de controvérsia.

O detalhe dos dois meridianos, as precauções meticulosas para garantir a Portugal uma vasta extensão de terra no futuro, revelam a amplitude dos conhecimentos, a visão estratégica e a experiência marítima com que o grande rei logrou se impor à inexperiência de Castela. Esses detalhes das negociações são omissos na maior parte dos estudos publicados, o que levou o pesquisador Joaquim Bensaúde a concluir que foi Dom João o verdadeiro fundador do Brasil.

Com efeito, diz ele, no momento da assinatura em Tordesilhas, ninguém poderia suspeitar que o tratado contivesse, embutidas, duas grandes surpresas, verdadeiras bombas de retardamento, como que programadas para explodir poucos anos depois, já não mais em vida de Dom João. A primeira, a materialização do sonho de chegar às Índias pelo cabo da Boa Esperança, rota que se tornou apanágio exclusivo de Portugal. O mistério em torno do projeto só se dissipou realmente com a chegada de Vasco da Gama a Calicute, em maio de 1498. Foi como uma clarinada anunciando que, sem guerras, sem conflitos sangrentos, o comércio oriental da Itália e do Mediterrâneo estava com os dias contados. A estrela que ora luzia sobre todas as demais era a portuguesa. Castela entraria em estado de choque. Ponto final no sonho de Colombo de alcançar as Índias. Fúria e frustração do genovês. O que esse soberbo historiador definiu como o

> segundo ato da comédia da partilha do mundo entre dois povos se desenrolou em 1500, quando da viagem d'Álvares Cabral. Foi o momento propício para descobrir oficialmente o Brasil e anunciar a última surpresa oculta no célebre tratado.[13]

*

Inimaginável que um pequeno povo, imprensado entre a meseta de Castela e o mar, recursos escassos e rivais poderosos, pudesse, na virada do século XV, celebrar, a um tempo, a chegada de Vasco da Gama à Índia, a de Corte-Real à Terra Nova e a de Cabral ao Brasil. Império gigantesco, onde o sol efetivamente não se punha, senhor do comércio e navegação entre continentes. A Lisboa manuelina passou a ser a encruzilhada de todos os caminhos, dos interesses e ambições do mundo conhecido. Especiarias do Oriente, louças da China, rendas do Ceilão, panos da Pérsia, o marfim, o ouro, a prata, as pedras preciosas. Meu professor de história, Basílio de Magalhães, gostava de lembrar, a propósito da opulência lisboeta de então, que em uma só rua havia três casas especializadas em perfumar... luvas. Com o advento do surto manufatureiro, o açúcar deixaria de ser especiaria para adquirir a condição de mercadoria de uso corrente, o que hoje chamamos *commodities* ou "produtos de base". Graças às descobertas insulares no Atlântico

(Madeira, Açores) onde implantou a cultura da cana-de-açúcar, o minúsculo reino tornou-se produtor suficientemente importante para influir nos preços. Em 1496, um ato real limitou a produção para estabilizar os preços, manobra a que nos acostumamos nos nossos dias.

O agora famoso *Esmeraldo de situ orbis*

Uma vez assinado o Tratado de Tordesilhas, ratificado sem demora, nada mais natural que os portugueses se apressassem em localizar as terras que se encontravam na sua parte da divisão. Não podiam ignorar que pequenas frotas espanholas estavam explorando a mesma região e que algumas já teriam mesmo tocado em pontos do que seria, pouco depois, o litoral brasileiro. Com efeito, está razoavelmente documentado, por exemplo, que Vicente Yañez Pinzón velejou pela nossa costa norte em janeiro de 1500, no que foi logo seguido por Diego de Lepe.

Já não parece tampouco haver dúvida de que Duarte Pacheco Pereira, um dos negociadores de Tordesilhas, foi enviado em missão secreta ao Brasil cerca de um ano e meio antes da chegada de Cabral. O que causa perplexidade é ter sido a missão cercada de tanto sigilo, quando já estava formalmente assegurada a Portugal a posse das terras que encontrasse a leste do meridiano consagrado pelo tratado. O fato de Colombo e seus capitães estarem convencidos de que ao sul das Antilhas deveriam encontrar outras ilhas, talvez todo um continente, não deveria mais assustar Dom Manuel.

Qual, então, a razão do sigilo? Não escapou a Jaime Cortesão nem a Luciano Pereira da Silva o vínculo entre a expedição de Duarte Pereira e a terceira viagem de Colombo à América. Como esta ocorreu em 1498, após a assinatura de Tordesilhas, natural que Dom Manuel se apressasse em mandar um cosmógrafo experiente não apenas para verificar a existência de terras dentro da linha do hemisfério português mas, sobretudo, para se prevenir contra reivindicações exageradas de Colombo. O sigilo total em torno dessa viagem seria devido ao fato de Duarte haver também visitado áreas proibidas pelo Tratado, de soberania duvidosa ou francamente litigiosa.

O fato é que o navegador, com sua competência invulgar não apenas deu cumprimento à missão, como a registrou em livro escrito entre 1505-1507, *Esmeraldo de situ orbis*, que ficou desaparecido durante quase quatro séculos. O trecho aqui transcrito é de extrema precisão:

> ... no terceiro ano do Vosso reinado, no ano de Nosso Senhor de 1498, Vossa Alteza nos mandou descobrir a parte ocidental, passando além da grandeza do mar oceano, onde é achada e navegada uma grande terra firme com muitas ilhas adjacentes a ela, que se estende a setenta graus de ladeza da linha equinocial contra o polo Árctico, e, posto que seja assaz fora, é grandemente povoada [...] e tanto se dilata sua grandeza e corre com muita largura, que de uma parte nem da outra não foi visto nem sabido o fim e cabo dela [...] E, indo por esta costa sobredita, do mesmo círculo equinocial em diante, por vinte e oito graus de ladeza contra o pólo Antárctico, é achado nela muito e fino brasil com outras muitas cousas de que os navios nestes reinos vêm grandemente carregados.

No desempenho da missão que o rei lhe confiou pessoalmente, Duarte Pacheco Pereira coligiu observações bastante detalhadas sobre as regiões equatoriais da África e da América. Como fazê-lo, se cá não tivesse estado efetivamente? Como poderia o cosmógrafo, de outro modo, registrar comparações tão corretas e circunstanciadas entre a natureza e os homens dos dois continentes? No litoral sul-americano, a floresta equatorial se estende até aos lençóis maranhenses ("linha de costa formada por dunas de areia de cor branca... que constituem uma notável marca para a navegação"), verificando-se a partir daí tão significativas diferenças na botânica da faixa litorânea que a tornam insusceptível de qualquer tipo de confronto com a exuberante vegetação africana.

Com sua indiscutível autoridade, Jaime Cortesão não hesita em estabelecer como "facto assente" a viagem de Duarte Pacheco à América, em 1498. Quanto à região da "quarta parte" que teria visitado, entende que a resposta se encontra no capítulo 7º do primeiro livro do *Esmeraldo*, em tábua que aponta os graus de *ladeza*, em relação aos pólos ártico e antártico, de vários lugares da Europa, Ásia e África; em relação à parte, anotou os graus de *ladeza* de 18 ilhas, cabos, angras, rios e portos "da terra do Brasil d'aleem do mar Oceano" entre três e 28 graus contra o pólo antártico. Se o cosmógrafo tivesse visitado outros pontos da América, argumenta Bensaúde, "não teria deixado de apontar-lhes, nesse longo capítulo, os graus de *ladeza* respectivos". Conclui, assim, que a viagem de 1498 "foi de descobrimento ou, talvez, mais propriamente, de reconhecimento do mesmo Brasil".

Referindo-se ao descobrimento formal, Jaime Cortesão procura explicar a presença a bordo de uma personalidade da projeção de Duarte Pacheco — "grande capitão, um dos maiores navegadores e cosmógrafos do seu tempo" —, sem que os cronistas lhe atribuam qualquer função. Pergunto: como terá podido passar despercebido alguém que "ombreava em nobreza com alguns capitães da armada, mas os excedia a todos em sabedoria e ânimo"? Homem em quem El-rei depositava tanta confiança que o nomeou, pouco depois, capitão-mor dos mares da Índia, destinado a assentar, com a fortaleza de Cochim, as bases do império oriental português? Segundo Cortesão, o mesmo silêncio guardado em relação a outras expedições imediatamente anteriores à de Duarte Pacheco explica não ter chegado aos cronistas a notícia da viagem de 1498. A presença do grande capitão a bordo, "de princípio singularmente misteriosa, acaba não só por se tornar lógica mas necessária para a perfeita compreensão da viagem de Cabral".[14]

Dentre os estudiosos estrangeiros que esquadrinharam a intimidade dos descobrimentos, destaca-se o americano Henry Vignaud. Em obra monumental, *Americ Vespuce [1451-1512]*, foi categórico: "No que se refere a Cabral, não há a menor dúvida de que não foi o primeiro descobridor português do Brasil."

Segundo o balanço de Jorge Couto, da Universidade de Lisboa e principal especialista em história do Brasil,

- Dom Manuel decidiu, em outubro de 1498, enviar uma expedição para determinar *in loco* a localização do meridiano de demarcação dos domínios lusos e castelhanos, bem como averiguar a existência de terras na área de jurisdição portuguesa.
- Para atingir esse desiderato, o monarca encarregou Pacheco Pereira de "descobrir a parte ocidental, passando além a grandeza do mar oceano". Ninguém mais capacitado para a missão, pois havia muitos anos se dedicava à determinação de latitudes e à exploração da costa e dos rios africanos, havendo participado ativamente das negociações de Tordesilhas, na condição de conselheiro técnico da representação portuguesa.
- Devido às dificuldades existentes na determinação da longitude a bordo, o processo técnico mais eficaz para a fixação da linha divisória (até o advento do cronômetro marítimo, descoberto por John Harrison em 1757) consistia em "marcar pelo equador a linha de demarcação, pois os graus de longitude deviam ser aí iguais aos de latitude", segundo sustentavam os mais categorizados cosmógrafos no final do século XV.
- Em novembro de 1498, Pacheco Pereira, a partir de uma ilha de Cabo Verde (ponto de partida que utiliza na sua obra para efetuar o cálculo da linha divisória de Tordesilhas) terá iniciado a viagem em direção à "quarta parte" do mundo, adotando o rumo sudoeste.

- Ao entrar na zona onde se faz sentir a influência da corrente equatorial, "fechou ligeiramente para o sul o seu rumo, de modo a compensar o arrastamento para oeste causado por aquelas correntes", avistando o litoral brasileiro por volta dos 2º N. Na aproximação à terra, o navegador terá iniciado, em novembro-dezembro, a exploração da porção norte da costa maranhense, do estuário do Amazonas e de uma parte da orla marítima setentrional da América do Sul.

O Aquiles Lusitano (batismo de Camões) "deixa claramente entender que a linha de demarcação é o meridiano que corre 36º a oeste do de Lisboa, pelo que este encontra o litoral brasileiro na foz do Turiaçu (1º20'S)", razão pela qual a zona de soberania portuguesa apenas se iniciaria nessa latitude, excluindo, por conseguinte, uma parte do litoral maranhense e a totalidade do paraense, considerados como da esfera de influência castelhana. "Esse motivo — de cariz político-diplomático — explicaria que Portugal não tivesse divulgado as descobertas que efetuou, respondendo, assim, às interrogações colocadas sobre as razões que teriam estado na origem da ocultação dos resultados obtidos por aquela expedição."[15]

Difícil manter o sigilo àquela altura. Espiões, de um lado e de outro, notadamente nas capitais ibéricas, caçavam tudo quanto dissesse respeito à geografia, tais como cartas de marear, relações de viagens, roteiros, com o mesmo interesse dos espiões modernos pelas armas atômicas. Não foram raros os casos de suborno de cartógrafos manuelinos por agentes espanhóis. Filipe II chegou a colocar um eminente cosmógrafo italiano, Giovanni Battista Gesio, como "auxiliar" do seu embaixador em Lisboa, João de Borja. Hoje, seria um "adido científico". Entre o material remetido a Madri pelo espião encontra-se cópia do "livro de cosmografia e marinharia" de Pacheco Pereira, cujo rigor e mérito são particularmente salientados.

Essa "inteligência" foi julgada de extrema importância na delimitação de fronteiras no Novo Mundo e no Oriente. No documento conhecido como *Memorial de la Mejorada*, que figura entre os *Textos y documentos* de Colombo, o almirante contesta que o Tratado de Tordesilhas permitisse a Portugal efetuar viagens a partir do Cabo da Boa Esperança, designadamente à Índia, e acusa Dom Manuel de violação deliberada do meridiano de demarcação por, além de aparelhar uma esquadra para descobrir o Caminho Marítimo das Índias, ter mandado explorar a região noroeste (Pero de Barcelos, João Fernandes Lavrador e Gaspar Corte-Real) e enviado uma expedição ao poente, ou seja, precisamente a do requintado autor do *Esmeraldo de situ orbis*, que nos visitou antes de Cabral.[16]

De todo modo, estão longe de ser unânimes as opiniões em torno dessa viagem precursora ao Brasil. Chegou a ser intensa a controvérsia que provocou entre pesquisadores. Alguns desceram, inclusive, à análise lógica e léxica das principais passagens do *Esmeraldo*. Discrepâncias de ordem semântica chegaram ao ponto de envolver a freqüência de uso de anacolutos pelo autor.[17] (Para evitar que alguém tenha de correr ao Aurélio, como no meu caso, explico tratar-se de figura de sintaxe que consiste no emprego de um relativo sem antecedentes, ou na mudança abrupta de construção.)

A política do sigilo

Um comentário final sobre o assunto. No opulento *Dicionário de história de Portugal*, em seis volumes, dirigido por Joel Serrão, observo que o verbete "Rui de Pina" (1440?-1522) é particularmente extenso. Explica-se por que o personagem, já citado mais de uma vez neste capítulo, exerceu numerosas missões diplomáticas, em momentos extremamente delicados para o reino. Presenciou os acontecimentos mais relevantes do governo de Dom João II, inclusive a execução do duque de Bragança (1483) e a morte do próprio rei (1495), que o nomeara testamenteiro. Dom Manuel não apenas lhe confirmou todas as mercês como o nomeou cronista-mor do reino, guarda-mor da Torre do Tombo e, como se não bastasse, também da Livraria Real, cargos que manteve até a morte, tendo sido sucedido pelo filho, Fernão de Pina. Foi, assim, o guardião-mor de todos os segredos de Estado, de todas as intimidades da realeza. Com o seu nome correm as crônicas de nove ou dez soberanos.

Ora, o dicionário aponta, nas crônicas dos reis de Avis, o que qualificou de lacuna grave:

> a omissão de factos importantes dos Descobrimentos que ele de forma alguma podia desconhecer, dispondo, como dispunha, de uma larga documentação; na crónica de D. Duarte, não se refere às viagens africanas ou atlânticas; na de D. Afonso V dedica à política dos Descobrimentos um pobre capítulo em que refere só as henriquinas, esquecendo todos os outros, dizendo apenas o seguinte: *Acharam-se e povoaram-se as ilhas da Madeira e os navios henriquinos alcançaram a serra Leoa* (ponto final). Na de D. João II há apenas dois sobre o assunto; não cita a viagem de Bartolomeu Dias e toca ao de leve nas diligências do rei para atingir o Preste João. Da leitura das suas crónicas, como afirma Jaime Cortesão, só se pode concluir *que a empresa marítima e colonizadora era um acidente mínimo na vida nacional.* Sugere este historiador que estas omissões eram propositadas pela política de sigilo.

Com efeito, a descoberta do Brasil em nada fez atenuar as cautelas de Lisboa. Uma lei de 1504 chegou a proibir expressamente os cartógrafos de estenderem seus mapas além do equador. "Mas a pressão externa tornou-se excessiva, agentes secretos eram enviados a Lisboa para comprar informações a peso de ouro."[18]

Como a prioridade máxima era chegar à Índia, seria natural que terras porventura descobertas por Portugal no Ocidente fossem "preservadas" para mais adiante, quando já estivessem disponíveis os recursos fabulosos que certamente fluiriam do acesso direto às especiarias. A única maneira de preservá-las foi o sigilo total sobre qualquer descoberta.

Cumpre ter presente que Portugal se lançou à obra das descobertas desde 1416, enquanto a Espanha somente deu os primeiros passos com Colombo, ou seja, um atraso de 76 anos. Mas os portugueses sabiam que essa dianteira na corrida colonialista não poderia durar. A Inquisição tornou-se uma "aliada" inesperada. Os estragos que produziu na Espanha começaram em 1478, ao passo que em Portugal só muito mais tarde, em 1536. Esse espaço de 58 anos explica em boa parte os sucessos de Portugal. Enquanto os desvarios de Torquemada devastavam a Espanha, produzindo tremenda fuga de cérebros em seis décadas de autos-de-fé, os portugueses se concentravam na criação de seu império ultramarino. Mas sempre conscientes de que, cedo ou tarde, os vizinhos poderosos seriam os mais temíveis competidores.

Daí, sem dúvida, as precauções, a política invariável do sigilo. Quando a Inquisição se implantou em Portugal, as descobertas estavam concluídas. Mas esse ano — 1536 — assinala também o começo da *débâcle* portuguesa.

*

De toda maneira, a pesquisa em torno dos precursores de Cabral é válida, deve continuar, eu mesmo ainda penso lançar-me nela. Mas sempre tendo presente que o mérito do "achamento" não deve ser um fim em si mesmo. Demonstrar que outros chegaram ao Brasil antes dele oferece interesse relativo, e não pode ser tratado como competição esportiva. Importante é conhecer melhor o quadro geral na época dos descobrimentos, desvendar o que se esconde nas brumas da política portuguesa de segredo absoluto. Dúvidas persistem. Quando se pergunta, por exemplo, que vantagem oferecia o silêncio de Dom João II se o que legitimava a posse era a prioridade dos descobrimentos, parece-me válida, em resposta, outra indagação: então por que Dom João contestou a posse de terras por Colombo, invocando "direitos"?

Mas qualquer que seja o resultado, em nada afetará a consagração que merece Pedro Álvares Cabral. Não apenas pela chegada a Porto Seguro, mas por ter sido o primeiro a ligar os quatro continentes. Tem toda razão o nosso maior especialista no assunto, Max Justo Guedes, em sua peroração: "Não importa quem chegou antes, foi Cabral quem fundou o Brasil."

NOTAS

1. Richard W. Unger, *Portuguese Shipbuilding and the Early Voyages to the Guinea Coast*, in *Vice-Almirante A. Teixeira da Mota in Memoriam*, vol. I, Academia de Marinha, Instituto de Investigação Científica Tropical, Lisboa, 1987, pp. 229-249.
2. In João Martins da Silva Marques, *Descobrimentos portugueses*, vol. III, *1461-1500*, Lisboa, 1971, apud Jorge Couto, *A construção do Brasil*, Edições Cosmos, Lisboa, 1997.
3. Max Justo Guedes, *O descobrimento do Brasil*, Coleção Documenta Histórica, Vega, Lisboa, 1999.
4. In Jaime Cortesão, *Os descobrimentos portugueses*, vol. IV, p. 944, apud Synesio Sampaio Goes Filho, *Navegantes, bandeirantes, diplomatas*, Martins Fontes, São Paulo, 1999.
5. Synesio Sampaio Goes Filho, op. cit. O Tratado de Alcáçovas foi altamente inovador, o primeiro a decidir o destino de áreas ainda desconhecidas. Max Justo Guedes compartilhou essa interpretação (*O descobrimento do Brasil*, 1961, reeditado cinco anos depois pela Marinha do Brasil) mas acaba de fazer uma retificação que aparecerá em estudo sobre a viagem de Pedro Álvares Cabral, em tomo da *História da Marinha portuguesa*, a ser editada pela Academia da Marinha (Portugal). Dirá o almirante: "Claramente está escrito, repito, a Castela e Leão caberia '*a posse ou quase posse em que estão das ilhas de Canária, convém a saber Lançarote, Palma, Forteventura, a Gomera, o Ferro, Graciosa, a Grã Canária, Tenerife, e todas as outras ilhas de Canária, ganhas ou por ganhar*', ficando o rei de Portugal e o príncipe seu filho (Dom Afonso e Dom João, obviamente) impedidos de lá intrometerem-se: '*em tomar nem ocupar as ditas ilhas de Canária, ganhas ou por ganhar*', Se não bastar a leitura do texto em referência, a bula *Aeterni regis clementia*, do papa Xisto IV (outorgada em Roma, aos 21 de junho de 1481) nos tirará qualquer dúvida, pois reconhece a D. Afonso V e ao príncipe D. João a '*posse ou quase posse em que estão de todos os tratos, terras e resgates de Guiné, com suas minas de ouro com quaesquer outras ilhas, praias ou costas de mar descobertas ou por descobrir, achadas ou por achar, Ilhas da Madeira e Porto Santo, Ilha Deserta e todas as Ilhas chamadas dos Açores e Flores e tam* [bem as] *Ilhas de Cabo Verde e todas as Ilhas que agora achou e quaesquer outras ilhas que se daqui avante acharem ou adquirirem e sto* [sic] *das Ilhas de Canárias* ***além e aquém*** [negrito do almirante] *nos ditos termos todo o que é achado e descoberto fique ao dito rei.*" Conclui Max Justo Guedes: "Estavam, portanto, D. Afonso e o príncipe D. João com as mãos livres para continuarem os descobrimentos africanos na tentativa de alcançar o finisterra do continente e, com isto, as águas do oceano Índico". Não fosse esse o entendimento, argumenta, como poderia Dom João II conceder licenças e fazer promessas "relativas a descobrimentos privados a partir das ilhas atlânticas portuguesas ao norte das Canárias?"

6. In H. Van der Linden, *Alexandre VI and the Demarcation of the Maritime and Colonial Domains of Spain and Portugal, 1493-1494*, cit. por Jaime Cortesão, *História dos descobrimentos portugueses*, vol. II, Lisboa, 1979, in Jorge Couto, *A construção do Brasil*, Edições Cosmos, Lisboa, 1997.
7. Filho de Luís XI, em cujo reinado se estreitaram os laços com o Piemonte e a Lombardia. O espírito de aventura então reinante propiciou o envolvimento francês na areia movediça do mosaico italiano. A campanha de Carlos VIII acabou mal, mas teve um início brilhante: entrada aparatosa em Roma, seguida de cavalgada até Nápoles. "*Ce fut une vraie guerre de magnificence*", assinalou Jacques Bainville em sua clássica *Histoire de France*. Savonarola, em Florença, saudou o soberano francês como, a um tempo, libertador e vingador.
8. Cf. Rui de Pina, *Croniqua DelRey Dom Joham II*, ed. de Alberto Martins de Carvalho, Coimbra, 1959, pp. 185-86, in Jorge Couto, op. cit.
9. Jaime Cortesão, op. cit.
10. Joaquim Bensaúde, *Astronomie nautique*, in J. Bensaúde, *Lacunes et surprises de l'histoire des découvertes maritimes*, Coimbra, Imprensa da Universidade, 1930.
11. In Garcia de Resende, *Crônica de Dom. João II*, cap. 184, apud J. Bensaúde, op. cit.
12. Idem, ibid.
13. Joaquim Bensaúde, *Lacunes et surprises de l'histoire des découvertes maritimes*, Coimbra, Imprensa da Universidade, 1930.
14. Jaime Cortesão, op. cit.
15. Jorge Couto, op. cit.
16. Jorge Couto, op. cit.
17. Joaquim Barradas de Carvalho, *À la recherche de la spécificité de la renaissance portugaise: l'"Esmeraldo de Situ Orbis" de Duarte Pacheco Pereira et la littérature portugaise de voyages à l'époque des grandes découvertes: contribution à l'étude des origines de la pensée moderne*, Fondation Gulbenkian, Paris, 1983. A referência que fiz se reporta à análise citada, de Luciano Pereira da Silva, em que declara: "*L'écrivain laissait sa plume courir après ses pensées, écrivant comme il parlait, ce qui fait qu'il tombait naturellement en des anacoluthes, ou par interruption, ou par brusques changements de construction, résultant de l'interférence de longues périodes dépendantes, le sens restant, pourtant, assez clair.*"
18. E. de Vasconcellos, *Subsídios para a história da cartografia*, Lisboa, 1916, p. 5, apud J. Bensaúde, *Histoire de la Science Nautique Portugaise, Résumé*, Genebra, A. Kundig, 1917.

5.

Meu reencontro com o Bisagudo ou Crônica de uma morte não anunciada

E Pero Vaz escreve a carta da
Terra
e o físico Mestre João, bacharel e
cosmógrafo,
escreve a carta do céu
e ilustra as linhas com desenho de
sua mão
e *aparecem as constelações, e as*
estrelas da Guarda
persignam o Cruzeiro do Sul
na noite de Porto Seguro

Gerardo de Mello Mourão, *Invenção do mar*

Dentre os autores brasileiros, o primeiro a contestar a chamada "tese da casualidade" foi Joaquim Norberto de Souza e Silva, em memória publicada na *Revista do Instituto Histórico* (1852).[1] O ponto de partida de sua argumentação foi o trecho da carta em que mestre João informa a Dom Manuel:

> Quanto, Senhor, ao sítio desta terra, mande Vossa Alteza trazer um mapa-múndi que tem Pero Vaz Bisagudo e por aí poderá ver Vossa Alteza o sítio desta terra; mas, aquele mapa-múndi não certifica esta terra ser habitada ou não; é mapa-múndi antigo, e ali achará Vossa Alteza escrita também a Mina. [Costa da Mina, no litoral africano].

Na minha mocidade, interessado pelas circunstâncias do "achamento" do Brasil, li com grande atenção essa comunicação de Souza e Silva. Logo depois, senti o vínculo com diferentes passagens do livro de Joaquim Bensaúde, *Lacunes et surprises de l'histoire des découvertes maritimes*. Ao fazer o balanço do esforço náutico português, esse historiador conclui que ainda havia muito a esclarecer e a revelar no que chamou de "ciclo de viagens anteriores a Colombo". Viagens, continuou, "que conduziram à partilha do mundo entre Portugal e a Espanha em 1494 pelo Tratado de Tordesilhas e sobre bases perfeitamente determinadas".

Ainda sobre o mesmo ponto:

> Os elementos que possuímos a esse respeito, a capacidade de previsão de Dom João II, a minúcia dos detalhes dos seus planos, e os resultados aos quais se pode chegar permitem entrever um conhecimento seguro dos países que Colombo acabara de descobrir no Ocidente, eis o grande capítulo que nos resta ainda a destrinchar.[2]

No verdor dos vinte e poucos anos, dispus-me a trabalhar no sentido de "destrinchar" o enigma. Li o que pude, encomendei livros na Europa, tomei inúmeras notas, fiz conjeturas e, em dado momento, topei com algo particularmente excitante — a pista de uma carta que o rei de Portugal teria enviado ao papa, debaixo do mais absoluto sigilo, é claro, para não despertar as ambições de sua poderosa vizinha. Nessa carta, contava que um seu navegador, que presumi pudesse ter sido Pero Vaz da Cunha, mais conhecido como Bisagudo, havia descoberto uma terra vasta e opulenta no outro extremo do mar Oceano — em outras palavras, concluí, o Brasil. Minha ambição passou a ser encontrar essa carta nos arquivos do Vaticano. Cheguei a servir três anos em Roma mas, infelizmente, as responsabilidades do posto não me deram a menor possibilidade de me embrenhar naqueles arquivos.

Figura singular, esse Bisagudo. Deixou-me a sensação de ter tido com ele alguns encontros e muitos desencontros. Seu nome, por exemplo, poderia surgir num documento, para surpresa minha, e não em outros, em que contava encontrá-lo. Quem era, em realidade, ninguém sabe ao certo, nem tampouco ao certo o que fazia.

Longe de mim querer alongar este capítulo, mas não vejo como privar o leitor de alguns elementos capazes de nos ajudar, a ele e a mim, a desvendar o enigma. Sendo imperativo conhecer melhor o que fazia nos bastidores esse agente de confiança de Dom João II, este relato não poderia omitir, por exemplo, os indícios de envolvimento do Bisagudo em tentativa de subversão da ordem interna da Inglaterra, em 1491, e isso pouco depois dos eventos que constituem o objeto central deste capítulo. Tratou-se, nada mais nada menos, do movimento para depor Henrique VII, primeiro da casa de Tudor, em benefício da casa de York, na pessoa de Ricardo, duque de York, único filho sobrevivente de Eduardo IV.

O leitor por certo se lembrará da Guerra das Duas Rosas, entre as casas de York e de Lancaster, e também que, morto Eduardo IV em 1483, seu filho de 12 anos o sucedeu como Eduardo V. O jovem rei e seu irmão mais moço foram prontamente trancafiados na Torre de Londres pelo tio paterno, Ricardo Plantageneta, duque de Gloucester. Este último foi feito Ricardo III (1483) e, pouco depois da coroação, os dois meninos desapareceram, ou foram mortos. Passados apenas dois anos, Ricardo III é morto na batalha de Bosworth Field, a última da Guerra das Duas Rosas, e com ele se extinguiu a casa de York. O vencedor foi Henry Tudor, conde de Richmond, que subiu ao trono como Henrique VII. Por via das dúvidas, para reforçar sua posição, casou-se com Elizabeth, filha do último rei da casa de York.

Muito me surpreenderia se o leitor soubesse que, um belo dia, já no sexto ano do reinado de Henrique VII, um jovem apareceu na Irlanda, declarou ser o duque de York e recebeu apoio imediato dos partidários de sua causa. O fato causou comoção no país e na Europa, não tardando seu reconhecimento como rei da Inglaterra por parte da Irlanda e da Dinamarca, além de Carlos VIII da França, Maximiliano I, imperador do Sacro Império Romano Germânico, Margaret, duquesa de Borgonha, e Jaime IV da Escócia. Uma prima deste último se casaria com o recém-aparecido pretendente em 1495.

Dois anos depois, o pretendente desembarcou na Cornualha, proclamou-se Ricardo IV, reuniu um exército para enfrentar as tropas de Henrique VII. Batido e feito prisioneiro, confessou, por escrito, ser um impostor, e forneceu sua verdadeira identidade: Perkin Warbeck, nascido em Tournai, hoje Bélgica. Em 1499, ele e o conde de Warwick foram enforcados por complô contra o rei. E daí?, perguntará o leitor, com inteira razão, ao que respondo. Pouco antes dos acontecimentos descritos, Perkin Warbeck morou um ano em Portugal. Onde? Na casa do Bisagudo, enquanto procurava reunir elementos para invadir a Inglaterra.

O historiador inglês James Gairdner, sumariando a confissão do aventureiro, confirma o fato, dizendo que ele passou, efetivamente, um ano em Portugal a serviço de um fidalgo chamado "Pero Vacz de Cogna", que só tinha um olho.[3]

Retomo a narração lembrando que o meu primeiro encontro com o personagem que tanto me intrigou foi na carta de mestre João. Desde então, uma intriga depois da outra, como veremos adiante.

O piloto-mestre João Faras, bacharel em artes e medicina, era cirurgião (médico) do rei Dom Manuel, além de astrônomo reputado e tradutor para o espanhol da *Cosmografia* de Pomponius. Sua hoje célebre carta, também divulgadíssima durante as comemorações do quinto centenário, foi escrita no dia seguinte ao do desembarque em Porto Seguro. O objeto específico era dar conta ao soberano da posição exata em que se encontrava a frota de Cabral. Pelo seu teor, vê-se que mestre João era, efetivamente, o principal encarregado das observações astronômicas durante a viagem. Nesse documento singular, extraviado durante séculos, o mestre relata a Dom Manuel os cálculos que efetuou na praia, pois nutria dúvidas quanto à precisão das observações realizadas em alto-mar. Em outras palavras, não contente com a observação feita a bordo da nau capitânia, levou a terra os instrumentos que possuía, a fim de comprová-la, ou não. Efetivamente, os pilotos haviam calculado um ponto bastante mais a oeste, quase na altura de Brasília.

Segundo o astrônomo Ronaldo Rogério de Freitas Mourão, os 17° de latitude austral computados por mestre João constituem "valor muito próximo do real de 16 graus austral". Ao analisar o trecho da carta — "julgamos estar afastados do equinocial [equador] por 17 graus" —, Mourão comenta que com essa simples frase mestre João enunciou o teorema elementar da astronomia esférica: a latitude do lugar é igual à altura do pólo. O eminente astrônomo assinala ainda que a carta do mestre fornece as primeiras observações sobre as estrelas do pólo antártico e expõe suas experiências pouco satisfatórias com as "Tábuas das Índias", ou seja, o instrumento náutico mostrado a Vasco da Gama pelo chamado "piloto mouro de Melinde". Com efeito, ao regressar a Portugal, Gama levou consigo pilotos árabes que transmitiram as regras de emprego dessas tábuas aos pilotos do nosso Pedr'Álvares.

Ao se referir a esta mesma passagem da carta de mestre João, o professor Jorge Couto acrescenta que um historiador da náutica chegou à conclusão de que o "mapa-múndi" do Bisagudo *tinha marcadas as latitudes*, isto é, tinha desenhado *um meridiano graduado em graus*, pois só assim poderia Dom Manuel verificar o "sítio desta terra", que mestre João indicava estar em 17° S.[4]

Na carta ao soberano, mestre João discorre sobre detalhes técnicos com a naturalidade de quem se dirige a um colega de ofício. "No mar é melhor reger-se pela altura do Sol do que pela altura das estrelas e vale mais usar um astrolábio do que um quadrante ou qualquer outro instrumento." Mais adiante, quase *en passant*, é que mestre João invoca, com a maior naturalidade, Pero Vaz (ou Vaaz), o Bisagudo, o navegador que começara a seduzir minha imaginação e a me levar à pesquisa para, um dia, publicar *O Brasil antes de 1500.*

Pero Vaz foi um navegador de confiança dos soberanos portugueses. Desempenhou várias missões, sobre as quais pouco ficou como documentação escrita. Cabe, portanto, a pergunta: por que iria um piloto e cosmógrafo do porte e da reputação do mestre João Faras, integrante mais qualificado da equipe real, dizer ao monarca, num documento de trabalho, que bastaria consultar o mapa-múndi do Bisagudo para identificar a posição exata "desta terra", isto é, da terra que acabava de ser "oficialmente" descoberta?

Foi a indagação que me fiz aos vinte anos e que ainda não foi satisfatoriamente respondida.

Licença para matar?

O ano de 1448, em que os portugueses iniciaram a construção de um forte na ilha de Argüim, na atual Mauritânia,[5] assinalou uma nova e mais fecunda orientação colonial: a de relações comerciais amistosas com as populações locais. Em vez de guerras de conquista, a propagação da fé passou a primeiro plano. Na esteira da conversão dos africanos, não tardaram os dividendos: a intensificação dos laços de comércio, luz verde à penetração colonial. O prestígio adquirido junto aos nativos foi tal que os portugueses chegaram a ser escolhidos como intermediários, ou árbitros, em guerras tribais, sendo-lhes permitido, inclusive, comprar aos vencedores os prisioneiros, para revendê-los, com bons lucros, aos vencidos. Em algumas regiões, o respeito pelos portugueses era tamanho que houve casos de pena de morte a quem ousasse atacá-los. Para dar uma idéia da extensão dos conflitos locais, Joaquim Bensaúde lembra que o rei do Congo, após sua conversão em 1491, mobilizou um exército estimado em 800 mil (sic) homens para submeter um de seus vizinhos.

Bensaúde registra, ainda, que em 1488, Bemoim (ou Bemoí), rei deposto dos Jolofos (no Senegal) deslocou-se a Lisboa para pedir a Dom João que o ajudasse a reconquistar o trono. Tratava-se de reino importante, estrategicamente situado, a primeira etnia negra a vender escravos para os europeus (berberes, fulas, hauçás, mandingas) — "os maiores mercadores que há na Guiné" (Donelha) —, circulavam no entroncamento do Mediterrâneo e do Sudão, de permeio com desertos e savanas, pastores e agricultores, negros e mouros.[6] O horizonte que uma aliança poderia abrir aos desígnios de Portugal não terá escapado a Dom João, que prontamente concordou, impondo, porém, como condição, o batismo prévio de Bemoim, ao que este aquiesceu sem hesitar. Festas concorridas celebraram a conversão do príncipe africano, após o que Dom João fez aparelhar uma esquadra para reconduzi-lo ao poder. O comandante da expedição foi escolhido a dedo: Pero Vaz da Cunha, o Bisagudo. Encargo adicional: construir uma fortaleza no Senegal.

Pano de fundo: o império jalofo

O território jalofo havia estado na esfera de domínio ou de influência do Mali até o século XIV, quando um rei chamado Andiadiane Andiaje se tornou o primeiro *burba* (nome dado a quem era dele o rei dos reis) e conseguiu impor-se sobre vários grupos jalofos e sereres. O império constituiu-se em cinco reinos: o Jalofo propriamente dito, com sua capital a uns trezentos quilômetros do Atlântico, e o Ualo, o Caior, o Baol e o Sine, todos ao longo da costa. Os quatro primeiros eram de etnia jalofa; o quinto, de sereres. Na metade do Quatrocentos, o *burba* assenhoreou-se dos pequenos estados mandingas da margem esquerda do Gâmbia e, cerca de cinqüenta anos depois, o rei de Sine unificou sob seu comando as chefias sereres de Salum, dando origem a uma outra unidade do império jalofo.[7]

Onde entra Bemoim

Durante o reinado do *burba* Biram (já islamizado pela comunicação com os azenegues), quem regia de fato o império era Bemoim, seu irmão uterino. Assassinado Biram por dois outros de seus irmãos, um deles, Cibitah, alçou-se a rei. Bemoim "a eles se opôs e lhes deu guerra", registrou o cronista João de Barros. Daí o insucesso militar de Bemoim, que o levaria a refugiar-se no forte de Argüim, onde pediu para ser conduzido à presença de Dom João II.[8]

O que Bensaúde não contou foi a tragédia que ocorreu logo depois. Tragédia envolta em profundo mistério. Sabe-se, apenas, que houve uma discussão, ou desentendimento, no curso do qual o nosso Bisagudo, de gênio irascível, matou, pura e simplesmente, o rei africano. Isso mesmo, assassinou o monarca confiado à sua guarda.

Vale transcrever o verbete surrealista sobre o Bisagudo, tal como figura na *Grande enciclopédia portuguesa e brasileira*, somente publicada em 1942:

Fidalgo da corte de Dom João II, encarregado por este de acompanhar à África um príncipe negro, de nome Bemoí, chefe dos Jalofos, das margens do Senegal, que, convertido ao cristianismo viera a Lisboa para se fazer batizar. Pero Vaz da Cunha comandava uma esquadra de 20 caravelas, levando a bordo muitos missionários. Tinha ordem de construir uma fortaleza na foz do Senegal. Mas, apenas chegou lá, teve profundas desavenças com Bemoí a ponto de o matar. Regressou sem ter construído a fortaleza. O crime e a desobediência ficaram impunes, contra o costume de Dom João II, porque, segundo Rui de Pina, estavam envoltos no caso muitos personagens importantes. Pero Vaz da Cunha era conhecido pelo nome de Bisagudo.[9]

O recente *Dicionário de história dos descobrimentos portugueses,* direção de Luís de Albuquerque, é pouco mais preciso, porém acrescentou alguns detalhes ao críptico "desavenças com Bemoí a ponto de o matar".[10] Matou, sim, a punhaladas, o senegalês aliado dos portugueses, que o autor do verbete chama respeitosamente de *Dom João Bemoim,* a quem nada valeu a presença no local de numeroso grupo de missionários. O registro do episódio na bibliografia portuguesa é virtualmente inexistente, como se omisso por pudor. Única exceção que encontrei foi a pesquisa de um eminente historiador, A. Teixeira da Mota, *Dom João Bemoim e a expedição portuguesa ao Senegal em 1489*, em que se limitou, porém, a compilar as únicas e escassas referências que catou diligentemente nos escritos dos cronistas do século XVI.

Quando entra a morte inesperada

O que aconteceu ao infortunado chefe africano nada teria a ver com o meu relato se o assassino não fosse o meu velho e esquivo conhecido, Pero Vaz da Cunha, o Bisagudo. Por esta razão, exclusivamente, interessei-me pela inexplicável execução do rei dos jalofos. Como tudo em que se envolveu esse agente d'El-rei, o episódio que nos ocupa é cercado de enigmas e contradições. Se o leitor tiver paciência, começarei pelo começo, da forma mais resumida possível, para que conheça, pelo menos, as circunstâncias que precederam as punhaladas fatais do Bisagudo. Essencial para mim a inteligência do leitor, sobretudo se afeito à obra de Conan Doyle, pois saberá que a chave dos maiores enigmas policiais sempre se encontra em detalhes insignificantes. Encareço, pois, que a leitura prossiga com atenção redobrada.

A *Crônica d'El-rei Dom João II*, de Rui de Pina, escrita durante o reinado de seu sucessor, Dom Manuel, tem um capítulo (XXXVII) intitulado "Como Bemoim foi feito cristão". Segundo o relato, Bemoim, que "com prosperidade e grande poder governou o dito reino de Gelof", enviou a Dom João II, em 1487, um rico presente de ouro e cem escravos com um seu sobrinho como embaixador. Este levou uma grossa manilha de ouro (espécie de pulseira aberta, usada como moeda na África Atlântica) como "carta de crença", pediu auxílio em armas e navios, do que Dom João se escusou alegando proibições papais em virtude de Bemoim não ser cristão.[11]

No ano seguinte, Bemoim, "por traição lançado fora do [seu] reino", consegue, após inúmeras peripécias, chegar a Lisboa com alguns familiares e seguidores. Dom João o recebeu com grande aparato, inclusive recepção em Setúbal com toda a corte e família real. Após as cerimônias, Dom João e Bemoim tiveram um encontro a sós, presente apenas um "língua", após o qual se sucederam "festas de touros e canas e séries de momos e danças em honra dos visitantes". O jalofo maometano foi rapidamente iniciado nas coisas da fé cristã, assistindo, em 1º de novembro (1488), à missa pontifical na igreja de Santa Maria. Dois dias depois, Bemoim e mais seis jalofos compareceram à pia batismal. "Foram seus padrinhos El-rei, a Rainha e o Príncipe, e o duque [futuro Dom Manuel I], e um comissário do Papa, que na corte andava, e o bispo de Tânger, que então era o licenciado Calçadilha."

Com data de 7 de novembro, o senegalês enviou carta ao papa com a notícia da sua conversão e dos bons propósitos que o animavam. No ato do batismo, Bemoim "houve nome Dom João, por amor d'El-rei". Isso feito, o soberano português mandou armar vinte caravelas, tendo por capitão-mor Pedro Vaz da Cunha, "que levava por mandado de fazerem na entrada do Rio Çanaga [Senegal] ua fortaleza que non fosse dada ao dito Bemoim, mas estevesse sempre por El-rei, para o que logo foram muitas pedras e madeiras lavradas." Até aí, tudo muito bem e previsível. Mas era a calma que precede a tempestade.

Ainda uma fonte de inteligência: Agostinho Manoel e Vasconcelos, português *quisling* que pagaria com a vida (1641) seu entusiasmo pela ocupação espanhola de Portugal (1580 a 1640). Em 1639, portanto um ano antes da Restauração portuguesa, havia ele publicado — naturalmente em castelhano — *Vida y Acciones del Rey Don Juan Segundo*, em que se detém no episódio Bemoim. Refere-se, com bastante erudição, aos povos da Senegâmbia e registra depoimentos no sentido de que o nosso príncipe negro "*parecia nacido i criado en lo mejor de Europa i no en aquella parte de Africa tan inculta*". Descreve a acolhida calorosa de Dom João, "*por el primero que se vió en aquel Reino de sus conquistas, i el primero también que le rindió vassalaje i jurô fidelidad, i obediencia a la Sede Apostolica*". Em dado momento, entra em cena o também nosso "*Pedro Vaz de Acuña, que llamavan por mal nombre Bisagudo*". O autor menciona a esquadra que se aparelhava, os numerosos religiosos que se aplicariam à conversão das almas, o plano da fortaleza "*en la boca del Zanagò*", e as esperanças de El-rei, para concluir: "*nada desto que se propuso en este viaje llegò à tener el fin que se desseava*". O leitor é, então, levado à cena do crime, em que verá o Bisagudo, as mãos tintas de sangue, "*matando al pobre Príncipe Jalofo, siendo Cristiano, i estando debaxo de la proteccion del Rei; i aunque le atribuyô culpas de traidor, fue por disculpar su yerro* [punhal], *porque todos le calificarõ siempre por inocente*". Alçando o tom, o cronista prossegue: "*No avia castigo que no mereciesse tan grave maldad.*" Instintivamente, o leitor se pergunta por que, então, não foi punido o assassino? Como que em resposta, o *quisling* luso formula a teoria do envolvimento de terceiros, e em grande número: "*...i assi el Rei queriendo proceder en el caso severamente, **hallò en el tantos cõmplices, que el numero impossibilitò la pena**, pareciendola tambien desmentir la culpa, con mostrar que la ignoraba por no dexar la puerta abierta à que con el exemplo se facilitassem semejantes delitos: **porque no ai duda que quando son tan grandes, i traen consigo alguna novedad, mejor los enmienda el Principe con la dissimulación que con el rigor***" [negritos meus].[12]

Partindo do princípio de que a mola propulsora do comportamento humano é o interesse, procurei saber o que esperava Dom João do seu, já então, "afilhado" e homônimo João Bemoim. Certamente muito. Nas conversas que tiveram, El-rei o terá crivado de perguntas sobre as condições da região, que sabia progressivamente islamizada e avassalada pelo Mali. Em linguagem de hoje, um *briefing* em profundidade, durante o qual Dom João ouviu relatos sobre reis e príncipes africanos, "principalmente de um que ele [Bemoim] chamava rei dos povos Moses, cujo estado começava além de Tungubutu [sic] e s'estendia contra o oriente, o qual não era mouro nem gentio, e que em muitas coisas se conformava em costumes com o povo cristão".[13] Dom João terá logo concluído que o soberano desse povo poderia ser o próprio Preste João, o que cumpria esclarecer. Em tudo isso, é evidente que o interesse político-religioso-militar dos portugueses era inseparável do mercantil. As feitorias portuguesas prosperavam, o tráfico de ouro e de escravos se consolidava, mas os desígnios reais eram provavelmente ainda mais amplos.

Segundo o cronista João de Barros, a estratégia d'El-rei consistia em fazer com que a fortaleza a ser construída pelo Bisagudo fosse

> como porta per que, com ajuda destes povos jalofos que ele esperava em Deus que por meyo deste príncipe Dom Joam Bemoí se converteriam à fé (como se converteo o reino de Congo), podia entrar ao interior daquella gram terra, té chegar ao Preste, de quem elle tanto fundamento fazia para as cousas da Índia.[14]

E não parava aí a expectativa real, como afirma o cronista Rui de Pina, o mais bem informado de todos:

> E ua das coisas mais principais que moveram a El-rei para esta armada, e principalmente para o edeficamento da fortaleza na entrada deste rio, foi a certidão que tinha de o dito rio bem metido no sertão vir pera a cidade de Tambucutu, e por Mombare, em que são os mais ricos tratos e feiras d'ouro que há no mundo, de que toda a Berberia, de levante e poente, até Jerusalém, se provê e abastece crendo que a dita fortaleza pera escápula [apoio] e segurança do trato seria em tal lugar pera os seus e pera as mercadorias grande segurança.

Em face da importância estratégica da área, tão bem explicitada, compreende-se facilmente que Dom João tenha procurado tirar o maior partido possível das desventuras do príncipe africano e com ele acertar as bases de uma implantação portuguesa ainda mais sólida e, sobretudo, rentável. Mas como é que todo esse horizonte de promessas se apaga subitamente, sem explicação plausível?

Rui de Pina se limita a deplorar o episódio:

> E porém todas estas obras, despesas e fundamentos de Bemoim, se tornaram em efeitos de mal, porque depois de o dito Pero Vaz ser arribado e entrado no dito rio, por tomar contra Bemoim suspeitas desleais e de traição, ou mais verdadeiramente com desejo que tinha de se tornar pera o reino, *matou o dito Bemoim a ferro e se tornou logo a este Reino* [grifo meu].

Qual a reação de Dom João II? Terá exigido explicações e, não satisfeito, punido com severidade o seu capitão-mor? Inexplicavelmente, nada aconteceu. O cronista registra apenas que Dom João ficou "muy anojado", e "estranhou muito matarem-no assi, porque sendo em tal erro compreendido, deveram-no trazer como o levaram, pois o tinham sem afronta nem perigo em seu livre poder".

As razões que a história registrou são por demais inverossímeis. Como poderia um homem de confiança do monarca português, já provado em missões de grande responsabilidade, simplesmente matar, com suas próprias mãos, o príncipe negro que lhe fora confiado pelo seu rei e patrão? Como poderia supor que um regicídio semelhante não teria punição exemplar? Licença para matar?

Na crônica de João de Barros (*Ásia, primeira década*, 1552), o capítulo VIII assim se intitula: "Em que se descreve a terra que jaz entre os dous rios Çanagá [Senegal] e Gâmbea, e do curso deles. E como Pero Vaz Bisagudo, que levou o Príncipe Dom João Bemoí, o matou, mal-dizendo que armava traição, a qual morte El-rei muito sentiu." O fato é que a obra parou e El-rei apenas teria ficado descontente. Ponto final.

No capítulo XII ("Do que sucedeo por causa da armada que El-rei mandou em ajuda do Príncipe Dom João Bemoí, assi nas lianças e amizades que El-rei teve com alguns senhores do sertão daquele Guiné", começa a se delinear um outro inesperado. El-rei se dá conta de que a armada que enviara ao Senegal

> não foi tão sem fruito como ele cuidava, ca, se não servio à restituição de Bemoí, aproveitou a bem dos resgates e a se melhor descobrir o sertão daquela terra do que ante se podia fazer.

Quererá isto dizer que Bemoí vivo não fazia a menor falta? Ou que talvez sua morte, longe de atrapalhar os planos reais ("todolos fundamentos que El-rei fazia com sua ida e fortaleza que mandava fazer") poderia tê-los ajudado a frutificar? Nada é claro, mas o cronista começa por salientar que, morto Bemoí, El-rei não deixou de "mandar que se continuassem os resgates do rio Çanagá e Gâmbea, como ordinariamente ante deste caso se fazia". Em duas palavras, como se nada tivesse acontecido. O cronista prossegue:

"Porque os príncipes daquelas partes, como eram costumados ver somente um ou dous navios em seus portos, em que ia gente do mar proue e mal roupada, tinham pequena opinião do estado d'El-rei, posto que os línguas [intérpretes] lhe dissessem o que havia cá no reino. Porém, quando eles viram tantos navios, tanta e tão luzida gente e tamanho aparato de guerra como foi naquela armada, assi os espantou, que de uns em outros per todo aquele Guiné correo aquela fama, com que alevantavam mais a estima acerca da amizade d'El-rei".

Com efeito, na vida real, os benefícios foram aparentemente instantâneos, segundo o cronista, que continua:

E como os mais deles andavam em grandes contendas e guerras entre si, vendo que El-rei somente para restituição de Bemoí mandava tão grossa armada, sem da parte dele, Bemoí, haver mais méritos ante ele que o bom despacho dos seus navios quando vinham ao resgate, movidos de seu interesse, com fundamento de poderem achar em El-rei outra tal ajuda, se lhe necessária fosse, ou com temor de o anojarem, começaram todos, cada um em seu modo, a quem o faria melhor no despacho dos navios, e enviar presentes e recados a El-rei de grandes ofertas. Donde procedeo haver tanta entrada naquela terra, que começou El-rei já mais seguramente por seus mensajeiros mandar recados aos maiores príncipes dela, e entrevir em os negócios que uns com os outros traziam, como amigo conhecido e estimado deles.

É como se o cronista insinuasse que há males que vêm para o bem. Não o faz, porém, nem eu. Mas o balanço das conseqüências parece inequívoco: ausente Bemoim, que ia abrir portas, outros o fizeram, talvez com maior amplitude, rapidez e proveito para Portugal. Teria Dom João concluído que o Bemoim, mesmo de volta ao poder, continuaria, na prática, um "intermediário" entre os mercadores lusos e os reinos vassalos — Ualo, Caior, Baol e Sine — que pagavam tributo e prestavam homenagem ao *burba* jalofo? Neste caso, não seria melhor desmontar de vez o esquema e tratar diretamente com os reinos vassalos?

Conseqüências imediatas?

Sem a menor dúvida, as punhaladas em Bemoim aceleraram a desintegração do império jalofo. Segundo nosso mais conceituado africanista, Alberto da Costa e Silva, os reinos litorâneos açambarcaram, na região, as transações com as caravelas, sem deixarem de mercadejar com os azenegues e as cáfilas do deserto, graças ao sal e ao peixe seco de que dispunham. O comércio transatlântico, ao aumentar a riqueza e o prestígio dos reis da costa, virava de ponta-cabeça o sistema de forças no Senegal. Não só os liberando do grão-jalofo, mas também permitindo que o *bur* de Sine, de origem mandinga, pusesse sob seu comando, no fim do século XV, pouco depois da proeza do Bisagudo ou princípios do XVI, as chefias sereres do rio Salum e desse início ali a um novo Estado.[15]

O cronista João de Barros registrou o envio de luzida missão diplomática integrada por Rodrigo Rabelo, João Colaço e Pero Reinel ao encontro do soberano do Mali "na penúltima ou última década do Quatrocentos", portanto, ao que tudo indica, em data bem próxima da infausta morte de Bemoim.[16]

Que significará a alegação de Rui de Pina, no sentido de que a impunidade e a desobediência do Bisagudo, "contra o costume de Dom João", se deviam ao fato de "estarem envoltos no caso muitos personagens importantes"? Que personagens? Da *entourage* real? Mercadores que exploravam o tráfico na região?

Quando concluir este livro, o episódio permanecerá, para mim, em aberto. Não pretendo desistir enquanto não souber mais, enquanto não desvendar o sentido das instruções secretas de Dom João ao seu homem de confiança, o Bisagudo, notoriamente poupado de qualquer sanção ou sinal de desagrado de seu soberano. Com efeito, a tença de 30 mil reais que lhe outorgara em 1485, não apenas não foi revogada, mas confirmada por Dom Manuel, por carta de 13 de maio de 1497.

Até aqui, o único indício, embora tênue, capaz de contribuir para a solução do enigma se encontra onde menos se imaginaria possível: no brasão de armas da própria vítima. Explico. Em 9 de novembro, ou seja, no mesmo dia da carta em latim ao Sumo Pontífice com os fastos da conversão, Bemoim foi armado cavaleiro por Dom João. Ao registrar o evento, o escriba Rui de Pina assinalou: "Deu-lhe El-rei por armas ua cruz dourada em campo vermelho, bordado o escudo das quinas de Portugal." De honraria igual não se tinha notícia.

Abro aqui brevíssimo parêntese para lembrar que, a rigor, não havia o que estranhar, pois Bemoim não era um simples chefe de tribo, mas senhor de um reino que se estendia do Senegal a Bezeguiche (nome dado à zona da península de Cabo Verde). Toda essa área, segundo Teixeira da Mota, estava "sob o domínio de um só rei, o 'Rei de Jalofe' ou 'Grão-Jalofo' como lhe chamavam os lusitanos, ou seja o 'Bour-ba-Djolof'". Tão importante foi essa monarquia que no mapa-múndi de Henricus Martellus Germanus, na *Insularium Illustratum* (1489?), figura uma legenda alusiva especificamente a Dom João Bemoim como rei do Senegal e de Bezeguiche, seguida de registro da conversão ao cristianismo do homônimo e afilhado de Dom João II: "*novus christianus 1489*".[17]

O leitor interessado poderá encontrar esse mapa na seção de manuscritos do British Museum (Add. Mss. 15760, fls. 68v. 69), ou então em outro códice do mesmo autor na Biblioteca Laurenziana de Florença (Cod. XXIX, 25), com legenda ligeiramente diferente. No segundo caso, melhor mencionar "*mappamondi di Enrico Martello*".

Mas voltemos à "pista" que mencionei, ou seja, o brasão da própria vítima. Encontra-se num livro de armaria quinhentista, conservado no arquivo do conde de Alcáçovas. O autor, Braz Pereira Brandão, foi pajem do livro do infante Dom Fernando e faleceu em 1583, detalhes que apenas parecem destituídos de importância. Já nos referimos ao "visual" das armas de Bemoim, tal como aprovadas por Dom João, sob a inscrição "*Bemoim: Rei de Jalofa*". Mas ainda não ao texto que as acompanha, redigido por Pereira Brandão, onde surge, inopinadamente, um primeiro indício significativo, embora vago, em apoio a uma das teses levantadas.

Depois de definir o agraciado (*Este Rei de Yalofa he grande Reino en tera como em gente / Confina cos Moros do castelo durguim / Sam muito valentes de suas pessoas e os Xerifes de Marocos co esta gente faz a gera*), depois de relatar a chegada a Lisboa do embaixador, seguida da de Bemoim, o batismo, as festas, o ponto culminante foi o presente real:

> ...pera trazer em suas bamdeiras quamdo fose a gera dos Moros... hu escudo com hua crus douro no meo / em campo vermelho representãdo o sange de noso Sñor Jhs. Xpo... com hua orla ao redor com as quinas de Portugal / que foi a maior merce que Rei nunqua deu a seu vasalo fazelo paremte cos Reis de Portugal.

Até aí, tudo estaria muito bem, não fosse a frase seguinte, que já põe tudo a perder. Vejamos: "*ysto durou pouco porque como acabou hua gera que tinha com huos moros seus vezinhos e se emfadasse damdar vestido como cristam e outras cousas não permaneceo nesta santa obra*... Compreensível a dificuldade: andar vestido, em plena selva, como fidalgo de Lisboa, e talvez mais ainda, observar as "outras cousas" impostas aos cristãos. Surge, então, a flechada de Dom João: "*e ñuca mais se el Rei fiou dele*".

Conclui-se, pois, que, antes mesmo das punhaladas, Bemoim já poderia ter perdido as boas graças, ou melhor, a própria confiança d'El-rei, o que me faz voltar à reflexão inicial: licença para matar?

A "pista dos caminhos enviesados"

Minha intenção era já haver encerrado o capítulo. Isso porque, a esta altura, o máximo que posso adiantar ao leitor curioso é que estou seguindo uma pista, pista em que deposito grandes esperanças. Embora não me atraiam as teorias conspiratórias, no caso poderá ser a boa. Mas nada prometo ainda. Se tivesse de escolher um codinome para o meu relato em elaboração, seria *Pista dos caminhos enviesados*. E o leitor, mesmo se não particularmente arguto, verá logo por quê.

Sou forçado a começar por um brevíssimo pano de fundo, isto é, menção à luta surda da nobreza contra Dom João II, personagem central deste capítulo. Ninguém com maior poder de síntese, nem com maior autoridade do que Hélio Vianna, a quem cedo o espaço de um parágrafo de sua *História do Brasil*, em que retrata a situação:

> *Dom João II, o Príncipe Perfeito* (1481-1495), além do desenvolvimento que propiciou à navegação e aos descobrimentos marítimos, *consolidou o prestígio real contra o excessivo poder e as conspirações dos nobres*. Preliminarmente, recolheu contra eles as queixas do povo, nas Cortes reunidas em Évora. Depois, averiguando o entendimento do terceiro duque de Bragança, Dom Fernando, com os soberanos espanhóis, *fê-lo decapitar*. Perdoou, então, ao primo e cunhado Dom Diogo, terceiro duque de Viseu, mas, *reincidindo este na mesma culpa, fê-lo matar em sua presença*. Outros fidalgos, também comprometidos, *foram igualmente castigados*. Aos demais, serviram de escarmento *estas e outras execuções* [grifos meus].

Não é segredo que a autorização para matar existia na tradição portuguesa. A mais celebrada, em prosa e verso, foi a de Inês de Castro, a "que depois de morta foi rainha" no verso de Camões. Casada secretamente com o infante Dom Pedro, herdeiro da Coroa, temeram alguns fidalgos a influência potencial de parentes da futura rainha. Foi quanto bastou para Afonso IV, sétimo rei de Portugal, autorizar o assassinato.

O poder efetivo de Dom João II vinha de longe. Prestigiado pelo pai, Afonso V, o jovem príncipe havia recebido amplos poderes para comandar a exploração da costa africana abaixo do Bojador. Delegação formal, objeto de carta régia de 1480. E esses poderes foram exercidos não apenas com lucidez, mas extrema firmeza. Data desse primeiro ano a ordem de lançar ao mar, sem contemplação, as tripulações de navios estrangeiros encontrados ao sul das Canárias. O regimento que Dom João elaborou para enquadrar a exploração do litoral africano era tão rigoroso e duro que chegou a ser comparado ao dos fenícios. Por isso, terá contrariado interesses e criado, desde cedo, áreas de atrito, além das decorrentes dos abusos do feudalismo que marcaram o reinado de seu pai.

A política oficial, lembra o professor Luís Filipe Thomaz, ao reservar para a Coroa a exploração comercial da costa da África, implicava a apropriação de pelo menos boa parte do tráfego marítimo "e brigava assim, inevitavelmente, com os interesses dos particulares que buscavam explorá-la por sua própria conta". Inexistindo concorrentes sérios ao comércio português, "os particulares preferiam prescindir da proteção do Estado a suportar a concorrência desigual dos seus estancos".[18] Mais uma fonte de ressentimento.

Além de extenso no tempo, o poder de Dom João II foi absoluto na forma em que o exerceu. Ouvia seus conselheiros, mas tomava, ele, as decisões, "sem conselho e contra conselho", como diria Rui de Pina. Em outras palavras: convite persistente à conspiração e ao regicídio. Estou, aliás, reunindo elementos sobre o que me parecem ter sido atentados contra ele, sob a forma de envenenamento. Muito de misterioso aconteceu, muito resta a esclarecer, sobretudo nos seus últimos anos. Mandou e comandou, exceto a própria sucessão. O advento inesperado de Dom Manuel I, o *Venturoso* (1495-1521), propiciado por um capricho do destino, significou a vitória dos seus desafetos, dos afastados do centro de decisões, que subiram finalmente ao poder.

Que tem isto a ver com o Bisagudo? Creio que muito. Encontro indícios de que o episódio do infortunado Bemoim não seria estranho ao conflito permanente entre realeza e aristocracia. Conflito que o almirante Max Justo Guedes qualificou de dificuldades de Dom João em "vergar a alta nobreza do Reino, o que não conseguia, embora suas ações contra a Casa de Bragança, pois o destino que levou Dom Manuel ao trono permitiu fosse restabelecido o *status quo* (mas não devolveu a vida aos dois duques...)."[19] Volta ao *status quo* seria a volta do espírito de cruzada, em prejuízo da exploração comercial, tanto quanto possível pacífica, tal como defendida pela burguesia e alguns setores da nobreza. A retórica inicial de Dom Manuel tinha subjacente a velha política de conquista gradual, porém sistemática, das regiões em poder dos muçulmanos até chegar a Jerusalém. (Não esqueçamos que Afonso V chegou a se lançar à reconquista de Constantinopla, ocupada pelos turcos em 1453, mas teve de se contentar com a praça de Alcácer Ceguer, no estreito de Gibraltar, tomada em 1458.) Alvos a mais curto prazo seriam o Magrebe e ataque ao Egito pelo Mar Vermelho. Esta, a inclinação de muitas facções da aristocracia militar, ou seja, "a expansão guerreira, sob a forma de cruzada para arrebatar territórios à mourama [de mouros] e neles talhar novos domínios, a distribuir entre os nobres".[20] Mas a veemência imperialista do novo rei não tardou a criar divisões na própria nobreza, vitoriosa porém não indiferente aos custos da aventura.

Em *Dom Manuel, a Índia e o Brasil*, de Luís Filipe Thomaz, detectei uma alusão direta e uma indireta ao nosso problema. Referindo-se aos "esforços dos círculos mercantis para manter à distância os monopólios realengos", conclui "que, *por vezes com sucesso*, se opuseram às tentativas joaninas de erguer fortes na Mina, na foz do Lucus *e no Senegal*" (grifos meus). Ora, como já sabemos que, dos três exemplos, somente o último foi frustrado, conclui-se que os mandantes, os articuladores do assassinato que nos ocupa e preocupa, foram "anônimos", isto é, os "círculos mercantis". Confirma-o o professor com todas as letras:

> Sabe-se nomeadamente que o assassínio do príncipe jalofo Dom João Bemoim, *que veio inviabilizar o estabelecimento oficial português na foz do Senegal* [grifo meu] se não deveu a uma mera quizília pessoal entre o chefe negro e Pero Vaz Bisagudo, comandante da expedição que o ia repor no trono, mas a uma autêntica conjura urdida no Reino, em que eram tantos os implicados que El-rei preferiu dissimular e sofrer a culpa a Pero Vaz, 'porque auendo de dar castigo compria que matasse muytos que nisto forão culpados.'

A alusão indireta também oferece interesse, pois tem a ver com o Brasil. Depois de mostrar a cisão na corte entre partidários da cruzada contra os infiéis e os que davam prioridade ao comércio, mormente de especiarias, Thomaz relata que as instruções ao nosso Pedr'Álvares refletiam a segunda tendência. "Antes, porém, que o documento fosse oficialmente entregue a Cabral, alguém, talvez Duarte Galvão, o retocou, de modo a colocar o acento na cruzada e na caça aos vasos de comércio da mourama." A insinuação grave vem no parágrafo seguinte:

> A manobra não deve, por certo, ter agradado ao partido majoritário na corte, que mais ou menos abertamente se opunha ao imperialismo de Dom Manuel. Não admitiria que tentasse, *por meios enviesados como os usados onze anos antes para fazer gorar os planos joaninos de estabelecimento na foz do Senegal, lançar mão de qualquer expediente para desviar da cruzada as atenções do Reino"* [grifo meu].

Atesta, pois, o talentoso professor da Universidade Nova de Lisboa, que 11 anos antes das instruções a Cabral, isto é, quando da infausta viagem do príncipe africano, *meios enviesados* foram empregados "para fazer gorar os planos joaninos".

Só o que nos falta, em realidade, é saber em que time jogou o Bisagudo, de quem recebeu a autorização (ou instrução) para matar seu prisioneiro. Com esta interrogação, encerro de vez o capítulo, mas não ainda as minhas dúvidas, que espero um dia esclarecer. E voltarei ao leitor, de alguma forma.

*

Esqueci foi de contar o que aconteceu com as mulheres e filhos de Bemoim, bem como com os fidalgos que o acompanharam a Lisboa. Um único cronista, Francisco de Lemos Coelho, se preocupou com esse detalhe. Na *Descrição da costa da Guiné*, publicada em 1648, e talvez pelo fato de ter sido escrita em Cabo Verde, consta o registro de que após "matar com suas próprias mãos o príncipe", o Bisagudo "deitou nesta ilha de Santiago de Cabo Verde os fidalgos e molheres que iam com ele". Aparentemente, todos criaram raízes, pois o cronista concluiu que "deles procederam assás famílias nobres, que, ainda que o príncipe foi de gente preta, sempre se teve em muito os que procederam desta função do príncipe Bumugelém" [nome com que Bemoim era também chamado].[21]

*

Morte de um rinoceronte

Em 1513, desembarcou em Lisboa um rinoceronte (unicórnio), oferecido a Dom Manuel I pelo rei de Cambaia, no sudoeste da Índia. Não sabendo o que fazer com o imenso animal, El-rei decide mandá-lo ao papa Leão X juntamente com outros presentes confiados a luzida embaixada. Desgraçadamente, o *Rhinocerus unicornis* morre na viagem, certamente para regozijo da tripulação e de Sua Santidade. Pouco ficou esclarecido sobre a *causa mortis*, se natural ou rinocerocídio. Sabe-se, porém, que o Bisagudo não se encontrava a bordo.

Devidamente empalhado, o perissodáctilo foi retratado em 1515 por Albrecht Dürer. "Na base duma guarita da Torre de Belém os Mestres Canteiros pensaram também em prestar-lhe homenagem."

Annie Marques dos Santos, *A contribuição da língua portuguesa à língua francesa*, publicação do Lycée Français Charles Lepierre, Lisboa, 1989.

NOTAS

1. Joaquim Norberto de Souza e Silva, "O descobrimento do Brasil por Pedro Álvares Cabral foi devido a um mero acaso ou teve ele alguns indícios para isso?" *Revista do Instituto Histórico e Geográfico Brasileiro*, tomo XV, de 1852, p. 125.
2. Joaquim Bensaúde, *Lacunes et surprises de l'histoire des découvertes maritimes*, Coimbra, Imprensa da Universidade, 1930, p. 49.
3. Citado por Henrique Lopes de Mendonça, *Do Restelo a Vera Cruz*, cap. VI do vol. II da *História da colonização portuguesa do Brasil*, Porto, 1923, pp. 59-60.
4. Jorge Couto, op. cit., p. 169.
5. A ilha de Argüim, próxima da costa da atual Mauritânia, foi utilizada como escápula (apoio) do comércio do ouro e de escravos. Acabada de fortificar por Dom João II, foi tomada pelos holandeses em 1637-38, quando Portugal estava sob o domínio dos reis de Espanha.
6. Luiz Felipe de Alencastro, *O trato dos viventes, Formação do Brasil no Atlântico Sul*, Companhia das Letras, São Paulo, 2000; "Memorial de André Donelha", in Antonio Brásio, *Monumenta Missionaria Africana*, 2ª série, Lisboa, 1958-1992.
7. Alberto da Costa e Silva, *A manilha e o libambo*, Nova Fronteira, 2001.
8. João de Barros, *Ásia, primeira década*, Livro III, cap. VI a VIII do vol. 1 da edição revista e prefaciada por António Baião, Coimbra, Imprensa da Universidade, 1932.
9. *Grande enciclopédia portuguesa e brasileira*, Editorial Enciclopédia, Limitada, Lisboa e Rio de Janeiro, 1942.
10. *Dicionário de história dos descobrimentos*, direção de Luís de Albuquerque, Caminha, editor, Lisboa, 1994.
11. Rui de Pina, *Croniqua delrei Dom Joham II*, nova edição com prefácio e notas de Alberto Martins de Carvalho, Coimbra, 1950. Rui de Pina recebeu de Dom João II, em 16 de fevereiro de 1490, portanto logo em seguida ao episódio Bemoim-Bisagudo, o encargo de "escrever e assentar os feitos famosos assi nossos como de nossos Reinos que em nossos dias são passados e ao diante se fazerem".
12. Agustin Manuel y Vasconcelos, *Vida y acciones del Rey Don Juan el Segundo*, 1639.
13. Os "povos Moses" referidos por Bemoim eram certamente os Mossi, do Alto Volta, e que ficam ao sul e não a leste de Tumbuctu.
14. João de Barros, *Ásia, primeira década*, 1552.
15. Alberto da Costa e Silva, op. cit.
16. João de Barros, op. cit.

17. A. Teixeira da Mota, *Dom João Bemoim e a expedição portuguesa ao Senegal em 1489*, Agrupamento de Estudos de Cartografia Antiga, Junta de Investigações do Ultramar, LXIII, Secção de Lisboa, Lisboa, 1971. A pesquisa de Teixeira da Mota é admirável, revela paciência de beneditino, tenacidade e competência. O autor coleta e analisa detalhadamente cada obra, referência, ou crônica em que o episódio foi tratado, ainda que marginalmente. Sem procurar tirar conclusões, ou explicar os acontecimentos, desce aos menores detalhes genealógicos dos Grãos-Jalofos, à correta designação das etnias, às variações e corruptelas de cada nome, topônimo ou patronímico.
18. Luís Filipe Thomaz, *D. Manuel, a Índia e o Brasil*, aula inaugural do Seminário Internacional "A Bahia e a Carreira da Índia", Salvador, dezembro de 2000, em conjunto com o X Seminário Internacional de História Indo-Portuguesa. Prevista próxima edição da totalidade das comunicações do Seminário pela Diretoria do Patrimônio Histórico e Cultural da Marinha.
19. Max Justo Guedes, *A viagem de Pedro Álvares Cabral*, in *História da Marinha portuguesa*, em fase de publicação pela Academia da Marinha (Portugal).
20. Luís Filipe Thomaz, op. cit.
21. O relato de Francisco de Lemos Coelho foi publicado por Damião Peres, *Duas descrições seiscentistas da Guiné*, Lisboa, Academia Portuguesa da História, in A. Teixeira da Mota, op. cit.

6.

O rei do Brasil

" ...a corte de Portugal levantará a sua voz
do seio do novo Império que vai fundar."

Manifesto de Dom João VI, 1º maio 1808

"V. M. acaba de lançar, após uma longa navegação, os alicerces de um estado que deve ser um dia o primeiro do mundo".

Dom Pedro, sobre o decreto de 1815, que elevou o Brasil a reino

Manso e pacato, bonachão e simplório, foi a imagem que ficou. Poltrão mesmo, disseram muitos, em alusão gratuita à migração da família real, como se o minúsculo reino tivesse meios de resistir à máquina de guerra criada pelo imperador dos franceses.

Depois de Trafalgar, Napoleão se convencera da necessidade imperiosa de cortar qualquer via de acesso dos ingleses ao continente. Portugal era a porta que cumpria fechar a qualquer preço. As iniciativas diplomáticas sendo sucessivamente frustradas pelas procrastinações do governo português, não restava senão a opção militar.

Dom João tinha presente a reação de lorde Hankesbury ao diplomata francês que o ameaçara com a ocupação de Lisboa e do Porto caso os ingleses não abandonassem Malta, contentando-se com a ilha do Ceilão:

> If Napoleon invades Portugal, England will invade Portugal's overseas colonies. It will take the Azores and Brazil, two pawns which will be worth much more to it than continental Portugal will be to France.[1]

Se partisse, o reino seria engolido pelos vorazes aliados franco-espanhóis. Mas, se não fosse assumir pessoalmente o controle da América portuguesa, que melhor e mais válido pretexto poderiam os ingleses invocar para se apoderarem dos Açores, da Madeira e de todas as colônias?

Entre dois fogos, Dom João fez a opção certa. Não havia como impedir que seu pequeno reino escapasse aos imperativos da geografia e do desequilíbrio de forças. Mais adiante, passada a tormenta, voltaria a Portugal com o prestígio acrescido pela criação de um grande império do outro lado do Atlântico.

Entre a prudência útil e a bravata inútil, o regente deu a ordem de embarcar.

A "fuga" da família real

Os que proclamam que a migração real não passou de uma solução covarde, pura e simplesmente, não atentam para a cronologia dos acontecimentos, nem para o fato de que a transferência da sede da monarquia era uma alternativa já muito amadurecida, fazendo parte do elenco de opções políticas elaboradas por eminentes homens de Estado, a serem aplicadas segundo as contingências do momento.

A aliança com a Inglaterra constituía o mais antigo pilar da política externa portuguesa. Já no ano da graça de 1372, o rei Fernando de Portugal firmara um tratado de aliança com os ingleses, representados por John of Gaunt, duque de Lancaster e filho de Eduardo III. Este pacto unira os dois países — ambos na periferia da Europa —, abrindo o caminho para um texto mais formal e específico, o Tratado de Paz, Amizade e Confederação celebrado em Windsor, em maio de 1386, o qual constitui o mais antigo tratado ainda em vigor. Os dois países se declararam para sempre unidos, em terra e no mar, contra os reis de Castela e Aragão. A história provaria que não se tratava de propósitos vazios. Portugal tornou-se o mais fiel aliado dos ingleses, que, mais adiante, mandaram seus famosos arqueiros a Portugal para ajudá-lo a resistir às tentativas espanholas de incorporar o pequeno reino. Esses esplêndidos besteiros, que haviam dizimado a cavalaria francesa em Crécy e em Poitiers, contribuiriam valorosamente para a vitória de Aljubarrota (1385), que preservou a independência portuguesa.

A idéia de mudança para o Brasil também vinha de muito longe. Afrânio Peixoto lembra que já Dom João III a comentara com Martim Afonso de Souza, "entre siso e galantaria": "passemo-nos para o Brasil". Mais seriamente, Dom João IV, em 1647. Por sua vez, Dom Luiz da Cunha a sugeriu a Dom João V: "S.M. se acha em idade de ver florentíssimo e bem povoado aquele imenso continente do Brasil; se nele, tomando o título de Imperador do Ocidente, quisesse estabelecer a sua Corte, levando consigo..." Quando Espanha invade Portugal, sob Dom José, por causa do Pacto de Família (aliança entre os soberanos da França, Espanha e Nápoles, todos Bourbons, 1761), Pombal prepara armada para a família real e a corte virem ter ao Brasil.

Ao receber o ultimato de Napoleão para abandonar a neutralidade e aderir ao bloqueio continental contra a Inglaterra, até 1º de outubro (1807), Dom João tinha os franceses na fronteira e barcos ingleses no Tejo. Precisou foi ganhar tempo, o mínimo indispensável para acertar os ponteiros com os ingleses e preparar, o mais discretamente possível, os planos de embarque. Tergiversou o quanto pôde, simulou aderir, sim, para o que recorreu a toda sorte de artifícios e contemporizações. Chegou ao ponto de simular atos de guerra contra súditos de Sua Majestade, mandando confiscar-lhes os bens, porém com promessas, a *sotto voce*, de futuras indenizações. Lorde Strangford participa da *mise-en-scène*, enquanto o Tejo continua porto franco para o comércio das duas nações, invariavelmente amigas e em boa paz.

Nada de heroísmos inúteis, nem de sacrifícios irreparáveis a exigir dos súditos portugueses. Importante era bem costurar uma aliança secreta com a Inglaterra, prever e prover o que fosse possível no curto espaço de tempo com que contava para fazer frustrar os desígnios do Corso.

A convenção luso-britânica foi firmada em Londres pelo ministro português, Domingos de Souza Coutinho, e George Canning, em 22 de outubro, ou seja, três semanas após a expiração do ultimato, e antecedeu de cinco dias o tratado de Fontainebleau, entre a França e a Espanha, destinado à liquidação do império luso, inclusive em doações a familiares do imperador dos franceses.

Em nove artigos, o pacto com os ingleses fixou as obrigações das duas partes no tocante à mudança da corte para o Brasil, com adicionais sobre um porto franco a ser estabelecido em Santa Catarina. Foi, assim, possível não apenas à família real, mas ao conjunto do governo português, deixar Lisboa, no dia 29 de novembro, sob a proteção da esquadra britânica, a são e salvo de qualquer surtida francesa. Como assinalou Palmela, a partida de Dom João foi efetivamente apressada, dando a impressão de fuga, de medo de Napoleão, quando em realidade o estava derrotando, vencendo-o espetacularmente.

Tanto não foi fuga, mas estratégia política, que todos assim o entenderam, inclusive os súditos abandonados. Em 28 de novembro, portanto no dia anterior à partida, Mousinho da Silveira, eminente homem público, escrevia a amigo: "Deus queira que os últimos cuidados do nosso soberano influam até que ele volte, sempre do mesmo modo; e Deus queira que ele seja feliz para nosso bem."[2]

A frustração de Jean Andoche Junot (1771-1813)

Ajudante de campo de Napoleão na campanha da Itália, aos 25 anos, general aos 28, quando participou da expedição ao Egito, Junot, aos 36, foi o escolhido para tomar Lisboa, à frente de um contingente misto franco-espanhol.

Em 13 de novembro, *Le Moniteur*, órgão oficial, havia declarado extinta a Casa de Bragança. "O Príncipe Regente de Portugal perde o seu trono: perde-o por causa das intrigas dos ingleses." A partida para o Brasil ocorreu duas semanas depois.

Pressentindo tardiamente a manobra portuguesa, Junot cruzou o Bidassoa em marcha forçada sobre Lisboa. Com ele, veteranos de Austerlitz, os batalhões de Kellermann e a artilharia de Taviel, quase 20 mil homens.

O deslocamento para o Brasil não seria apenas da família real, mas da própria corte e de toda a maquinaria administrativa do Estado — os ministros, magistrados, funcionários e guardas, clérigos e serviçais, os arquivos públicos, os livros da Ajuda, as jóias da coroa, baixelas e porcelanas, quadros e carruagens, centenas de baús repletos de pertences de mais de 15 mil viajantes.

Logo ao chegar, Dom João declara guerra a Napoleão, "do seio do novo império que vinha de criar", obviamente o ato preparatório da conquista de Caiena e do esquema expansionista que trazia em seu arsenal de recursos. Meses depois, enquanto o regente ditava sua política a partir de sua base "imperial", Junot era batido em Roliça e Vimeiro por tropas inglesas desembarcadas em Lavos, e forçado a aceitar a capitulação de Sintra, em agosto (1808). Feito duque de Abrantes, não obstante, Junot foi acometido de loucura e acabou por suicidar-se. A duquesa viúva deixou pitoresco livro de memórias.

A abertura dos portos: ato seu

A esquadra portuguesa se separara no mar e muitos dos navios foram diretamente ao Rio de Janeiro. Dom João, porém, aportou à Bahia em 21 de janeiro (1808), o que causou, como seria de esperar, extrema emoção. Pela primeira vez, um rei do mundo antigo pisava o solo da América, o que logo suscitou na antiga capital da colônia a esperança de que pudesse vir a ser a sede do próprio reino.

O governador, conde da Ponte, logo nos primeiros dias, apresentou-lhe José da Silva Lisboa, que estudara economia e direito marítimo em Coimbra. O futuro visconde de Cairu vai direto ao ponto e propõe ao monarca que abra os portos do Brasil ao comércio das nações amigas. A iniciativa, argumentou, daria à jovem metrópole progresso e estatura compatíveis com a situação que se criara. Dom João cedeu aos argumentos e, valendo-se da ausência dos ministros desgarrados, decidiu logo, autorizando o preparo da competente carta régia, que assina no dia 28 — portanto uma semana, apenas, após o desembarque.

O próprio José da Silva Lisboa registrou o episódio: "O Snr. Dom João resolveu fazer tanto bem sem esperar pelos conselheiros de Estado, que se tinham desvairado em rumo, pela dispersão da tempestade na costa de Portugal. É pois inteiramente obra sua a carta régia, foral novo do Brasil."

Dom João imperialista

Ao chegar ao Rio, a atividade real é febril. À organização do ministério seguiram-se a declaração de guerra a Napoleão, a criação de novas instituições, como o Supremo Conselho Militar e de Justiça, a Mesa de Desembargo do Paço, a Mesa da Consciência e Ordens, a Casa de Supliciação, a Intendência Geral de Polícia, o Arquivo Militar, a Impressão Régia, uma fábrica de pólvora, a Contadoria da marinha, a renovação da Ordem da Torre e Espada.

Fazer a guerra à França bonapartista, que se assenhoreara da Espanha, deu a Dom João o pretexto legítimo de conceber um plano de expansão à custa das colônias hispânicas da América e tendo como alvo inicial a Banda Oriental.

Concepção antiga, seria o momento de atualizá-la, de aplicá-la às novas circunstâncias. Não é em vão que Dom João, sob a forma velada de consulta prévia ao multissecular aliado, envia a Jorge III, no próprio dia da partida para o Brasil novíssima versão do velho projeto. Sob as injunções do momento, o portador seria o próprio lorde Strangford, improvisado em correio diplomático, com a missão de entregar o documento, não ao Foreign Office, a que estava endereçado, mas ao ministro português em Londres, Souza Coutinho, porque a este, segundo as boas normas, competia fazê-lo.

A consulta se destinava a lorde Wellesley, futuro duque de Wellington, que combateria as forças francesas em Portugal e na Espanha e atingiria seu zênite em Waterloo, poucos anos depois. Age previdentemente o monarca português, buscando apoio junto à velha aliada. Não lhe faltou, assim, o beneplácito ao plano de levar as fronteiras do reino aos limites naturais do Prata, o que atenderia, igualmente, aos interesses britânicos, por favorecer a penetração do comércio inglês no rio da Prata, fechado a qualquer bandeira pelo monopolismo espanhol. Por outro lado, a ofensiva portuguesa constituiria efetiva abertura de hostilidades contra a França e seu imperador.

O ministro Souza Coutinho informa que o plano agrada ao gabinete inglês. "Que marchem, pois, os exércitos de S. Alteza até chegarem à linha natural de fronteiras de seu Reino", sugere ou autoriza Wellesley, induzindo mais, em atenção "aos apelos secretos de espanhóis de Buenos Aires", que Dom João

> mande bloquear o Rio da Prata por navios de guerra, somente portugueses, permitindo aos barcos espanhóis, com bandeira portuguesa, traficar ao porto e portos que for servido determinar o Brasil, e por este modo as fazendas inglesas terão venda, e V. A. Real acostumará aqueles vizinhos a reconhecer a sua proteção e, talvez, a vassalagem por que aspiram.[3]

No tocante à invasão, o lorde apenas insinua

> que as tropas portuguesas do Brasil poderão, da parte do Rio Grande e de Mato Grosso, entrar e estenderem-se, como achar conveniente, até o Rio da Prata e às minas de Potosí, publicando as mesmas proclamações de não cometerem hostilidades, que o general Junot e o marquês de Socorro publicaram ao entrar em Lisboa à frente de franceses e de espanhóis, e este equivalente, sem declaração de guerra, será o penhor mais seguro do respeito ao seu Reino e aos seus vassalos na Europa.

Dom João começa o exercício de expansionismo lançando-se sobre a Banda Oriental. Mas, tendo o plano sofrido alguns atrasos de execução, já o regente se põe a pensar na união das duas coroas ibéricas, pela via da reivindicação dos direitos de Dona Carlota à regência do trono espanhol ou, mesmo, à sucessão de Fernando VII, seu irmão, mantido em cativeiro na França, sob a vigilância de Talleyrand.

> Pleito ruidoso, salienta um comentarista do episódio, em que a Infanta, tão desfigurada na legenda apressada de intrigante e conspiradora, tem destacado e importante papel, em uma saliente atuação, transformada em instrumento político de Dom João, à execução do plano de unificação das duas dinastias — o alicerce ideado à fundação de dois imensos impérios e à concepção, final e romântica, de tornar-se o Protetor dos povos hispânicos na América.[4]

"Foi o único que me enganou"

Poucos anos depois, em seu exílio de Santa Helena, Bonaparte redimiria o poltrão: "Foi o único que me enganou!", disse, rememorando a frustração de não ter podido aprisionar o monarca português tal como fizera com Fernando VII da Espanha. O príncipe sonolento e bonachão lograra escapar às humilhações impostas aos soberanos espanhóis e recusara transformar-se em joguete no xadrez de Napoleão.

Em vez do cativeiro, à mercê do imperador dos franceses, a Casa de Bragança pareceu recuperar, sob o sol do Brasil, a vitalidade e o vigor amortecidos sob as contingências da política européia. O próprio soberano como que ganhou alma nova, começou a mover-se com maior desembaraço e confessou a alguns íntimos que começara a se sentir *rei de verdade*. Rompendo com a postura timorata habitual, os olhos fixos nas fronteiras sempre ameaçadas do reino, levantou aqui a sua voz, declarou guerra ao tirano europeu, invadiu a Guiana, interveio no Rio da Prata e fincou sua base em Montevidéu — estendendo, assim, os confins do seu domínio americano do Caribe às portas de Buenos Aires, e da costa atlântica às proximidades do Potosí, na Bolívia.

Durante quase 14 anos, Dom João resistiu habilmente a todas as tentativas para forçá-lo a regressar à antiga capital. Não houve subterfúgio a que não recorresse para postergar sua volta a Lisboa, pois em verdade a corte já se tornara americana. A América passara a ser o seu hábitat e a Europa não mais que um sombrio pesadelo.

Finalmente — com lágrimas nos olhos — o monarca inconformado se dispôs a partir em 1821. Deixava, porém, no Novo Mundo, a flor da Casa de Bragança na pessoa de seu primogênito, herdeiro do trono, e de seus netos, ou seja, a própria continuidade da monarquia.

Os Braganças haviam desembarcado como monarquia absoluta, fundada no direito divino dos reis. Regressavam ao Velho Mundo humanizados, liberais, conscientes dos direitos essenciais do homem. O rei, antes divindade, voltaria a Lisboa um simples cidadão coroado.

Quem separou o Brasil?

Para o Brasil, a migração real não poderia ter sido mais rica de conseqüências. A começar pela própria independência brasileira. Com efeito, a simples presença do soberano e a transformação do Rio de Janeiro em sede da monarquia bastaram para criar uma situação irreversível. Não é por outra razão que a historiografia portuguesa conclui que o verdadeiro *responsável* pela perda do Brasil foi o próprio rei. A acusação de Oliveira Martins na sua *História de Portugal* é clara e irrefutável: "Quem separou o Brasil foi Dom João VI."

De fato, já no seu manifesto de 1º de maio de 1808, portanto apenas quatro meses após a chegada ao Brasil, Dom João proclamava, alto e bom som, que "... a corte de Portugal levantará a sua voz do seio do novo Império que vai fundar".

E de fato fundou. A independência formal não tardaria, com a elevação do Brasil à categoria de reino unido ao de Portugal e Algarves em dezembro de 1815. "Vossa Majestade", diria o jovem príncipe real e futuro Pedro I, logo após a assinatura do decreto, "acaba de lançar após uma longa navegação, os alicerces de um Estado que deve ser um dia o primeiro do mundo."

Consumou-se, assim, um curioso processo de inversão. Da noite para o dia, instalada no Rio de Janeiro a sede da monarquia, o Brasil tornou-se mãe-pátria e Portugal, a colônia. Por isso é que se disse que Dom João, pelo simples fato de colocar os pés em solo brasileiro, fez muito mais pelo país do que todos os seus predecessores.

O gesto do Ipiranga, sete anos mais tarde, apenas reafirmou, *simbolicamente*, uma separação que já existia, de fato, entre Portugal e sua ex-colônia americana. Não passaria de um revide teatral às reiteradas tentativas de "recolonização" do Brasil pelas cortes revolucionárias de Lisboa, contrárias ao decreto de 1815.

A marcha implacável dos acontecimentos fora prevista com rara acuidade pelo pesado e sonolento Bragança. A sua vinda para o Brasil, a abertura dos portos, o estabelecimento da corte no Rio de Janeiro e a revolução das colônias espanholas haviam tornado impraticável a reimposição do *status* colonial ao Brasil. Ninguém percebeu melhor do que Dom João o alcance desta verdade. A situação surgiu-lhe, clara, diante dos olhos: ele e seu herdeiro deveriam ficar, definitivamente, um no Rio, outro em Lisboa. Era o único meio de garantir os dois tronos para a Casa de Bragança.

O quase "Fico" de Dom João

Dom João se apegara tanto ao Brasil que chegou a assinar o decreto de nomeação de Dom Pedro como regente de Portugal. A história teria celebrado esse decreto como o seu "Fico", e o futuro Sete de Setembro ter-se-ia consumado certamente sob os seus auspícios.

Os acontecimentos de 26 de fevereiro de 1821 — em que o povo de Lisboa em armas lhe exigiu o juramento prévio de uma constituição ainda por redigir — o induziram a inverter seu plano: embarcaria ele próprio para o Velho Mundo.

Em sua essência, porém, o projeto de Dom João ficara de pé. Como Dom Pedro era o herdeiro das duas coroas, ainda que ocorresse um período de separação absoluta dos dois países, mais tarde, depois de sua morte, já serenados os ânimos, as duas coroas se reuniriam de novo na cabeça de seu primogênito. Foi essa a idéia fixa que conservou até o último instante de vida.

Não foi por outra razão que Dom João, embora suspensas as relações diplomáticas formais, jamais rompeu com o filho. E a mais eloqüente demonstração das intenções de El-rei está nas instruções que lhe deu dois dias antes de partir: "Pedro, se o Brasil se separar, antes seja para ti, que me hás de respeitar, do que para algum desses aventureiros."

Como se não bastassem, essas instruções seriam reiteradas por Dom João mais adiante, já nas vésperas do grito do Ipiranga, conforme o depoimento do marquês de Resende: "Em 12 de maio de 1822, o rei repetiu a seu filho, em carta que a mim confiou e que mostrei, por ordens suas, ao imperador da Áustria, os conselhos que lhe havia dado ao partir."[5]

O marquês de Resende, parte ativa nos acontecimentos e homem de absoluta confiança tanto de Dom Pedro quanto de Dom João, faz revelações curiosas a esse respeito nos seus *Eclaircissements*. Depois de mostrar que a Inglaterra desejava a consolidação da nossa independência apenas movida pelo interesse comercial, assim se expressa sobre as disposições do governo de Viena:

> Ligada a Dom Pedro por laços íntimos de parentesco e convencida pela carta de Dom João VI de que fui portador, da boa fé do imperador e da boa inteligência que existia em segredo entre pai e filho, a despeito dos atos oficiais ditados pela posição, a Áustria se juntava à Inglaterra para promover uma reconciliação ostensiva entre os dois estados.

Estava o príncipe, portanto, munido de autorização real para empalmar a coroa da América portuguesa, caso se tornasse inevitável a bipartição da monarquia.

E Dom Pedro, em carta de 11 de junho de 1822, isto é, menos de três meses antes do grito do Ipiranga, lembrava a El-rei as suas sábias recomendações e acrescentava: "Foi chegado o momento da quase separação, e, estribado eu nas eloqüentes e singelas palavras expressas por Vossa Majestade, tenho marchado adiante do Brasil que tanto me tem honrado."

Calógeras, sempre seguro e lúcido, extrai a mesma conclusão:

> De Portugal, mesmo, do círculo íntimo dos amigos de Dom João, vinham conselhos e avisos para que o regente não deixasse o Brasil, pois sua presença aí seria o único meio (diziam os conselheiros) de salvar El-rei, Portugal, Brasil e a si próprio.[6]

Se faltassem provas da inteligência entre pai e filho, restaria a farta correspondência mantida por ambos durante os agitados meses de 1822. Nenhum incidente ou detalhe importante da vertiginosa marcha para o Sete de Setembro foi omitido pelo príncipe-regente, que punha fielmente o pai ao corrente dos acontecimentos.

A independência ganha corpo

A 4 de outubro de 1821, Dom Pedro já denunciava ao pai: "A independência tem-se querido cobrir comigo e com a tropa"; a 14 de dezembro, repete o que se diz pelas ruas: "Havemos de fazer um termo para o príncipe não sair, sob pena de ficar *responsável* pela perda do Brasil para Portugal" e, mais adiante, comentando os novos decretos: "Vou ver se posso, como devo, cumprir tão sagradas ordens." A 15 de dezembro, comunica que, segundo a opinião corrente, se ele partir haverá a independência. A 30 de dezembro, diz que a independência "hoje é e está muito arraigada". A 2 de janeiro de 22: "Farei todas as diligências para ver se posso cumprir os decretos 124 e 125, o que me parece impossível, porque a opinião é toda contra por toda parte."

A 9 de janeiro, descreve a solenidade do "Fico" e chega a remeter ao pai o próprio auto elaborado pela Câmara com todos os pormenores da cerimônia. A 23, comunica a entrada de José Bonifácio para o ministério e diz que está contendo "com todas as forças a declaração da independência já por alguns bem desejada e que será a seu ver [que antes não queria ver] inevitável, a não serem bem tomadas em consideração as representações das províncias". A 15 de fevereiro, remete a fala da deputação das Minas Gerais exigindo a mesma fórmula de governo que São Paulo e participa que "Minas sempre se oporá a que eu regresse a Portugal, custe-lhe o que custar".

Já no dia imediato, informa que, atendendo às representações do Brasil, resolveu criar um Conselho de Estado. A 14 de março, anuncia que quase se fez a separação no dia 9, quando surgiu no Rio uma esquadra portuguesa. "Se desembarcasse a tropa, imediatamente o Brasil se desuniria de Portugal e a independência me faria aparecer bem contra a minha vontade por ver a separação." E mais adiante: "A obediência dos comandantes fez com que os laços que uniam o Brasil a Portugal, que eram de fios de retrós podre, se reforçassem com o amor cordial à mãe-pátria, que tão ingrata tem sido a um filho de quem ela tem tirado as riquezas que possui."

Em 28 de abril, informa ao pai que, se não fossem concedidas cortes especiais ao Brasil, ele próprio as convocaria, "a fim de me comportar não somente como

V. M. me recomendou mas também como devo fazê-lo para continuar a merecer o título de 'defensor dos direitos inatos' de um povo que é tão livre como aquele que o queria reduzir à escravidão".

E assim prossegue a retórica do príncipe, num crescendo de entusiasmo e admiração pelo Brasil, mas sem perder jamais o tom de quem está prestando contas de missão que lhe foi confiada.

Na extensa carta de 21 de maio, há trechos altamente significativos:

> Já declarei a V. M. que trato os brasileiros não somente como filhos, como V. M. me recomendou, mas também como amigos, porque tratando-os como filhos, eu não sou senão seu pai, e, tratando-os como amigos, eu sou o melhor dos seus amigos. Direi mais agora a V. M.: trato-os como filhos queridos, trato-os como amigos íntimos, porque eles são perfeitamente dignos disso.

E adiante:

> O Brasil deve ter Cortes; já disse a V. M.: não posso recusar este pedido do Brasil porque é justo, funda-se no direito das gentes, é conforme aos sentimentos constitucionais, oferece, enfim, mais um meio para manter a união, que de outro modo breve cessará inteiramente.

A carta de 19 de junho tem rasgos de total franqueza, sem prejuízo da lealdade:

> Portugal é, hoje em dia, um Estado de quarta ordem e necessitado, por conseqüência dependente: o Brasil é de primeira, e independente *atqui* que a união sempre é procurada pelos necessitados e dependentes. *Ergo* a união dos dois hemisférios deve ser (para poder durar) de Portugal com o Brasil, e não deste com aquele, que é necessitado e dependente. Uma vez que o Brasil todo está persuadido desta verdade eterna, a separação do Brasil é inevitável, se Portugal não buscar por todos os meios de se conciliar com ele por todas as formas.

Dias depois — 22 de junho — as palavras a Dom João: "Sou de Vossa Majestade súdito fiel e filho obedientíssimo que lhe beija a Real Mão", contrastam com os ataques que faz às forças portuguesas: "O Madeira, na Bahia, tem feito tiranias, mas eu vou pô-lo fora, ou por bem ou à força de miséria, fome e mortes feitas de todo modo possível, para salvar a inocente Bahia."

Tendo recebido carta em que o pai o admoesta por insultos à facção luso-espanhola, Pedro não se agasta e diz compreender o sentido das palavras de El-rei: "Sei que Vossa Majestade está positivamente preso." E, mais adiante: "estou capacitado que o estado de coação a que Vossa Majestade se acha reduzido é o que o faz obrar bem contrariamente ao seu liberal gênio".

A revolta do príncipe era toda contra as Cortes de Lisboa e, por vezes, explodia em paroxismos de violência e cólera:

> Digo a essa cáfila sanguinária que eu, como príncipe regente do reino do Brasil e seu defensor perpétuo, hei por bem declarar a todos os decretos pretéritos dessas facciosas, horrorosas, maquiavélicas, desorganizadoras, hediondas e pestíferas cortes, que ainda não mandei executar, e todos os mais que fizerem para o Brasil, nulos, írritos, inexeqüíveis, e como tais com um veto absoluto, que é sustentado pelos brasileiros todos, que unidos a mim, me ajudam a dizer: 'De Portugal, nada, nada; não queremos nada.' Se esta declaração tão franca irritar os ânimos desses luso-espanhóis, que mandem tropa aguerrida e ensaiada na guerra civil, que lhe faremos ver qual é o valor brasileiro.

Passada a borrasca dos adjetivos, palavras amigas ao pai:

> Se Vossa Majestade aqui estivesse, seria respeitado, e então veria que o povo brasileiro, sabendo prezar sua liberdade e independência, se empenha em respeitar a autoridade real, pois não é um bando de vis carbonários e assassinos, como os que tem Vossa Majestade no mais ignominioso cativeiro.

Depois de ter combatido o quanto pôde a separação do Brasil, o general Avilez foi obrigado, pelo príncipe regente, a embarcar para Portugal. O rei não se limitou a aprovar o procedimento de Dom Pedro. Exprobrou ao general a atitude assumida no Rio de Janeiro e recusou dar-lhe a mão a beijar, dizendo: "Você desobedeceu a meu filho!"

Dom João compreendia obviamente a situação do príncipe, desculpava os excessos de linguagem, feitos para satisfazer às facções locais, e aconselhava sempre: "Guia-te pelas circunstâncias, com prudência e cautela..."

O beneplácito de Dom João

A independência, ou melhor, a separação, fez-se, pois, com pleno conhecimento de Dom João, que, aliás, nunca se enganara com as conseqüências de sua volta à Europa. Consumados os acontecimentos, que necessariamente produziram um estado de guerra entre Portugal e Brasil, a política externa d'El-rei se resumiu na reconciliação com a antiga colônia, a fim de assegurar a sucessão a seu primogênito e legítimo herdeiro. Era a segunda fase do seu "sistema". Com ele, anularia as artes que lhe armava a mulher e os projetos do filho segundo, Miguel.

Com efeito, depois da tentativa de golpe absolutista — a "Abrilada" —, nitidamente chefiada por Dom Miguel e Dona Carlota Joaquina, El-rei exilou o infante e pretendeu, igualmente, afastar a rainha do território português. A carta que, nesse sentido, escreveu a Fernando VII sobre as maquinações da esposa foi da maior veemência: "... a confiança que V. M. me merece não me permite ocultar-lhe que considero a rainha minha mulher, e irmã de V. M., como a mais culpada e a primeira motora das intrigas e conspirações que se tem tramado." E para mostrar que tais manobras vinham de longe, historiou:

> Desde o ano de 1806 tive provas convincentes dos projetos ambiciosos da rainha e dos indignos meios que ela procurava para os promover, chegando ao ponto de querer que eu fosse declarado inábil de continuar no governo.

No Brasil, mesmo depois de consumada a formalidade da independência, não variou sequer o tom da correspondência entre pai e filho. A carta de Dom Pedro, de 22 de setembro, duas semanas portanto após o grito do Ipiranga, assim termina: "Deus guarde a preciosa vida e saúde de Vossa Majestade, como todos nós brasileiros desejamos. Sou de Vossa Majestade, com todo o respeito, filho que muito o ama e súdito que muito o venera."

A própria data da sagração e coroação do imperador, inicialmente marcada para o dia 24 de novembro, foi adiada para 1º de dezembro para coincidir com a data de aclamação de Dom João IV, e, portanto, da elevação da Casa de Bragança ao trono de Portugal. E, por decreto de 21 de dezembro, dispôs o imperador que continuariam a ser dias de grande gala os aniversários de seus augustos pais, o rei e a rainha de Portugal.

A ligação entre El-rei e Dom Pedro não escapou a Canning, que, em suas instruções a *Sir* Charles Stuart, disse que "o príncipe-regente absolutamente não tinha feito nada, nem nada permitira se fizesse, que não fosse em estrito cumprimento dos encargos a ele confiados por seu pai". Ora, essas palavras são de 1823 e, por conseqüência, atestam que o grito do Ipiranga, a aclamação e coroação de Pedro I foram feitas "em estrito cumprimento" das instruções de El-rei fidelíssimo. Impossível ser mais claro.

Francisco Solano Constancio, cuja interessante e rara *História do Brasil* data de 1839, enumerando as causas que levaram Dom Pedro a bipartir a monarquia portuguesa, coloca em primeiro lugar, como decisivos, "os conselhos de seu pai". Assegura, também, que em fins de 1821, o rei enviou o marquês de Angeja em missão secreta ao Rio de Janeiro, a fim de convencer o filho a resistir às ordens que lhe chegaram de Lisboa, tendentes a recolonizar o Brasil.[7]

Dom João, de fato, respondendo à carta de 30 de dezembro de 1821, segredou ao filho: "Sê hábil e prudente, pois aqui nas cortes conspiram contra ti, querendo os reacionários que abdiques em favor de teu irmão Miguel. Tua mãe é pelo Miguel e eu, que te quero, nada posso fazer com os carbonários que não te querem."[8]

Ignóbil arranjo de família

Manoel Bonfim, em *O Brasil-nação*, critica acerbamente as circunstâncias em que foi feita a independência, que tacha de "ignóbil arranjo de família", e lembra as palavras de Dom Pedro ao pai, em 1825, logo após o reconhecimento formal da independência: "... fiz de minha parte tudo quanto podia. Vossa Majestade alcançou todas as suas reais pretensões..."

Dom João amava sinceramente o Brasil, onde passara os dias mais felizes de sua vida. Sabia que em qualquer tempo seria muito bem recebido na antiga colônia. E tal era a sua convicção que, em certo momento, quando os levantes miguelistas ameaçaram seriamente o trono, chegou a iniciar os preparativos para vir refugiar-se no Brasil.

Em ofício secreto a Carvalho e Melo, com data de 19 de setembro de 1824, o visconde de Pedra Branca comunica que na hipótese de o infante Dom Miguel, insistentemente chamado por seus partidários, voltar do exílio, Dom João partiria para o Brasil, onde desejava findar seus dias na ilha de Itaparica.

Dominada, porém, a situação política em Lisboa e restabelecida a autoridade real em sua plenitude, foi possível uma evolução rápida para a normalização das relações entre os dois países. O agente oficioso que Dom Pedro manteve junto ao pai, antes e depois do Sete de Setembro — Clemente A. O. Mendes e Almeida —, faz algumas revelações curiosas. Depois de se referir à nomeação para o ministério de dois homens sinceramente afetos ao Brasil (Lacerda e Barradas), por escolha própria de Dom João VI, escreve:

> Os dois ministros, encarando a independência como uma conseqüência necessária dos últimos acontecimentos políticos nos dois países, estavam de acordo quanto à necessidade de pronto reconhecimento e neste sentido tinham largas conferências com o senhor Dom João VI, cujos sentimentos eram favoráveis à independência, porém querendo que tanto se considerasse obra sua; por isso, sustentava existir ela desde que o Brasil tinha sido elevado à categoria de reino, e seus portos abertos ao comércio estrangeiro: atos que eram seus.[9]

Concluindo, lembra que El-rei

> escolheu sempre um dia memorável à família imperial e à nação brasileira para tomar as resoluções mais assinaladas acerca da independência. Foi a 22 de janeiro de 1825, aniversário natalício de S. M. a imperatriz que S. M. fidelíssima resolveu reconhecer definitivamente a independência nomeando então um ministério composto de pessoas que partilhavam essa política; foi outrossim a 15 de novembro do mesmo ano, dia em que se solenizou o Santo Nome da mesma Augusta Senhora, que o monarca português fez publicar o mais solenemente o reconhecimento da independência *política* da Nação Brasileira.

O tratado de reconhecimento, de 25 de agosto, foi um caso virgem. A luta pela independência de um povo terminada pela coroação do soberano da metrópole com as insígnias do território que acabava de perder.

Dom João continuava enxergando longe. Não fora por vaidade, e sim por fino desígnio político, que El-rei fizera questão de assumir o título de soberano do Brasil quando do reconhecimento da independência, pretensão que Canning classificava de estéril (*barren*). O que El-rei fidelíssimo desejava — ele, que dera ao Brasil todas as regalias e o elevara à categoria de nação — era que Dom Pedro fosse, depois dele, rei de Portugal e dos Algarves e imperador do Brasil, a saber, exatamente o que ele era...[10]

A "inversão da metrópole": um balanço

Herdeiro presuntivo pela morte do irmão, Dom João havia assumido o poder aos 32 anos, ao ser comprovada a demência de Dona Maria I. Assim como a mãe havia feito executar Tiradentes, Dom João assinara a ordem de enforcamento dos sete baianos condenados pela Revolução dos Alfaiates. Mas o júbilo causado pela chegada da corte fez esquecer qualquer ressentimento. A simples sensação de que, por um passe de mágica, a colônia longínqua e atrasada se tornara a própria sede da monarquia fez os brasileiros tudo perdoarem. Agravos passados e presentes, até mesmo as afrontas que os habitantes do Rio tiveram de suportar para abrigar e nutrir os 15 mil retirantes, poderosos e não raro insolentes, tudo foi suportado com a melhor boa vontade.

Mesmo anos depois, quando foi sufocado o movimento republicano em Pernambuco, a população não pareceu culpar o soberano pela condenação à pena máxima de quatro rebeldes na Bahia, três em Pernambuco, quatro na Paraíba.

Em bela comunicação ao Centro de História da Universidade de Lisboa, em 1986, Francisco de Assis Barbosa evocou, com rara felicidade, a imagem que os brasileiros guardaram desse monarca bonachão, manhoso, desleixado, porém igualmente atilado, que teve de enfrentar, a um tempo, o desprezo e o ódio da mulher, Carlota Joaquina, a infidelidade do filho Miguel e o desafio de decisões da maior transcendência, sob pressões de todos os lados, internas e externas. A fuga estratégica salvou-o da mediocridade que lhe atribuiria o julgamento histórico, se tivesse permanecido em Portugal.

O ponto central da comunicação de Assis Barbosa foi o da contribuição decisiva para a consolidação da unidade nacional.

> Até então, melhor dito, até a chegada da família real, o único fator de unidade, que vinha mantendo (e por largo tempo continuaria ajudando a manter) os laços frouxos da nacionalidade, ainda apenas esboçada, era o regime servil. Num aglomerado inorgânico, quase caótico, desde o Amazonas ao Rio Grande do Sul, a escravidão era o único traço comum, respeitado e uniforme, de caráter institucional, capaz de assegurar a integração das chamadas capitanias, na verdade um conjunto de regiões isoladas umas das outras, tão dispersas entre si, como irremediavelmente separadas, às vezes, por discrepâncias intransponíveis.[11]

O fato de ter o Brasil passado a ser o centro das decisões régias mudou inteiramente o quadro. A abertura dos portos tornou-se, não apenas inevitável, mas premente. A ocupação francesa implicara, na prática, a supressão do comércio e da navegação, uma vez que os navios britânicos, policiando os mares, capturariam quaisquer embarcações provenientes de portos sob controle napoleônico. Ora, argumenta Calógeras,

> como fechar os embarcadouros do Brasil à Grã-Bretanha, cuja proteção e cujo auxílio haviam tornado possível a execução do plano político a que obedecera a vinda ao Novo Continente? Além disso, donde viriam as mercadorias que Portugal dantes mandava à sua colônia? Para onde iriam os lenhos que transportavam as exportações brasileiras?

Com efeito, sem o comércio, como desenvolver a economia local e, não esqueçamos, como coletar os impostos de importação e outras taxas que constituíam a principal fonte de receita do Erário Régio? Frívolo, pois, investigar a quem coube o mérito da idéia. O mérito vai a quem reconheceu o imperativo da medida e, sem hesitar, libertou o comércio com uma simples penada.[12]

*

A interdição imposta por Dona Maria I — até mesmo da escolarização primária — mantivera o Brasil em nível cultural deplorável. Estudos, só em Portugal, assim mesmo em determinadas escolas. A simples presença de Dom João mudou tudo. E numa velocidade inacreditável para a época. Ainda na passagem por Salvador, foi criada a Escola Médico-Cirúrgica da Bahia (fevereiro). A Real Academia dos Guardas-Marinha foi transferida de Lisboa para o Rio de Janeiro em maio; a Escola Anatômica, Cirúrgica e Médica do Rio de Janeiro foi criada em novembro desse primeiro ano. Seguiu-se a Academia de Artilharia e Fortificações (1810) e a abertura da Real Biblioteca Pública, no mesmo ano, com um acervo que seria enriquecido pouco depois com livros da coleção do conde da Barca. No ano imediato, criou-se a Real Academia Militar; em 1812, um curso de agricultura na Bahia e um laboratório químico no Rio. Além de muitos cursos complementares acrescidos a essas escolas, fundou-se finalmente a Escola Real de Ciências, Artes e Ofícios, depois Academia de Belas-Artes (1816), com a plêiade dos mestres da Missão Francesa.[13]

Como não evocar que, na bagagem do príncipe regente, veio a primeira tipografia que se instalou no Brasil sob o patrocínio régio? Inaugurada em maio, a Imprensa Régia passou a estampar, em setembro, a *Gazeta do Rio de Janeiro*. Quase simultaneamente, surgia na Bahia a folha ufanista *Idade d'Ouro do Brasil*. Não tardaram outras publicações, como *O Patriota*, animado por Silvestre Pinheiro Ferreira, já um periódico na verdadeira acepção da palavra, à altura do *Correio Braziliense*, de Hipólito José da Costa, que circulou em Londres, ininterruptamente, de junho de 1808 (meses antes da *Gazeta*) a dezembro de 1823, portanto depois de proclamada a independência.[14]

Na lista das medidas redentoras avulta, desde logo, a revogação do famigerado alvará de 1785 que declarou extintas e abolidas as fábricas no Brasil. Foi esse o prelúdio de uma série de medidas joaninas tendentes ao desenvolvimento da indústria e do comércio. Já na passagem pela Bahia, havia decretado a incorporação da primeira companhia de seguros que houve no Brasil, intitulada Comércio Marítimo, cujos estatutos aprovou. E mais: logo concedeu licença para uma fábrica de vidro e autorizou o governador a estabelecer a cultura do trigo e fábricas de moagem, bem como uma fábrica de pólvora e uma fundição de artilharia. Mas os pontos mais altos terão sido a introdução da siderurgia (utilizando fornos suecos, o ferro líquido correu pela primeira vez em Congonhas do Campo, Minas Gerais, sob a direção do barão Eschwege); a fundação do Banco do Brasil, criado pelo ato governamental que estabeleceu a circulação fiduciária no país, e isso ainda no ano da chegada ao Rio; as medidas tendentes a promover a imigração européia, sobretudo de agricultores e artesãos, de que resultaram as colônias de Santo Agostinho, no Espírito Santo, com açorianos (1812), as colônias alemãs de Leopoldina de São Jorge dos Ilhéus, na Bahia (1818), e suíço-alemã, em Nova Friburgo (1819).[15]

NOTAS

1. Raul Brandão, *El rey Junot*, p. 35, Monteiro & Cia., Lisboa, 1912.
2. Vd. O *Instituto*, de Coimbra, quarta série, nº 3, in Afrânio Peixoto, *História do Brasil*, Livraria Lello & Irmão, Porto/Lisboa, 1940.
3. J. Paulo de Medeyros, *A diplomacia de Dom João VI na América e na Europa*, Lello & Irmão Editores, Porto, 1956.
4. J. Paulo de Medeyros, op. cit.
5. *Eclaircissemens historiques sur mes négotiations relatives aux affaires de Portugal*. Paris, 1832, p. 10.
6. Pandiá Calógeras, *Formação histórica do Brasil*, Rio de Janeiro, 1938, p. 104.
7. *História do Brasil desde o seu descobrimento por Pedro Álvares Cabral até à Abdicação de Dom Pedro I*. Paris, 1839, vol. II, p. 269.
8. Cf. Tobias Monteiro, *História do Império — A elaboração da Independência*. Rio de Janeiro, 1939, p. 427.
9. *Memorando em que se consigna uma notícia fidedigna e na máxima parte documentada, etc.* In "Publicações do Arquivo Público Nacional", Rio, 1903, vol. IV, pp. 150-152.
10. Oliveira Lima, *Dom Pedro e Dom Miguel*. São Paulo, Comp. Melhoramentos, pp. 25-26.
11. Francisco de Assis Barbosa, "O Brasil de Dom João VI", Comunicação às Primeiras Jornadas de História Moderna, Centro de História da Universidade de Lisboa, 1986
12. Pandiá Calógeras, *Formação histórica do Brasil*, Companhia Editora Nacional, São Paulo, 1938.
13. Francisco de Assis Barbosa, op. cit.
14. Francisco de Assis Barbosa, op. cit.
15. Francisco de Assis Barbosa, op. cit.

7.

Joaquim Nabuco e a sombra do Barão

O culto da exatidão

No começo de minha carreira, uma das primeiras tarefas a que me dediquei foi a de localizar e indexar os pareceres do Conselho de Estado e do Consultor do Ministério dos Negócios Estrangeiros, até então esparsos no Arquivo Histórico do Itamaraty, em diferentes lugares, sob as mais variadas denominações.[1] Logo nos primeiros dias, intrigou-me encontrar inúmeros traços da passagem de Joaquim Nabuco. Visitas freqüentes, horas a fio perseguindo aqueles mesmos documentos no cipoal que era o nosso Arquivo. Só muito mais tarde me apercebi do que motivara aquele esforço de pesquisa: poder citar, com absoluta precisão, como efetivamente fez em *Um estadista do Império*, os pareceres firmados por seu pai, José Thomaz Nabuco de Araújo. Não lhe bastavam as transcrições ou referências de terceiros. Insistiu em compulsar, ele próprio, os originais, certamente para conhecê-los na íntegra e situá-los no devido contexto.

Este detalhe é típico da fidelidade de Joaquim Nabuco à exatidão dos conceitos e juízos que emitiu com tanta clareza e elegância em toda a sua obra de historiador.

Ocorre-me associar esta reflexão a uma análise — que ainda não foi feita — do desempenho de Nabuco nas primeiras missões que lhe confiou a República após um ostracismo de dez anos: a defesa dos nossos direitos na questão do Pirara, em março de 1899, e, no ano seguinte, com a morte de Sousa Correia, a chefia da legação em Londres.

Na seara de Rio Branco

Nosso litígio com os ingleses sobre o traçado da fronteira com a Guiana vinha de longe. Já em 1843, o governo brasileiro aproveitara a oportunidade da celebração de um novo tratado de comércio para reabrir também as negociações sobre os limites com a Guiana britânica, por intermédio do ministro José de Araújo Ribeiro, depois visconde do Rio Grande.

A fronteira pleiteada pelo Brasil seguiria a linha do divisor de águas formada pela serra de Paracaima até a sua extremidade sueste no monte Anaí, subiria o rio

Rupununi até os 2º de latitude norte, acompanhando este paralelo até a fronteira com a Guiana Holandesa.

Como contraproposta, lorde Aberdeen aceitava a serra de Paracaima como ponto inicial, mas, depois dela, a fronteira deveria seguir pelos rios Maú e Tacutu até o referido paralelo, pelo qual buscaria a divisória com a Guiana Holandesa. Ficariam, assim, para a Inglaterra todas as terras a leste desses rios, como afinal veio a prevalecer, em decorrência do laudo arbitral que lhes foi favorável. A hipótese do nosso abandono da fronteira pelo Rupununi, em troca da desistência, pelos ingleses, dos limites pelos rios Maú e Tacutu, chegou também a ser estudada. Mas, como dependia de consulta ao governador da Guiana, e como também não tivesse chegado a bom termo o novo tratado de comércio, foram suspensas as negociações.[2]

Assim permanecera a questão até 1888, quando o Brasil tomou a iniciativa de propor a criação de uma Comissão Mista com o encargo de reconhecer os cursos dos rios Rupununi, Tacutu e Maú e respectivas cabeceiras. A reação do Foreign Office foi particularmente lenta e somente em 1891 foi apresentado ao nosso ministro em Londres, Sousa Correia, um projeto de convenção que não passava de simples reedição da contraproposta formulada 48 anos antes por Aberdeen.

Por uma série de razões internas e de prioridades no plano exterior, o Brasil somente retomou a iniciativa em 1895, já sob a presidência de Prudente de Morais. Rio Branco, já imerso no estudo dos limites com a Guiana Francesa, foi também encarregado de se ocupar da questão com a Guiana Inglesa, na condição de assessor e conselheiro de Sousa Correia.

Uma vez que tanto a Inglaterra quanto a França aspiravam, de há muito, ganhar acesso à bacia do Amazonas, a estratégia de Rio Branco se fundava na premissa de que seria do nosso interesse tratar ao mesmo tempo dos dois litígios, beneficiando-se o Brasil do confronto das duas ambições. Imaginava que se o Brasil estabelecesse os seus limites com a Inglaterra e com a Holanda em tratados, feitos com presteza e segredo, isto faria com que a França, restringindo as suas pretensões, reclamasse apenas uma parte do território entre o Oiapoque e o Araguari. Reconhecida, assim, nossa soberania sobre os afluentes da margem esquerda do Amazonas, a França talvez não se dispusesse a sustentar a pretensão de submeter a arbitramento todo o território banhado por esses rios, contida pelo apoio moral e diplomático ao Brasil, por parte da Inglaterra e da Holanda, que não haviam de desejar ao sul de suas Guianas um vizinho julgado na ocasião ambicioso e turbulento.[3]

Com o pensamento de Rio Branco concordara, em princípio, o Foreign Office, que manifestou, via embaixada britânica em Paris, julgar de mútua vantagem um entendimento direto entre o Brasil e a Inglaterra, que se lhe afigurava de fácil solução. Numa seguinte entrevista, Rio Branco declarou que do lado do governo brasileiro não haveria dificuldade desde que a Inglaterra admitisse como linha divisória a que nos desse todos os afluentes do rio Branco, ficando para a sua Guiana todos os do Essequibo. Em Londres, lorde Salisbury sugeriu diretamente a Sousa Correia que se abrissem negociações lá ou no Rio de Janeiro para o tratado de limites.[4]

O que certamente impediu um feliz e pronto acerto da pendência foi o impasse criado pela Inglaterra no caso da ilha Trindade, ocupada pelos ingleses em 1895, sob a alegação de estar desabitada e desocupada há um século. Em face ao atentado à nossa soberania, o governo brasileiro recusou qualquer entendimento sobre os limites com a Guiana. O obstáculo só foi removido em agosto de 1896, quando o governo britânico desistiu formalmente de suas pretensões à ilha, no quadro dos bons ofícios interpostos pelo governo português. Só então pôde ser retomada a negociação direta sobre os limites da Guiana Inglesa, formada por territórios que haviam pertencido à Espanha e à Holanda.

Em março de 1897, Sousa Correia dirigiu nota a Salisbury, acompanhada de um projeto de tratado e de um memorando, ambos redigidos pelo barão do Rio Branco. Em atitude conciliatória, o Brasil aceitaria que a nascente do Courantine e a fronteira da Venezuela fossem os limites do Brasil com a Guiana Inglesa traçados pelos divisores de águas, com o que se neutralizaria a pretensão inglesa de penetrar na bacia amazônica, como já haviam aconselhado, em 1841, Duarte da Ponte Ribeiro, em 1851, o Conselho de Estado, e como insistia agora o barão.

A despeito da boa vontade de Salisbury, a contraproposta brasileira acabou sendo recusada devido à intransigente política de expansão ultramarina então defendida pelo secretário das Colônias, J. Chamberlain. Sob a alegação de que a divisória traçada sobre o *divortium aquarum* seria difícil e dispendiosa, a Inglaterra voltou a insistir na proposta que reformulara em 1891, isto é, a serra de Paracaima, os rios Maú e Tacutu e o divisor das águas das bacias do Amazonas, do Essequibo e do Courantine, ou seja, as serras de Essari, Acaraí e Tumucumaque.[5]

Infrutíferas, assim, as iniciativas brasileiras de entendimento direto, a alternativa acabou sendo o recurso ao arbitramento do rei da Itália, Vítor Manuel III, em 1901.

Com a palavra Joaquim Nabuco

Dentro dos prazos fixados, Joaquim Nabuco elaborou três *Memórias* em que postula, com grande lucidez e competência, a pretensão brasileira. Na primeira, *O direito do Brasil*, única redigida em português, estão enumerados os fundamentos históricos e geográficos de nossas razões e alinhados os comprovantes respectivos. "Nada nas conquistas de Portugal é mais extraordinário do que a conquista do Amazonas", proclamou o plenipotenciário. Depois da fundação do Grão-Pará e da expulsão dos ingleses e dos holandeses que se haviam estabelecido na foz do Amazonas, prossegue a *Memória*, os luso-brasileiros — entradistas, tropas de resgate, *droguistas* do sertão e missionários — penetraram por seus grandes rios, alcançando os vales do rio Negro e de seu maior afluente, o rio Branco, diretamente ligados ao litígio de limites. Mostra, enfim, que a saga de quase dois séculos de apossamento se consolidara com a criação das Capitanias de São José do Rio Negro, com a construção de fortins destinados à defesa das fronteiras e com a exploração científica resultante das tentativas de demarcação.

As lutas incessantes e os obstáculos vencidos são mencionados para salientar o quão árdua e — conseqüentemente, mais brilhante — fora a empresa do Amazonas, em face do indígena, que lutava por sua liberdade, em face dos ingleses e holandeses que tentavam estabelecer-se no Pará, em face dos franceses de Caiena e dos espanhóis do Peru.

Conhecidos os argumentos do contendor, Nabuco redigiu a segunda *Memória*, dividida em três partes: I — A pretensão inglesa; II — Notas sobre a parte histórica da Primeira Memória Inglesa; III — A prova cartográfica. Havendo réplica, escreveu a terceira e última memória, dividida em duas partes: I — A estrutura das Memórias Inglesas; II — História da zona contestada segundo a Contramemória Inglesa. Ao todo, um impressionante conjunto de 18 volumes que conduzia a uma sumária conclusão: "O Brasil sustenta que a Inglaterra não tem direito algum a atravessar o Rupununi e a estabelecer-se na bacia amazônica."[6]

Em contraste com o estilo sóbrio e erudito de nossos textos, o tom das contestações inglesas foi quase invariavelmente direto e contundente: as formulações brasileiras não passavam de amontoados palavrosos (*verbiage*), ilustrados por "ambigüidades históricas" e "provas inoportunas"; "*...il est absurde de prétendre...*"; cumpre "*purger l'histoire de toute cette confusion qu'y a jetté l'argumentation du Brésil*".

Não foi poupada, sequer, a metodologia usada por Nabuco. Foi ele duramente fustigado pelo simples fato de haver reservado para a segunda memória uma parte que melhor caberia na exposição declaratória:

> *Cette façon de procéder n'est pas conforme à la pratique qu'il a été d'usage d'observer dans les questions d'importance nationale; dans le cas présent, toutefois, cela ne tire guère à conséquence: les chapitres intitulés "La Prétention anglaise" ont, en effet, été refutés complètement, par anticipation, dans le Contre-Mémoire britannique.*

O tom de superioridade, freqüentemente professoral, é constante: "*Il est incorrect de dire...*"; "*le Gouvernement se trompe...*"; a tese brasileira padece de "*graves défauts*"; asserções desprovidas de qualquer fundamento "*sont traitées comme des axiomes qu'il est inutile de prouver*"; as contra-asserções da Segunda Memória não passam de "*simple repétition des déclarations formulées au Premier Mémoire*"; as autoridades a que recorrem as memórias brasileiras "*sont complètement discréditées, et la fiction y a trop souvent le pas sur le fait*".

O diapasão inglês chega à prosápia quando se refere à nossa "veleidade": "... *les cas rares dans lesquels le Brésil a montré quelque velléité de contestation sont considérés dans ce chapitre en des sections séparées*".[7]

A Contramemória de Sua Majestade é um modelo de empáfia. O segundo capítulo — "*Erreurs Fondamentales de la Prétention du Brésil*" — começa por "*attirer l'attention sur certaines notions radicalement fausses, qui nuisent à l'attitude du Brésil*", enquanto o quarto capítulo já anuncia a iminente vitória por nocaute: "*Ce chapitre sera destructeur*" (sic).[8]

A sentença arbitral de 6 de junho de 1904 decepcionou profundamente os brasileiros, pois dividiu o território contestado em dois quinhões, reconhecendo ao Brasil o direito apenas ao menor deles, de 13.570 km^2, entre os rios Cotingo e Maú, e concedendo à Inglaterra o maior, de 19.630 km^2, entre o rio Maú e a serra de Paracaima e entre os rios Tacutu e Rupununi, inclusive, portanto, a pequena região do rio Pirara. Prevaleceria, assim, como fronteira, o divisor das águas, desde o Monte Iacontipu até às nascentes do Rio Maú, e depois os cursos deste e do Tacutu até o divisor das águas, rumo à Guiana Holandesa.[9]

Carolina Nabuco assim sintetizou a decepção nacional:

Para o Brasil esse empate aparente representava mais que meia derrota. Em primeiro lugar, porque já havia feito todos os sacrifícios compatíveis com o seu direito, por ocasião do tratado demarcando a zona de arbitramento. Em segundo lugar, a Inglaterra levava vantagem porque a linha que pareceu ao árbitro melhor definida para uma fronteira natural a favorecia, quer em extensão, dando-lhe três quintos do território, quer abrindo à sua influência a bacia do Amazonas.[10]

Em suma, os ingleses alcançaram o objetivo central, que era o acesso direto e desimpedido à bacia amazônica, frustrando os esforços de várias gerações de brasileiros; tiveram consagrada a posse plena e, agora, indiscutida do Pirara, injustiça flagrante. Mas, sendo o recurso ao arbitramento a pedra angular da política adotada para a solução dos nossos litígios fronteiriços, teve o Brasil de acatar o laudo do soberano italiano.

E se o plenipotenciário tivesse sido Rio Branco?

"É possível imaginar que Rio Branco ganharia a questão", especulou João Ribeiro em sua coluna no *Jornal do Brasil* (17.4.1929). No mesmo artigo:

> Não estranhei que ele [Nabuco] perdesse a questão da Guiana Inglesa — mas não insinuo a parcialidade da Itália. [...] Os nossos direitos nessa competência não eram muito líquidos nem muito seguros. Pude ler em Londres, em 1901, um documento secreto do barão do Rio Branco, em que se apontava a debilidade de vários de nossos argumentos. Havia, mesmo, razões de ordem histórica e geográfica, que Rio Branco aconselhava a não as apresentar, por conhecer de antemão os argumentos ingleses, de maior valia e autenticidade. O folheto, ou antes a *Memória* de Rio Branco, foi impressa, mas nunca divulgada, e não convinha naturalmente que o fosse. Entretanto, deve existir no Itamaraty. Desde que li esse documento, convenci-me de que não seria fácil obter a vitória que todos desejávamos.

Desafetos chegaram a insinuar que o próprio barão, precisamente por conhecer as deficiências da postulação brasileira, teria preferido não assumir pessoalmente a responsabilidade da negociação. O fato é que, comparado ao rosário de triunfos de Rio Branco, o "empate aparente" constituiu, sem dúvida, um duro revés. Culpa do plenipotenciário? Inconsistência na argumentação ou nos esforços de persuasão?

Ninguém poderá alegar que faltou a Nabuco a irrestrita cobertuta técnica de Paranhos. A *Memória sobre a questão de limites entre os Estados Unidos do Brasil e a Guiana britânica*, que o barão fez imprimir em francês, em Bruxelas, 1897, e assinou simplesmente: "Rio Branco, de l'Institut Historique et Géographique du Brésil"[11], tornou-se o vade-mécum indispensável do plenipotenciário. Na opinião do professor Raja Gabaglia, em conversa com Álvaro Lins, de todos os trabalhos de Rio Branco sobre questões de limites, este é o mais bem-feito e o mais bem construído.[12] Nabuco anotou-o em quase todas as páginas e escreveu ao amigo, reconhecido:

> Tenho estado a ler as suas memórias e documentos. *Mais vous êtes un savant, monsieur!* É incrível a *chance* que eu tive de ter a minha questão precedida pelos seus estudos e pelos trabalhos anglo-venezuelanos! Que minas já funcionando! Com a diferença que você faz *sozinho*, e melhor, o que fazem, com imensos vencimentos, dezenas de especialistas, geógrafos, advogados, franceses e ingleses todos reunidos".[13]

As anotações de Nabuco no exemplar da *Memória*, com a dedicatória de Rio Branco, conservado no Arquivo Histórico do Itamaraty, são densas, detalhadas, refletindo pesquisa intensa e apaixonada. Mais do que simples notas ou apontamentos, há páginas inteiras, ocupando os espaços livres do volume, e, mesmo, cartões colados entre páginas, igualmente cobertos de comentários, lembretes ou referências.

Como João Ribeiro seria incapaz de uma leviandade, justificava-se a procura do "documento secreto" a que se referiu, e que nos ajudaria a compreender melhor as razões do desenlace da chamada Questão do Pirara. Não encontrei traço desse "documento secreto" na embaixada em Londres, nem no Arquivo Histórico do Itamaraty. Perguntei-me se não se trataria da própria *Memória* de Rio Branco, impressa em Bruxelas e formalmente submetida ao governo britânico. Mas, se assim fosse, como conciliá-lo com a afirmação de João Ribeiro no sentido de que o documento "apontava a debilidade de vários de nossos argumentos"?

A resposta talvez se encontre em uma das anotações inscritas no exemplar oferecido por Rio Branco, porém não no texto impresso. Em página aparentemente intercalada logo após a capa, a seguinte inscrição: "*CONFIDENCIAL. Sobretudo pelas notas que ajunto à margem.*" Na mesma página, logo adiante: "*Proposta Villiers*

— 1900 — 27 de Agosto: Paracaima, Mahu, Curewako, Viruá, Tacutu, Mahu, Pirara, Quatata, Rupununi."

Em uma segunda página, também aparentemente intercalada, leio a seguinte anotação manuscrita:

PARANHOS RESERVADO DE 22 DEZ. 1897:

À excepção da Memória de Baena, publicada pela primeira vez em 1841, e de outra que acaba de ser publicada no Pará por Silvio Senior todos os mappas e livros brazileiros que têm aparecido depois que se levantou esta questão de limites, [inclusive um dos 2 mappas apresentados ao Conselho Federal Suisso pelo próprio R. Branco. N'um a fronteira é pelo divisor das águas, em outro pelo Rupununi. Em defesa, pode-se allegar que Rio Branco deu a linha ultimamente proposta pelo Brasil.] "dão invariavelmente como fronteira entre o Brazil e a G.B. a linha do divortium acquarum entre as bacias do Amaz. e do Esseq., linha que propuzemos em 15 de Março ultimo e que, em minha humilde opinião, apezar do que como advogado escrevi na Memória entregue ao governo Inglez, é a unica a que verdadeiramente temos direito.

Seriam essas duas páginas o "documento secreto" de João Ribeiro?

NOTAS

1. Dessa tarefa resultou a publicação do meu primeiro trabalho histórico, *Pareceres do Conselho de Estado e do Consultor do Ministério dos Negócios Estrangeiros (1842-1889)*; Imprensa Nacional, Rio, 1942.
2. Hélio Viana, *História diplomática do Brasil*, São Paulo, 1957.
3. Álvaro Lins, *Rio Branco*, José Olympio, 1945, pp. 319-20.
4. Idem, ib.
5. Hélio Viana, idem, ib. *História das Fronteiras do Brasil*, vols. 132-3 da Biblioteca Militar, 1948.
6. Idem, ib.
7. *Argument présenté par le Gouvernement de Sa Majesté Britannique*, Imprimé au Foreign Office par Harrison & Sons, Imprimeurs de Sa Majesté, Londres, 1904.
8. *Contre-Mémoire de Sa Majesté Britannique*, Imprimé au Foreign Office par Harrison & Sons, Londres, 1903.
9. Hélio Viana, op. cit.
10. Carolina Nabuco, *A vida de Joaquim Nabuco*, 1928.
11. Reeditada pelo Ministério das Relações Exteriores, em 1945, como segundo tomo das *Obras do barão do Rio Branco*, por ocasião do centenário do seu nascimento.
12. Álvaro Lins, op. cit.
13. Arquivo Histórico do Itamaraty.

8.

Um caso à parte: notas e reflexões sobre as origens do pensamento político paulista

Com metade da atual produção brasileira, 52% do meio circulante nacional e, se isolado, um nível de renda de país desenvolvido, São Paulo constitui um fenômeno singular dentro da nossa República Federativa.

A prosperidade paulista, que se inicia na segunda metade do século XIX, consolida-se no final do Império e se acelera vertiginosamente com a República, criou uma realidade socioeconômica no espaço físico da província bandeirante em vivo contraste com a do resto do país. Essa realidade socioeconômica, por sua vez, teria de dar lugar a um pensamento político que visasse, ainda que por mero instinto de conservação, a preservar os interesses econômicos criados e a assegurar sua expansão natural.

Numa ordem lógica de sucessão, a autonomia regional foi a primeira das aspirações: em lugar de presidentes nomeados pelo poder central, a livre escolha de seus governantes pela própria província. Alcançada esta, outras viriam, naturalmente, por via de conseqüência.

As reflexões que se seguem são mais a enunciação de um tema que reclama a atenção dos estudiosos do que o alinhamento de conclusões; mais um equacionamento do problema do que o anúncio de sua solução. Foram elas, essencialmente, objeto de artigo no *Jornal do Brasil* em 2 de abril de 1978.

*

Em meados do século XIX, o centro de gravidade econômica do país começou a se deslocar do Norte para o Sul. À prosperidade gerada pela mineração, no século anterior, seguira-se um longo período de estagnação até o surgimento do café como o elemento mais dinâmico e promissor da economia nacional. A organização social no Sul, especialmente em São Paulo, passou a sofrer intensa transformação com a crescente admissão de mão-de-obra assalariada, vigoroso fluxo imigratório europeu e rápida expansão da agricultura. No Rio Grande do Sul, Santa Catarina e Paraná, multiplica-se rapidamente o número de pequenas propriedades. Em São Paulo, onde a estrutura fundiária se manteve virtualmente intacta, o trabalho livre e a fertilidade das terras como que fizeram "explodir" o desenvolvimento da província, dando lugar a uma classe de agricultores ricos e empreendedores.

Já a partir de 1885, parece consolidar-se no pensamento das elites paulistas a convicção de que: (1) a escravidão estava com os dias contados; (2) a monarquia não resistiria à abolição; e (3) o interesse de São Paulo requeria uma República *federativa*, jamais unitária como o Império, a fim de permitir — em regime de ampla autonomia local — a consolidação e expansão do *status* que a província conquistara.

Dessa convicção decorre a opção paulista pela abolição e pela República federal. Uma vez proclamada esta, a meta seria o controle, por São Paulo, da própria República.

A aristocracia agrária paulista desde cedo revelou vivo interesse pela atividade política e, mesmo, pelo governo da nação. Não se alheou do cenário político, ao contrário do ocorrido com as oligarquias de alguns países latino-americanos, que se contentaram em governar por delegação a intermediários militares. Os paulistas entraram de corpo e alma na arena política, decididos a defender seus interesses econômicos.

O Império não lhes reconhecera a preeminência emergente e negara-lhes poder político comensurável com sua importância econômica. Influenciado pelos grandes senhores de escravos, muitos deles apegados à decadente economia do açúcar, o governo imperial tendia a resistir às reformas administrativas e sociais reclamadas pela transformação que se operava no Sul.

"Estudar os negócios da Província e prover às suas necessidades", queixava-se já, em 1869, o jovem Campos Sales nas páginas da *Gazeta de Campinas*, "é um crime de contrabando que o governo da Corte nunca deixou passar impune". A monarquia unitária tornava-se cada dia mais incômoda para a província bandeirante, que desde então se distanciava das demais pela prosperidade e pela formação de elites próprias. Os presidentes que o governo imperial lhe mandava começaram a ser recebidos com ressentimento e desconfiança. "Em regra", continua Campos Sales, que então ingressava na política como deputado à assembléia provincial, "o presidente não é senão um espião do governo na Província (...) coloca-se ele ao serviço e às ordens do ministro, cegamente, e o seu trabalho consiste apenas em fazer aquilo que na Corte se chama consolidar a situação — trabalho que nunca se julga acabado."[1]

Em outro artigo na *Província de São Paulo* (que mais tarde seria *O Estado de S. Paulo)*, Campos Sales contrasta o extraordinário progresso econômico da província na década de 1860 com a situação ruinosa das finanças nacionais. A imagem da locomotiva paulista puxando vinte vagões tem raízes mais do que centenárias: "As Províncias contribuem e a Corte esbanja", escreve o futuro prócer republicano.

> Aí está o segredo dos famigerados economistas do Brasil. As pompas da realeza, os esplendores do trono que fascinam o povo, o estrondo das festas oficiais na grande capital do Império, como outrora fazia Luiz XIV na sua Corte de Versalhes, convertida em asilo da mendicidade aristocrática, a vida dos Ministérios comprada com o dinheiro dos contribuintes, valem mais, muito mais, na nossa pragmática política do que quantas necessidades possam sofrer as províncias. São os encantos da centralização, dizem os áulicos. É a desgraça do Brasil — dirão um dia as Províncias![2]

Não era ainda a República que reclamava o político paulista mas já, sem dúvida, a federação.

O Partido Republicano Paulista

O Congresso de Itu, de 1873, embora sem conseqüências práticas imediatas, assinalou a transformação de clubes e núcleos republicanos dispersos num partido provincial organizado. Esse partido "seria, no Império, o único estruturado e de expressão da grei republicana". E, mais, nessa reunião germinaria o Partido Republicano Paulista.[3]

Em julho (1873), reúnem-se, na capital da província, delegados ao primeiro Congresso Republicano Provincial (inicialmente denominado "Assembléia Federal dos Municípios") e enviam, no dia 3, à imprensa um manifesto moderado. Luiz Gama, o único radical presente, protesta "contra as concessões que nele se faziam à opressão e ao crime; propugnava ousadamente pela abolição completa, imediata e incondicional do elemento servil". Mas sua posição, como tribuno negro que era, "caiu vencida e única".[4] O manifesto reflete as cautelas de uma oligarquia esclarecida que aspirava à evolução, jamais à comoção:

> A questão não nos pertence exclusivamente porque é social e não política, está no domínio da opinião nacional e é de todos os partidos, e dos monarquistas mais do que nossa, porque compete aos que estão na posse do poder, ou aos que pretendem apanhá-lo amanhã, estabelecer os meios para seu desfecho prático.

Quanto à solução que alvitra para o "melindroso assunto", não poderia ser mais moderada:

> Se o negócio for entregue à nossa deliberação, nós chegaremos a ele do seguinte modo: 1º — Em respeito ao princípio da união federativa, cada província realizará a reforma de acordo com seus interesses peculiares mais ou menos lentamente, conforme a maior ou menor facilidade na substituição do trabalho escravo pelo trabalho livre; 2º — Em respeito aos direitos adquiridos e para conciliar a propriedade de fato com o princípio da liberdade, a reforma se fará tendo por base a indenização e o resgate. Estas são as nossas idéias expostas em toda a franqueza da convicção sincera.

Em outras palavras, São Paulo deve ter autonomia para implementar a abolição como melhor convier aos seus interesses, e ao ritmo em que lograr adaptar sua economia ao trabalho assalariado. E, para que não houvesse o menor transtorno à produção agrícola paulista, cumpriria indenizar adequadamente os proprietários rurais.

Criada uma Comissão Permanente, recebeu esta a missão específica de organizar as bases "da federação de municípios e autonomia federal da Província". Reuniu-se em Campinas e seus trabalhos estenderam-se até 9 de outubro (1873). A 10 de novembro, Américo de Campos, na qualidade de Secretário da Comissão, anuncia a feitura das "Bases Constitucionais do Estado de São Paulo" e convoca seus correligionários para nova reunião na capital da província, em 10 de janeiro seguinte, para discuti-las.[5]

As "Bases" aprovadas constam de 53 artigos agrupados em dez títulos, um dos quais subdividido em capítulos. O título II, que não tem denominação, compreende quatro capítulos: Poder Legislativo, Câmara dos Deputados, Senado e Assembléia Geral; os demais títulos abrangem Organização e Poderes do Estado, Poder Executivo, Poder Judiciário, Municípios e sua Organização, Eleições, Guarda Cívica, Reforma da Constituição, Disposições Gerais e Garantias dos Direitos dos Cidadãos e Habitantes do Estado.

Pontos altos do *modelo* eram "a forma de governo e a autonomia política e administrativa do Estado, no seio da Federação dos Estados Unidos Brasileiros". O Legislativo local seria bicameral, elegendo cada município um deputado e cada circunscrição, formada por duas dessas unidades, um senador. O chefe do Executivo seria eleito pelo voto indireto, num colégio eleitoral (Assembléia Geral) formado pela reunião do Senado e da Câmara dos Deputados.

Em abril do ano seguinte (1874), na segunda reunião do Congresso Republicano, as *Bases* foram aprovadas para servirem "de ponto de partida à organização da Província de São Paulo, como Estado Federal dos Estados Unidos do Brasil". Esta é a primeira referência ao nome que se atribuiu à nação depois de proclamada a República.[6]

A *Província de São Paulo*, que os próceres republicanos incorporam, não seria, a rigor, órgão do Partido Republicano nem defensor automático de suas teses. Mas seria, certamente, a tribuna para a defesa e a divulgação de alguns princípios e aspirações que o pensamento político bandeirante caracterizava como devendo sobrepor-se às inclinações partidárias. Américo Brasiliense redigiu o programa do jornal e seu "plano de ação". Dentre as teses fundamentais que o jornal defenderia, a primeira, com destaque, é a "Descentralização completa". Vêm, a seguir, o "Ensino livre e aprendizagem obrigatória"; "Senado temporário e eletivo"; "Eleição direta sob bases democráticas" e, como meta particularmente ambicionada, "Presidentes de províncias eleitos por estas", não mais impostos pelo poder central.

Esses cinco primeiros objetivos, aliás, já figuravam no programa dos liberais históricos, de cujas hostes saíram em grande parte os republicanos, o que demonstra a consistência do raciocínio político das elites paulistas. A finalidade do jornal é guiar e esclarecer a opinião e não fazer propaganda revolucionária.[7]

O documento, datado de Campinas, 2 de outubro de 1874, traz as assinaturas de Rangel Pestana, Campos Sales, Francisco Glicério, Antônio Pompeu de Camargo, Américo Brasiliense e Américo de Campos.

Congresso Republicano Paulista de 1881

Nesse congresso, o pensamento dos candidatos do partido às eleições geral e provinciais foi unificado em um *Programa* comum. Dentre os pontos acordados, destacam-se os relativos à "descentralização" (idéia fixa de quase todos os convencionais, para fugir à imposição, a São Paulo, das leis uniformemente aplicadas a todas as províncias); "locação de serviço" (forma de efetivar a substituição do trabalho escravo pelo assalariado) e "naturalização e direitos do cidadão" (meios de atrair e fixar o imigrante europeu).

Os republicanos paulistas são essencialmente autonomistas e descentralizadores. Negam competência ao poder central para resolver a questão do elemento servil, que deve ser confiada às províncias. Insistem em que, econômica e politicamente, as províncias têm interesses distintos. *A solução provincial* ("confiada a solução aos poderes provinciais, tudo se simplificará, o perigo desaparecerá. Os interesses paulistas serão tratados pelos paulistas. A abolição se fará na medida da possibilidade, sem abalo, sem imprudência") era pela primeira vez suscitada, como postulação nova, porém refletindo a aspiração antiga da "descentralização".[8]

Unidos por essas idéias, seis republicanos lograram triunfar nas eleições provinciais de 1881: Campos Sales, Prudente de Morais, Rangel Pestana, Antônio Gomes Pinheiro Machado, Gabriel de Toledo Piza, e Martinho Prado Jr.

No Congresso Agrícola provincial de 1878, chegou a ser proposta, como incentivo à imigração que viesse substituir o trabalho escravo, a concessão da plenitude dos direitos políticos aos imigrantes naturalizados. Após fixar a premissa de que "o escravo é, não só uma propriedade, como um instrumento de trabalho", Campos Sales pondera que, em conseqüência, a abolição não afetava apenas o direito de propriedade, mas também a organização do trabalho. Era, portanto, imperioso colocar "em lugar de um instrumento que se retira, outro que o substitua, de tal modo que possa-se evitar a paralisação das forças produtoras". Esse seria o ponto crucial do raciocínio socioeconômico das elites paulistas. Nenhum sentimentalismo, nenhuma exaltação de natureza ética como a dos idealistas, a começar por Nabuco. O essencial era impedir o abalo da atividade produtiva. Os agricultores não deveriam alhear-se do problema. Se o combate intransigente à abolição, tão intenso em outras províncias, não conseguiria eliminá-la, cabia aos agricultores progressistas de São Paulo, no seu próprio interesse, tomar a dianteira e promovê-la. A abolição não deveria ser uma bandeira, quando, em realidade, era apenas um aspecto da produção agrícola. Se a emancipação era inevitável, só havia um remédio: substituir o escravo pelo imigrante estrangeiro.

A opção pelo trabalho livre

Feita a opção pelo trabalho livre, voltou-se a província para a atração intensa da imigração européia. Assim, somente em 1887 e 88, entraram em São Paulo cerca de 124 mil imigrantes, o que é altamente significativo se tivermos presente que o número *total* de escravos na província, segundo o último registro feito (1886-87) não passava de 107 mil. No ano da abolição e nos três seguintes, a entrada de mão-de-obra importada em São Paulo foi de 265 mil. A província era rica e pôde permitir-se a política de atrair os trabalhadores europeus, inclusive com o pagamento integral das passagens.

Se tivermos em conta que São Paulo, em 1886, tinha 1,21 milhão de habitantes, o influxo de 300 mil imigrantes que ocorreu nos cinco anos seguintes representou um ingresso de europeus — em grande maioria adultos — igual a 25% da população total da província.

A preferência por São Paulo era de tal forma esmagadora que em 1891, ano em que entraram nessa província 108.736 imigrantes, o total dos que se destinaram ao Rio de Janeiro, Minas Gerais e Espírito Santo mal passou, em seu conjunto, de 10 mil. Em 1890, quase um quinto da população da capital paulista era *estrangeira*; em algumas regiões da província (centro e oeste), *quase a metade*.[9]

A imigração, além de prover abastecimento de mão-de-obra eficiente em diferentes atividades econômicas na região do café, contribuiu para a criação de um mercado local que, por sua vez, propiciaria empreendimentos não-agrícolas, principalmente na produção de manufaturas.[10]

Por isso, quando foi decretada a abolição, São Paulo estava com sua infra-estrutura de trabalho razoavelmente montada e em condições, portanto, de sustentar o crescimento econômico. Minas e Estado do Rio de Janeiro, com consideráveis contingentes de escravos — por haverem resistido até o final à abolição inevitável —, sofreriam impacto muito maior, sem falar no esgotamento de suas terras, pouco atraentes aos imigrantes europeus.

São Paulo no centro da conspiração

Já em meados da década de 1880, a opinião dominante no país, mesmo entre os monarquistas, era de que não mais seria viável um terceiro reinado. O agravamento da Questão Militar, porém, fez com que os próceres republicanos de São Paulo passassem a raciocinar com base na perspectiva de uma ruptura da ordem institucional, na crista do ressentimento que crescia no exército.

A irritação entre os militares, que vinha de longe, não fez senão aumentar, e os homens de ação do partido procuraram agravá-la por todos os meios, na esperança de que a República viesse a ser prontamente declarada. Francisco Glicério, convencido que esse seria o caminho mais rápido e seguro, fez-se apóstolo do golpe militar. No círculo estreito de seu partido, já o consideravam chefe. "Outros teriam mais nome, maior cultura, mais eloqüência, mais recursos para garantir-lhes a independência", assinalou Tobias Monteiro em *Pesquisas e depoimentos*, "nenhum, porém, o excedia em atividade, em tato, em aptidão para organizar o partido."

Com esse intuito, procuraram os paulistas se aproximar, por todos os meios e modos, dos militares insatisfeitos, a começar pelo seu líder mais visível, o tenente-coronel Benjamin Constant Botelho de Magalhães. Professor da Escola Militar, já de meia-idade, a um tempo bom matemático e em sintonia com o pensamento político da época, Benjamin Constant tornou-se verdadeiro ídolo dos cadetes. Em dado momento, chegaram mesmo a pedir-lhe que assumisse o comando do exército e guiasse o país na encruzilhada difícil em que se encontrava.

Os paulistas se aproximaram não apenas dele, mas de outros chefes militares, bem como de alguns expoentes republicanos de outros estados, que lhes eram mais afins. O objetivo era estar presente, participar ativamente da conspiração e, até mesmo, da própria ação revolucionária.

Um belo dia, em Campinas, pouco antes do 15 de Novembro, Glicério recebe um telegrama de São Paulo, com a assinatura de Campos Sales e duas palavras apenas: "*Venha já.*" Mal poderia imaginar o que o aguardaria nos dias imediatos.

À tarde, ao chegar a São Paulo, o aguardavam Campos Sales e Bernardino de Campos, que lhe transmitiram as notícias enviadas do Rio por Aristides Lobo.

> Passaram a noite empenhados na elaboração de um código para as comunicações e combinando o que seria preciso fazer em São Paulo se houvesse o movimento no Rio. Ficou decidido, por proposta de Campos Sales, que Américo Brasiliense assumiria o Governo paulista e, caso ele se recusasse, o posto seria entregue a Prudente de Morais, o que veio a ocorrer.[11]

Glicério partiu para o Rio no dia seguinte e foi logo ao encontro de Aristides Lobo, que lhe comunicou que deveriam ter uma conferência decisiva na residência do marechal Deodoro, no Campo de Santana.

"Glicério chegou à hora marcada", anotou Tobias Monteiro.

> Lá estavam Quintino Bocaiúva, Aristides Lobo, Benjamin Constant, Solon, Cantuária e Rui Barbosa. Iniciou-se a conversa. Benjamin Constant fora autorizado a 9, no Clube Militar, pelos camaradas com quem contava, a decidir qual a solução que os acontecimentos deveriam ter. Deodoro hesitava e havia muito tempo que o conciliábulo prosseguia sem que ele proferisse a palavra definitiva, se encabeçaria ou não o movimento para proclamar a República. Na sua opinião a questão era simplesmente militar e bastava ao exército derrubar o Ministério.[12]

A convicção geral era a de que somente ele conseguiria galvanizar a tropa e conduzi-la à ação. Mais do que ninguém, assim pensava Benjamin Constant. Não bastariam os elementos de que dispunha para o golpe contra o regime. Os 67 anos de monarquia e quase cinqüenta de reinado haviam criado fidelidades sólidas e afeições difíceis de superar. Parecia-lhe quase impossível convencer todo o exército e toda a marinha a se entregarem inteiramente ao comando de um chefe revoltado. Mas ainda que fosse impossível evitar a luta, a capacidade e a influência do comandante "subiriam de ponto".

Naquele preciso momento, o homem-chave, a bandeira indispensável, por certo surpreenderia os que o vissem pela primeira vez. "Atirado num sofá, envolto num chambre, sem poder vestir-se, o peito arfava nas ânsias de uma dispnéia horrível, que às vezes o privava de falar."

Benjamin Constant, de ordinário pouco eloqüente, surpreendeu os presentes com uma exortação quase dramática. Quando se calou, disse o marechal pausadamente: "Eu queria acompanhar o caixão do Imperador, que está velho e a quem respeito muito." Depois acrescentou, passando e repassando o dorso de uma das mãos contra a palma da outra: "Ele assim o quer, façamos a República. Benjamin e eu cuidamos da ação militar. Quintino e os seus amigos organizem o resto."[13]

No dia seguinte, Glicério, Bocaiúva e Aristides Lobo se reuniam na casa deste último para organizar o governo.

Para São Paulo, não bastava a proclamação da República

Antes de tudo, era preciso dominá-la. De outra maneira, governos militares fortes constituiriam ameaça não apenas à sua autonomia, mas à sua própria prosperidade. Assim, logo na primeira eleição presidencial republicana, São Paulo lança uma candidatura civil — a de Prudente de Morais — para contrapor-se à de Deodoro, chefe do governo provisório. Procura reforçá-la com um vice-presidente militar e alicia Floriano. Realizada a eleição pelo Congresso Nacional, sai vitorioso o Deodoro, embora não seu companheiro de chapa (almirante Eduardo Wandenkolk). São Paulo, entretanto, alcança uma vitória parcial com a eleição de Floriano, que aquiescera em apoiar o candidato civil. O Exército estava dividido.

Proclamada a República, já no dia imediato se empossava no governo do estado de São Paulo um triunvirato de notáveis da Propaganda Republicana: Prudente de Morais, Rangel Pestana e Joaquim de Sousa Mursa. Campos Sales, na qualidade de "secretário interino", e no papel timbrado da secretaria da Comissão Permanente do Partido Republicano de São Paulo (encimado pelo barrete frígio e pela legenda "Liberdade — Igualdade — Fraternidade") comunica ao presidente e membros da Câmara Municipal de São Paulo a aclamação do triunvirato e os convoca para as 11 horas do mesmo dia 16, no Paço da Câmara, "onde o povo da Capital resolveu reunir-se (...) para proclamar a República nesta província".

No Governo Provisório da República, a principal reivindicação de São Paulo foi o Ministério da Justiça. A importância dessa pasta na estruturação política do país e na configuração da ordem jurídica tornavam essencial para São Paulo que seu titular fosse não apenas paulista, mas homem de comprovada capacidade de liderança e sintonia com os objetivos permanentes do Estado. Foi, assim, Campos Sales enviado para a capital federal a fim de ser o primeiro titular da pasta na era republicana. Nessa função, serviu exemplarmente às metas políticas de São Paulo, que a seu ver não conflitavam com as do país. "No Ministério da Justiça", escreveu seu mais recente biógrafo, Célio Debes, "é o arauto da federação levada às últimas conseqüências; na constituinte, é o defensor intransigente da dualidade da Justiça (federal e estadual)".[14]

Durante os primeiros anos do novo regime, os políticos paulistas mantiveram firme controle do governo estadual e protegeram-no contra interferências excessivas do governo federal, em parte pela manutenção de uma forte organização militar própria — a polícia estadual —, à qual não regateavam recursos os prósperos cafeicultores.

Já não tolerariam que se repetisse a prática vigente no Império da nomeação de burocratas para presidentes rotativos das províncias, ao bel-prazer da corte. Até mesmo as designações para os postos exclusivamente militares, como os comandos de guarnições federais, passaram a requerer o *placet* prévio do governo estadual. Com efeito, quando o ministro da Guerra do Governo Provisório, Benjamin

Constant, recomendou o capitão do exército, Tomaz Alves, para comandante da força pública de São Paulo, os paulistas recusaram a sugestão com a maior firmeza. O capitão Alves, sem ter dúvida de que lhe seria dada a função, chegara a partir para São Paulo e foi obrigado a regressar ao Rio. Meses depois, Floriano, então ministro interino do Exército, designa esse mesmo oficial comandante do 10º Regimento de Cavalaria, sediado em São Paulo. O governador, Prudente de Morais, protestou vigorosamente e chegou a ameaçar com a própria renúncia se a nomeação não fosse rescindida. Após várias tentativas infrutíferas de convencer o governador de que a escolha fora ditada exclusivamente por interesse do serviço, o governo central anulou a designação em favor de outra aceitável para o Estado.[15]

São Paulo e a paz interna

A paz interna no país era essencial aos interesses de São Paulo. Por isso, de modo geral, os paulistas se opuseram sistematicamente à onda de revoltas e distúrbios políticos que geravam descrédito para o Brasil no exterior e prejudicavam o progresso econômico. Quando ocorreu a Revolta da Esquadra, em setembro de 1893, evidente cisão nas forças armadas do país, o raciocínio político paulista levou-os a dar completo apoio a Floriano. Certamente não para defender o governo constituído. Mas, antes de tudo, porque a rebelião da armada constituía ameaça adicional a um futuro governo civil da República.

Ao mesmo tempo que a marinha ameaçava a capital da República, os *federalistas* do Rio Grande do Sul invadiam Santa Catarina e Paraná, com os olhos fixados nas fronteiras de São Paulo.

O estado de São Paulo, por ser economicamente o mais forte, militarmente o mais bem equipado e politicamente o mais estável, tornou-se, sem sombra de dúvida, o fiel da balança. Para onde pendesse, penderia a vitória.

A muitos surpreendeu o vigor e consistência com que os políticos paulistas se mobilizaram para sustentar a autoridade do marechal, contestada de norte a sul. Ora, a nenhum estado interessava mais do que a São Paulo a paz interna e a estabilidade da nascente República. Como observou José Maria Belo, um dos mais lúcidos analistas dessa época, "os republicanos mais impressionáveis imaginavam que na defesa da legalidade do vice-presidente em exercício se envolve a sorte do próprio regime".

Campos Sales, *líder* da maioria do Senado e cacique político no estado, confirma amplamente essa versão em carta de 8.5.1892 a sua mulher:

> Temos feito algumas reuniões para combinar sobre o procedimento da maioria e adotar uma disciplina parlamentar. Deliberamos aprovar todos os atos do governo, negar anistia aos desterrados e dispensar a eleição presidencial. São estes os pontos capitais da política do Governo, e a respeito dos quais ele não transige. Estou de pleno acordo com tudo, mas acho que a negação da anistia pode criar sérias complicações para o Governo. Não pendo para o sentimentalismo, mas as minhas apreensões procedem do lado jurídico da questão.

E aponta um caminho a seguir:

> Penso que aprovados pelo Congresso os atos do governo, como exige a Constituição, deve seguir-se o processo judicial, cessando por conseqüência a ação do poder Executivo sobre os presos, que deverão ser entregues à competência do poder Judiciário.[16]

Meta a perseguir: sucessão civil e paulista

O importante era impedir que a situação nacional se deteriorasse em função do enfraquecimento de Floriano. Agüentar o marechal até o fim do mandato e assegurar a sucessão civil e paulista deveriam ser a meta comum de todas as correntes políticas do Estado. Quando Francisco Glicério, prócer do Partido Republicano Federal, que se fixaria no nome de Prudente para a sucessão, se desentende com Floriano, Campos Sales se inquieta por temer que as relações de São Paulo com o governo federal ficassem comprometidas: "O Glicério deu para *valentão*", escreveu à esposa, "e anda criando muitos embaraços para a *nossa política*", isto é, para a política de São Paulo, para os objetivos do Estado. Mais adiante, na mesma carta:

> Tem chegado aos ouvidos de Floriano ditos quixotescos do Glicério, como este — hei de enfrentar *aquele major* —, e isto tem irritado o Floriano, e quem paga é São Paulo, somos nós. (...) Acho que melhor será ir engolindo espadas por este resto de tempo, para evitar complicações que podem ser muito graves. As fanfarronadas do Glicério tem-nos feito muito mal.[17]

Em fins de janeiro de 1894, isto é, ainda em plena guerra civil na Guanabara e no Sul, Afonso Pena faz apelo a Floriano para que não adie as eleições presidenciais, que deveriam realizar-se em 1º de março seguinte. De outra forma, daria a impressão de que "o Governo aspira à ditadura". As palavras do eminente líder político valeram como advertência sutil de uma possível reação, caso as eleições não fossem mantidas e eleito Prudente de Morais.

Floriano não teve alternativa. Em fevereiro e março, a ameaça federalista estava no seu auge e o apoio de São Paulo era vital. Assim, com grande parte do país em estado de sítio e boa parte do Sul em mãos dos insurrectos, o pleito realizou-se na data prevista. Graças ao assentimento de Floriano, que primeiro tentara, em vão, encontrar outro candidato paulista, foi eleito, sem a menor dificuldade, Prudente de Morais, que desde a proclamação da República vinha clamando por um governo civil.

Tomaria posse? — foi a indagação que, pouco depois, se generalizaria. Com efeito, de diversas fontes surgiram rumores de que Floriano, uma vez debelada a revolta da Marinha e pacificado o Rio Grande, daria um golpe de Estado para continuar no governo.

A despeito desses rumores persistentes, inclusive na imprensa estrangeira, até o último momento, Prudente tomou posse em 15 de novembro de 1894. A divisão nas forças armadas, por um lado, e as enfermidades, por outro, teriam frustrado, de qualquer modo, os propósitos continuístas de Floriano, se ele realmente os cultivou. Mas é inegável que muitos dos seus partidários militares tentaram, até o fim, sem desfalecer, manter seu ídolo à frente do governo, mesmo com o sacrifício da legalidade.

Prudente empenhou-se em terminar a guerra civil no Rio Grande, com o pensamento voltado para a anistia que permitisse o retorno de oficiais rebelados aos seus antigos quadros. Por essa forma, alimentaria a divisão nas forças armadas, reduzindo, assim, sua expressão política.

A meta perseguida por São Paulo fora alcançada. Com Prudente de Morais — primeiro governador republicano de São Paulo e primeiro presidente civil do Brasil — iniciou-se o domínio paulista da política brasileira, que se prolongaria até 1930.

*

Prudente, presidente eleito, chega ao Rio de Janeiro sem o menor alarde ou demonstração popular, "... e isto porque nesta quadra tudo pode parecer acinte". Sobe para Petrópolis e lá reúne o *supremo conselho* com o qual vai organizar o futuro governo: Campos Sales, Glicério, Ubaldino, Rodrigues Alves, Quintino e Manuel Vitorino. Desse encontro nasceria a composição do ministério. Convencem-se, depois, os próceres paulistas, que era preciso substituir um dos paulistas (acabou sendo Ubaldino, que teria a pasta da Justiça e Interior) "para que o ministério não ficasse muito sulista".

Manoel Ferraz de Campos Sales, ministro de Justiça do primeiro governo da República, senador federal por São Paulo e, a seguir, governador do estado, seria o sucessor natural de Prudente. Em 1º de março de 1898, obtém 174.578 votos contra 16.534 de seu opositor. O governo federal continuaria firme em mãos paulistas.

NOTAS

1. Célio Debes, *Campos Sales — Perfil de um estadista*, Francisco Alves, vol. I, p. 74.
2. *A Província de São Paulo*, 7.7.1870.
3. Célio Debes, op. cit., vol. I, p. 111
4. Lúcio de Mendonça, *Luiz Gama* (*Revista do Instituto Histórico e Geográfico de São Paulo*, 1930, vol. XXXVIII, p. 443). Apud Célio Debes, op. cit., vol. I, pp. 119-22.
5. Célio Debes, op. cit., vol. I, p. 122.
6. Célio Debes, op. cit., vol. I, pp. 134-5.
7. Célio Debes, ibidem.
8. Célio Debes, op. cit., vol. I, pp. 170-171.
9. Luiz A. Corrêa do Lago, "The Transition from Slave to Free Labor in Agriculture in the Southern and Coffee Regions of Brazil, a Global and Theoretical Approach and Regional Case Studies", Harvard University, Cambridge, 1978, pp. 428 e 326. Com base na mesma fonte, gostaria de fazer as seguintes qualificações: 1) O total de pouco mais de 10 mil imigrantes que comprovadamente se destinaram aos estados do Rio de Janeiro, Minas Gerais e Espírito Santo em 1891 está baseado em dados incompletos e não inclui os milhares de imigrantes que, no mesmo ano, permaneceram na cidade do Rio de Janeiro, então Distrito Federal. 2) Os dados do censo de 1890 em relação aos municípios indicam que cerca de um quinto da população do Estado de São Paulo registrada como estrangeira estava estabelecida no município da capital. O Norte e a zona costeira concentravam menos de 7% dos estrangeiros, que em sua maioria estavam localizados nos municípios produtores de café do centro e do oeste do estado. Com a intensificação da imigração estrangeira para São Paulo nos anos seguintes, os imigrantes passaram eventualmente a representar cerca da metade da população de diversos municípios (de tal forma que por volta de 1900 a população estrangeira era predominante em pelo menos 26 municípios do estado).
10. Luiz A. Corrêa do Lago, op. cit., pág. 436.
11. Tobias Monteiro, *Pesquisas e depoimentos para a história*, Francisco Alves, Rio, 1913.
12. Tobias Monteiro, op. cit.
13. Tobias Monteiro, op. cit.
14. Arquivo de Prudente de Morais, no Instituto Histórico e Geográfico. Cartas de B. Constant a Campos Sales, 11.12.89; C. Sales a Prudente, 12.12.89 e 13.12.89; Prudente a Glicério,

23.3.1890; C. Sales e Glicério a Prudente, 25.3.1890; Cesário Alvim a Prudente, 26.3.1890; C. Sales a Prudente, 27.3.90. Apud June E. Hahner, "Civilian Military Relations in Brazil, 1889-1989", University of South Carolina Press, 1969, pp. 133-5.

15. Célio Debes, *Campos Salles, Perfil de um estadista*, vol. II, pp. 370-1.
16. Célio Debes, *Campos Salles, Perfil de um estadista*, vol. II, p. 381.
17. Célio Debes, *Campos Salles, Perfil de um estadista*, vol. I, p. 20.

9.

Atribulações de um diplomata português no Brasil

Pelo papel que o conde de Paço d'Arcos desempenhou como ministro de Portugal junto ao primeiro governo republicano no Brasil (1891-93), vale a pena conhecer melhor a personalidade e os antecedentes desse representante que teve, sem dúvida, de enfrentar as contingências de uma missão singularmente ingrata e difícil.

Missão relâmpago de um aristocrata

Carlos Eugênio Corrêa da Silva, primeiro visconde e primeiro conde de Paço d'Arcos, de família liberal, nascido em Lisboa precisamente no ano em que lá falecia nosso primeiro imperador, cedo se tornou oficial da marinha de guerra. Em fins de 1876, ingressou na administração colonial, indo governar Macau e Timor. Esteve, a seguir, no governo de Moçambique e no da Índia e, após dois anos e meio de ostracismo político, voltou à sua carreira na função de superintendente do arsenal de marinha, com as honras de ajudante do rei.

Em 16 de janeiro de 1890, era nomeado governador civil de Lisboa. Foi nessa condição que, certo dia, recebeu a visita de um grupo de representantes da colônia portuguesa no Brasil, tendo à frente o barão de Itanhaém de Andrade e o futuro conde de Figueiredo Magalhães. Foram perguntar-lhe se concordava que seu nome fosse sugerido ao governo para ser o primeiro ministro acreditado pela monarquia portuguesa junto à recém-instaurada República dos Estados Unidos do Brasil.

Feita a indicação, Paço d'Arcos foi nomeado em outubro de 1890 e incumbido, assim, de ir reconhecer, em nome de um rei da Casa de Bragança, sobrinho-neto do nosso Dom Pedro II, o regime que derrubara os Bragança no Brasil.

Paço d'Arcos exerceu suas funções de 2 de junho de 1891 a 20 de novembro de 1893. Durante estes dois anos e meio, presenciou o golpe de Estado de Deodoro, sua deposição pela marinha, a ascensão de Floriano, a Revolta da Armada, longos meses de luta na capital e em vários estados. Tratou com nove ministros das Relações Exteriores do Brasil, sendo um deles em dois períodos, o que dá em média noventa dias para cada um. Em Portugal, também, mesmo sem as comoções da conjuntura brasileira, houve cinco ministros dos Estrangeiros a instruir, consecutivamente, seu representante no Brasil.

Esse, o pano de fundo, essas as tremendas dificuldades adicionais inerentes à missão confiada — não a um experimentado diplomata — mas a um competente oficial da marinha de guerra portuguesa e digno administrador colonial.

Subitamente, sem a menor explicação, o ministro português é chamado a Lisboa "sem demora". Dirige nota ao governo brasileiro comunicando que se "ausentaria brevemente". Mas logo pressente que estava destituído e regressa ao seu país com a família, para nunca mais voltar.

Em Lisboa, na falta de qualquer esclarecimento do rei Dom Carlos ou do seu presidente do Conselho e ministro dos Negócios Estrangeiros, Paço d'Arcos apenas deduziu tratar-se de acatamento, pelo governo português, de exigência do Brasil. Retornou à sua carreira de marinha, onde alcançou o mais alto posto, mas guardou, até morrer, "a mágoa da paga que tivera por tão exemplarmente ter servido, da indiferença do rei, a quem era tão devotado, da insinceridade e falta de lealdade do seu chefe político".

Preocupação com a memória

Deixou ao filho o encargo de publicar sua correspondência diplomática, na qual se refletem, dia a dia, os trinta meses que passou no Brasil. Esse encargo foi parcialmente cumprido pelo comandante Henrique Correia da Silva e concluído pelos netos de Paço d'Arcos em 1974. Não encontrando nos arquivos portugueses qualquer documento que os iluminasse sobre as razões da intempestiva retirada do seu antepassado do Brasil, apelaram para o Itamaraty, por meio da embaixada em Lisboa, e obtiveram, assim, cópia de um ofício que tudo esclarece.

O OFÍCIO

"Legação dos Estados Unidos do Brasil.
Lisboa 18 de Novembro de 1983

Confidencial

S. Exª o Sr. Dr. Alexandre Cassiano do Nascimento
Ministro de Estado das Relações Exteriores.

Senhor Ministro,

Tenho a honra de participar a V. Exª que no dia 15 do corrente recebi do Sr. Gabriel de Piza um ofício confidencial comunicando-me o telegrama cifrado que V. Exª lhe dirigira em data de 10 de novembro, nos seguintes termos:

"Diga por escrito Vianna Lima que verbalmente comunique ministros estrangeiros que Paço d'Arcos envolve-se abertamente política Brasil tornando-se incompatível presidente. Pede se lhe dê outro destino."

Logo que recebi essa comunicação procurei o Sr. Consº Hintze Ribeiro, presidente do Conselho e ministro dos Negócios Estrangeiros, mas não o encontrei na Secretaria, pois celebrando-se nesse dia o aniversário natalício do infante Dom Manuel S. Exª havia ido ao cortejo no Paço e depois dessa cerimônia presidiu a um Conselho de ministros. Dirigi portanto ao Sr. Hintze Ribeiro uma carta particular, perguntando a que horas eu poderia vê-lo no dia seguinte para fazer-lhe uma comunicação de grande urgência. S. Exª teve a amabilidade de responder-me que me procuraria em minha casa às 6 horas da tarde. Assim fez e tendo-lhe eu referido que o conde de Paço d'Arcos se envolvia abertamente na política brasileira, de modo a tornar-se incompatível com o Exº Sr. Vice-presidente da República, o Sr. Hintze Ribeiro mostrou-se muito surpreendido e magoado. Declarou-me S. Exª que em todos os telegramas, ofícios e relatórios que recebera do conde de Paço d'Arcos nunca notara o menor sentimento de hostilidade ou antipatia ao governo legal, limitando-se a relatar os fatos ocorridos sem jamais manifestar simpatias pelos rebeldes.

S. Exª declarou-me outrossim que desde o princípio da insurreição da esquadra dera as mais precisas e terminantes ordens ao ministro no Rio de Janeiro e ao comandante da "Mindelo" de abster-se rigorosamente de toda e qualquer manifestação de caráter político, e de cingir-se à proteção dos súditos e das propriedades portuguesas, procedendo sempre de acordo com os comandantes dos navios ingleses, franceses e italianos. Essas instruções, segundo me asseverou o Sr. Ministro, foram várias vezes reiteradas, entre outras por ocasião do boato relativo a partida do príncipe Dom Augusto.

Finalmente S. Exª disse-me que o pedido que eu lhe fazia, em nome do meu governo, relativamente a dar-se outro destino ao conde de Paço d'Arcos, seria atendido, conquanto muito lhe magoasse tomar essa resolução.

Declarei a S. Exª que eu estava convencido que a exigência do Exmº Sr. Vice-presidente da República era fundada em motivos ponderosos.

O Sr. Hintze Ribeiro ao despedir-se de mim prometeu dar-me prontamente uma resposta definitiva sobre a resolução desse assunto. De fato ontem recebi uma carta de S. Exª pedindo-me que fosse a secretaria, e aí me comunicou que ontem mesmo havia expedido um telegrama ao conde de Paço d'Arcos chamando-o a Lisboa.

Nessa conformidade tive a honra de dirigir a V. Exª o seguinte telegrama cifrado:

"Governo chamou Paço d'Arcos Lisboa"
Saúde e fraternidade.

C. A. Vianna de Lima".

Sai um conde, entra outro

Removido, assim, sumariamente, o enviado português, por exigência de Floriano, o governo de Lisboa designou para substituí-lo o conde de Paraty, na qualidade de encarregado de negócios. Talvez pelo fato de o novo representante ocupar lugar de relevo na maçonaria, terá o presidente do Conselho, Hintze Ribeiro, imaginado que pudesse estabelecer relações mais estreitas com os círculos dominantes na política brasileira. Mas, como se verá adiante, o asilo concedido na corveta *Mindelo* aos oficiais e marinheiros da esquadra rebelde seria origem do grave incidente que levou o marechal a determinar o rompimento de relações diplomáticas entre os dois países, em maio do ano seguinte.

*

Passados vários anos desse episódio e durante o curso de uma crise ministerial em Portugal, o nome de Paço d'Arcos foi lembrado para ocupar a pasta da Marinha e do Ultramar. Alguém, porém, observou:

— O que dirá o Brasil?

E a nomeação não se fez.

Balanço sereno da missão impossível

Somente após a publicação, pela família, do alentado volume com a correspondência de Paço d'Arcos, ostensiva e confidencial, foi possível uma apreciação mais objetiva do papel que exerceu o representante português. As críticas severas que lhe foram feitas, no Brasil, devem ser atribuídas, sobretudo, à escassez de elementos e à emoção política que inspirou os depoimentos da época.

Em realidade, a leitura dessa volumosa correspondência revela o perfil de um funcionário extremamente aplicado e minucioso, decidido a levar a sério as suas funções. Consciente das limitações oriundas da sua inexperiência, mostrou-se cauteloso e empenhado em ouvir os colegas das demais missões. Sentindo a animosidade reinante contra os estrangeiros, em geral, e os portugueses em particular, procurou ser compreensivo e prudente. Ante o que considerou agravos pessoais ou à bandeira de seu país, reagiu com altivez, mas sem excessos. Monarquista, fez um grande esforço para informar com imparcialidade e sem paixão. É, por vezes, candente em sua crítica, agressivo mesmo. O estilo é polêmico, o comentário, cáustico, mas sincero. No fundo, há um saldo de admiração pela fibra de Floriano; ao registro que faz dos freqüentes rumores de iminente queda do governo, acrescenta impressão de que o marechal não cederia.

Lia todos os jornais brasileiros, mesmo os das províncias, e mais a imprensa estrangeira, que comenta com freqüência. Além dos colegas, há mais tempo no Brasil e menos visados, mantém contato com os principais elementos da colônia portuguesa, principalmente os banqueiros, que o abastecem de notícias.

Tendo aos seus cuidados pelo menos 1,2 milhão de portugueses — tal era a estimativa da comunidade lusa —, mas uma rede consular extremamente reduzida, a legação do Rio era o desaguadouro natural de uma avalancha de casos de proteção de interesses, imigração, extradições, sucessões, para não falar nos inúmeros problemas decorrentes da chamada Grande Naturalização, imposta pela Constituição republicana.

A correspondência de Paço d'Arcos sobre alguns dos casos de proteção de interesses reflete a atmosfera de corrupção e irresponsabilidade administrativa que caracterizou os primeiros anos da República e que Floriano procurou moralizar.

Um deles foi o da prisão do conde Sebastião Pinho, proeminente figura da colônia portuguesa, acusado de estelionato. Quando seu advogado, também português, exigiu a intervenção direta da legação contra a prisão do seu cliente — que qualificava de violenta e ilegal —, Paço d'Arcos resistiu com firmeza. E assim justificou a Lisboa o seu procedimento:

> Pela leitura dos jornais sabia eu já da prisão desse grande capitalista (um dos enriquecidos destes últimos três anos) e vira que se tratava de acusações graves em negócios bancários ou comerciais, convencendo-me de que a polícia não andaria tão levianamente que fosse praticar um ato violento e abusivo contra um homem defendido pela sua alta posição argentária.

A resposta de Lisboa, como ocorria com freqüência, foi lacônica e pouco precisa: "Intervenção oficiosa caso violação da lei."

O zeloso funcionário escreve de volta:

> A última palavra cifrada vinha reduzida a três algarismos, não sendo por isso fácil a sua tradução. Contudo, depois de muitas buscas, com esses três algarismos no cifrante, concluí — ao que me parece com probabilidades — que não podia ser outra senão a palavra da lei...

Uma vez vencido o obstáculo de ordem criptográfica, o diplomata assim interpreta a mensagem:

> Como V. Exa. não me determinava intervenção oficial mas sim consentia somente em intervenção *oficiosa*, entendi que nada devia fazer... por dignidade da legação e por minha própria não me meto numa questão pouco limpa, em que *segundo se diz* se espalha dinheiro aos montes... Permita-me pois V. Exa. que continue a abstenção desta legação como é próprio, digno e honesto.

Pouco depois, a corte de apelação do Rio de Janeiro condena o consulado-geral de Portugal a pagar certas despesas incorridas em um processo de sucessão. Um juiz da câmara civil foi ao ponto de decretar a penhora do próprio consulado-geral. O protesto de Paço d'Arcos foi extremamente vigoroso, revelando sua intensa emoção. Pede ao nosso ministro das Relações Exteriores "providências imediatas e urgentes contra um ato autoritário e abusivo de um magistrado brasileiro, o qual, ou por completo desconhecimento do direito público internacional, ou acintosamente — o que bem custa a dizer-se, apesar das razões que levam a tal suposição — ousa violar as imunidades e regalias que competem ao Consulado-Geral de Portugal no Rio de Janeiro".

Mais adiante, entrando no mérito da decisão:

> Não sendo pois o consulado pessoa jurídica nessa questão, mas sim a herança, claro está que o consulado jamais poderia ser julgado responsável por tais despesas; mas para haver do referido consulado as despesas em que fora condenado, só havia o meio de representação aos poderes superiores, tratando-se o assunto por via diplomática, de governo a governo.
>
> Longe disso, um juiz da câmara civil, com menosprezo das imunidades do consulado-geral e da inviolabilidade da sua chancelaria e dos seus arquivos, ousou mandar os seus oficiais de diligências para executarem um mandato de penhora no consulado-geral de Portugal, que não cumprira a intimação de pagar em 24 horas.

E o atribulado diplomata assim conclui o seu disparo final:

> Não se comenta mais o fato, que só por si fala bem alto contra a ignorância e desrespeito das leis, do direito internacional e da convenção de 1851, entre o Brasil e Portugal. Não se comenta mais o fato, mas lamentando, roga o abaixo assinado a V. Exa. e ao governo de que V. Exa. é digno representante, se sirva de tomar providências imediatas para que tão inaudito abuso de autoridade não possa ir por diante, dando-se ao governo que tem a honra de representar a satisfação devida neste inqualificável conflito.

Uma semana depois da entrega desta nota e da promessa do nosso chanceler de encaminhar o assunto ao Ministério da Justiça, o consulado foi invadido por oficiais de diligências com ordens de executar a penhora, e assistidos por um delegado de polícia acompanhado de força armada de cavalaria.

Como se pode imaginar, o escândalo público foi imenso, atraindo grande número de populares que se acotovelaram nas imediações. O cônsul-geral protestou vivamente e defendeu, como pôde, os seus arquivos e móveis de escritório, "que outra coisa não havia ali em que pudesse recair semelhante execução".

O delegado de polícia acabou se retirando e, pouco depois, os oficiais de justiça, sem executarem a penhora.

Paço d'Arcos despenca de Petrópolis, onde residia, e corre a ver o ministro das Relações Exteriores. É recebido pelo visconde de Cabo Frio, que justifica a ausência do ministro: "a crise latente o obrigava, com os colegas, a permanecer em sessão no palácio da Presidência, onde só se tratava de política interna". O enviado português resolve esperar pelo titular da pasta. Passadas quatro horas ("que tanto durou a nossa conversação, sempre delicada e cordata"), retirou-se o diplomata sem haver logrado ver o ministro.

Depois de relatar a Lisboa o episódio, Paço d'Arcos queixou-se do papel equívoco de membros influentes da colônia portuguesa, sem dúvida envolvidos nas manipulações da bolsa e na aventura do *Encilhamento*:

> Alguns banqueiros portugueses, que vêem contra si a ameaça de queda do Banco da República, que os irá prejudicar, dizem-me que se mostram desfavoráveis à questão, opinando que deveríamos ceder em tudo e por tudo para não levantarmos dificuldades ao governo da presidência, que eles querem ver com força para um golpe de estado que lhes salve o seu Banco protetor. O caso é que o jornal *O Paiz*, propriedade de Bocaiúva e do visconde da Silva Cotta (um dos ultimamente agraciados pelo governo português) é o jornal que iniciou o clamor contra o consulado. Este jornal foi sempre considerado jornal dos banqueiros.

Passada uma semana, o Ministério da Justiça censura o juiz e se avoca o trato do assunto. Mas somente 21 dias após a invasão do consulado o plenipotenciário português recebe a nota de escusas do governo brasileiro, assinalando o profundo desgosto do presidente da República com as ocorrências.

O incidente é aqui descrito em maior detalhe por ser revelador eloqüente da baixa prioridade que mereciam, então, os problemas de política externa. A instabilidade do quadro político interno, a precariedade da saúde de Floriano e a substituição freqüente dos ministros, tudo contribuía para relegar a plano muito secundário as relações com as missões diplomáticas no país.

Uma das tarefas mais delicadas de Paço d'Arcos era colher informações confidenciais sobre candidatos a títulos nobiliárquicos ou comendas portuguesas.

Um antigo refugiado polonês, Maylaski, que fizera fortuna no Império, aumentando-a gradualmente no jogo bolsista da República, fora feito visconde de Sapucaí. Quando Paço d'Arcos recebeu a consulta sobre a idoneidade do polonês, a quem se cogitava conceder outra mercê, procurou ouvir o visconde de Taunay, "imperialista *enragé*, que em quase todos os paquetes se carteia com o augusto exilado".

Na primeira entrevista, Taunay disse-lhe que Dom Pedro II

> vira com desgosto o título de Sapucaí (título criado por S. M. fazendo visconde o seu mestre de humanidades, depois elevado a marquês quando primeiro-ministro e presidente do Conselho) dado agora por seu Real Sobrinho a um aventureiro enriquecido.

Mas, na segunda, Taunay foi mais explícito e o ministro português registra em ofício a expansão de franqueza do "imperialista *enragé*":

> ... disse-me que Sapucaí era um titular nem mais nem menos merecedor de graças do que tantos outros canalhas (palavra dele) ultimamente agraciados pelo governo português, e que o não teriam sido sem sérias queixas do imperador; mas que lhe parecia que Sua Majestade Imperial se daria por satisfeito logo que a Maylaski fosse mudado o título por um outro...

Consultado sobre João Raymundo Pereira da Silva, advogado no Rio de Janeiro, candidato a barão, e Roberto José Kiwoniam Benjamin, gerente da New York Life Insurance, também no Rio, aspirante à Comenda da Ordem de Cristo, Paço d'Arcos faz a pesquisa e conclui:

> (...) ambos esses indivíduos são uns pulhas (perdoe-se-me o ordinarismo tão significativo), que ambos são pouco considerados apesar de viverem largamente, e que poderá produzir mau efeito a concessão das graças que para eles se impetram, as quais só virão concorrer para o maior desprestígio das mesmas, que infelizmente há bastante tempo têm sido concedidas com bem pouco critério, e por assim dizer sem que esta legação tenha sido ouvida. Se todos os nossos governantes fizessem sempre o que V. Exa. agora se dignou fazer, não teríamos o desgosto de ver por aqui tantos insignificantes, tantos bandalhos, e tantos indignos, pavoneando-se com títulos e veneras portuguesas.

Ainda mais pitoresca é a informação de Paço d'Arcos sobre Antônio Clímaco dos Reis, em ofício ao conselheiro Artur Fevereiro, diretor-geral do Ministério do Reino:

> Esse sujeito é tão desfavoravelmente conhecido que, imediatamente, um honesto e muito antigo empregado dessa legação, e logo depois outras pessoas para mim igualmente de todo o crédito, me informaram que Antônio Clímaco dos Reis fora sempre no Brasil um *cavalheiro de indústria*, vivendo da *chantagem* nos jornais e de outros vergonhosos misteres *não* confessáveis, sendo por fim expulso pela polícia do território brasileiro como *cáften*.

Imaginando que o diretor-geral no Ministério do Reino desconhecesse a expressão, o diplomata o esclarece:

> Devo explicar que cáften é mister ainda mais vergonhoso, baixo e vil do que o de *souteneur*, ou rufião que vivem à custa de mulheres perdidas, dando-lhes a sua proteção de fadistas e brigões. *Cáften* é o infame sem vergonha e sem caráter, que vive da prostituição, fazendo aliciar donzelas para a desonra e vivendo dos reditos dos alcouces e prostíbulos. É o supra-sumo e essência da vilania do *souteneur*, é o criminoso do mais imundo lenocínio dos modernos códigos criminais.

E conclui: "(...) parece impossível que com tão *distinto* passado se atreva a apresentar-se pedindo (ou alguém por ele) uma mercê de distinção".

10.

A missão Paço d'Arcos no Brasil

I. Da queda de Deodoro à ascensão de Floriano

No capítulo anterior, relatamos, em linhas gerais, o que foram os dois anos e meio (junho de 1891 a novembro de 1893) da missão do conde de Paço d'Arcos como ministro da monarquia portuguesa junto ao primeiro governo republicano do Brasil.

Procurarei, aqui, destacar seu papel como agente político e observador do quadro brasileiro, certo de contribuir, assim, para melhor conhecimento da personalidade do diplomata português e julgamento mais objetivo da sua atuação no Brasil até ser declarado *persona non grata* por Floriano e destituído sumariamente por seu governo.

Um subsídio valioso

A volumosa correspondência de Paço d'Arcos, tanto a ostensiva quanto a sigilosa, em que refletiu os trinta meses de sua intensa atividade diplomática no Brasil, somente foi conhecida em 1974 graças ao desvelo de seus descendentes. Contém descrição minuciosa da situação brasileira, ao tempo de Deodoro e de Floriano, freqüentemente pitoresca de linguagem, ora revelando acesso a fontes seguras de informação, ora refletindo apenas rumores correntes. Suas previsões são razoavelmente acertadas e os julgamentos, embora nem sempre imparciais, dão invariavelmente a impressão de sinceridade e franqueza. Constituem, por isso, um subsídio valioso à compreensão daquele período tão conturbado da vida brasileira.

A agitação no Congresso, sobretudo nos meses que precederam sua dissolução por Deodoro em 3 de novembro (1891), é tema constante nos despachos a Lisboa:

> As sessões do Congresso, improdutivas por enquanto de leis ou medidas organizadoras, são porém férteis em escândalos e em cenas violentas e tumultuosas, de que largamente se ocupam a imprensa e as conversações nos círculos políticos, com grande gáudio de todos os descontentes que almejam por

uma mudança de coisas, quer sejam imperialistas ambicionando a restauração do antigo regime, quer os republicanos prudentes e ordeiros fazendo votos por uma república unitária e parlamentarista. Uns e outros são hoje chamados sebastianistas, e o sebastianismo é o pesadelo constante dos radicais que receiam qualquer passo retrógrado. Contudo, todos eles, de um e outro lado, avançados e ordeiros, fazem guerra atroz ao presidente e aos secretários (ministério), os primeiros porque querem nova ditadura de força a implantar os princípios mais demagógicos e a salvaguardar o que fizeram Bocaiúva e Rui Barbosa, os segundos porque de uma mudança qualquer esperam o restabelecimento da ordem ou uma situação que de vez salve o país da crise financeira que o assoberba.

As sessões secretas do Congresso dedicadas ao exame do tratado de limites que Quintino Bocaiúva, ministro do Exterior, firmou em Buenos Aires, buscando resolver a questão das Missões, transpiraram para os jornais, por indiscrição de parlamentares. O tratado acabou rejeitado espetacularmente pelo Congresso, por 141 votos contra 5. O enviado português assim oficia ao seu governo:

O Sr. Quintino Bocaiúva, que fora a essa negociação em missão especial deixando temporariamente o ministério que geria, e transportado com largo séquito em navios de guerra, tudo espalhafatosa e ruidosamente, como quem contava com seguro êxito quer na Argentina quer no Brasil, vê-se alvo das mais vilipendiosas acusações, e finalmente foi chamado à barra da Câmara dos Deputados constituída em sessão secreta, para explicar o seu procedimento e defender a sua obra, acusada de subserviência antipatriótica, quando não mesmo venal segundo afirmam jornais da oposição. A este ato seguiu-se o da publicação de toda ou grande parte das sessões secretas pela imprensa de diversos matizes, o que prova a inconfidência política de muitos dos que lá estavam e que vieram relatar cá fora o que se dissera e como o Sr. Bocaiúva se vira obrigado a passar, em sessão, sob as forcas caudinas, renegando ou rejeitando quase a própria obra.[1]

A situação financeira do país era, por sua vez, objeto de referências quase diárias. "Outro ponto que se tem prestado aos mais acerbos e mais degradantes comentários", anota Paço d'Arcos em setembro de 1891, é a questão travada na Câmara entre os deputados banqueiros, conselheiro Mayrinck e conde de Figueiredo. Da discussão têm vindo a nu graves escândalos das finanças que, ao que se diz, vão dar como resultado a liquidação do Banco da República. A situação financeira ressente-se desta falta de crédito nos homens, e agravam-se os receios de uma crise, por parte não só dos pessimistas, que tudo temem, mas ainda para muitos, menos timoratos. Contudo, é de crer, e digo-o pelo que vejo e pelo que ouço a muitos entendidos, que o Brasil, potente, rico e audaz, resistirá a todo este descrédito; e demais, poderá muito bem ser, tudo isto, somente um negócio de bolsa adrede levantado. Parece comprová-lo a alta dos fundos brasileiros em Londres que, de 68, passaram nos últimos dias a 72 ½!

Contrastando com as minuciosas descrições e extensos comentários de Paço d'Arcos, as comunicações dos demais plenipotenciários eram em geral extremamente sumárias e enviadas sem a menor pressa aos seus governos. Modelo de concisão e de aparente convicção de que seus ofícios não teriam outro destino senão jazer nos arquivos da chancelaria, é o enviado em 6 de março de 1891 pelo ministro Edwin H. Conger, dos Estados Unidos. Em um texto de apenas 12 linhas, o diplomata norte-americano consegue comprimir as seguintes informações: 1) adoção, pela Assembléia, com algumas emendas, do projeto de constituição submetido pelo governo Provisório, em sessão realizada em 15 de novembro, isto é, passados já *mais de três meses e meio*; 2) eleição do "Gen. *Deodora*" [sic] para presidente, do que já dera notícia por telegrama, e a do "Gen. *Floriana* [sic] *Peixoto*" para vice-presidente; e 3) posse do presidente, no dia imediato, "na presença de membros do Congresso e grande número de cidadãos". Incluído nas 12 linhas há um último parágrafo que, pelo seu pitoresco, merece transcrição literal: "Não houve cerimônias especiais ligadas à posse presidencial e, como não foram estendidos convites ao corpo diplomático, não estive presente..."[2]

O mesmo diplomata, em 18 de julho de 1891, reportando sobre o quadro político brasileiro que já se inflamava, detecta apenas *some little trouble* no Amazonas e no Rio Grande do Sul devido a alegações de interferência indevida do governo federal; registra a existência de rumos ameaçadores de revolução, mas conclui que "nada de sério parece antecipar-se do Rio Grande do Sul"...

Seria, mais adiante, substituído por um profissional mais bem qualificado, Thomas L. Thompson, que acompanhou de perto as crises políticas e revoluções que marcaram a gestão de Floriano, reportando-as a Washington com bastante diligência e alguma perspicácia.

O golpe de Estado de Deodoro

A transição do Império unitário à República federal, o afrouxamento da autoridade central e o surgimento de centros de poder competitivos nos Estados deu lugar a preocupações sérias quanto à integridade nacional. Não apenas em São Paulo, já então a unidade mais auto-suficiente do país, mas nos Estados do Sul, a idéia separatista chegou a ter adeptos fervorosos. Dois meses antes do golpe de Estado de Deodoro, Paço d'Arcos assinalou:

> Fala-se muito numa reforma geral das instituições ou numa ditadura de força; mas quando esses casos se dêem, se não sobrevier uma restauração — quase impossível de supor, ou pelo menos bem difícil, por falta de pessoa competente e estimada na família imperial — poderá dar-se a desanexação ou a fuga à federação dos Estados ricos, que se farão independentes, deixando a cargo da federação somente os pobres, que não podem ter independência viável e que mal poderão sustentar o laço federal.[3]

Em fins de setembro, praticamente todo o corpo diplomático, e com maior ênfase os ministros da Inglaterra e da Alemanha, vaticinam o golpe de Estado de Deodoro, que ocorreria em 3 de novembro.

Em princípios de outubro, ocorre um grande tumulto no Teatro Lírico, com violenta intervenção da polícia, seguido de demonstrações de protesto nas ruas e, mesmo, de tiroteio, de que resultaram vários feridos, entre populares e policiais. Logo que informado, Paço d'Arcos expede o seguinte telegrama urgentíssimo:

Ministro Exterior

Lisboa

Grande desordem povo polícia teatro lírico produzindo graves
tumultos cidade barricadas cargas cavalaria descargas
serradas tiroteio governo conseguiu sossego.

(a) Arcos

Paço d'Arcos, que era homem "apaixonado pela ordem e pela força de ação governativa", comenta esse episódio em 16 de outubro:

> (...) estou em que o governo andou bem pacificando os distúrbios; e encarando as coisas pelo lado político, estou em crer que o governo, tomando os tumultos como pretexto, ou provocando-os e exagerando-os mesmo, para ter ocasião de mostrar a sua força, prepara a mão para maior golpe, que já tive ocasião de prever em meus ofícios a V. Exa.

Faltavam, então, apenas 18 dias para a dissolução do Congresso pelo marechal Deodoro.

Nos dias que se seguiram, o telégrafo recusou os telegramas cifrados das missões diplomáticas. Mesmo nos textos em claro, ocorreram algumas vezes cortes de palavras por parte da censura. O enviado português explicou, em ofício a Lisboa, que seu telegrama comunicando o golpe de Deodoro fora lacônico por prever "que me cortassem as palavras que julgassem inconvenientes". Os despachos do espanhol e do alemão foram idênticos ao do português por essa mesma razão. O do inglês, porém, chegou a sofrer cortes, o que motivou protesto verbal do decano do corpo diplomático, conde Doenoff, ministro da Alemanha. Respondeu o nosso ministro do Exterior que se tratara de equívoco da repartição telegráfica, "bem explicável numa ocasião de crise política, equívoco que ele ia desde logo desvanecer, visto que a ordem de impedimento só se referira aos particulares".

Resolvido, assim, o incidente, o representante alemão aconselhou a seus colegas da Áustria, Espanha, Inglaterra, Bélgica, Itália e Portugal que não fizessem notas de protesto "nem qualquer ruído com este assunto", o que ficou resolvido "por maioria".

Começa o consulado de Floriano

Aos diplomatas, a deposição de Deodoro transcorreu "por assim dizer com o mesmo sossego, a mesma tranqüilidade e quase a mesma apatia por parte da população da capital federal" que recebera o seu golpe de Estado, vinte dias antes.

"Colocada a esquadra em posição agressiva", relata Paço d'Arcos, logo na manhã de 23 fez as suas intimações ao generalíssimo ditador para que soltasse os presos políticos, e sendo a intimação da marinha reforçada com a atitude da tropa, que saindo dos quartéis começou a tomar posições estratégicas pela cidade, o presidente Deodoro entendeu por melhor largar o poder ao seu substituto legal, o que logo fez publicar em decreto acompanhado de um manifesto explicativo, dando como razão principal não querer regar com sangue a República que ele fizera nascer sem o espalhar.

Traça, a seguir, o quadro político que se inaugura:

Chamado o vice-presidente, marechal Floriano Peixoto, o qual por sem dúvida acaudilhara a força principal da divisão na trama conspiradora, este tomou as rédeas do poder, e desde logo, como se tudo fosse uma representação teatral bem estudada e bem posta em cena, tudo entrou nos seus eixos regulares, os comparsas recolheram aos bastidores, os atores principais tomaram os lugares que de antemão lhes estavam designados, e com o maior sossego, sem sangue e sem outras violências, a ditadura caiu, a situação mudou, ou com mais verdade os homens mudaram e as coisas ficaram as mesmas na essência.

E conclui com a sua avaliação do provável curso dos acontecimentos:

Parece pois inaugurada uma época de pronunciamentos; porque assim como estes, mais fortes ou mais audazes, derrubaram aqueles, nada assegura ao país que outros ainda mais fortes e mais atrevidos não derrubem estes também. Não me atrevo a prever o que há de vir; mas não me acho longe de crer que a crise política continua, e se alargará, aumentada com a financeira, e que o Brasil, sujeito a um golpe de mão audacioso, poderá mudar radicalmente de sistema administrativo e político, ou desmembrar-se numa conflagração geral, retalhando-se em estados independentes.

E essa antevisão apocalíptica, ele a delineia apesar de reconhecer que

no entretanto, tudo aparece tranqüilo; o câmbio subiu algum tanto, a revolução do Rio Grande a favor do Congresso diz-se acalmada com a queda da ditadura, os tumultos do Pará e de outros pontos (de que só agora se sabe por ter caído a mordaça da imprensa) pela mesma forma apaziguados, e a maioria dos jornais apregoa quase um novo reinado de Astrea!

Esta e outras descrições da conjuntura brasileira se aproximavam bastante da realidade. Da mesma forma que a ditadura fora saudada com efusão na grande maioria dos estados, choviam agora telegramas de congratulações ao marechal-restaurador. E assim como a ditadura de novembro provocara levantes em alguns estados, surgiam agora movimentos para depor os presidentes e autoridades que haviam apoiado e servido a ditadura, gerando uma confusão política indescritível.

> Não é o povo em massa, não é a opinião geral neste ou naquele estado, que faz os tumultos ou as revoltas, batalhando por uma idéia de República ou de Monarquia; são simplesmente os caudilhos deste ou daquele corifeu partidário que, com os seus sequazes, promovem a desordem para pescar nas águas turvas.[4]

Paço d'Arcos aventura o seguinte juízo, a essa altura:

> A revolução está latente por toda a parte, em todos os ânimos, e o Brasil, ao que se me continua a afigurar, sujeito a um golpe de mão audacioso. Não vejo vultos de estatura dos Cromwell ou Napoleão que possam ambicionar estabelecer dinastias, e ouço falar ocultamente em Moncks, que restabeleceriam a antiga; mas o que é certo é que os ambiciosos pululam e que todos querem ser grandes, desmontando os que alcançaram as posições e que as querem conservar.

Se o Brasil tivesse sangue espanhol! — é a reflexão de Paço d'Arcos —

> Já há muito que o Amazonas e o Prata correriam com sangue e não com as águas lodosas, mas felizmente para ele, que tem como herança atávica a pacatez e a serenidade portuguesas, ainda aumentadas com a indolência das gerações brancas nos climas tropicais; por forma que até hoje algumas sangrias e massagens (segundo a frase de um dos agitadores) têm sido somente o produto deste desgoverno e confusão.

Mas a palavra final é de plena confiança no futuro do Brasil:

> Porém como o país tem muita vida e espantosos recursos, há de passar por cima de tudo isso, salvar-se apesar de tudo e de todos, e, republicano ou monárquico, federado ou não, continuar a ser grande e rico. É uma crise difícil por que está passando, mas que há de ter um fim, embora depois de muitos sacrifícios e talvez de muitas desgraças.

Rumores de restauração

Rumores ligados à restauração aparecem, com relativa freqüência, na correspondência diplomática de 1892 e 93. O manifesto da princesa Isabel, em que se declara pronta a voltar ao Brasil e não desiste de seus direitos, teria animado a muitos. Mas a *pièce de résistance* com que pareciam contar era mesmo o regresso de Gaspar Silveira Martins. Suas declarações, na Europa, de que respeitava e apreciava a República, eram sumariamente ignoradas — seriam apenas palavras, "não de coração". E invocavam o *slogan* que lhe era atribuído: "No Brasil, ou monarquia ou anarquia."

Quando a desordem e a conflagração incendeiam o Rio Grande do Sul sem que se saibam claramente os objetivos dos contendores, os monarquistas se enchem de esperança. Silveira Martins assegura que quer a República federal, porém parlamentar e não presidencial, e que não trabalha por uma mudança de instituições mas tão-somente pela reforma da constituição. Os rumores que os diplomatas colhem, porém, são no sentido de que "se trata de palavras de disfarce, e que a mudança não será de forma governativa, mas de sistema".

Paço d'Arcos, quando faz os registros, não lhes dá maior crédito. Reconhece que a princesa "é em geral mal vista e mesmo odiada por muitos, quer pelo nome de seu marido, quer pela libertação completa dos negros". A alternativa seria a proclamação de algum dos príncipes, sob a regência de Silveira Martins e outros, o que julga pouco viável.

Deodoro conspira para voltar ao poder

Em fins de fevereiro e princípios de março (1893), reportadas já as deposições de vários governadores, graves tumultos na Central do Brasil, a revolta da fortaleza de Santa Cruz, a insinuação por jornal florianista de processo contra Deodoro e a demissão do ministro da Guerra (general José Simeão), passam a figurar com freqüência nos despachos de vários representantes estrangeiros os rumores de iminente revolução para depor Floriano.

O enviado português informa ao seu governo:

> A mim me assegurou um convicto monarquista e homem influente que a revolução esteve para sair à rua em 19 do corrente, o que não sucedeu só porque o marechal Deodoro, que a devia comandar, desmaiara quando ia montar a cavalo por ser grande o estado de prostração em que a doença o tem posto; que por isso ficara transferida para o dia 23, no qual, pelo mesmo motivo, ainda se não pudera efetuar. O caso é que todos falam em revolução e que ela se espera de dia para dia.

E não sem fundamento, pois em 10 de abril seguinte foi sufocada uma revolta deodorista no Rio de Janeiro, com a conseqüente prisão de militares, deputados e jornalistas. Dia 13 circulava o rumor de que o marechal estaria moribundo, ou mesmo morto.

Logo depois da saída do general José Simeão da pasta da Guerra e de sua substituição, interinamente, pelo ministro da Marinha, Custódio de Melo, renuncia também o ministro José Higino, conhecido por suas ligações com o *Jornal do Brasil*. Paço d'Arcos, que acompanhava de perto a evolução da imprensa e suas inclinações, fez o seguinte comentário:

> Com a saída deste ministro [José Higino], o *Jornal do Brasil*, que se voltara para esta situação em seguida ao 23 de novembro, iniciou nova fase política atacando Floriano e seus ministros, pelo que se vê não fora talvez atraído (ou catequizado, se é mais próprio) por todo o governo mas só por aquele ministro. Agora, segundo disse ontem o *Jornal do Commercio*, vai o *Jornal do Brasil* mais uma vez mudar de opinião, ou de linguagem, porque foi comprada a empresa por um grupo de banqueiros pela quantia de 300 contos, e vai ser seu diretor político o radical Rui Barbosa, o homem da primeira ditadura. E como sucede com este jornal, assim vai tudo por aqui. De um dia para o outro, os homens e as causas mudam, e nada há de estável nem seguro. Tudo é possível, e tudo pode e deve esperar-se. No entretanto, apesar da política, apesar da febre amarela, apesar da crise financeira, as folias carnavalescas entretêm os espíritos, só se pensa em lançar o dinheiro pelas janelas, e o grande movimento comercial continua com o aparente sossego, até ao momento em que qualquer pequena ocorrência das ruas dá lugar aos gritos de "fecha-fecha" com que se cerram as portas e fica em campo a arruaça.

"Anarquia geral"

Com bastante razão, Paço d'Arcos atribui o que se chama "anarquia geral" (tribunais dissolvidos, autoridades militares substituídas por subalternos, o Rio Grande em luta sem saber exatamente por que, Minas Gerais com dois governadores em exercício, o Pará, Pernambuco e a Bahia em permanentes conflitos, São Paulo com greves constantes, os jornais transformados em veículos de verrinas e invectivas) ao fato de que "nem o espírito dos homens nem as coisas estavam educados e preparados para passarem sem transição da centralização de uma monarquia para as diversas autonomias de uma República federativa".

Em extensa análise do quadro brasileiro, o diplomata português assim observa:

> Se os fautores do 15 de novembro de 1889, dado o golpe inesperado, nascido na ocasião, pela proclamação da República, tivessem aproveitado a força que então lhes deu o assombro e o pasmo geral, para formarem a República unitária, ditatorial e forte, estou que as coisas teriam corrido de outra forma, e que de toda parte seria recebida se não com agrado e confiança, pelo menos com indiferença e sossego, a substituição de um monarca filósofo e sem ação (que não fosse pela intriga de gabinete), pela presidência enérgica de um soldado, embora pouco instruído e nada político, mas audacioso. Porém os próprios fautores da revolta militar, depois chamada revolução (e que o foi pelos resultados) de 15 de novembro, não esperavam tão feliz e tão grande golpe! Ficaram espantados com a facilidade de sua obra, tomaram-se de medo, e começaram a congraçar-se com todos para desvanecer atritos e rivalidades provinciais, pregando a autonomia a cada qual, sem se lembrarem que davam pasto às ambições insofridas, em que todos queriam tudo! Ou medo, ou desejo de embrulhar a situação para pescar nas águas turvas (como dizem muitos) o caso é que Benjamin Constant, Rui Barbosa e Bocaiúva, os homens de então (porque o marechal Deodoro, simples manequim arvorando um pendão, se tem responsabilidade política, não teve nunca a iniciativa) erraram grandemente criando o que existe e que não pode sustentar-se. Isto há de mudar forçosamente; e, ou seja a restauração (que me parece difícil), ou a República unitária, ou a separação e desmembramento dos estados, isto tem de ser outra coisa, para que de uma vez se assegure a paz e prosperidade de uma grande nação, nova, rica, robusta, que está gastando a vida numa desordem sem fim, numa batalha de ambições desbragadas de homens e de facções!

O Encilhamento

A tolerância das autoridades financeiras nos primeiros anos da República, permitindo manipulações da bolsa e emissões fraudulentas, criara uma atmosfera de corrupção e impunidade que Floriano procurou corrigir. O *Encilhamento* propiciara o enriquecimento instantâneo de uns poucos espertalhões à custa do prejuízo e ruína de milhares de investidores de boa fé. Embora com suas atenções concentradas na própria sobrevivência à frente do governo, desafiada e contrastada todos os dias, o marechal não perdeu de vista os grupos que se haviam locupletado com os favores obtidos durante o que se chamou *situação Deodoro-Lucena.*

Um ofício do ministro português, em 8 de junho de 1892, reflete o clima que observou então:

> Atribui-se geralmente a depreciação do papel, a falta de moeda metálica, e baixa constante do câmbio, a manejos bancários e cambiais, dizendo-se que a crise é mais fictícia que real, e assegura-se à boca pequena que, para lhe pôr cobro, o presidente e o seu governo perseguirão por todas as formas os grandes banqueiros, os homens das incorporações de companhias, das emissões de papel e das grandes negociatas sindicateiras, e resume-se a idéia ou o plano com a seguinte frase: "É preciso pôr fora do Brasil os condes, os barões e os titulares do dinheiro."

Com efeito, dias depois, Paço d'Arcos transmite a Lisboa, em telegrama cifrado, e com grande alarme, o boato de que o governo brasileiro ia pedir a extradição dos banqueiros portugueses do Brasil refugiados em Lisboa: conde do Alto Mearim, visconde de Faro Oliveira, visconde Morais e visconde de Sapucaí. O diplomata trata de colher esclarecimentos e informações, aqui e acolá, e informa Lisboa:

> (...) nos bancos a que pertencem os indivíduos indicados reina grande pânico, acreditando numa perseguição aos seus chefes, que ali se alcunha de *guerra ao milhão,* guerra ao capital! Os amigos do governo atual, porém, dizem à boca cheia que o governo, tendo reconhecido que se deram grandes fraudes no tempo da situação Deodoro, com as emissões de papel-moeda e formações de companhias e bancos com capitais fictícios, procura inaugurar uma época de honestidade e pôr tudo no são; não negando, por isso mesmo, que se está procedendo a inquéritos policiais e judiciais, feitos por enquanto sob segredo mas dos quais, dizem eles, muita gente sairá comprometida.

À beira da convulsão

Em junho de 1892, os despachos telegráficos registram a expulsão do general visconde de Pelotas do governo do Rio Grande do Sul, e a restauração violenta de Júlio de Castilhos, "ex-governador deodorista". Registram, ainda, a decisão do Congresso no sentido de que Floriano deve exercer a presidência até o final do quadriênio, sem necessidade de eleição e — mais — anistia aos revoltosos de 10 de abril, incluídos os deportados para as profundezas da Amazônia.

Os inquéritos haviam revelado a existência de uma ampla conspiração, embora pouco articulada e mal dirigida. Mas quando voltarem os anistiados, observa Paço d'Arcos,

> virão tão enfraquecidos pelos trabalhos, e acharão os seus banqueiros tão perseguidos e empobrecidos, que, mesmo todos juntos, não me parece que sejam muito para recear para a situação Floriano. Contudo nada se pode aventar de seguro, num país em ebulição como este se acha há três anos.

No Rio Grande, ninguém entende por que Floriano se omite quando o visconde de Pelotas, que governava o estado em nome do governo federal, é desafiado precisamente pelo seu antecessor — o deodorista Júlio de Castilhos —, que, não se tendo oposto ao golpe de Deodoro, se tornara politicamente incompatível com a "legalidade restaurada" e o advento de Floriano em 23 de novembro. O visconde de Pelotas deixa o governo sem resistir e passa-o ao general Silva Tavares, que se encontrava então em Bagé. Parte da esquadrilha de marinha liga-se aos revoltosos e parte se conserva fiel a Silva Tavares, que tecnicamente continuava representando Floriano, apoiado nas forças do exército. A essa altura, Floriano reconhece e apóia os revoltosos de Castilhos. Os que apoiavam o governo federal até aquele instante são transformados em revoltosos ex-ofício... a luta é sangrenta e, por fim, vencido, Silva Tavares foge para o estrangeiro.

Os diplomatas se reúnem, comparam as informações que possuem, trocam impressões e buscam elucidar o mistério. "Como muitos dos meus colegas, que seguem com interesse os acontecimentos", escreve o enviado português, declaro que não entendo nada disto. Diz-se que Floriano, desejando o sossego do país, apóia e respeita os fatos consumados, seja qual for a origem deles; mas neste caso, nem esperou que os fatos se consumassem, pois em face de uma arruaça caricata de algumas dezenas de insignificantes, o seu delegado (Pelotas) resignou o poder, e ele, Floriano, apoiou o que até então parecia ser seu inimigo. Foi só depois disso que os acontecimentos tomaram corpo, que se deram combates e conflitos sangrentos, e que aqueles que *pelo menos deviam* supor-se obedientes ao governo central, se viram transformados em revoltosos!

*

Custódio de Melo, anos depois, escreveria que Floriano, "aparentando servir aos adversários de Castilhos", preparava-lhes a vitória.[5] E, muito mais tarde, um lúcido analista da República, José Maria Belo, atribui à "extraordinária capacidade de dissimulação e de contemporização" de Floriano o fato de haver conseguido, por desígnio, "ganhar tempo, prolongando o regime de confusões da política rio-grandense" com o fito exclusivo de transformar o retorno de Castilhos em um imperativo de defesa da República. Mais do que compreensível, portanto, a perplexidade dos observadores estrangeiros.[6]

Como poderiam perceber, então, o que só recentemente os estudiosos brasileiros lograram entender, isto é, as razões que teriam inspirado a surpreendente decisão de Floriano?

A missão a que se arrogou o marechal era consolidar a República. Essa, a razão primeira e última que, invariavelmente, lhe ditou o comportamento como presidente. Do Rio Grande parecia vir a maior ameaça às instituições, na figura agigantada e carismática de Silveira Martins. É certo que Júlio de Castilhos e Floriano estavam em campos antagônicos, não se estimavam, não havia entre os dois qualquer afinidade. Exceto uma: a fidelidade indiscutível à República. Era o quanto bastava a Floriano. Sopitaria prevenções antigas, agravos, o apoio dado ao golpe de Deodoro, tudo faria para tê-lo a seu lado na luta pela preservação da República. Nenhum outro — e o futuro o comprovaria — no quadro político rio-grandense teria podido, àquela altura, opor-se com o vigor e a efetividade com que o fez Júlio de Castilhos às forças que se conjugaram no sul do país para pôr em xeque o destino da República.

II. A Revolta da Armada

Figura central no ministério de Floriano e fogoso aspirante de poder, o almirante Custódio de Melo ganhara enorme desenvoltura após o 23 de novembro, quando se apoderara da esquadra e dera ao presidente quatro horas para renunciar. Antes mesmo de expirado o prazo, um canhão do *Riachuelo* dispara o seu primeiro tiro, visando ao Itamaraty, e atinge a torre da Candelária.

Custódio quis ser, no novo governo, o homem forte, ouvido em tudo, pesando nas decisões, tal como o barão de Lucena o fora até então junto a Deodoro.

Do Teatro Lírico para a rebelião

Não logrando "dobrar" o frágil, enfermiço e esquivo marechal, Custódio se lança à conspiração e à revolta, que faz eclodir na manhã de 6 de setembro (1893). Na véspera, o grande acontecimento mundano fora a representação dos *Huguenotes*, no Teatro Lírico, que atraíra a fina flor da sociedade carioca, incluídos muitos oficiais superiores da armada. Ao espetáculo de gala comparecem o próprio Custódio de Melo, em companhia do comandante Frederico Lorena, sem dúvida para não despertar suspeitas. Foram os dois, porém, logo que terminou a representação, diretamente ao cais dos mineiros, onde embarcaram, às 23 horas, numa lancha rumo ao *Aquidabã* e à rebelião.

Dois dias antes, o ministro de Portugal estivera no Ministério do Exterior, onde o ministro e o diretor-geral (Cabo Frio) pareceram-lhe "completamente despreocupados de cuidados". Horas depois, encontra-se casualmente com o almirante Custódio de Melo, "em passeio". Em ofício a Lisboa, escrito no dia 8, Paço d'Arcos recorda:

> Falamos por algum tempo em generalidades sobre a situação política do Brasil, afigurando-se-me então que o almirante se achava muito desanimado com a marcha das coisas."Veja-me", dizia ele, "como este homem (o marechal) tem conseguido tudo com a sua velhacaria a que dão o nome de política! Até reduz o tribunal mais superior! Note bem! Ao papel de capacho a que limpa as botas! Já não cai, senão à força de bala! E o país não se levanta!... Isto está perdido!

O diplomata faz, a seguir, o seguinte comentário:

> Pois o que me pareceu desânimo, ou descrença, como claramente se revela nas palavras e nos modos de muitos homens da oposição, principalmente nos monárquicos, não era por parte do bravo almirante, nessa ocasião, senão a preocupação de espírito e a bem natural comoção de quem pouco mais de trinta horas depois ia lançar-se em nova e arriscada aventura, tentar um novo audacioso golpe de mão. O seu maior empenho na conversação que então tivemos, era saber se eu havia mandado ao meu governo a carta que publicara contra o marechal quando largara o ministério e como fora ela considerada pelos homens públicos de Portugal. "Quero que saiba", continuava ele, "que caí com honra, para não acompanhar mais um traidor!"

"Anúncios amorosos" mascaram a conspiração

Dias antes do início da Revolta da Armada, em reunião na legação da Inglaterra, o ministro inglês e o alemão asseguraram ao seu colega português que algo de grave se tramava. E como prova, que causou o maior espanto e incredulidade ao conde de Paço d'Arcos, fizeram-lhe notar

> que os jornais desse dia vinham cheios de anúncios amorosos e outros marcando encontros, assinalando pontos de *rendez-vous*, dizendo-se coisas agradáveis e comunicando-se desejos, tal como no nosso *Diário de Notícias*, aos domingos, costumam fazê-lo as criadas de servir e os caixeiros de Lisboa...

E como o diplomata português sorrisse, incrédulo, seu colega alemão "afirmou que o caso se dava agora como se dera nas vésperas do 23 de novembro de 1891 [Revolta da Marinha e subida ao poder de Floriano] e como também se dera nos dias anteriores da proclamação da República, sendo tais anúncios forma aqui usada entre conspiradores...

Ameaça de bombardeio

Iniciada a revolta, o governo envia circular telegráfica às missões diplomáticas comunicando a sublevação de "parte da esquadra" e assegurando que conta com a força armada para manter a ordem na capital, embora não se possa responsabilizar quanto ao eventual bombardeio da cidade. Ajudantes-de-ordens de Floriano procuram os chefes de missão dos países com navios de guerra na Guanabara para transmitir-lhes convite para uma entrevista coletiva com o chefe de Estado.

O representante de Portugal relata que, às 10 da noite, em Petrópolis (onde então residiam todos os chefes de missão diplomática), recebeu um telegrama do ministro do Exterior pedindo-lhe que esperasse por volta das 11 horas um enviado do marechal, portador de comunicação importante e urgente.

> Às 11 ½", diz ele, "ouvi (pela proximidade em que a minha casa se achava da estação) os assobios da chegada de um comboio extraordinário, mas como até às 3 ½ ninguém me procurasse tratei de me recolher. Às 4 horas, porém, mal começara a adormecer, fui despertado pela chegada do prometido e já não esperado emissário.

Tratava-se do primeiro-tenente da marinha, Henrique Saddock de Sá, ajudante-de-ordens e "pessoa muito da privança do marechal". Pediu desculpas por incomodá-lo àquela hora, alegando que

> o guia que o acompanhava e conduzia de carruagem na cidade de Petropólis, para ele desconhecida, lhe aconselhara a começar as visitas pelo ministro que mais longe morava da estação e a acabar por mim que morava próximo, facilitando assim a partida imediata quando tivesse acabado a *tournée*, em que não seguira nenhuma etiqueta de precedências, dando-me desta forma o último lugar mas isto sem qualquer intenção de me melindrar.

Feita a entrega da carta com o convite para o encontro com o presidente, salientou o oficial que o objeto era procurar um meio de evitar os prejuízos que poderiam advir aos súditos das nações estrangeiras de um bombardeio da capital pelos navios revoltados. O marechal, acrescentou, não temia a parte revoltada da esquadra senão pelos riscos que passariam a correr os nacionais de outros países. Em breve, com o regresso dos navios que se achavam em comissões no exterior, o presidente poderia demonstrar que tinha a marinha a seu favor, bem como o exército. E que sendo-lhe absolutamente dedicada a divisão militar do Rio de Janeiro e a guarnição das fortalezas, contava manter a ordem na cidade. Para evitar, porém, o bombardeio, que ali nunca poderia dar a vitória aos revoltosos, é que o marechal "precisava de um certo apoio das legações, ou dos ministros estrangeiros, os quais, na conferência pedida, *resolveriam livre e espontaneamente o que entendessem*".[7]

A conversa foi mais ou menos a mesma nas diversas missões e as respostas que recolheu o tenente Saddock de Sá foram pouco encorajadoras. O "apoio" pedido só poderia consistir em oposição, pela força das armas, aos desígnios da esquadra rebelada, o que implicaria intervenção nos assuntos internos do Brasil. Uma decisão desse porte exigiria consulta aos respectivos governos e instruções muito precisas.

E assim, por telegramas ao ministro das Relações Exteriores no dia imediato, os enviados estrangeiros, sem exceção, declinam o convite: o inglês, o italiano, o francês, o alemão, o português e o norte-americano.

*

Com a apreensão, pelos revoltosos, de todos os navios que entravam no porto, com as cargas mais variadas, sobretudo alimentos e gado em pé, o almirante poderia manter por longo tempo a cidade sob a ameaça de bombardeio e esperar que as fortalezas se rendessem pela fome ou que a população se levantasse contra o governo quando começassem a faltar os gêneros de primeira necessidade.

Paço d'Arcos não julga provável o bombardeio. Não acreditava que Custódio ("homem de bom senso e ambicioso de futuro") se atrevesse a ir a tal extremo: "O seu nome ficaria manchado, se não perdido, e levantaria contra si a opinião quer no próprio país, quer na Europa, que talvez então interviesse na questão brasileira." Julga mais provável que o chefe rebelde force a passagem, em frente da fortaleza de Santa Cruz, e siga para o Sul, com parte da esquadra a juntar-se aos federalistas no Rio Grande e Santa Catarina e aí criar um novo governo da República. Isto feito, poderia então voltar "em grandes forças de terra e mar para apoderar-se da capital federal e destronar o governo existente".[8]

Estado de sítio

Dia 11 de setembro, decreto de estado de sítio. Dia 12 o almirante Custódio notifica os comandantes de sua intenção de começar o bombardeio das fortalezas às 9:00 da manhã seguinte. Alguns ministros estrangeiros descem de Petrópolis e

Paço d'Arcos se instala no consulado, que mandou conservar permanentemente aberto para prestar socorro ou proteção aos portugueses. Iniciado o canhoneio na hora indicada, várias granadas caem na cidade, onde o pânico foi enorme. O comércio cerrou as portas, milhares de pessoas abandonaram suas casas, rumo aos subúrbios, em grande atropelo.

Imperturbável, Floriano revidou o ataque mandando colocar peças de artilharia nos cais e elevações da cidade. Recebeu, pouco depois, inesperado auxílio dos navios de guerra estrangeiros fundeados na Guanabara. Consideraram eles o Rio cidade aberta, isto é, insuscetível de ser bombardeada, segundo o direito internacional. Sendo numerosa a população estrangeira e vultosos os seus bens, cabia à esquadra internacional estender-lhes sua proteção. A contrapartida seria a abstenção, pelo governo, de "provocar" os rebeldes, disparando sobre eles os canhões de terra.

A resposta oficial brasileira às gestões conduzidas nesse sentido pelo corpo diplomático foi formalizada por nota de 3 de outubro (1893), em que o ministro João Filipe Pereira (jovem engenheiro cearense forçado por Floriano a aceitar a pasta das Relações Exteriores) assegura que a intimação feita aos rebeldes "não será prejudicada por ato do governo brasileiro, o qual há de tirar ao dito contra-almirante todo pretexto para hostilizar a mesma cidade".

Esse entendimento, a que Floriano aquiesceu porque restringia fortemente a liberdade de movimentos dos rebeldes, daria lugar a uma série de incidentes e mal-entendidos ao longo dos seis meses que durou a revolta.

Rio, cidade aberta

No balanço geral dos acontecimentos que o ministro do Exterior apresentaria em maio do ano seguinte ao marechal vice-presidente, o episódio foi sumariado com as seguintes palavras:

> Assim ficou entendido que esta capital, considerada cidade aberta, não devia ser e não seria hostilizada pelos revoltosos; e assim se iniciou, na extensão admitida pelo direito internacional, a intervenção da força e da diplomacia estrangeira em benefício não só dos nacionais, mas também e principalmente dos estrangeiros.

Não tardam, porém, os comandantes da força internacional em observar, com espanto e preocupação, que o marechal, em vez de desarmar, *tirando todo o pretexto*, estava aproveitando aquele virtual armistício para aumentar seus recursos de guerra no litoral. Nova visita coletiva ao ministro do Exterior, no dia 4. O ministro italiano e o almirante francês haviam visto, com seus próprios olhos, a operação de subida de vários canhões para os morros e haviam assistido à chegada de novos armamentos aos cais marginais, o que fora também presenciado pelos demais diplomatas e muitos oficiais estrangeiros. Esta atitude, concluíram,

> pouco concorde com o que haviam declarado, poderia arrastar os comandantes estrangeiros a deixarem Mello senhor de bombardear a cidade que assim jamais poderia ser considerada indefesa; e que finalmente, a responsabilidade moral e política de tudo que sucedesse só poderia caber ao marechal e seu governo.[9]

As respostas do ministro, traduzidas por Paço d'Arcos, foram por este consideradas titubeantes e cheias de sofismas, mesmo absurdas, chegando o chanceler brasileiro a perguntar se "porventura nós e os comandantes éramos partidários de Mello que tanto o defendíamos".[10]

Tendo o marechal exigido que a gestão fosse por escrito, o que os diplomatas fizeram imediatamente, no próprio Itamaraty, a resposta foi dada na manhã seguinte: o vice-presidente não compreende, nem poderia compreender, que estivesse sendo solicitado a retirar canhões; primeiro, porque, em assunto de tal gravidade, é indispensável clareza completa; segundo, porque considera válido o acordo que pouco antes haviam concluído. Os comandantes estavam mal informados. As baterias não foram reforçadas nem outras construídas. A mudança de atitude dos comandantes poderia ser interpretada como apoio moral ao chefe da revolta, "que assim quase entra em posição de beligerante". Entretanto — concluía a nota —, deixando a esses cavalheiros a responsabilidade pelas conseqüências de sua nova posição, o marechal daria ordens para que os canhões fossem retirados das citadas baterias.

Ainda o rumor de restauração

Em 5 de outubro, Paço d'Arcos havia alertado Lisboa, por telegrama cifrado, da possibilidade de a revolta transformar-se em restauradora da Monarquia. Uma semana depois, em extenso ofício, esclarece que a informação nascia de expectativa de que o almirante Saldanha da Gama, que se conserva *neutral*, com as forças da Escola Naval e das ilhas das Cobras e das Enxadas, viesse a rebelar-se também. Chegara-lhe a versão de que o almirante declarara "que se o marechal continuar a espicaçá-lo, não lhe reconhecendo a sua abstenção, se unirá à esquadra revoltada, arvorando a bandeira imperial".

Situação de "empate" entre governo e rebeldes

No fim de outubro, a sensação é de *empate*, de impasse total:

> A esquadra revoltada continua senhora da baía sem que o governo do marechal tenha meios de a vencer! A cidade continua sob o poder deste sem que o almirante Mello possa dela apoderar-se. Todos, ou quase todos os dias, combates sem resultados visíveis, que não sejam estragos e mortes! E as coisas na mesma, sem avançarem para este ou para aquele lado, de forma que parece mais que uma revolução, uma luta de classe entre a marinha, que está com o almirante, e a força de terra que está com o marechal.

"Bem sei que não é só isso", prossegue o diplomata português em sua análise,

> que é muito mais, que é ao que se diz — uma guerra de morte para acabar com o governo militar da espada, guerra que pode mesmo acarretar uma mudança de instituições; mas no entretanto o que se vê é a luta entre dois homens teimosos e cheios de rancores, que tendo nas suas classes partidários que os acompanham fiéis e dedicados, se digladiam despedaçando o país! O que se vê é que o povo da cidade não se mete na luta, embora homens e mulheres de todas as posições, mas principalmente das classes mais elevadas, se pronunciem *de palavras* abertamente e sem rebuço uns absolutamente pelo almirante, outros (e mais geralmente, pode dizer-se) pela necessidade de uma mudança radical.

E prossegue, como se quisesse fazer um registro amplo, detalhado mas, sem dúvida, emocional do quadro brasileiro:

> Quem se ouve e quem se vê defendendo o governo e os atos do marechal são os radicais avançados dos três ministros — Fernando Lôbo — Felisbello Freire — e Felippe Pereira! — é a canalha das ruas que forma os batalhões — Tiradentes — 23 de novembro — Leões Acadêmicos (com mais barbeiros e vadios do que estudantes) e outros batalhões semelhantes! É a guarda nacional, em que os capoeiras alistados e bem pagos, servem (obrigados à força de maus-tratos) alguns homens de bem! E toda esta gente ainda assim incitada pelo dinheiro e pelas pregações dos clubes demagógicos que lhes pintam a República perdida com a queda de Floriano, ao mesmo tempo que os três periódicos *O País, O Tempo* e *Diário de Notícias*, únicos que têm plena liberdade de imprensa, lhes metem pelos olhos toda a espécie de mentiras sobre os feitos e toda a sorte de absurdos sobre as coisas da política.[11]

Era evidente o desgaste na circunspecção habitual do representante de Sua Majestade Fidelíssima. A serenidade do observador político cedia lugar às expansões naturais do personagem de carne e osso, que vivia o drama de uma cidade atormentada pela guerra civil. Sua impaciência, que já continha com dificuldade, chega por vezes à irritação, quase à cólera.

O período que se segue é caracterizado por freqüentes acusações ao governo de continuar a construir baterias, e aos revoltosos de hostilizar a cidade, tudo sendo veiculado, nos dois sentidos, pelos canais diplomáticos. As recriminações mais freqüentes são as de Custódio, por meio do almirante francês. E Paço d'Arcos se queixa:

> A falta de correção no procedimento do marechal repete-se tanto a miúdo que não dá um momento de descanso à diplomacia, a qual anda de um para outro lado constantemente exigindo o cumprimento das convenções formais; e pode ser que alguma vez não haja tempo para novas reclamações e negociações, dando assim lugar a inevitável ataque sobre a cidade.

Em princípios de outubro, como previsto, sai o ministro João Filipe Pereira, sendo nomeado para substituí-lo, com grande surpresa de Paço d'Arcos, um moderado: Dr. Carlos de Carvalho, "homem de largos conhecimentos, com bom nome como advogado e escritor". Os antecedentes do novo titular animaram muito Paço d'Arcos, que assim informa Lisboa:

Em artigos notáveis publicados no *Jornal do Commercio*, já depois do começo da revolução, explicou claramente as suas idéias de direito internacional, mostrando que a intervenção estrangeira só podia dar-se para salvar o Rio de Janeiro, quando esta cidade possa e deva ser considerada cidade desarmada e sem defesa! E em reunião com o corpo diplomático que tem intervindo na questão de evitar o bombardeamento, tornou a repetir-nos suas idéias, dizendo positivamente "estou com os senhores; e não aceitava a pasta sem a promessa do marechal que há de respeitar o pacto (do desarmamento)!

Esposando o novo ministro tais idéias, alguns diplomatas temeram que não se mantivesse muito tempo na função. Com efeito, a duração foi de, exatamente, 19 dias.

A "questão do holofote"

Surgiu, àquela altura, a chamada "questão do holofote". O marechal fizera instalar no morro da Glória um possante holofote para iluminar a entrada do porto, com o que logrou impedir a passagem da divisão naval rebelde que regressava de incursão no Sul. Na noite de 15 de outubro, por sinal escuríssima, o holofote incidiu seu enorme feixe de luz sobre a fortaleza de Villegaignon que, assim, passou a ser alvo insistente e contínuo das três fortalezas do governo, "às quais respondia ao acaso da escuridão". Representação imediata de Custódio aos comandantes estrangeiros:

> (...) embora não com canhões, mas com uma luz empregada como meio de guerra, fora claramente provocado pela cidade que assim faltava ao pacto; pelo que ele almirante se veria na necessidade de a bombardear.[12]

A gestão diplomática foi feita. O ministro Carlos de Carvalho promete que o holofote não seria mais empregado como instrumento de ataque e, sim, como simples meio de defesa e policiamento do porto, declaração confirmada por nota.

Incidentes desse tipo se sucedem, como o que foi criado pela disposição de Custódio de bombardear os arsenais de marinha e de guerra pelo simples fato de neles estarem sendo montados projéteis explosivos e canhões.

Governo Provisório em Santa Catarina

Em 25 de outubro, Custódio participa às missões diplomáticas a constituição do Governo Provisório na cidade do Desterro, Santa Catarina, sob a chefia do capitão-de-mar-e-guerra Frederico Guilherme de Lorena.

As instruções que o ministro Paço d'Arcos recebeu prontamente foram explícitas: "o governo português não pode reconhecer aí novo governo sem primeiro a nação brasileira o aceitar". A comunicação de Custódio não deveria ser acusada. Mais ou menos no mesmo sentido foram as recebidas pelos outros diplomatas.

A imprensa governamental, liderada por *O País*, vinha intensificando, desde o final de outubro, sua campanha de hostilidade às representações diplomáticas. *O Tempo*, de Felisbello Freire, estampou um artigo, atribuído ao próprio diretor, que Paço d'Arcos qualificou de "desbragado", em que os diplomatas eram "vilipendiados nas suas intenções e caráter representativo, ofendidos e acusados de traição, concitando-se e provocando contra os mesmos os ódios da canalha ignorante". E, descarregando sua raiva e ressentimento, o plenipotenciário português continua:

> É escusado dizer-se que nas vociferações desses pasquins, o menos poupado dos ministros estrangeiros, o mais atacado, fui sempre eu como representante do pequeno Portugal, bode emissário da avançada demagogia, cabeça de turco em que esses exaltados experimentam a força da sua novel república, não se atrevendo a exercê-la sobre outras potências a quem temem ofender. Mas ainda assim é justo observar que o nome do ministro inglês não foi absolutamente deixado no escuro e que compartilhou comigo um quinhão nas zombarias, nos ataques e nas afrontas. Por alguns jornais que envio ao Gabinete de V. Exa., tomados ao acaso entre muitos, vão provas do que avanço.[13]

Queda sumária de Paço d'Arcos

Em 17 de novembro, Paço d'Arcos registra o boato de que o almirante Saldanha da Gama se uniria em breve aos revoltosos, levando consigo um grupo de monarquistas.

Mas isto tem-se dito tantas vezes e tantas vezes se tem ficado na expectativa, que já custa a acreditar. O que é, porém, indubitável, é que ele continua a dizer-se *neutral*, o que não o impede de prestar bons e valiosos serviços ao seu colega insurgente, e a prova está no que vou relatar. No dia 13, recebi do comandante da *Mindello* o telegrama cifrado que se segue:

"Saldanha pede instância permita baldear gêneros vapor Cidade Porto esquadra revolta. Gêneros embarcados Santa Catharina esse destino, frete pago. Imparcialmente acho que tudo isto não embaraça descarga terra. Peço instruções urgentíssimas. (a) Castilho."

A consulta revela parcialidade do oficial português. Mas a resposta de Paço d'Arcos, a despeito das suas queixas e agravos, foi irrepreensível: "Só devemos consentir descarga para alfândega de terra."

A Lisboa justificou a sua decisão com estas palavras:

A minha ordem foi correta porque não reconheço outro poder que não seja aquele junto de que estou acreditado: mas faço-a notar a V. Exa. para lhe provar, mais uma vez, que no meio destas dificultosas circunstâncias em que tantas e infundadas suspeitas se atiram sobre os diplomatas representantes monárquicos, não me apanham nunca desprevenido e não me desvio um só ponto da linha do meu dever.

Desprevenido, porém, estava para o telegrama do seu primeiro-ministro que naquele mesmo dia lhe chegara às mãos:

Por motivos que explicarei aqui convém que V. venha Lisboa sem demora. Faça comunicação governo brasileiro ficará 1º Secretário encarregado de negócios. (a) Hintze Ribeiro.

Três dias depois, Paço d'Arcos passava a chefia da legação de Sua Majestade Fidelíssima. Ignorava inteiramente que já estivesse destituído.

NOTAS

1. Ofício ao conde de Valbom, 21.8.1891.
2. "Papers relating to the Foreign Relations of the US", Washington, Government Printing Office, 1892, p. 40. Este ofício recebeu carimbo de recebimento em Washington em 10 de abril.
3. Ofício ao conde de Valbom, 4.9.1891.
4. Ofício de Paço d'Arcos, 10.12.1891.
5. Apontamentos para a *História da Revolução*, de 23 de novembro de 1891, Rio, 1895.
6. *História da República (1889-1902)*, p. 155.
7. *Missão diplomática do conde Paço d'Arcos no Brasil. 1891 a 1893*. Lisboa, 1974, pp. 261-2.
8. Paço d'Arcos, op. cit., pp. 265-66.
9. Paço d'Arcos, op. cit., pp. 290-91.
10. Ibid. Os fatos se passaram nos dias 4 e 5 de outubro (1893).
11. Paço d'Arcos, op. cit., pp. 296-97.
12. Paço d'Arcos, op. cit., p. 300.
13. Paço d'Arcos, op. cit., p. 333.

11.

O "Pai dos Trustes" e o Brasil: Charles R. Flint e a compra da esquadra de Floriano Peixoto

11

Empresário de sucesso, com ligações pessoais estreitas com altas autoridades americanas, Charles R. Flint é considerado o principal teórico ou ideólogo das chamadas "combinações industriais" ou trustes. Autor de um livro de memórias e de inúmeras conferências, reunidas sob o significativo título de *The Trust: Its Book*, Flint teve seus primeiros contatos com o Brasil durante a I Conferência Pan-americana, em Washington, 1889. Fez-se amigo de Salvador de Mendonça, contribuiu para apressar o reconhecimento da nossa República pelos Estados Unidos e, durante a Revolta da Armada contra Floriano Peixoto, em 1893, foi encarregado pelo nosso governo de "comprar uma esquadra" com fundos fornecidos pela Casa Rothschild, de Londres. Flint fundou em 1911 uma empresa pioneira em computação e adquiriu mais adiante a IBM, cujo nome assumiu para as duas companhias. Em suas *Memórias*, diz Flint, sem modéstia: "Ninguém fez mais do que eu para preservar o Brasil como República."

De família de armadores, desde a época dos famosos *clippers*, Charles Flint teve seus primeiros anos de atividade voltados para o transporte marítimo.

Cedo passou ao comércio, como agente de W. R. Grace, e logrou efetuar importantes vendas de maquinaria e equipamentos para países da América Latina — que visitou com freqüência —, até mesmo o Brasil, onde conseguiu vender 63 locomotivas Baldwin. Graças a essas relações, chegou a ser nomeado cônsul-geral do Chile e de Costa Rica em Nova York, além de secretário do ministro do Peru em Washington, o que muito facilitou seus contatos comerciais.

Início da opereta

Quando estourou a Guerra do Pacífico em 1879, entre o Chile e o Peru, criou-se uma situação de verdadeira opereta. Estando então ausente de Washington, o encarregado de negócios do Chile Charles Flint assumiu temporariamente a direção da legação chilena. E como Flint era também o agente financeiro do Peru e comprador de armamentos, viu-se subitamente ao serviço dos dois governos em guerra, recebendo telegramas das duas capitais, especialmente da peruana, para urgir o despacho imediato de munições para Callau.

Flint procurou um chileno qualquer e ao primeiro que encontrou transferiu rapidamente a chefia do consulado e da repartição diplomática... Sentiu-se, assim, mais à vontade para dedicar-se intensamente à compra e expedição de armamentos e torpedeiras modernas para o Peru. Tendo engajado os serviços de um antigo artilheiro do exército confederado, Flint chegou a testar pessoalmente, no North River, canhões-torpedo Ericsson, que podiam ser fixados ao costado de navios mercantes, abaixo da linha-d'água, e disparar projéteis com 150 libras de dinamite.

Quando se reuniu, em Washington (1889-90), a I Conferência Pan-Americana, Charles Flint foi incluído na representação de seu país e atuou com grande desenvoltura. Ao que tudo indica, partiu dele a idéia de criação de um "Bureau das Repúblicas Americanas", que se transformaria na União Pan-americana, e o pedido a Andrew Carnegie de doação de 750 mil dólares para a construção da sede da UPA, onde até hoje funciona, transformada em Organização dos Estados Americanos (OEA).

O Brasil na alça de mira

Em plena conferência, ocorre no Brasil a queda da Monarquia. A legação americana no Rio de Janeiro reporta prontamente a proclamação da República, prisão em palácio do imperador, a aquiescência das principais províncias e pede instruções. Que faz o secretário de Estado James G. Blaine? No telegrama, escreveu, do próprio punho:

> Dear Mr. Flint. I will call and see you during the day — I enclose the last I have from Rio — Please return it to me when I see you. Sincerely and hastily, James G. Blaine. Hon. Charles A. Flint, Arlington.

Flint, a esta altura já bastante chegado a Salvador de Mendonça, que integrava a delegação brasileira à Conferência, leva-o ao secretário de Estado e insiste que os Estados Unidos tenham a primazia no reconhecimento da nova República. Como Flint deveria ir a Nova York nessa própria noite, Blaine disse que lhe escreveria antes mesmo que partisse, o que fez nos seguintes termos:

É importante que você volte a Washington o mais depressa possível. Seus serviços na Conferência são tão valiosos que necessitamos sua presença a cada hora, embora esteja eu pedindo demasiado, pois seus negócios exigem muito de sua atenção. Mas neste momento, o patriotismo precisa vir antes e os negócios depois.

Você e o Dr. Mendonça têm razão relativamente à estabilidade do atual governo, e me prontifiquei a obter a audiência na Casa Branca tão pronto os discursos possam ser preparados.

Venha sem falta! Apressadamente, o seu amigo de sempre, JAMES G. BLAINE.

Mr. Flint chamado a salvar a República

Flint descreve em seu livro, de forma pitoresca, os primeiros tempos da República, e a sabedoria da política econômico-financeira do governo provisório. Para evitar dissensões que pusessem em perigo o novo regime, Rui Barbosa, ministro da Fazenda, advogou a inflação, logrando criar a sensação de prosperidade industrial e evitando, assim, os males da revolução. "Em conseqüência desse programa", escreveu Flint, "não ocorreu no país, no primeiro ano, nem sequer um motim."

Pouco depois, porém, quando a prosperidade artificial criada pela inflação começou a se dissipar, Flint assinala que foram surgindo condições favoráveis à restauração da Monarquia. Em setembro de 1893, a esquadra se rebela, sob o comando do almirante Custódio de Melo. Sitiado na Guanabara, o marechal Floriano Peixoto precisava, de qualquer maneira, adquirir uma esquadra.

Tentou primeiro, sem sucesso, obter que os Estados Unidos lhe vendessem o cruzador *Charleston*, ancorado no Rio de Janeiro desde 26 de setembro, ou o *Newark*, então a caminho.

Salvador de Mendonça, nosso ministro em Washington, recebeu créditos na Casa Rothschild, por intermédio de seus agentes em Nova York — August Belmont & Co. — e procurou imediatamente a ajuda de Flint.

O empresário aceitou gostosamente a incumbência. "Mas não bastava o dinheiro em mão", escreveu Flint em suas *Memórias*. "Navios de guerra pertencem a governos, não a indivíduos, e governos raramente os vendem, exceto como ferro-velho." Construir era impensável, "pois são necessários dois anos para um cruzador e nove meses para submarinos ou torpedeiros. Peixoto, para manter as províncias do Norte, precisava de uma esquadra imediatamente. Decidi enviar ao presidente brasileiro velocidade e dinamite" (*I decided to send the Brazilian President speed and dynamite*).

Passando em revista os navios mercantes potencialmente acessíveis, Flint voltou suas vistas para a Morgan Line, por ser capaz de aparelhar com presteza seus navios como cruzadores. A empresa era controlada por um homem de negócios todo-poderoso, Collin P. Huntington, com quem Flint ajustou a compra do vapor *El Cid*, de chapas de aço, 7.080 toneladas, por 600 mil dólares.

"Não havia tempo a perder", conta Flint.

> Trabalhei dia e noite, usando o meu iate como escritório. Encomendei munições da Hotchkiss de Paris e da Armstrong da Inglaterra e um torpedeiro da Yarrow. Comprei os canhões e projéteis que puderam ser encontrados à venda e que servissem à nova marinha. Entabulei negociações com Zalinski para adquirir o canhão-dinamite de sua invenção. Sabendo que só ele possuía canhões-dinamite no mundo, tentou vender-me três por 180 mil dólares. Mas eu só precisava de um. E criou-se o impasse. Eu não tinha tempo a perder em discussões. Entre outras coisas, precisava ir a Chicago. O agente de Zalinski e o meu advogado foram comigo até o trem. No momento em que o condutor anunciou a partida, ainda estávamos longe de um acordo. Fiquei na plataforma do último vagão. E quando o trem começou a mover-se, o agente e o advogado se puseram a trotar a meu lado. E já me distanciava bastante deles quando ouvi as últimas palavras: "Então está bem, nós lhe vendemos um canhão por 70 mil dólares."

Homem de enorme visão e experiência, Flint buscava, antes de tudo, um efeito psicológico. Para isso, bastava realmente um canhão, que aliás nunca funcionou, para justificar o cognome intencionalmente assustador que cunhou para caracterizar sua frota: *The Dynamite Squadron.*

Flint considerou de "vital importância" que a nova esquadra tivesse prontamente a maior publicidade. Estabeleceu, para esse fim, o que chamou de *literary bureau*, sob a direção de um advogado de Nova York — William M. Ivins, que considerava um dos homens mais brilhantes que conhecera. Segundo Flint, como havia rigorosa censura telegráfica, "nós controlávamos todas as notícias recebidas do Brasil e Ivins alimentou o noticiário expedido na proporção de uma polegada de notícias para seis de propaganda". O objetivo era criar na opinião pública e junto aos revoltosos brasileiros a imagem de invencibilidade do *dynamite squadron* a ser expedido proximamente para o Brasil.

Flint foi a Chicago atraído por importante exposição internacional onde estavam sendo mostradas armas e munições do último tipo. Tendo o diretor-geral do evento recusado ao agente da Hotchkiss a retirada de qualquer material dos mostruários antes da data do encerramento, Flint argüiu com dramaticidade a sua pretensão. Havia uma tentativa de restabelecer a Monarquia no Brasil. Era preciso não perder um só minuto. O diretor-geral não estaria cometendo grave erro ao criar embaraços ao esforço para ajudar a nova República a resistir à revolução realista? "Se o Senhor fechar o seu olho oficial e piscar o outro, eu entrarei na área da exposição entre a meia-noite e o alvorecer e tirarei o que preciso." Assim, já na manhã seguinte, um trem especial seguia para Nova York com o armamento desejado.

A esquadra de Mr. Flint

Era importante, para Flint, que a nova frota tivesse "prestígio", "tanto prestígio que ninguém se animasse a enfrentá-la". Por isso, continua ele,

> em parte pela propaganda e em parte pelo seu valor intrínseco, comprei o *Destroyer*, da Ericsson, que o considerava de concepção superior ao seu original *Monitor*. A Noruega tinha um navio rápido de 4 mil toneladas, o *Midnight Sun*, que era usado por turistas. Eu o adquiri e Peixotto [sic] o batizou *América*.

Os problemas seguintes a resolver eram a aquisição de dinamite e engajamentos das tripulações. Quanto ao primeiro, depois de reunir a bordo do *El Cid* os principais fornecedores, Flint teve o bom senso de selecionar a marca usada pela marinha americana para formar o seu estoque. Quanto às tripulações, o problema se complicara, segundo ele, porque "agentes de Melo [almirante Custódio de Melo] estavam trabalhando ativamente para frustrar todos os nossos planos". Entretanto, o *literary bureau* de Ivins foi tão eficiente que teria convencido a opinião pública local de que era "dever manifesto da jovem América sustentar a novel República e impedir o restabelecimento de uma Monarquia no hemisfério ocidental". O dinâmico empresário americano conseguiu, assim, preencher todas as funções executivas e de comando com "esplêndidos homens — todos com o curso de Annapolis" —, além de mil inscrições, muitas de militares, de candidatos a tripulantes. "Precisávamos de um *Grand Admiral* e havia precisamente o homem indicado para essa posição: o capitão Baker. Inteligente e corajoso não tive dúvida de que imporia respeito."

Foi tal a diligência de Flint que, 21 dias depois de receber os recursos da Casa Rothschild, o *El Cid*, rebatizado *Niterói*, estava pronto. Recebera artilharia e o celebrado canhão Zalinski, capaz de disparar uma carga de quinhentas libras de dinamite. Duas torpedeiras foram fixadas no *deck* e embarcado um amplo estoque de torpedos.

O ministro Salvador de Mendonça veio de Washington e foi levado a bordo por Charles Flint. Após a revista, a Sra. Flint puxou a corda que fez desfraldar a bandeira da República brasileira. Tudo se desenrolou de acordo com o cerimonial e as melhores praxes do comissionamento de vasos de guerra. "Inusitada apenas", comentou Flint, "era a circunstância de não haver a bordo um só homem que houvesse, sequer, visto antes aquela bandeira, ou que pudesse falar a língua do país para onde o navio ia partir para lutar galantemente!"

A guerra de nervos

No meio tempo, o noticiário redigido pelo *literary bureau* ia chegando ao Brasil, "com referências freqüentes ao volume de dinamite que transportaríamos", registra Flint. Com efeito, a expectativa criada por esse canhão pneumático, lançador de torpedos aéreos com cargas de nitrogelatina, foi enorme e os jornais proclamavam que "o *Cid*, depois de armado, seria uma terrível arma de destruição". Outro: "Basta que ele apareça no horizonte para fugirem os navios revoltados, que voarão em estilhaços se chegarem à distância de duas milhas." Mais outro: "O *Cid* poderá lançar em cada tiro sobre o adversário um quarto de tonelada de nitrogelatina e não lhe resistirá o maior encouraçado do mundo nem as mais engenhosas e sólidas fortificações."

A convicção do Sr. Flint era de que as províncias do Norte apoiavam a Monarquia e se preparavam para a secessão. Se tal ocorresse, a República não resistiria.

> The Navy was known as the Dynamite Fleet. In consequence of this propaganda, the inhabitants of the northern provinces retreated miles into the interior when they heard that the ships were nearing the coast.

Além do *El Cid*, do *Destroyer* e do paquete norueguês *Midnight Sun*, Charles Flint comprou também um caça-torpedeiro Armstrong, de 498 toneladas, denominado *Gustavo Sampaio*; duas torpedeiras Yarrow de 60 pés, batizadas *Sabino Vieira* e *Tamborim*; uma torpedeira americana de 130 pés (*Piratini*) e um pequeno vapor de 13 toneladas, casco de madeira, transformado em torpedeiro (o *Greenhalgh*).

Para esses navios, nosso ministro em Washington contratou localmente as tripulações, que Joaquim Nabuco qualificou de "escória do filibusterismo americano". O governo norte-americano, a fim de burlar a lei de neutralidade, permitiu que a legação brasileira aliciasse os oficiais e marujos sob a explícita condição de que seria tão-somente para entregar os navios às autoridades brasileiras. Nada impediria, porém, que o contrato fosse renovado fora das águas territoriais. Por isso, quando o advogado dos nossos insurgentes protestou, o procurador-geral da Justiça, em Washington, decidiu que não houvera infração da lei.

As tripulações eram, efetivamente, da pior espécie. Criaram incidentes sérios antes da partida, durante a viagem e na cidade do Recife. O cônsul norte-americano, David N. Burke, enviou ofícios dramáticos ao Departamento de Estado,

> manifestando a esperança de que o governo não permita a vinda a este país de outra expedição semelhante, sob controle tão irresponsável, sobretudo por parte da tripulação do *América*: uma vergonha, um escândalo e uma desgraça para nossa bandeira, nosso país e para os cidadãos americanos que aqui residem.

Não obstante, os americanos contratados como oficiais receberam, segundo o cônsul, cinco mil dólares por três meses de serviço e os marinheiros um bônus de quinhentos dólares mais cem por mês, em contratos trimestrais.

Os navios, em sua maioria, careciam de reparos ou tinham defeitos graves. O próprio *Niterói*, quando chegou a Pernambuco, verificou-se que tinha trazido tão pouca munição que não poderia permanecer em ação por mais de meia hora. Seu terrível *dynamite gun* dispunha apenas de um projétil com carga completa, quatro com carga parcial e doze cápsulas vazias. O mesmo estado de coisas prevalecia com relação à munição dos demais canhões. Por outro lado, não havia a bordo espadas nem sabres e o encarregado do torpedo Edison-Sims confessou que não sabia manejá-lo. Por sua vez, o torpedo Harold também nunca pôde funcionar.

A aquisição do *The Destroyer* foi ainda mais infeliz. Tratava-se de um torpedeiro submarino que, por ocasião da venda, estava sendo inspecionado por oficiais da marinha americana. Nem chegava a ser submarino: "quando em atitude de ataque, mostrava apenas 18 polegadas acima do lume d'água".

Era armado com um só canhão de ferro, que foi substituído por outro mais potente, de aço, "com carga de vinte libras de algodão-pólvora". Logo que chegou à Bahia, o almirante Jerônimo observou que não poderia, sequer, ser levado a combate, "devido não só à *vetustez do casco e mao estado da máchina*, como também à má vontade do pessoal estrangeiro que o tripolava". Em conseqüência, seria deixado na Bahia, "sofrendo conserto".

A torpedeira *Greenhalgh*, por sua vez, nunca se recuperou das avarias que sofreu na operação de descarga. O casco era suposto ser "de *mahogany* e carvalho, combinando assim a leveza com a força". Mas, na inspeção a que foi submetido na Bahia, verificou-se que era de cedro, portanto menos resistente, não tinha "aparelhos próprios para torpedeiras, achando-se o único tubo de lançamento muito exposto e não podendo receber mais que um torpedo". A mesma crítica se aplicava à segunda torpedeira, rebatizada *Tamborim*.

O elefante branco

O cruzador *Andrade* (ex-*America*, ex-*Midnight Sun*), construído em Bergen, Noruega, era conhecido entre os marinheiros de Boston como o elefante branco. Sobre o seu armamento, assim se expressou o almirante-chefe da esquadra de Floriano:

> O torpedo Edison-Sims, que vinha a bordo do *Andrada*, numa experiência, deu resultado satisfatório (...) mas não pôde mais funcionar, devido a ter-se queimado uma das bobinas internas do torpedo, o que tornou inútil a arma em que tinha fundadas esperanças de bom êxito.

Em suma, tratava-se de uma esquadra constituída por um conjunto de paquetes envelhecidos, artilhados com variados sistemas de canhões e providos de tubos e torpedos de inúmeros tipos.

Superando essas tremendas dificuldades, a frota governista conseguiu, finalmente, levantar ferros na Bahia, rumo ao Rio de Janeiro, em 1º de março (1894), para dar combate à esquadra rebelada. Por precaução, todas as torpedeiras, exceto a *Gustavo Sampaio*, foram rebocadas pelos cruzadores e vapores. Mas, já no dia seguinte, a *Piratini* começa a fazer água e revela avaria na máquina, o que forçou o *Itaipu* a rebocá-la de volta à Bahia. Na noite imediata, parte-se o cabo do reboque da torpedeira *Tamborim* e, como sua máquina não funcionasse, a corveta *Parnaíba* é destacada para socorrê-la. Logo depois, a torpedeira *Greenhalgh* precisa parar, tal a quantidade de água que fazia, e teve de ser levada a Vitória. Dia 8, em Cabo Frio, ponto de reunião de todos os navios, chega o *Itaipu* trazendo um carregamento de torpedos procedentes da Europa, que se verifica estarem, sem exceção, imprestáveis. Concluídos os reparos na *Greenhalgh* e já em marcha, rompe-se o cabo de reboque; enquanto os comandantes procuram sanar a emergência, a torpedeira é impelida contra o costado do *Itaipu*, o que produz graves avarias nos dois navios, que são assim forçados a se recolher ao porto de Vitória. No mesmo dia, como se não bastasse, a *Sabino Vieira*, que acabara de ser reparada no eixo, hélice e leme (acidente com a talha do guindaste, devido à inexperiência do pessoal em manobra de peso), é arriada e quase se choca com o *Parnaíba*, que cruzava de faróis apagados. O abalroamento teria sido fatal às duas embarcações porque a *Sabino Vieira* levava um torpedo no tubo, pronto para explodir. Às quatro da tarde, acidente ainda mais grave: a *Silva Jardim* foi apanhada no costado e abaixo do lume d'água pelo esporão da *Gustavo Sampaio*, do que lhe resultou ir a pique, salvando-se entretanto a tripulação.

No *Niterói*, permaneceram até o final alguns oficiais americanos, um maquinista, um médico e o encarregado do famoso canhão pneumático, de complicado funcionamento. Chegado, porém, o momento em que foi preciso prepará-lo para atirar, o artilheiro deu parte de doente...

A revolução terminou...

Por fortuna, não chegou a haver combate. A chegada da esquadra de Floriano à entrada da barra coincidiu praticamente com a capitulação de Saldanha (13.3.1894) e o asilo dos rebeldes nas duas pequenas corvetas portuguesas.

O *Grand Admiral* de Flint, que nada tivera com os acontecimentos, passa um telegrama triunfal ao seu patrão: "Flint, Nova York. Entramos na baía às nove e meia. Melo [sic] rendeu-se. A revolução terminou. BAKER."

...mas não as contas de Mr. Flint

Na forma atabalhoada com que tivera de agir, para despachar a esquadra em cerca de um mês, Flint verificou que havia gasto mais 150 mil dólares do que havia recebido. Apresentou a conta várias vezes, mas sem lograr resposta satisfatória.

> Os elogios que recebi das autoridades brasileiras pelo meu trabalho eram estupendos. Mas essas palavras de encômio e o divertimento que tive com a tarefa não chegavam propriamente a valer 150 mil dólares. E como não me tornei ainda um filantropo internacional, fiquei matutando para ver a maneira de recuperar o meu dinheiro.

Há duas maneiras de cobrar uma dívida difícil, escreveu. A primeira é armar um escândalo na esperança de que alguém se impressione e pague. "Mas isso raramente funciona porque quem deve muito dinheiro não se assusta facilmente." A segunda consiste em ajudar o devedor a ganhar algum dinheiro e arranjar as coisas de forma a que ele pague com o próprio dinheiro que você lhe proporcionou.

Foi o que Flint conseguiu, com sua inventividade e astúcia. Como a guerra com a Espanha se desenhava no horizonte, e a marinha americana começara a transformar navios mercantes em cruzadores, Flint viu aí a sua oportunidade. No Brasil, vencida a rebelião, o *Niterói* perdera sua utilidade maior. Flint aproximou-se de Theodore Roosevelt, então secretário assistente da marinha, e, sem dificuldade, vendeu-lhe o *Niterói* por meio milhão de dólares, numa entrevista de dez minutos.

— Fico com o navio — disse Roosevelt.

— Muito bem — respondeu Flint —, vou escrever-lhe uma carta...

— Não me amole com carta —, interrompeu-o Roosevelt. — Não tenho tempo para lê-la.

Roosevelt, que Flint considera um dos homens mais argutos que conheceu, impôs uma condição única: que o navio chegasse, com seus próprios recursos, até um determinado ponto e dentro de um período prefixado. Ora, o navio só conseguiria chegar a tempo se estivesse em perfeitas condições...

Desse modo, o *Niterói*, capitânia do que os rebeldes chamavam "Esquadra de papelão", foi devolvido aos Estados Unidos. Rebatizado *USS Buffalo*, foi enviado para operações de guerra nas Filipinas. E Flint recebeu, assim, os seus 150 mil dólares...

Charles R. Flint notabilizou-se como o maior ideólogo do que chamava "a forma mais adiantada de evolução industrial" — o truste. Com extrema desenvoltura, em discursos e conferências, pregou a aliança do capital, trabalho e talento para criar poderosas "combinações industriais". O *merger* de empresas para formar conglomerados e eliminar *unintelligent competition* merecia a "bênção da própria natureza e a sanção das próprias leis da vida".

Em 1911, Charles Flint fundou uma das empresas pioneiras em computação nos Estados Unidos — a The Computing-Tabulating Recording Company (CRT). Em fevereiro de 1924, adquiriu a International Business Machines (IBM) e fundiu-a com a CRT, adotando, na nova companhia, a sigla IBM.

Com esse *merger*, tornou-se o patriarca de uma das maiores multinacionais do nosso século.

12.

A diplomacia ao tempo de Floriano

Dificilmente terá havido governo com tão escasso e difícil relacionamento com o corpo diplomático estrangeiro quanto o de Floriano.

Os inúmeros incidentes que caracterizaram os primeiros anos da República tiveram sua origem, principalmente, no fato de serem os contatos entre o governo e os representantes acreditados no Rio de Janeiro extremamente tênues e esporádicos. Para agravar a situação, todos os chefes de missão residiam em Petrópolis, distanciados, portanto, da capital por longas horas de barco e de estrada de ferro. Desciam ao Rio, quando necessário, mas faltava-lhes, para a compreensão adequada de tão difícil conjuntura, o convívio permanente com os meios políticos, sociais e culturais do país.

A residência em Petrópolis se explicara, a princípio, com a insalubridade das condições no Rio antigo. Depois, teria passado a predominar na decisão de lá continuarem a falta de atenções protocolares das autoridades e outras entidades brasileiras. Os elementos locais como que ignoravam a presença dos diplomatas, deixando até de retribuir os cumprimentos ou gestões de cortesia, pelo que os representantes estrangeiros preferiam viver na cidade serrana, onde o afastamento da capital os poupava de tais dissabores.

Certamente uma exceção foi a visita que o presidente da República, marechal Deodoro da Fonseca, e sua esposa fizeram ao ministro português, conde de Paço d'Arcos, poucos dias após sua chegada, e quando ainda se encontrava hospedado em um hotel em Petrópolis.

O alheamento do Marechal de Ferro

Floriano manteve completo alheamento do corpo diplomático, reflexo, em parte, do seu temperamento esquivo, desconfiado, mas sobretudo da integral absorção pelas tarefas do governo. Nem as cartas autografadas dos chefes de Estado aceitava que lhe fossem entregues em mão própria pelos plenipotenciários. Aos pedidos de audiência para esse fim, o ministro do Exterior respondia:

> O Sr. Vice-presidente da República, não podendo ter a satisfação de recebê-lo, resolveu que a mesma carta lhe seja por mim apresentada. Rogo pois ao Sr. Ministro o obséquio de encaminhá-la a esta repartição.

Em apenas uma ocasião, Floriano recebeu os chefes de missões estrangeiras: em 5 de dezembro de 1891, às 13 horas, poucos dias após haver assumido o governo. Por coincidência, nesse mesmo dia chegaram telegramas de Paris anunciando a morte do imperador. Grande parte do comércio cerrou as portas e as associações e entidades brasileiras ou portuguesas hastearam a bandeira a meio-pau. A recepção, porém, foi mantida e o ministro do Exterior apresentou a Floriano, um a um, os diplomatas acreditados junto ao seu Governo, que com ele trocaram apenas algumas palavras de cortesia. Pouco depois, o ministro chamou a uma sala contígua os representantes da Alemanha e da Inglaterra, e a seguir, o de Portugal, para dizer-lhes que esperava graves tumultos nessa tarde, em decorrência das manifestações públicas de pesar, que por certo seriam feitas à memória de Dom Pedro II. Pedia, pois, que procurassem evitar que as lojas de seus nacionais fechassem e que eles participassem de demonstrações de rua. As respostas, com pequenas variantes, foram no sentido de que os diplomatas não poderiam intervir nem a favor nem contra as expressões de sentimento pelo ex-imperador; a abertura ou não do comércio era assunto de polícia e nada tinham as missões com os particulares de sua nacionalidade que, por sua própria conta e risco, se envolvessem em conflitos. Durante a travessia de barca, na volta a Petrópolis, cada um dos três diplomatas descreveu o que lhe ocorrera, comparando as respectivas respostas à gestão do ministro brasileiro.

No início da Revolta da Armada, Floriano mandou convocar os representantes estrangeiros, mas estes se escusaram, um após outro, sob a alegação (por sinal injustificável) de que desejavam manter estrita neutralidade entre as facções em luta.

Quanto às audiências, a única exceção de que encontrei registro foi a concedida por Floriano para lhe serem apresentados o comandante e os oficiais da corveta portuguesa *Mindello*, que chegava para ficar fundeada longos meses na Guanabara. Mal poderiam imaginar, então, portugueses e brasileiros, que o asilo que o comandante Augusto de Castilho daria, nessa mesma corveta, ao almirante Saldanha e seus companheiros de revolta conduziria ao rompimento de relações diplomáticas do Brasil com Portugal.

Sucessão de incidentes

Naquele quadro político confuso e conturbado, os incidentes com diplomatas ocorriam com alguma freqüência, a despeito de passarem a maior parte do tempo no refúgio de Petrópolis. Em dezembro de 1891, por exemplo, o ministro do Chile, *Don* Alvaro Blanchi Tupper, "foi levado ao calabouço aos empurrões e pancadas", apesar de declinar a sua condição. A desculpa do chefe de polícia, no dia imediato, foi que se tratara de "erro policial por ter o ministro a infelicidade de se parecer com um criminoso célebre a quem perseguiam". O governador do estado mandou um telegrama de escusas ao diplomata agravado e prometeu punir os policiais envolvidos. E o caso assim se encerrou, não havendo prevalecido na "conferência diplomática" que se realizou na casa do decano a sugestão de que fosse feito um protesto coletivo ao governo.

Petrópolis nem sempre era o oásis de tranqüilidade que os diplomatas buscavam, como se vê no seguinte registro:

> Há poucos dias (10.2.1891), ao entardecer, o ministro da Inglaterra, Mr. Wyndham, correu graves riscos, porque, passeando sossegadamente, viu-se de repente envolvido num grupo hostil em que policiais perseguiam um indivíduo qualquer que diziam criminoso, e enquanto este pretendia acobertar-se com o corpo do ministro, aqueles faziam uso das armas. Deram-se entre o perseguido e a polícia tiros de revólver, e Mr. Wyndham ainda agora dá parabéns à sua fortuna de ter escapado a salvo.

*

Em novembro de 1892, os ministros da França e da Itália e os encarregados de negócios da Inglaterra e da Alemanha dirigiram nota coletiva ao governo brasileiro representando contra as quarentenas e outras medidas sanitárias cuja implementação estaria prejudicando os interesses do seu comércio e navegação. De ordem do presidente, o então ministro (interino) Custódio de Melo respondeu que cada qual é senhor em sua casa, e que o Brasil não dava satisfações nem aceitava intimações.

Paço d'Arcos relata o episódio, que teve bastante repercussão na imprensa, e comenta a Lisboa:

> O que posso assegurar é que no Ministério do Exterior brasileiro corre como tradição que o imperador não amava as notas coletivas e que ordenava aos seus ministros devolvê-las sem resposta; e que uma vez que um deles recebera uma tal nota e a mostrara ao imperador, este a rasgara em pedaços e mandara devolvê-la assim. Se é verdade a lenda não sei eu, mas afiançam-me que o governo republicano a tem senão como certa, ao menos de boa lição. O que é certo é que os ministros não replicaram à resposta, qualquer que ela fosse.

Nesse mesmo mês, no dia 15, terceiro aniversário da proclamação da República, nenhum dos diplomatas desceu de Petrópolis para apresentar cumprimentos às autoridades. Mesmo sem ter havido combinação prévia, todos se abstiveram de qualquer manifestação, exceto o recém-chegado ministro chileno, Máximo Lira, que enviou um telegrama de congratulações ao presidente.

A omissão do corpo diplomático foi criticada pelos jornais governistas, que a contrastaram com o gesto do enviado chileno, especialmente apreciado. Em ofício a Lisboa, Paço d'Arcos passa recibo dessas críticas:

> (...) com certeza não têm razão porque em etiqueta, considerações e relações diplomáticas, tudo é questão de absoluta reciprocidade, e nem o presidente, nem o governo brasileiro se dignam incomodar-se com quaisquer das festas nacionais estrangeiras, mandando ao menos um telegrama ou um simples cartão a qualquer dos respectivos ministros. A falta de *savoir-faire* diplomático chega a ponto que alguns dos ministro do Exterior têm deixado de pagar, ao menos por bilhetes, as visitas pessoais do Corpo Diplomático. Portanto, se não sabem ou não querem praticar os atos de cortesia mais rudimentar, não têm razão de se queixarem do afastamento sistemático que usam todos os diplomatas aqui acreditados, incluindo mesmo os das repúblicas americanas.

O novo ministro chileno, aliás, era homem de grande prestígio em seu país e constou que havia sido designado para o Rio de Janeiro com a missão de promover uma aliança secreta contra a Argentina. Nas palavras que pronunciou, por ocasião da entrega de credenciais, fez, efetivamente, menção à "aliança", posto que de modo muito geral. O que mais chamou a atenção, porém, foi a resposta de Floriano, em que disse "aliança, mais do que nunca". A frase gerou comentários intensos entre diplomatas, alguns dos quais a interpretaram como ameaça de guerra próxima. O próprio ministro da Argentina declarou a um colega que "não podia ver com bons olhos esta inconsiderada franqueza, tão pouco reservada".

Regressando de licença na Europa, em junho de 1893, o ministro inglês, Hugh Wyndham, pediu audiência para cumprimentar o marechal vice-presidente. No dia e hora marcados, o ministro compareceu ao Itamaraty. Depois de longa espera, num dos salões, um ajudante-de-ordens veio dizer-lhe que "Sua Exa. estava muito incomodado e não podia receber". Wyndham relatou o incidente ao seu governo, mas o tomou com bonomia, não considerando o caso como "extraordinário"...

Como era natural, essa desatenção foi muito comentada entre os seus colegas, alguns dos quais a registraram em ofício. Paço d'Arcos, como de hábito, aproveitou a ocorrência para um retrospecto:

> O corpo diplomático não parece bem-visto e é sobretudo bem pouco recebido por todos estes homens da situação republicana. É decerto a falta de hábito, o desconhecimento resultante do receio que os preocupa de ser enganados em diplomacia, a soberba e orgulho que o barrete frígio faz nascer em *parvenus* da política, é tudo isso que faz com que o corpo diplomático não tenha aqui a posição superior que lhe é devida; mas não é decerto qualquer desejo de ferir as nações que se fazem representar junto à República, circunstância que só lhes deve agradar.

E, prossegue o representante lusitano, recapitulando comentários anteriores:

> Os diplomatas quase que não conhecem o vice-presidente. Posso assegurar (assim o tenho ouvido a todos), que o vice-presidente só foi visto por nós uma única vez, e essa foi a apresentação oficial e única logo em seguida ao 23 de novembro, em que Floriano tomou o poder. De aí em diante nenhum foi recebido, e pela minha parte tendo-o procurado duas vezes, uma na sua casa particular e outra no palácio presidencial, de ambas elas fui despedido com a resposta que Sua Exa. se achava incomodado. É claro que não o tornei a procurar, quando ainda mais, tendo tido que lhe entregar duas cartas de El-rei, e tendo de isso prevenido o Ministério do Exterior solicitando audiência para entrega oficial, me foi respondido que as enviasse com ofício porque a doença de Sua Exa. não lhe permitia receber-me.

Alegando esperar que o seu ministro "não se enfastiaria", Paço d'Arcos aproveita a oportunidade para estender-se em outros "pormenores significativos que de alguma maneira pintam os homens e a situação atual do Brasil". Passa, assim, a relatar o comportamento das altas autoridades do país:

O que se dá com o vice-presidente dá-se com os seus ministros, que só por bilhetes nos pagam as visitas de ocasião e a quem nunca mais tornamos a encontrar particularmente. Já se vê que se dá exceção por parte dos ministros dos estrangeiros que, sem que tenham dia marcado de audiência ou recepção, contudo nos recebem, a mim e a meus colegas, em seu ministério, onde os procuramos, mas ainda assim só quando absolutamente não podem esquivar-se...

Desfeitas sobre desfeitas

Desfeita semelhante à que foi submetido o enviado de Sua Majestade britânica estaria destinada também ao ministro da França, Auguste Gérard. Encerrada sua missão e devendo deixar o país em 10 de julho (1893), pediu, por nota, que lhe fosse marcada audiência para despedir-se do vice-presidente. Como não obtivesse resposta e se aproximasse a data da partida, resolveu apresentar-se em casa do marechal, por certo confiante no prestígio imanente à sua condição de plenipotenciário da República francesa.

Foi ele recebido "por uma ama negra aleitando um filho do marechal", a qual não pareceu entender o que queria o visitante. Depois de muitas instâncias, em que declinou, em voz alta, a sua identidade, apareceu finalmente "um escrevente ou secretário que o fez esperar num gabinete até ir consultar o marechal". Pouco depois, a resposta: Floriano não o podia receber, mas no dia seguinte marcaria audiência oficial. No dia imediato, o diplomata recebe uma carta, em nome do presidente, desejando-lhe boa viagem e declarando que o chefe do governo não o podia receber porque seu estado de saúde não o permitia.

Monsieur Gérard embarcou furioso, depois de relatar a vários colegas a desatenção para com ele.

Credenciais? Só "quando possível"

O ministro Thomas L. Thompson, que chegara ao Rio de Janeiro em vésperas da Revolta da Armada (início de setembro), teve a apresentação formal de suas credenciais ao presidente da República adiada por seis meses, que a fez coincidir com o colapso da rebelião. Essa entrega, a rigor, é condição essencial para que tenha início a missão diplomática em qualquer país. Mas o caso do ministro Thompson foi absolutamente *sui generis*. Suas credenciais foram aceitas informalmente, ficando adiada a entrega protocolar ao chefe do Estado para "quando fosse possível". E tal só pôde ocorrer em fevereiro do ano seguinte...

Thompson levou consigo o único secretário da legação, George Burgurn Anderson, e pronunciou breve discurso. Após as palavras usuais de cortesia, declarou, em tom de missionário:

> Geographically we are widely separated, but the aims and purposes that actuate our respective republics brings us in touch with each other. Our people are God-fearing and liberty-loving, and in the study of political-economic questions both strive to permanently secure for the largest number the gratest good under God's providence.

Floriano respondeu em português, em poucas palavras, que Thompson posteriormente mandou traduzir e encaminhou a Washington. Depois de lamentar que "acontecimentos políticos" o houvessem privado de receber até então o enviado americano, o presidente teria continuado:

> The sentiment and intentions that you have expressed in the name of the American nation and its illustrious President afford just satisfaction to Brazil and its Government, and I see in your mission a new pledge of the certainty that they will be followed out. Your part will continue to be easy for you; there will not be wonting to you on my side frank and cordial cooperation, that every day the bonds of friendship may grow stronger, and that the many interests which exist between our two countries may develop themselves.

No final da entrevista, Thompson apresentou a Floriano o almirante Benham (que tratara duramente os rebeldes na Guanabara), o qual foi, naturalmente, recebido com cordialidade. "*There were many expressions of amity and good will for our Government*", disse o diplomata, encerrando o seu ofício de 11 de fevereiro.[1]

Em 1º de janeiro de 1893, numa demonstração de bons propósitos, o corpo diplomático enviou de Petrópolis telegrama a Floriano dando-lhe boas-festas e desejando-lhe "prosperidades no Ano-Novo". O telegrama foi assinado pela ordem de antigüidade no posto e posição, a saber: o arcebispo internúncio, os ministros dos Estados Unidos, da França, de Portugal, da Argentina, do Chile, da Itália e da Espanha, e os encarregados de negócios da Inglaterra, da Alemanha, da

Bélgica e do Uruguai. Doze, ao todo, só deixando de assinar os ministros da Suécia, da Rússia e do México, ausentes do país. Tal era, praticamente, a dimensão do corpo diplomático no Brasil.

A iniciativa desse gesto se deveu aos representantes dos Estados Unidos e da França, que julgaram mais do que chegado o momento de romper o impasse protocolar, em que eram reduzidos ao mínimo indispensável os contatos com a chancelaria local, que não convidava os chefes de missão sequer às cerimônias e recepções oficiais.

Os cumprimentos foram agradecidos em telegrama coletivo dirigido ao internúncio e, pouco depois, pela primeira vez, o corpo diplomático foi convidado a assistir a uma cerimônia: a da inauguração da exposição preparatória da de Chicago. Não me consta que algum diplomata haja feito a viagem de Petrópolis para presenciar aquela breve solenidade. Mas o passo estava dado e, de certo modo, quebrado o gelo.

O corpo diplomático

Nominalmente, o total de missões diplomáticas, em 1893, era 19, sendo oito da América (EUA, Argentina, Bolívia, Chile, México, Paraguai, Peru e Uruguai) e 11 da Europa (Império Alemão, Áustria-Hungria, Bélgica, França, Grã-Bretanha, Espanha, Itália, Portugal, Rússia, Santa Sé e Suécia-Noruega).

Entretanto, na prática, o número era menor. A da Suécia-Noruega tinha caráter de missão especial. Em 1982, por exemplo, não havia nenhum representante da Bolívia, do Paraguai, nem da Rússia. Em 1894, nenhum da Suécia, do México ou do Paraguai.

Em fins de julho e princípio de agosto (1893), os jornais de Lisboa publicaram, e os do Rio de Janeiro reproduziram com comentários desagradáveis para Paço d'Arcos, várias notícias sobre os acontecimentos no Brasil, mais ou menos verdadeiras, atribuídas todas a telegramas da legação portuguesa. Em realidade, alguns redatores de jornais ligados ao partido majoritário em Portugal tiveram acesso a comunicações do ministro no Rio de Janeiro. Ao divulgarem, porém, a seu modo e com suas palavras, o conteúdo dessas informações, cometeram a imprudência de assegurar que as haviam lido.

A repercussão na imprensa brasileira foi tal que Paço d'Arcos se sentiu na obrigação de procurar o nosso ministro do Exterior, João Filipe Pereira, e tentar explicar-se. Relatou, depois, a Lisboa a entrevista.

> Disse-lhe o seguinte: que não abusava do meu direito comunicando ao meu governo o que entendia e como entendia. Que era essa a minha obrigação diplomática, da qual só devia satisfações ao meu próprio governo e a mais ninguém; mas que não desejando arcar com a responsabilidade de quantas inépcias e mentiras os jornais atribuíram a telegramas meus, nem que a suposição desse fato como verdadeiro ferisse um governo amigo e com quem o meu país e eu próprio estávamos em magníficas relações, lhe assegurava sob minha palavra que fosse o que fosse que houvesse dito ao meu ministro dos Negócios Estrangeiros e presidente do Conselho, este, como político que era e bem conhecedor das conveniências diplomáticas, não o comunicara decerto à imprensa. Disse-lhe que, se o marechal Floriano fosse homem com quem se pudesse falar facilmente, eu próprio lhe iria dar esta explicação, que em todo caso pedia que lhe fosse transmitida.

O ministro brasileiro recebeu muito bem as palavras do diplomata português e tranqüilizou-o dizendo que o esclarecimento dado "avivava a consideração em que o governo federal o tinha". E acrescentou estar já informado, pela legação brasileira em Lisboa, do desmentido oficial à notícia de que o governo dera conhecimento de telegramas recebidos do seu plenipotenciário no Rio de Janeiro.

Paço d'Arcos, porém, não fica inteiramente tranqüilo. Embora convencido de que o incidente se encerrou para o governo brasileiro, o mesmo não sucederia com a imprensa, que, a seu ver, "em qualquer ocasião de notícias do Brasil não deixará, malévola ou estultamente, de m'as atribuir quando não lhe agradem".

Paço d'Arcos recorda ao seu ministro que inconfidência semelhante já ocorrera quase dois anos antes, tendo-lhe sido assegurado que não se repetiria. E pondera:

> Todos nós, ministros estrangeiros no Brasil, principalmente os monárquicos, estamos mais ou menos suspeitos, para a democracia infrene, mas eu talvez mais que todos... Será insustentável a posição quando não haja a garantia da confidência das participações aos nossos governos. E os agentes diplomáticos que por qualquer receio não possam ou não se atrevam a informar os seus governos respectivos do que se passa em política serão inúteis. Colocá-los em tal contingência é aniquilar as legações, e pôr os diplomatas ao nível dos informadores-espiões, que a seu risco e perigo, que para isso são pagos, se introduzem sub-repticiamente junto de qualquer situação para fazerem denúncias.

E o enviado português prossegue, reiterativo, para que seja não apenas ouvido, mas plenamente compreendido:

> O papel da diplomacia é muito outro, ao que julgo. Precisa desassombradamente comunicar a quem a acredita tudo que analisa da política, mas precisa fazê-lo sem receio de indiscrições que lhe ponham em perigo o caráter e talvez mesmo a vida. Perdoe-me V. Exa., torno a repetir, estas observações, que só me servem para pedir ainda a V. Exa. novamente que exija a maior reserva nas minhas confidências — *salvo quando V. Exa. determinar o contrário por conveniências políticas que saberei acatar, embora correndo o risco pelo que tiver relatado.* (O grifo é do original.)

Paço d'Arcos, com suas palavras, estava como que profetizando o que iria vitimá-lo três meses depois. A situação do agente diplomático "será insustentável" sem a "garantia da confidência das participações" ao seu governo. As duas indiscrições ocorridas em Lisboa tornaram Paço d'Arcos um homem marcado pela suspeição. Por iniciativa própria, ou cedendo à influência de elementos extremados, Floriano declarou *persona non grata* o enviado português e exigiu sua retirada.

NOTA

1. "Papers Relating to the Foreign Relations of the U.S.", Washington, Government Printing, 1893, p. 129.

13.

O rompimento com Portugal

Ofensiva de Floriano

A esquadra revoltada na Guanabara perdera o seu *élan*, enquanto se aprestava, no exterior, a esquadra governista. Por volta do meio-dia de domingo, 11 de março de 1894, o decano do corpo diplomático, *Sir* Hugh Wyndham, recebera telegrama do ministro das Relações Exteriores comunicando-lhe que o governo decidira atacar a esquadra insurgente com as baterias da cidade após 48 horas contadas das 12:00 desse mesmo dia. O ministro inglês se apressou em passar a comunicação aos demais diplomatas, mas só concluiu os contatos no final da tarde. Encurtado, por isso, o tempo útil do pré-aviso, concordou o governo com uma extensão de três horas.

Os ministros estrangeiros, por sua vez, se puseram no encalço dos respectivos cônsules, para transmitirem, por intermédio deles, as advertências aos respectivos nacionais. O americano, por exemplo, só logrou encontrar o vice-cônsul Lewis na manhã de segunda-feira, 12, e despachou-o com urgência, para levar a comunicação ao almirante Benham, que comandava a força naval americana no Rio de Janeiro.

Agonia da revolução

Nessa mesma manhã, o encarregado de negócios de Portugal, conde de Paraty, informou alguns colegas haver recebido um telegrama do comandante Castilho, da força naval de seu país, notificando-o de que o almirante Saldanha da Gama havia pedido a proteção da bandeira portuguesa, e que ele havia aquiescido. Sem tempo, ao menos, de consultar o encarregado de negócios de Portugal, residente em Petrópolis, com quem não havia ainda estabelecido cifra telegráfica, o comandante Castilho assumiu pessoalmente a responsabilidade da decisão. Qualquer hesitação teria sido irremediável em face do prazo fatal de 48 horas. Não pudera, sequer, ouvir o almirante americano, isolado em seus navios para fugir a um surto de febre amarela. Uma hora depois, Paraty esclarece ao ministro americano, Thompson, que Saldanha ainda não se tinha asilado e, apenas, submetido ao governo brasileiro as condições para aceitar a capitulação: os oficiais insurgentes deporão as armas e, sob a garantia da nação portuguesa, deixarão o país, juntamente com os civis que aderiram à sua causa; os prisioneiros em seu poder serão liberados, exceto os que optarem por seguir a sorte dos oficiais revoltosos: os inferiores, militares ou alistados, terão suas vidas garantidas.

Castilho procurou imediatamente o almirante Júlio César de Noronha, ministro interino da Marinha, por intermédio do qual obteve uma entrevista com o marechal Floriano nessa mesma noite, às 11:00, no Palácio Itamaraty.

> O marechal, conta Castilho em nota ao almirantado português, recebeu-me com toda a sua calma e cortesia, ouviu-me muito serenamente, recebeu uma cópia da proposta de capitulação; assentiu significativamente com a cabeça quando lhe declarei firmemente que o asilo estava, em princípio, e desde logo, garantido por mim aos oficiais revoltosos; mas fez-me ver que, sendo aquela uma proposta importantíssima sobre um assunto da mais transcendente gravidade, não podia emitir opinião sem consultar os ministros.

Não tardou a resposta definitiva de Floriano. O governo não podia aceitar propostas de militares rebeldes.

Em conseqüência, os revoltosos iniciaram febrilmente o desmantelamento dos navios, inutilizando a artilharia, lançando ao mar as suas culatras móveis, munições e todo o armamento de mão. Na manhã de 13, em numerosas lanchas e escaleres, começaram a invadir, às centenas, a pequena corveta *Mindelo*. Castilho esperava uns setenta homens. Vieram cerca de quinhentos...

Não obstante, continuava a tremular nos navios e fortalezas o galhardete branco da revolução. Ao meio-dia, Santa Cruz iniciou o bombardeio disparando o seu canhão 400 contra Villegaignon. Secundaram-na as baterias da Lage, Pico, Gragoatá, São João e Armação. Não sendo correspondido, o fogo cessou à 1:30 da tarde.

Depois de um longo silêncio, durante o qual os binóculos republicanos esquadrinharam, com atenta ansiedade, os abandonados baluartes revolucionários, foi reiniciado o bombardeio, agora contra a esquadra e as ilhas de Villegaignon, das Cobras e das Enxadas. Não encontrando a menor reação, cessou de novo o canhoneio às 3:40.

Pouco depois das 17:00, a lancha *Quinze de Novembro* desembarcou em Villegaignon as primeiras forças legais. Galgando a parte mais elevada da velha fortaleza, um jovem arranca o emblema revolucionário, por entre aplausos e vivas.

Por volta das 18:00, a esquadra improvisada pelo governo passou a barra, tendo à frente *El Cid*, rebatizado *Nyctheroy*, e ancorou diante da cidade. "*The revolt in the port of Rio de Janeiro is declared to be terminated*", diz o telegrama do ministro Thompson ao Departamento de Estado em 16 de março.

Troaram, então, as baterias governistas, no regozijo das salvas de 21 tiros. Por sua vez, a multidão que se acotovelava nos pontos de onde se divisaram as operações rompeu em estrondosas aclamações, sob o crepitar incessante de girândolas, foguetões e descargas de fuzilaria.

Asilo nas corvetas portuguesas

A *Mindelo* era uma velha corveta portuguesa, com mais de 18 anos de serviço, sem nunca ter sofrido os convenientes reparos. Como fazia água pela popa, haviam coberto sumariamente, com cimento, o cavername de ferro. As caldeiras estavam cansadas, a hélice apresentava grandes folgas e as chapas interiores dos paióis de carvão, rotas em diferentes lugares, deixavam entrar umidade a ponto de poder provocar a combustão espontânea do carvão. Os tanques da aguada estavam em tal estado que quando se fez necessário raspá-los, para pintura, caiu cascão e apareceram tantos buracos que foi preciso desistir do trabalho. Lastimável era, igualmente, o estado das embarcações do navio. O escaler a vapor, quase todo podre, tivera a sua antiquada caldeira mais ou menos reparada no Rio de Janeiro. O segundo escaler tinha a quilha partida; a canoa do comandante era velha e deformada; a baleeira e os dois botes restantes achavam-se pessimamente conservados. Os toldos, por sua vez, quase inutilizados, mal resguardavam do sol e, ainda menos, da chuva.

A *Affonso de Albuquerque* pouco ficava a dever, em decrepitude, à *Mindelo*. Com as caldeiras exaustas, tinha um rendimento de marcha insignificante. À vela, também, andava pouquíssimo e somente com ventos largos.

Tal era o estado dos dois navios portugueses que abrigaram os refugiados da esquadra brasileira. O acúmulo de gente oferecia graves perigos. A guarnição havia sido duramente atacada pela febre amarela e misturava-se agora com uma multidão em que campeavam o beribéri e a tuberculose. Além disso, os ferimentos e fraturas dos revoltosos pediam espaço e cuidados que Castilho não lhes podia dar.

E, para se ter uma idéia do problema de alimentação dessas centenas de hóspedes inesperados, bastará lembrar que, estando estragado o fogão da *Mindelo*, havia apenas, em uso, além de um fogareiro de ferro, dois pequenos e deficientíssimos fogões alugados pelo comandante.

Os toldos e barracões da *Mindelo* ofereciam ridícula proteção à gente que se amontoava no convés, nos xadrezes do tombadilho, no castelo, por cima das antenas. Muitos dormiam nas embarcações miúdas, dentro das trincheiras ou dos escudos da artilharia. Os mais felizes, conta Castilho, dormiam nos beliches vagos do alojamento dos aspirantes, no chão de alguns camarotes, no chão e em macas na praça d'armas e na câmara do comando. Impraticáveis os trabalhos elementares de higiene, os navios chegaram "a um estado que metia medo".

O presidente do Conselho de Ministros de Portugal, Hintze Ribeiro, debatia-se ainda em desalentadora indecisão. Que fazer? Não podia entregar à sanha dos vencedores os revolucionários que se tinham abrigado à sombra da bandeira portuguesa. Por outro lado, como evitar o conflito com o marechal Floriano, mais forte do que nunca, duro e intransigente? Confiara na solidariedade das demais potências, hipotecada ao encarregado de negócios português no Rio. Com o agravamento do caso, porém, os diplomatas se foram tornando cada vez mais reservados. Quando Paraty tentou mandar alguns asilados para os navios ingleses e franceses, a fim de aliviar o excesso de lotação das corvetas, os comandantes a isso se esquivaram alegando que não se tratava de perigo iminente, que receavam a propagação da febre amarela ou que precisavam pedir instruções especiais.

A crise com Portugal

Apercebeu-se, afinal, o governo português da dura realidade: fizera-se o vácuo à sua volta. Estava só, com a responsabilidade que assumira.

Subitamente, um telegrama confortador de Paraty: "Combinado amigavelmente governo brasileiro, corvetas sairão amanhã às 4:30, se antes não houver outra ordem de V. Exa."

Hintze Ribeiro exultou. Viu desanuviarem-se, inesperadamente, as ameaças de borrasca próxima. Quase com entusiasmo, louvou a habilidade de Paraty, felicitou-o pela vitória. Em circular telegráfica do dia 18, comunicou o término feliz do incidente à embaixada de Portugal em Roma e às legações em Londres, Berlim,

Itália, Madri e Paris. Ao próprio governo brasileiro, apressou-se em transmitir a "sua grande satisfação e protesto de profundo reconhecimento".

Foram de pouca duração as efusões do bravo conselheiro. O confortador telegrama de Paraty não era mais do que o resultado de um lamentável equívoco. Fê-lo voltar à realidade o enérgico protesto brasileiro contra a saída das corvetas.

— Como? Não fora tudo combinado amigavelmente?

Em absoluto! foi a resposta do ministro brasileiro em Lisboa. E explicou: seu governo concordara com a saída das corvetas para um rápido cruzeiro higiênico, findo o qual deveriam regressar ao Rio de Janeiro a fim de aguardar a solução do incidente. Não obstante, os asilados estavam sendo levados para o Rio da Prata. O governo brasileiro, que jamais teria concordado com semelhante solução, pedia explicações de tão insólito procedimento.

Cheio de pasmo, o conselheiro desautorou o conde de Paraty, que, segundo afirmou, exorbitara suas atribuições. Ia passar-lhe urgente telegrama a fim de esclarecer o equívoco.

Paraty sente que se metera em alhadas. E tenta justificar-se:

> Comandante "Mindelo" resolveu saída ambas corvetas por motivo higiênico. Concordei, ficando entendido que refugiados políticos, sob sua guarda, não seriam desembarcados em terra estrangeira. Governo brasileiro pediu, porém, para sustar partida em termos amigáveis por telegrama até resolução questão diplomática. Dei resposta anuindo ao pedido, ordenando ao mesmo tempo ao comandante da "Mindelo" para não partirem corvetas.

A informação era contraditória com a anterior, em que anunciava a partida das corvetas, com a aquiescência do governo brasileiro.

Enfurecido, o conselheiro Hintze Ribeiro retruca:

> Recebi o telegrama, que não condiz com sua comunicação de ontem nem explica reconsideração. Confirmo instruções meu último telegrama. Caso governo brasileiro insista sua reclamação, apesar nossas justas ponderações, governo português, desejoso manter e afirmar suas boas relações com o governo brasileiro, aceitaria arbitragem nação amiga para resolver questão. Entenda-se com representantes das nações estrangeiras aí, sendo urgentíssimo terminar incidente.

"Os portugueses nos bigodearam"

Ao verificar que as corvetas rumavam para o rio da Prata, Floriano enviou um urgente bilhete ao ministro do Exterior:

> Remeto essas duas partes que mostram ou fazem desconfiar que os portugueses nos bigodearam. O *S. Salvador* foi para observar as duas corvetas e nada viu. Não será o caso de mandar apreendê-las? Consultar o nosso velho Cabo Frio e tratar de agir com a máxima energia.

Prevaleceram, porém, a prudência e o tato do *velho Cabo Frio*. Os navios não foram apreendidos e evitou-se, assim, um incidente de proporções imprevisíveis.

*

Diante do fato consumado, a tecla da diplomacia portuguesa passou a ser a garantia de que os asilados não seriam desembarcados em território estrangeiro. Ao representante brasileiro em Lisboa declarou Hintze Ribeiro:

> Pelas regras de direito internacional, pelo art. 6º do tratado de extradição, pelos regulamentos de todas as marinhas e por dever de humanidade e de consciência, não podia de modo algum entregar os refugiados ao governo brasileiro.

Contrariava-lhe imenso não satisfazer essa reclamação; estava certo, porém, de que nenhum outro governo teria diferente regra de conduta e que "a opinião pública do seu país se levantaria como um só homem contra o governo que se afastasse do procedimento que teriam todas as nações em assunto dessa natureza".

Entretanto, o desejo de amainar a fúria de Floriano era tamanho que Hintze Ribeiro foi ao ponto de transformar o asilo em prisão de guerra. Ao governo brasileiro ofereceu a segurança de que "os asilados seriam transportados para terras portuguesas, em navios portugueses, internados em estabelecimentos militares, vigiados e fiscalizados, de modo a não voltarem ao Brasil a perturbar a sua ordem interna".

Em 2 e 16 de abril, o conde de Paraty renovou as solenes promessas de Portugal nesse sentido.

Floriano deixou as notas sem resposta. Pressentia, talvez, que Portugal não pudesse fazer efetiva a segurança dada. Achou mais prudente aguardar o fim da viagem. Com efeito, sublevando-se a bordo das corvetas, centenas de refugiados desembarcaram em Buenos Aires e Montevidéu a fim de se unirem aos revolucionários rio-grandenses.

Julgou o marechal que era chegado o momento de responder às notas portuguesas: a partir daquele dia, 13 de maio de 1894, estavam rotas as relações diplomáticas entre os dois países.

*

Encerrada na Guanabara a Revolta da Armada, dentre os remanescentes da força rebelde, alguns enfrentariam agora o exílio enquanto outros — atrelados ao destino de Saldanha — buscariam ainda juntar-se aos insurgentes do Sul para levar um último alento à luta contra o governo central.

Em vão, porque a República já se firmara definitivamente. Benjamin Constant havia sido o líder moral do novo regime e Deodoro, a espada que o instaurara. Coubera, porém, a Floriano a tarefa mais ingrata e mais árdua — a da consolidação republicana —, que lhe consumiu as energias, a saúde, o próprio ânimo de sobreviver à sua obra.

A nota de rompimento

A nota brasileira de rompimento de relações é um modelo de clareza e objetividade. No seu estilo transparecem, a um tempo, a tranqüilidade da convicção, a sobriedade do amadurecimento, a firmeza sem bravata e, sobretudo, a queixa sem recriminação e sem rancor. Está à altura das melhores tradições da diplomacia imperial, que a República incorpora e consolida sob a custódia e o zelo do visconde de Cabo Frio. A nota reflete, a um tempo, a personalidade do marechal Floriano, firme e paciente, e o acervo de experiência e saber do velho servidor da nossa diplomacia.

Por essa razão, e também por conter uma síntese extremamente cuidada de todo o episódio do asilo e eventual evasão dos insurgentes, a nota merece, a meu ver, divulgação integral.

Nota do Governo Brasileiro à Legação de Portugal.

Ministério das Relações Exteriores
Rio de Janeiro, 13 de maio de 1894.

O Sr. conde de Paraty, encarregado de negócios de Portugal, serviu-se comunicar-me, por nota de 2 do mês próximo passado, que o seu governo tinha expedido as ordens necessárias para que os insurgentes refugiados a bordo das corvetas *Mindelo* e *Affonso de Albuquerque* fossem desembarcar o mais breve possível em território português, onde, guardados em depósito militar pelas autoridades competentes, seriam impedidos de intervir na luta política brasileira.

Não tenho respondido a essa nota, porque o Sr. vice-presidente da República julgou necessário aguardar o desenlace da situação criada pela viagem das duas corvetas ao rio da Prata, S.E. está hoje de posse das informações que dali esperava.

Dos 493 indivíduos que aqui se refugiaram a bordo das duas corvetas partiram para terra portuguesa, pelo *Pedro III*, somente 239; os outros evadiram-se e com eles o Sr. Saldanha da Gama.

Assim, pois, não obstante as seguranças dadas pelo Sr. conde e pelo seu governo, realizou-se o que o Sr. vice-presidente previa.

Os rebeldes desembarcaram em terra estranha, e em grande número, não temporariamente para voltarem ao seu refúgio, mas como evadidos, que conservam toda a liberdade de ação e podem, continuando em rebeldia, reunir-se aos seus aliados do Rio Grande do Sul.

Estou certo de que esse fato se deu contra a intenção do Sr. Augusto de Castilho, mas deu-se, sem dúvida, por falta de vigilância e veio agravar o ato da concessão do asilo, que o Sr. marechal Floriano Peixoto, pelas circunstâncias em que se efetuou, considera como ofensa à soberania nacional.

A revolta da esquadra, iniciada neste porto em 6 de setembro do ano próximo passado pelo Sr. Custódio José de Mello e continuada pelo Sr. Saldanha da Gama, terminou, como o Sr. conde sabe, em 13 de março do corrente ano. Durante esses longos seis meses, primeiro a esquadra e depois ela e as fortalezas de Villegaignon e da Ilha das Cobras bombardearam diariamente as fortalezas que se tinham conservado fiéis ao governo legal da República, a cidade de Niterói, capital do Estado do Rio de Janeiro, e freqüentes vezes a capital federal, ferindo e matando pessoas inofensivas e destruindo a propriedade pública e particular. Durante esse longo tempo, não obstante a presença de navios de guerra estrangeiros, os insurgentes apoderaram-se de navios e carregamentos pertencentes a nacionais e estrangeiros e paralisaram o comércio, causando prejuízos incalculáveis. E o governo federal, privado de recursos navais, teve de suportar essas hostilidades, até que, com grande sacrifício da fortuna pública, conseguiu organizar uma esquadra.

O Sr. Saldanha da Gama, que ainda em 25 de dezembro, por meio dos comandantes das forças navais estrangeiras e dos respectivos agentes diplomáticos, ameaçava bombardear esta cidade com os seus maiores canhões, ao chegar aqui aquela esquadra, reconhecendo que não poderia resistir-lhe, lembrou-se de propor capitulação.

O Sr. conde de Paraty o sabe, pois que na sua presença entregou-me o Sr. Castilho a respectiva proposta depois de fazer constar ao Sr. vice-presidente da República que recebera esse encargo. A resposta de S.E. foi pronta e negativa, como devia ser, e eu a transmiti no dia 12 ao Sr. conde.

Não é de admirar que o Sr. Saldanha da Gama concebesse a esperança de salvar-se por meio de capitulação; mas é certamente de estranhar que o Sr. comandante da corveta *Mindelo* se encarregasse de apadrinhar sua pretensão, sabendo, pois era público e notório, que um decreto do governo federal havia declarado o dito Sr. Gama desertor e traidor à pátria.

Mudara-se o estado das coisas. Os rebeldes passavam de bloqueadores a bloqueados e o Sr. Augusto de Castilho, que, como os outros comandantes estrangeiros, havia respeitado a situação anterior, em que os rebeldes tinham todas as vantagens, não devia ampará-los no momento da mudança, sobretudo não os tendo o seu governo reconhecido como beligerantes. Mas amparou-os, primeiro apoiando a proposta de capitulação, e depois concedendo-lhes refúgio em circunstâncias que o não justificavam.

Os agentes diplomáticos da Inglaterra, Itália, Estados Unidos da América, França e Portugal, considerando a aproximação de operações decisivas contra os rebeldes, pediram por duas vezes que, no caso de se não poder evitar o bombardeamento desta cidade por efeito de provocação, marcasse o governo um prazo, pelo menos de 48 horas, para que os estrangeiros aqui residentes e os navios, também estrangeiros, surtos no porto, provessem a sua segurança. Concedeu-se esse prazo, e logo depois um aumento de três horas, contando-se as 51 do meio-dia de 11 de março e declarando-se que a concessão só se referia às forças do litoral. Assim devia ser, porque as fortalezas da barra e as baterias de Niterói tinham estado sempre em atividade, e o acordo para que a capital federal fosse considerada cidade aberta só se aplicava às baterias estabelecidas nos seus pontos elevados.

Iam começar as operações e cada um devia manter-se na posição que lhe competia. A dos comandantes das forças navais estrangeiras era de simples espectadores alheios à contenda. O das forças de Sua Majestade Fidelíssima assim o não entendeu.

De conformidade com a promessa do governo, as forças do litoral conservaram-se silenciosas. Antes de expirarem as 51 horas só fizeram fogo as fortalezas da barra e as baterias de Niterói. Os rebeldes não respondiam, mas isso não era de estranhar, porque já nos dias anteriores o não faziam e demais a bandeira branca, distintivo da revolta, estava arvorada nos pontos por eles ocupados.

Pouco tempo durou o engano. Os rebeldes não respondiam, porque se tinham refugiado a bordo das corvetas portuguesas. A conservação da sua bandeira foi talvez um ardil, que o Sr. Castilho não percebeu e do qual, sem dúvida involuntariamente, se tornou cúmplice.

O asilo tornou-se efetivo na manhã do dia 13, como o Sr. conde teve a bondade de comunicar-me em nota datada de 15.

Assim, pois, ainda antes de expirar o prazo das 51 horas e portanto durante a suspensão parcial das operações, interveio o Sr. Castilho, em detrimento da soberania territorial e da justiça pública, em questão do domínio interno, a que era e devia conservar-se estranho.

O Sr. conde de Paraty invocou na sua citada nota os ditames do direito internacional e os princípios humanitários, geralmente reconhecidos pelas nações civilizadas. Civilizado também é o Brasil, e por isso o governo federal não compreende que esses princípios possam aproveitar aos rebeldes que, sem atender a eles, fizeram barbaramente tantas vítimas, atirando a esmo para esta cidade durante mais de seis meses com os próprios canhões que lhes tinham sido confiados para a conservação da ordem pública e a defesa do país.

Invocando os ditames do direito internacional, o Sr. conde aludiu ao chamado e mal definido direito de asilo. Também o seu governo os invocou, bem como o tratado de extradição, em resposta verbal que o Sr. ministro dos Negócios Estrangeiros deu ao encarregado de negócios do Brasil, quando, também verbalmente, exigiu a restituição dos refugiados.

O tratado de extradição não é aplicável ao caso presente, porque refere-se a indivíduos refugiados no território real e não no de ficção e que nele se refugiam sem o prévio consentimento da autoridade local. Os rebeldes protegidos pelo comandante das forças navais de Portugal foram por ele recebidos ao portaló e distribuídos pelas duas corvetas.

É verdade que aquele tratado excetua os acusados de crimes políticos ou conexos com eles, mas há muito que dizer sobre este assunto. A exceção salutar em alguns casos, é perigosa em outros e não convém deixar inteiramente ao arbítrio de um comandante de forças navais uma resolução que pode, como presentemente, ferir a soberania de um país amigo e os seus mais sagrados interesses.

O Sr. Augusto de Castilho considerou os seus protegidos como réus de crime político, sem atender, ele estrangeiro e estranho à questão, ao modo por que o governo federal, único competente, poderia qualificá-la segundo a lei do seu país. Nas penas desta estavam eles incursos desde o começo, e posto que se insurgissem proclamando idéias políticas, o seu procedimento degenerou em crime comum, pela tenacidade com que se opuseram à manifestação quase unânime do país e pela crueldade com que o hostilizaram.

Passo agora ao ponto principal da questão e mostrarei que, réus de crime político ou não, indevidamente acharam os rebeldes refúgio a bordo das corvetas portuguesas.

No momento da concessão, que tão facilmente obtiveram, estavam eles, como se sabe, cercados pelas baterias do litoral desta cidade, pelas de Niterói, pelas fortalezas da barra e pela esquadra que, pronta para entrar em combate, impedia-lhes completamente a saída. Tinham de bater-se ou render-se, no círculo de fogo que os apertava, dentro da baía, onde só podia ter ação a soberania territorial, e desde logo podiam ser considerados como prisioneiros.

Os navios de guerra portugueses, que, como os outros estrangeiros, só tinham a missão de proteger os seus nacionais, não podiam intervir na luta, nem inutilizar, direta ou indiretamente, as operações com tanto custo preparadas pelo governo federal não só para debelar a revolta, mas também para submeter os seus autores à justiça pública.

O comandante das forças navais de Sua Majestade Fidelíssima a nada atendeu. Deu asilo aos rebeldes no momento crítico e assim protegeu-lhes a retirada, que sem esse socorro não poderiam efetuar. Digo — protegeu-lhes a retirada —, porque ele não recebeu a bordo dos seus navios somente alguns homens, mas 493, que constituíam em grande parte as guarnições de duas fortalezas e de dois ou três navios de guerra, e que seriam de sobra para guarnecer outras tantas embarcações. Com efeito, da relação que o Sr. encarregado dos negócios me forneceu, consta que havia naquele grande número um contra-almirante, um capitão-de-mar-e-guerra, dois capitães-tenentes, 25 primeiros-tenentes, cinco segundos-tenentes, 16 guardas-marinha, 69 aspirantes de primeira classe, médicos, farmacêuticos, maquinistas e mais 344 pessoas, entre as quais estavam classificados os inferiores e mercantes. Era a parte principal das forças com que o Sr. Saldanha da Gama hostilizou por tanto tempo o governo legal do seu país.

O Sr. Castilho protegeu a retirada dos rebeldes e talvez ainda ignore que, antes de se refugiarem, eles destruíram tudo quanto puderam, nas duas fortalezas e nos navios de guerra ou armados em guerra, e deixaram intactas minas de dinamite, com que haviam preparado a destruição das mesmas fortalezas, para o caso de serem ocupadas pelo governo. Salvaram-se, deixando aparelhada a morte dos seus compatriotas e talvez a ruína de grande parte da cidade.

O Sr. vice-presidente da República não podia assistir impassível ao extraordinário ato que se praticava no porto desta capital, debaixo das suas baterias, no momento em que ele exercia o direito, não de guerra, mas de repressão. O seu silêncio contribuiria para estabelecer-se um precedente funesto. Reclamou, pois, pelo direito do seu país, dirigindo-se verbalmente ao governo português para obter a restituição dos refugiados. Não a conseguiu; mas ele não se havia iludido com a esperança da resposta favorável; deu ao mesmo governo o ensejo para declarar que não aprovava o ato do comandante das suas forças navais.

Em vão o fez. Assumiu, portanto, o governo português toda a responsabilidade do procedimento do referido comandante, desde a obsequiosa concessão do asilo neste porto até a evasão, no rio da Prata, de grande número dos refugiados. Demitiu, é verdade, os comandantes das corvetas, mas isto de nenhum modo diminui a sua responsabilidade. Quem concede asilo, fica obrigado a providenciar eficazmente para que os asilados dele não abusem, direta ou indiretamente, contra o governo que hostilizavam. O Sr. capitão-de-fragata Augusto de Castilho não quis, não soube, ou não pôde cumprir essa obrigação. Por ele responde o governo de Sua Majestade Fidelíssima.

O Sr. marechal Floriano Peixoto crê ter dado, durante a sua administração, provas evidentes de sincero desejo de manter e desenvolver a amizade que por tantos e tão valiosos motivos deve existir entre o Brasil e Portugal. Com vivo pesar se vê, portanto, na obrigação de suspender as relações diplomáticas com o governo português.

Hoje comunico pelo telégrafo essa resolução ao encarregado de negócios em Lisboa. Recomendo-lhe que a transmita ao Sr. ministro dos Negócios Estrangeiros, pedindo-lhe passaporte e se retire com o pessoal da legação a seu cargo.

Tornando-se portanto sem objeto a presença do Sr. conde de Paraty neste país, como encarregado de negócios, incluso lhe remeto o passaporte de que necessita, para retirar-se com o pessoal da legação a seu cargo.

Cumprindo esse penoso dever, aproveito a ocasião para ainda uma vez ter a honra de reiterar ao Sr. conde de Paraty as seguranças da minha mui distinta consideração.

Cassiano do Nascimento.

Ao Sr. conde de Paraty.

14.

Golpe de misericórdia: o torpedeamento do *Aquidabã*

Terminada a luta na Guanabara, em 13 de março, restava ainda bater o *Aquidabã*, o *República* e os quatro paquetes armados que constituíam uma divisão capaz de aniquilar a frágil esquadra legal.

Assim, na madrugada de 8 de abril, o almirante Gonçalves, com seu pavilhão no *Andrada*, suspendeu para o Sul, seguido do *Niterói*, do *S. Salvador*, do *Santos*, da corveta *Parnaíba*, do cruzador *Tiradentes*, do caça-torpedeiro *Gustavo Sampaio* e das torpedeiras *Pedro Afonso*, *Pedro Ivo* e *Silvado*.

No dia 11, a esquadra alcançou Porto Belo, em Santa Catarina, a fim de abastecer as torpedeiras, reparar algumas avarias e dar repouso às guarnições. O *Itaipu*, encarregado de cruzar as imediações do norte e velar pela frota fundeada, informou haver encontrado o *Aquidabã* à entrada da barra norte de Santo Antônio, próximo à fortaleza de Santa Cruz, na ilha de Anhatomirim, acompanhado de dois vapores. O almirante determinou que o ataque ao "Leão de Aço" fosse feito exclusivamente pelas torpedeiras, que, pela sua estrutura muito frágil, somente à noite e de surpresa poderiam agir com eficácia.

Na noite de 13, a esquadra suspendeu de Porto Belo e foi fundear na enseada de Ganchos, na baía de Tijucas, a fim de se aproximar do inimigo.[1] Como constava haver uma linha de torpedos entre Ponta Grossa e Anhatomirim, diz o almirante Gonçalves em seu relatório, e sabendo que as extremidades dessa linha eram apoiadas por dois fortes, "deliberei destruir um deles, a fim de abrir caminho às torpedeiras que deste modo melhor poderiam atacar o encouraçado *Aquidabã*".

"Determinei assim que o *Niterói* preparasse o canhão de dinamite para hostilizar o forte de Santa Cruz. A execução desse plano", prossegue o almirante, "não teve lugar, por *não ter podido funcionar o canhão pneumático*, tendo o encarregado do referido canhão norte-americano, Mr. Brindley, dado parte de doente."[2]

Na noite de 15, a esquadra suspendeu da enseada de Ganchos, em direção ao Desterro (Santa Catarina). O plano de batalha consistia em bombardear as fortalezas de Santa Cruz (pelo *Itaipu* e *Santos*) e da Ponte Grossa (pelo *Niterói* e *Tiradentes*), após o que as torpedeiras "deveriam forçar a linha de torpedos *e atacar a todo o risco* [sic] o encouraçado *Aquidabã*". Após duas horas de bombardeio, durante as quais "não houve resposta alguma por parte das partes", a divisão de torpedeiras recebeu ordem de avançar.

A *Pedro Ivo*, do comando do primeiro-tenente Júlio de Brito,

> estaca antes da defesa minada; as outras três galgam à meia força a linha de torpedos e procuram entre as brumas da noite o contorno do encouraçado. Na vanguarda, a *Gustavo Sampaio*, com o comandante da divisão a bordo, capitão-de-mar-e-guerra Gaspar da Silva Rodrigues. O primeiro-tenente Altino Flávio de Miranda Correia, seu comandante, divisa o *Aquidabã*, faz uma curva larga pela proa, aproxima-se por B.E. [boreste], quando é avistado e recebe a primeira carga de metralhadora; sem responder, toma posição, envia um primeiro torpedo, contorna o navio pela popa, prolonga-se com o seu adversário por B.E., sempre fustigado pelo fogo inimigo, e lança o segundo torpedo. A explosão não se faz esperar, o *Aquidabã* fora atingido nas obras vivas, à proa.[3]

A *Pedro Afonso*, do comando do primeiro-tenente Amynthas José Jorge, toma posição e lança dois torpedos, sem atingir o alvo. A *Silvado*, temendo alcançar a *Gustavo Sampaio*, hesita: "o encouraçado fora chocado por um torpedo" — o almirante Gonçalves preparou-se para dar novo combate a 17, antes de prosseguir no encalço de Custódio de Melo, cuja rendição em Buenos Aires ainda ignorava.

Nesse mesmo dia 17 de abril, quando a esquadra legal se movimentava para aproximar-se mais do *Aquidabã*, recebe a bordo um oficial da corveta alemã *Ancona* comunicando haverem os oficiais do encouraçado rebelde solicitado asilo em sua corveta, o que recusara para evitar complicações diplomáticas. Acrescentou estar o navio abandonado. Efetivamente, o almirante encontrou o *Aquidabã* deserto e abicado, com os compartimentos de proa alagados, em conseqüência da explosão dos torpedos.

O "Leão de Aço", mesmo depois de mortalmente atingido, continuou tras passando galhardamente sobre as torpedeiras. "Sob verdadeiras abóbadas de fogo", diria a ordem do dia do almirante Gonçalves, se processara o ataque. E prossegue:

> Remido de culpa pelo batismo de fogo e para que passe à posteridade tão gloriosa data, determino que o encouraçado *Aquidabã* se denomine d'ora em diante *16 de Abril*, data esta que também comemora a passagem do exército brasileiro pelo Passo da Pátria.

Encerrava-se, assim, o turbulento episódio da Revolta da Armada.

NOTAS

1. *Subsídios para a História Marítima do Brasil.* Rio de Janeiro, Imprensa Naval, 1942, vol. IV, p. 551.
2. *Subsídios,* op. cit., p. 551.
3. *Subsídios,* op. cit., p. 556.

15.

Almirante Saldanha: um réquiem

Quando comecei a pesquisa de que resultou *A diplomacia do marechal — Intervenção estrangeira na Revolta da Armada*, espécie de compêndio dos incidentes diplomáticos ocorridos durante os primeiros anos da República, logo me fascinou o perfil das duas grandes figuras em conflito: Floriano Peixoto e Saldanha da Gama.

Consciente de que a avaliação de qualquer homem público deve ser feita, antes de tudo, em função da época em que viveram, procurei situá-los no tempo e no espaço, no palco dos acontecimentos que presenciaram ou de que foram parte.

O primeiro passo — estávamos em 1944 — foi procurar contato com os contemporâneos que com eles serviram diretamente, com o fim de interrogá-los, colher-lhes os depoimentos, orais ou escritos, que me ajudassem a traçar um retrato objetivo e imparcial dos acontecimentos.

Um dos primeiros que passei a freqüentar foi o engenheiro João Felipe Pereira, único ministro ainda vivo do marechal Floriano, em seu apartamento na Rua do Russell. Claro que comecei pela versão que sobre ele circulara, com foros de verdade, de que havia procurado o marechal em busca de emprego. Floriano, informado pelo secretário presente à entrevista que, no momento, só havia o lugar de ministro do Exterior, teria respondido, para estupefação do secretário e do improvisado chanceler: "Pois lavre a nomeação desse jovem para ministro do Exterior."

Contou-me o engenheiro que desejou desmentir tal versão, divulgada na imprensa, no que foi dissuadido pelo próprio marechal: "Não o faça. Não me defenda, nem se defenda. Contra o senhor lançam o ridículo mas, na verdade, é a mim que eles atacam." Foram inúmeras as situações dessa e de outra natureza, que o engenheiro cearense me ajudou a entender. Facilitou-me, igualmente, acesso a outros remanescentes da sua época no governo, os quais me foram de grande utilidade na identificação de nomes e situações.

Na marinha, foi mais fácil encontrar sobreviventes da Revolta, inclusive ajudantes-de-ordens de Saldanha, guardas-marinha, oficiais que se haviam batido a seu lado. Durante dois anos, freqüentei assiduamente o Clube Naval, para entrevistas e, não raro, longas partidas de xadrez com velhos almirantes, cujos depoimentos fui registrando em cadernos e blocos. Aprendi muito. Os menores detalhes da vida na Escola Naval, da personalidade do almirante idolatrado, de cada enfrentamento na Guanabara, mais adiante no asilo a bordo das corvetas portuguesas e, a seguir, no exílio e na volta à luta armada ao lado dos federalistas gaúchos. Sem esses depoimentos, meu texto teria sido inexpressivo, incompleto, deficiente.

Dilema torturante: o militar e o homem

Membro da representação brasileira ao Congresso Internacional de Washington, Saldanha não presenciou o 15 de novembro. Se aqui estivesse, asseguravam os saudosistas, teria salvado a dinastia com os canhões da esquadra, tal o seu prestígio na classe, comparável ao de Melo, Wandenkolk ou Jaceguai.

Mas o certo é que Saldanha, embora sem renúncia ostensiva aos seus sentimentos monárquicos pessoais, acatou a República como um fato consumado e dispôs-se a servi-la com dedicação e lealdade.

Feito comandante do Corpo de Marinheiros Nacionais, entregou-se inteiramente à atividade profissional, surdo às solicitações da política partidária. Concentrou o grosso dos antigos Imperiais Marinheiros em Villegaignon, deu-lhes um excelente estado-maior, dotou-os de artilharia e metralhadoras e ministrou-lhes uma instrução militar superior à de qualquer outro corpo de tropa.

Quando os teve prontos, fê-los desfilar em continência a Deodoro, numa imponente demonstração de força. Elegante, garboso, quase teatral, cavalgando esplêndido ginete, surge Saldanha à testa dos seus batalhões. Os velhos uniformes haviam sido substituídos pelas fardas de pano azul-marinho e altas perneiras brancas. Os oficiais, a cavalo, desempenados e tesos, a cadência impressionante da marinhagem, a imensa banda de música tocando dobrados ainda não conhecidos, a banda de corneteiros e tambores, com cornetas aclarinadas de tipo novo, ramos de violeta no tope dos fuzis e guirlandas de flores à volta dos canhões constituíam um espetáculo inédito que levou o velho marechal a comover-se até as lágrimas.[1]

A República repugnava a Saldanha, menos como opção política do que pelo fato de ter sido o fruto de uma quartelada, que, por sua vez, abriu o caminho a outros pronunciamentos militares, que desorganizaram a vida do país. Aos olhos do almirante, entretanto, uma vez instalado o novo regime, cabia aos militares respeitá-lo, prestar-lhe obediência. Dos males, o menor. Melhor do que expor o país a novas aventuras militares.

Por isso, quando ocorreu — em 3 de novembro (1891) —, o golpe de Estado de Deodoro, com a dissolução do Congresso, os descontentes se agruparam em torno do almirante Custódio de Melo, dispostos a restaurar a Constituição por intermédio da ação revolucionária. Saldanha se declarou pelo governo constituído. Floriano encoraja, dos bastidores, as maquinações de Melo. Atrás de cada marechal, um almirante de prestígio.

A 23, rebenta a Revolta da Armada. Melo se apodera do *Riachuelo* e faz içar a flâmula branca da revolução. Saldanha, para enfrentá-lo, tenta abordar o *Aquidabã*, com três lanchas do arsenal. Mas o navio abre fogo e Saldanha tem de recuar. Encastela-se em Villegaignon e na Ilha das Cobras, recusa-se a se render. Deodoro, porém, está decidido a renunciar. "Peço-lhe de joelhos, marechal, para resistir, respondo pelo sucesso." Mas a decisão do ditador era inabalável. Com sua renúncia, a resistência deixava de ter objeto. Melo triunfa, novo condestável da República. Saldanha, vencido, parte para o ostracismo. "Na opinião de todos, era um homem liquidado", registrou em suas reminiscências um dos seus jovens seguidores, futuro vice-almirante Augusto Carlos de Souza e Silva.

Assumindo a presidência, Floriano não tardou a sentir o desconforto da presença do almirante vitorioso do 23 de novembro na posição de homem forte do governo. A marinha partilhava, afinal, com o exército o monopólio do poder.

Não tardaram, como seria de esperar, as rivalidades entre os dois chefes. Autoritário, dominador, cioso do mando, Floriano passou a regatear a preponderância a que Melo se julgava com direito, como chefe da reação constitucional. Tenta contê-lo na bitola dos negócios administrativos de sua pasta. Mas o derrubador de Deodoro não se conforma. Acha a marinha estreita demais para os seus planos políticos e quer interferir na administração geral da República.

Os descontentes de todos os matizes se voltam para a armada, cujos canhões, mais uma vez, poderiam restaurar a Constituição e a paz. Amiúdam-se os incidentes com o exército, ainda entregue à disputa das posições políticas.

Em 7 de abril de 1892, data de seu aniversário, Saldanha é nomeado diretor da Escola Naval. Iniciativa conciliadora de Floriano e Melo para com o antagonista da véspera. Mas qual o maior interessado na reconciliação? Floriano, para contrabalançar a influência de Melo? Ou este, para conquistar a unanimidade da armada? De qualquer modo, requestado por um, cortejado por outro, começa a crescer a força de Saldanha.

Enquanto isso, lavrava no país intensa agitação política. A sucessão presidencial, a derrubada dos governadores estaduais, a ascendência dos militares eram temas amplamente explorados pela oposição a Floriano. Em janeiro de 1892, a revolta da fortaleza de Santa Cruz. Em 6 de abril, o manifesto dos 13 generais. Quatro dias depois, desordens no Rio de Janeiro. Em junho, a revolta federalista no Rio Grande.

As divergências entre Melo e Floriano se acentuam cada vez mais. Em 30 de abril de 1893, o rompimento definitivo. O almirante demite-se escrevendo ao marechal:

> Ofende gravemente a honorabilidade do cargo que exerço o modo por que tem Vossa Excelência subtraído ao meu conhecimento e deliberação as questões suscitadas sobre o movimento revolucionário no Rio Grande do Sul. As mais graves têm sido resolvidas sem a mínima intervenção da minha parte (...) Não posso, pois, submeter-me ao papel de autômato...

Era já o começo da revolta. Mais adiante, justificava o movimento federalista a que, em breve, juntaria o seu apoio armado.

> Está no domínio público e na consciência de todos que a atual administração do Rio Grande do Sul não representa a maioria dos nossos compatriotas naquele estado: não é um governo de seleção imposta pela opinião popular, e, em tais condições, é um governo fraco, que somente pela força das armas federais poderá sustentar-se.

Diante dessa resolução, Floriano volta suas esperanças para Saldanha e oferece-lhe o lugar de Melo. Pensava neutralizar, com isso, a ação revolucionária da Marinha.

Frente a frente, uma única vez: Floriano e Saldanha

Um dos meus interlocutores do Clube Naval, de que também muito me vali, o almirante Rafael Brusque, descreveu-me o desenrolar do único encontro entre Floriano e Saldanha. O que se segue é a transcrição fiel do testemunho que anotei, palavra por palavra, do então guarda-marinha.

Jantava Saldanha, na tarde de 28 de abril, na Escola Naval, em companhia de Alexandrino de Alencar e do guarda-marinha Brusque, quando recebeu convite de Floriano para comparecer ao Itamaraty (então residência oficial dos presidentes), naquela mesma noite, às 10 horas.

— Que quererá o homem comigo? — indagou, estranhando o convite e, principalmente, a hora marcada.

Acompanhado de Brusque e envergando o segundo uniforme, com dragonas, chapéu armado e espada, dirigiu-se Saldanha ao Itamaraty. Recebeu-o, à porta, o coronel Alves, chefe da Casa Militar da presidência:

— Vossa Excelência não precisava vir fardado; o chamado do marechal era de caráter particular.

Saldanha retrucou, pronto:

— O almirante Saldanha da Gama não tem negócios particulares com o presidente da República, e só pode vir à sua presença devidamente uniformizado, como mandam as ordenanças.

Pouco depois, na sala da esquerda, contígua ao salão de honra, chega Floriano, de fraque e calça listrada... Com amabilidade, faz o visitante sentar-se a um canto do sofá e ocupa a poltrona ao lado.

Conversam sobre assuntos gerais, sem maior importância, até que Saldanha, impaciente, o interrompe:

— Decerto não foi para conversar banalidades que Vossa Excelência chamou-me. Peço-lhe que me diga o motivo de seu chamado.

Explicou-se, então, Floriano. Desejava convidá-lo para seu ministro da Marinha, pois o almirante Melo acabava de "abandoná-lo".

— Não posso compreender o convite — responde Saldanha. — Vossa Excelência sabe que se eu estivesse aqui em 15 de novembro as coisas não se teriam passado como se passaram; sabe, também, que insisti com todas as minhas forças para que o marechal Deodoro não lhe entregasse o governo, oferecendo-me para dominar a revolta da esquadra, e mais ainda: há bem pouco Vossa Excelência recebeu neste palácio uma delegação vinda de Niterói para denunciar-lhe uma conspiração monarquista, chefiada pelo venerando almirante Tamandaré e por mim. Vossa Excelência brindou os delatores com *champagne* e prometeu agir de acordo com as exigências do caso. Desse modo, passou pelo cérebro de Vossa Excelência que eu podia ser um conspirador. Depois disto, só posso pensar que o convite que acaba de me fazer visa a experimentar o meu caráter ou pretende inutilizar-me. Não dou a Vossa Excelência o direito de pensar em qualquer dessas hipóteses. Não aceito o convite.

Saldanha falava com veemência, o busto ereto, encarando firme o marechal. Floriano não responde. Volta-se para o coronel Alves:

— Coronel, leve o guarda-marinha para tomar alguma coisa.

Brusque, porém, não se move. O ambiente está tenso e carregado. Floriano dirige-se, então, a Saldanha:

— Almirante, mande o guarda-marinha acompanhar o coronel.

A um olhar de Saldanha, Brusque passa para o salão contíguo. Senta-se logo à primeira cadeira e tenta, em vão, ouvir a conversa. Quinze minutos depois, a voz de Floriano:

— Coronel, faça entrar o guarda-marinha.

Depois de um aperto de mão, retiram-se os visitantes, acompanhados pelo marechal. Quando chegam ao primeiro lance da escada, diz-lhes Floriano, que permanecera no topo:

— Almirante, quero fazer-lhe um pedido.

— Podendo servi-lo...

— Peço-lhe que indique o nome de um camarada que, na sua opinião, deva ocupar a pasta.

— Todos os 12 almirantes [eram 14 em serviço ativo, Saldanha, é claro, excluiu-se e ao almirante Melo] são dignos dela, Sr. presidente, e com qualquer que Vossa Excelência nomeie ela estará bem preenchida.

E continuou a descer. No último degrau, ouve ainda a voz do marechal:

— Almirante! Tenho um outro pedido a fazer-lhe. Poderei contar com os seus conselhos para auxiliar o camarada que ocupar a pasta?

— Todos eles são de maior idade, marechal, e podem dispensar conselhos — replicou Saldanha, pondo fim à entrevista.[2]

Pertinácia de Floriano

Não se conforma o marechal com a recusa. Tem em mira um alto objetivo político e a ele sacrifica o seu amor-próprio, ferido pela arrogância de Saldanha. Trata-se de uma colaboração de importância capital para a pacificação do país. Provocaria, é certo, a hostilidade do jacobinismo. Mas, além de neutralizar a influência de Melo, Saldanha poderia conciliá-lo com as principais correntes da oposição: deodoristas, federalistas ou, mesmo, monarquistas.

Por isso, Floriano não guarda rancores da primeira tentativa. No dia seguinte, envia à Escola Naval o seu amigo senador Cunha Júnior, que diz a Saldanha:

— Almirante, o marechal Floriano pergunta-lhe se pode vir logo à noite vê-lo aqui na Escola.

— O presidente — responde Saldanha não precisa de minha licença para vir aqui a qualquer momento que entenda; mas peço-lhe que lhe diga que, se for para tratar do mesmo assunto de ontem, sua vinda é perfeitamente inútil. O almirante Saldanha da Gama só tem uma palavra e dela não volta atrás.

O senador, estranhando-lhe a atitude, tenta induzi-lo a reconsiderar mas Saldanha corta-lhe a palavra:

— Não e não, é tudo quanto tenho a dizer-lhe — e levantou-se para acompanhar Cunha Júnior até a ponte de embarque. De dentro da lancha, o senador ainda insiste:

— Pense bem, almirante, na sua resposta.

— É inútil insistir, já disse o que tinha a dizer, não e não.

Dias depois, comentava o incidente com o comandante Veloso de Oliveira e o guarda-marinha Souza e Silva:

— Disse-lhe tudo o que queria, ao homem do 15 de novembro. Foi um desabafo. A pasta de ministro não me seduz. Se algum dia tiver de ser autoridade, será como chefe do estado-maior. Este é o único lugar que o militar deve ambicionar".[3]

Em 30 de abril, diante das recusas de Baltazar da Silveira e de Cordovil Maurity, foi a pasta da Marinha entregue ao almirante Filipe Firmino Rodrigues Chaves, heróico imediato do *Parnaíba* na batalha do Riachuelo.

Ainda o homem e o militar

O rompimento de Melo com o presidente, logo seguido pelo de Serzedelo Correia, demissionário da pasta da Fazenda, causou sensação em todo o país. Reanimaram-se os revolucionários gaúchos e os grupos oposicionistas redobraram sua atividade.

Os incidentes da Marinha com o Exército ganham vulto, assumindo proporções de verdadeiro conflito. A antiga prevenção se transforma em franca hostilidade. O almirante Wandenkolk publica, no *Jornal do Commercio*, um desafio ao chefe do governo e zarpa, com nome suposto, para o Rio da Prata a fim de entender-se com Silveira Martins. No mês seguinte, é eleito presidente do Clube Naval. Em 3 de maio, o coronel Luiz Alves Salgado, em nome do exército federalista, envia caloroso apelo à colaboração da armada, nas pessoas de Saldanha e Melo. Em 8 de junho, rebela-se o *Marajó*, da flotilha do Rio Grande. No Rio de Janeiro, uma subscrição, aberta em favor dos feridos federalistas, conta logo com a adesão de 183 oficiais de marinha, residentes na capital.

Em 6 de julho, Wandenkolk parte de Buenos Aires a bordo do *Júpiter*, navio frigorífico armado em guerra. Três dias depois, no *Jornal do Commercio*, lança o seu manifesto, concitando a armada a socorrer os bravos rio-grandenses, em luta "contra a tirania de um soldado sem escrúpulos".

Apreensivo, Floriano ordena ao ministro da Marinha que convoque os almirantes para indagar se podia contar com o apoio de cada um e da corporação. O primeiro interpelado foi o almirante Carlos de Noronha, que, melindrado, respondeu:

— Sr. ministro, sou militar, cumpro o meu dever.

O segundo foi Saldanha, que assim se manifestou, em voz clara e pausada:

— Sr. ministro, em matéria de dever militar, não posso expressar-me senão como acaba de fazê-lo o meu digno colega, almirante Noronha, isto é, que também me prezo de saber cumpri-lo até ao sacrifício.

E prosseguiu:

— Esta noite tem sua semelhança com a de 22 para 23 de novembro de 1891...

— Não se parece tal — interrompe-o o ministro com veemência.

Mas Saldanha, sem se perturbar, retruca:

— Perdoe-me, V. Exa., mas a semelhança é completa, trocados apenas os nomes, as posições e, talvez, as conseqüências. Então, como hoje, um almirante levanta o guante da revolta, sob o pretexto de restauração da legalidade, e apela para os seus camaradas da armada. O almirante de hoje não é o de então. Mas V. Exa. que, na qualidade de subchefe do quartel-general, aplaudiu, do segundo andar deste edifício, o triunfo do primeiro movimento, V. Exa., sentado hoje nessa cadeira de ministro, nos vem perguntar se estamos dispostos a apoiar o presente governo. Só não mudou, sim, posso dizê-lo, a minha posição de militar leal e desinteressado.

E prossegue, ainda, dando vazão a uma de suas indisfarçáveis obsessões: a *traição* de Floriano ao Império:

— Sr. ministro, que resposta teria dado o ajudante-general do exército [então Floriano] na noite de 14 para 15 de novembro de 1889 ao chefe do governo de então, quando este o interrogou sobre sua atitude em relação ao levante inicial de uma parte do exército? Por que, pois, com que direito mandou-nos perscrutar, por intermédio de V. Exa., se, diante da presente emergência, nós, generais da armada, estamos dispostos a cumprir nossos deveres?

O ataque de Wandenkolk ao porto do Rio Grande fracassou e o *Júpiter* deixou-se aprisionar em águas de Santa Catarina. Senador e almirante, Wandenkolk sabia que sua prisão, longe de prejudicar a causa revolucionária, tornar-se-ia um decisivo pretexto para o levante de seus amigos na marinha.

De fato, na mesma tarde da sua chegada e recolhimento à fortaleza de Santa Cruz, uma comissão do Clube Naval foi à casa do almirante Melo pedir-lhe que se pusesse à frente da armada para "salvar sua honra humilhada". Melo concordou. Achou, porém, impossível agir imediatamente. Precisaria de algum tempo para concluir as combinações indispensáveis. De qualquer maneira, foi nesse dia, 16 de julho de 1893, que ficou decidida, em princípio, a revolta da esquadra.[4]

Não se conformando com esse adiamento, o Clube Naval enviou nova comissão ao encontro de Saldanha a fim de pedir-lhe, instante, que aceitasse a chefia do movimento. O almirante repeliu, com severidade, o convite, e censurou vivamente os oficiais pelo que considerava um verdadeiro atrevimento.

Às 7 horas da noite desse mesmo dia, Alexandrino de Alencar e o primeiro-tenente Pedro Veloso procuram novamente Saldanha, sem conseguir demovê-lo.

Absorvido pela sua tarefa de educador, Saldanha continuava de costas para a política. Sua preocupação era manter os *rapazes* "afastados da atmosfera corruptora que cobre a capital". "Apesar do meu silêncio e abstenção", escreveu, "vejo-me *solicitado por todos os lados.* Tenho mais dificuldade em conservar o meu papel de militar sério e honrado do que se estivesse disposto a comungar com as misérias da politicagem militante."[5]

No dia 18 de julho (1892), a agitação na armada atinge o auge. Presidente em exercício do Clube Naval, Alexandrino de Alencar manda fechar as portas e janelas em sinal de pesar pelo que a marinha estava sofrendo. Convocada por Jaceguai, efetua-se tumultuosa reunião de oficiais que, após violentas manifestações contra o governo, resolvem fazer ainda uma derradeira tentativa junto a Saldanha.

Sobrecenho cerrado, o almirante acolhe os delegados do Clube Naval quase com rispidez:

> Admira-me muito que os senhores, conhecendo o meu passado, possam ter pensado em mim para chefe de um levante na marinha. Os antecedentes da minha carreira por modo nenhum lhes dão o direito de fazer-me semelhante convite.[6]

Em Saldanha, se o *homem*, inquieto, patriota, atribuía ao regime os males que afligiam o país, o *militar* o subjugava com a obsessão do cumprimento do dever e da cega obediência aos poderes do Estado. No golpe republicano, a violência das armas terá calado mais fundo em seu espírito do que propriamente a derrubada do trono, ou o exílio do velho monarca. Se aqui estivesse no 15 de Novembro, teria defendido o Império com os canhões da esquadra. Não hostilizara, porém, a nova ordem. A ela se submetera, aceitando o comando dos Marinheiros Nacionais. Defendera o governo de Deodoro com o ardor com que teria atacado os republicanos de 89. Caíra com o marechal. Chamado, depois, para a direção da Escola Naval, consegue manter-se afastado do ambiente de conspiração que dominava a marinha. O *militar* continuava a falar mais alto que o homem.

O começo da tragédia

Derrubador de Deodoro em 23 de novembro (1891) e, conseqüentemente, o principal instrumento da ascensão do vice-presidente Floriano à chefia do governo, Custódio de Melo julgou-se com credenciais imbatíveis para ser o sucessor.

Quando sentiu não ser esta a inclinação do vice-presidente (Floriano insistiu em continuar usando esse título até o último dia do seu mandato como presidente), Custódio teria decidido dedicar-se à repetição do 23 de novembro. Não atentou, talvez, para um elemento-chave. Em 23 de novembro, o exército estava dividido e grande parte da guarnição da capital apoiara o golpe, que iria precisamente favorecer um dos líderes da classe — o marechal Floriano —, já então em franca dissensão com o generalíssimo Deodoro.

Em setembro de 1893, quando Custódio se lançou à repetição da aventura, o exército se manteve fiel ao presidente, que, como que desperto de sua letargia habitual, começou a revelar os primeiros traços do que veio efetivamente a tornar-se — o Marechal de Ferro.

Não conseguindo dobrar o marechal, a esperança de Custódio concentrou-se no vínculo com os *federalistas*, que se haviam sublevado no Rio Grande do Sul, guiados pela figura carismática de Gaspar Silveira Martins, chefe do Partido Federalista gaúcho. O fato é que a luta no Sul foi muito mais árdua do que se poderia prever, os vínculos com a esquadra nunca deixaram de ser tênues e o passar do tempo foi diluindo as possibilidades de vitória.

À margem desses acontecimentos, em ilusória neutralidade que não poderia durar, a sombra imponente de Saldanha da Gama. Na marinha rebelde, não havia lugar para as duas lideranças, a dele e a de Custódio. A neutralidade se prolonga por três meses. Permitiu-a, de um lado, a paciente sabedoria de Floriano; de outro, as próprias indecisões de Saldanha. As opções de Saldanha se reduziam a cada semana que passava, demonstrando a falácia da soberania insular que imaginara possível criar e preservar no seu reduto da Ilha das Cobras, arvorando-se em guardião do futuro da marinha, que personificava nos alunos da Escola Naval. Quando se apercebe de que alimentava apenas uma ilusão, era tarde demais para exercer alternativas. Homem da legalidade, sente-se à beira da rebelião; defensor da autoridade de Deodoro no dia do golpe de Custódio, vê-se compelido a contestar o sucessor legal; querendo preservar a marinha, é levado a contribuir para seu quase aniquilamento; determinado a controlar os acontecimentos, é por eles envolvido e lançado à aventura da revolução quando esta iniciava o seu declínio irremediável.

Quando finalmente se decide, Saldanha abraça uma causa condenada. Como se reconhecesse já não lhe caber recuo nem existir lugar para ele na nova ordem que se enraizava no Brasil; e, não sendo compatível com seu senso de honra e com sua auréola de guerreiro a melancolia do exílio ou o opróbrio da derrota, só lhe restava a luta. Lutar até o fim, mesmo sem esperança. A capitulação na Guanabara seria apenas prelúdio de nova investida no Sul. Os ferimentos físicos que o vitimaram, as decepções e até mesmo a humilhação do confronto com a força naval dos Estados Unidos, longe de detê-lo, mais o impeliram a prosseguir e buscar na morte com honra a única saída.

Autógrafos publicados pela primeira vez por Dunshee de Abranches (*A Revolta da Armada e a Revolução Rio-Grandense*) mostram que Saldanha, com sua visão de estratego, julgou absolutamente indispensável a vinda de, pelo menos, uma das divisões federalistas que se encontravam em Santa Catarina e no Paraná para ser usada em operações de desembarque na Guanabara. Se pudesse contar, pelo menos, com a coluna do coronel Salgado, tomaria Niterói, de que pretendia fazer sua principal base militar. Esforço inútil. Silveira Martins resistiu aos apelos do almirante, embalado que estava em miragens grandiosas em que via "o seu Napoleão dos pampas, de serra em serra, de cidade em cidade, vir em marcha triunfal bater às portas da capital da República".[7]

Saldanha continuou só, sem um navio sequer em condições de navegabilidade. Mas bater-se-ia até o fim, se não no mar, em terra, onde a "imortalidade o surpreendeu em flagrante nas coxilhas ensangüentadas de Campo Osório", na bela expressão de Dunshee de Abranches.

Caprichos do destino

Desconcertante o destino dessas duas extraordinárias figuras, Floriano e Saldanha. Ao militar de carreira obscura, que quase se afastara das armas para administrar um engenho no Nordeste, de onde saíra, sem nascimento ilustre, pobre e ignorado, o destino reservou o papel de consolidador da República. Quando tudo prognosticava para Saldanha um futuro radioso e um sucesso sem contraste — o nascimento, a educação, a fidalguia inata, a beleza do porte, a vontade férrea e a vocação profissional —, impôs-lhe o destino, em lugar do triunfo e da glória, desfecho melancólico, na ponta da lança de um capataz de estância.

Frágil, enfermiço e esquivo, Floriano agigantou-se nas páginas da história brasileira. Os seus figadais inimigos — Custódio e Saldanha —, homens de grande *panache* e determinação, contestaram, de armas na mão, a sua liderança e as próprias instituições. Terminaram vencidos, declarados piratas e condenados à morte à revelia por traição à pátria.

Nascido para comandar, com o raro dom de inspirar confiança e respeito, quis o destino que Saldanha, esse condutor sem par, terminasse conduzido pelos acontecimentos, vítima de suas mais excelsas qualidades, sacrificado pelos nobres ideais que esposou e pelos quais ofereceu a própria vida.

Passados, porém, relativamente poucos anos, os dois navios-escola brasileiros eram solenemente batizados com os nomes dos dois almirantes rebelados. Correção póstuma de um desencontro com a história. O choque político, o insucesso militar, o desterro não bastaram para demolir, no espírito da marinha de guerra, a imagem de bravura e de cavalheirismo que os dois almirantes vencidos haviam criado no seio da corporação. As vicissitudes da luta, em que ambos revelaram tanto brio e galantaria, mais a tragédia da derrota e da morte de Saldanha, predominaram sobre o julgamento político do ato de rebelião. A classe, que nunca os rejeitara, quis que tivessem a reabilitação de âmbito nacional. Reingressaram, assim, Custódio e Saldanha, na galeria dos expoentes máximos da armada brasileira, encerrando de vez o sangrento episódio em que se defrontaram, pela primeira vez, o exército e a marinha.

Neste alvorecer de milênio, em que o Brasil atravessa uma crise moral sem precedentes, a evocação da vida de Saldanha da Gama e, sobretudo, a de sua morte, deverá inspirar os brasileiros que se dispuserem a reagir. O almirante bateu-se por algo que desejava ardentemente para seu país. Deu esperança à mocidade da marinha. Esperança comparável à que sacudiu o Brasil no começo da década de 1990 — a da utopia possível dos caras-pintadas.

Num país em que a impunidade premia a mentira e a fraude, a democracia estará constantemente ameaçada. Só a verdade, doa a quem doer, nos poderá resgatar dessa endemia secular e induzir o povo brasileiro a assumir, em plenitude, sua responsabilidade civil, isto é, voto consciente, punição exemplar dos abusos de autoridade, banimento do clientelismo institucional e de outras graves inversões da ordem ética.

Em seu belo livro *A era das contradições*, Ives Gandra da Silva Martins nos lembra que "não há democracia sem moralidade pública, mesmo que a norma produzida pela maioria aceite a imoralidade, pois é esta que torna a liberdade plena".

NOTAS

1. A. C. de Souza e Silva, *O almirante Saldanha e a Revolta da Armada — Reminiscências de um revoltoso*, José Olympio Editora, Rio de Janeiro, 1936.
2. Sergio Corrêa da Costa, *A diplomacia do marechal — Intervenção estrangeira na Revolta da Armada*, 2'ª. edição, Editora UnB e Tempo Brasileiro, Rio de Janeiro, 1979.
3. A. C. de Souza e Silva, op. cit., pp. 131-3.
4. Idem, ibidem, pp. 140-41.
5. Didio Costa, "Almirante L. Ph. de Saldanha da Gama", Imprensa Nacional, Rio, 1942.
6. A. C. de Souza e Silva, op. cit., pp. 145-6.
7. Dunshee de Abranches, *A Revolta da Armada e a Revolução Rio-Grandense*, Rio de Janeiro, 1955 (edição do autor).

16.

A arte de furtar e seus oito "ladrões"

"(...) livro escrito com uma liberdade tão gravemente picante, que, no juízo dos prudentes, mais parece que é escrito com seta banhada em sangue, do que com pena molhada em tinta."

Francisco José Freire, *Carta Apologética*

Uma polêmica multissecular

A polêmica em torno da autoria desse famoso livro persistiu ao longo de três séculos, desafiou pesquisadores em dois continentes e só foi dirimida graças à dedicação e ao talento de um intelectual mineiro, Afonso Pena Júnior, em livro que Alceu de Amoroso Lima incluiu entre os dez a que atribuiria o qualificativo de obra-prima.

Singular, sem dúvida, a pesquisa a que o ilustre mineiro dedicou vinte anos de sua vida, enriquecendo nossa cultura com o monumento que representou *A arte de furtar e o seu autor.* Monumento que logo o catapultou à consagração acadêmica e a um lugar de particular relevo na literatura em língua portuguesa.

A autoria de *Arte de furtar* — cuja tese central é a da universalidade do roubo — fora objeto da mais intensa controvérsia. Composta em 1652, por um "Português anônimo muy zeloso da Pátria", retrata todas as mazelas e pequenezas do Portugal de então. Por não poupar as esferas oficiais e os abusos dos poderosos, a começar pelos reis, esse depoimento cruel sobre a vida social da época da Restauração só poderia ser divulgado sob rigoroso anonimato para assegurar a proteção do autor.

Três maneiras de um rei ser ladrão

Passagem típica da intrepidez do moralista:

> De três maneiras pode um rei ser ladrão. Primeira, furtando a si mesmo. Segunda, a seus vassalos. Terceira, aos estranhos. A si mesmo furta, quando gasta da coroa, e dos rendimentos do reino em coisas inúteis; aos vassalos, quando lhes pede tributos demasiados e que não são necessários; e aos estranhos quando lhes faz guerra sem causa. E está tão fora de aproveitar com estas execuções, que executa nelas sua perda, e do seu reino total ruína.

Oferecido a um livreiro e impressor genovês, em 1740, o manuscrito foi por ele submetido a um consultor de confiança para que ajuizasse da obra, e decifrasse a autoria. Tempos depois, o consultor devolveu o original, de que havia feito tirar cópia, além de apropriar-se de extensas passagens em obras de sua própria lavra. Quanto à autoria, um aceno sensacional: tudo indicava tratar-se do famoso pregador, o padre Antônio Vieira. Farejando, por isso, um grande sucesso editorial, o esperto genovês não hesitou em recorrer a um truque precoce de *marketing*: inverteu a página de rosto, de forma a destacar, em primeiro lugar, o título *Arte de furtar*, que o autor anônimo colocara em último, após *Teatro de verdades* e *Espelho de enganos*. Suprimiu, ainda, o lugar e a data da *composição*, dando esta última como data da *impressão*. Quanto aos dois claros que restavam — "*Impresso em... Ano de...*" —, o genovês escreveu, sem vacilar: "*Amsterdam, na oficina Elvizeriana* [sic] *1652*"

Estava armada, nas palavras de Afonso Pena Júnior, "a mais famosa apocrifia literária e bibliográfica do mercado português de livros". Apocrifia que atraiu sua curiosidade, gerou interesse crescente e, finalmente, o conduziu à determinação de não descansar antes de esclarecer definitivamente o enigma.

Autoria do padre Vieira

A autoria do padre Vieira chegou a ser de tal forma consagrada que os editores Seabra & Antunes, de Lisboa, incluíram a *Arte* nas "*Obras completas*" (1855) do eminente jesuíta. Só bem mais adiante começaram as edições brasileiras, a primeira das quais (Livraria Garnier, 1907) foi "acompanhada de estudo crítico e bibliográfico, de notas históricas e filológicas e cuidadosa revisão por João Ribeiro, da Academia Brasileira." Seguiram-se três outras, a última das quais de 1928, todas com o mesmo destaque no frontispício: "Composta no ano de 1652 pelo padre Antônio Vieira, zeloso da pátria".

João Ribeiro, a certa altura, chegou a inclinar-se por outra das autorias apontadas — a de Tomé Pinheiro da Veiga —, mas sem grande convicção. Tanto assim que fez a ressalva na última das edições Garnier: "O problema da autoria da *Arte de furtar* continua até hoje insolúvel. Ninguém conseguiu até hoje esclarecê-lo." Com a discrição e cavalheirismo com que tratava os que sustentavam opinião diferente da sua, Afonso Pena assim comentou, em nota de pé de página: "João Ribeiro teria andado, a meu ver, com mais acerto, se tivesse refundido inteiramente esta parte bibliográfica, que era a menos feliz do seu trabalho..."

O imbatível Afonso Pena Júnior

Afonso Pena Júnior não hesitou em reconhecer que a conclusão a que chegou foi a mesma antes aventada por Solidônio Leite. Mas o fato é que este último pesquisador não chegou à demonstração documental inequívoca, nem o pretendeu, pois ele mesmo qualificou seu trabalho de *comunicação prévia*, a ser portanto completada. Teve, isso sim, a intuição, a boa intuição de que o autor não poderia ter sido senão Antônio de Sousa de Macedo.

Afonso Pena foi muito além. Feito o balanço das oito principais autorias examinadas pela crítica literária, o intelectual mineiro as foi demolindo, uma a uma, com metodologia implacável, lógica segura e disciplina de trabalho exemplar. Ao fazê-lo, enfrentou eruditos do porte de Camilo Castelo Branco, sempre com a segurança tranqüila de quem dispõe de trunfos imbatíveis. Antes de concluir pela autoria de Macedo, a argumentação de Afonso Pena foi tão solidamente escorada que até o "gosto" de Macedo por imagens e hipérboles foi por ele investigado a fundo, para comprovar a origem de determinadas passagens e a forma da dedicatória.

Nenhum detalhe deixou de ser pesado e sopesado, seja para demonstrar a improcedência das demais postulações à autoria da *Arte de furtar*, seja para evidenciar, de modo inequívoco, os argumentos que foi alinhando para conduzir à conclusão irretorquível a que chegou.

A prosa, que se poderia imaginar enfadonha em matéria tão árida, é, ao contrário, extremamente leve e pitoresca, iluminada por comentários e digressões que mantêm aceso o interesse do leitor. Interesse, igualmente, pelo muito que pode aprender sobre história, crítica de atribuição, exegese de textos, contrafações, embustes e artifícios literários.

Os capítulos sobre Vieira e sobre Sousa de Macedo constituem verdadeiro painel sobre período pouco conhecido de nossa história, ou seja, o da Restauração portuguesa, após mais de meio século (1580-1640) de domínio espanhol. Ao analisar o dia-a-dia da metrópole, a *Arte* nos ajuda a entender melhor o que ocorria no Brasil. Ao pesquisar a autoria, Pena Júnior nos dá visão magistral da fraqueza de Portugal, da necessidade do recurso ao gênio político na falta de músculo militar, e dos riscos que correu a unidade brasileira quando a monarquia portuguesa se sentiu coagida e se dispôs a ceder o Nordeste aos holandeses.

Duro com duro não faz bom muro... sentenciou Afonso Pena para caracterizar o confronto entre Macedo e Vieira, quase invariavelmente em campos opostos, sem perderem "ensejo de manifestar a nenhuma simpatia que os prende". O debate sobre os confiscos da Inquisição terá sido talvez o mais acirrado, invertidos aqui os papéis mais plausíveis, com Macedo se arvorando em arauto e defensor do Santo Ofício. É outro painel que merece leitura atenta.

Brasil, colônia espanhola

Em livro recente, *O negócio do Brasil*, Evaldo Cabral de Mello comenta que foi a essa altura que nossa integridade territorial correu maior perigo:

> Por lamentável que tivesse sido, a perda do Rio Grande do Sul não teria comprometido a unidade nacional, como não o fez a independência do Uruguai, mas a consolidação do Brasil holandês teria estilhaçado a América portuguesa.

Esse episódio, que o historiador pernambucano acaba de analisar com extrema competência, preenchendo um vazio em nossa historiografia, havia igualmente impressionado Afonso Pena Júnior, ao longo de sua pesquisa. Essa é uma das muitas razões que justificam a reedição a que se propôs a Academia Brasileira de Letras: contribuir para o melhor conhecimento de nossa história por intermédio da história de Portugal, inseparáveis que são.

Poucos entre nós, por exemplo, têm presente o fato de que o eclipse da coroa portuguesa (1580-1640) fez do Brasil colônia espanhola, sob Filipe II, aclamado rei de Portugal pelas cortes reunidas em Tomar. A união impôs, desde logo, a Portugal a hostilidade dos inimigos de Castela e o envolvimento em guerras que não eram suas, com graves prejuízos para a economia e perda de províncias no ultramar, a começar pelo Nordeste brasileiro, ocupado pelos holandeses. Por outro lado — contraste curioso —, a provação da metrópole redundou em proveito extraordinário para sua colônia americana. Como a linha de Tordesilhas passara a ser simples reminiscência histórica, tanto os portugueses como os brasileiros começaram a penetrar livremente continente adentro, expandindo, sem o saberem, as fronteiras do Brasil futuro.

No momento da restauração da independência de Portugal, os bandeirantes já haviam cruzado o Chaco e se embrenhavam pelo interior da Bolívia; um grupo acabava de chegar às proximidades de Quito, no planalto equatoriano; um outro estaria cruzando os Andes. Essa fabulosa dilatação de fronteiras, executada no curto espaço de sessenta anos — foi quanto durou o "*Anschluss*" de Portugal pela Espanha —, jamais poderia ter sido a obra de portugueses puros. Somente a ampla e irrestrita miscigenação que se operou entre as três raças poderia dar lugar ao tipo de homens capazes de dobrar a natureza inóspita e adaptar-se tão profundamente ao meio. Ocorreu o que Gilberto Freyre veio a chamar de processo de autocolonização. Recusaram-se, assim, brasileiros e portugueses, a devolver as terras que haviam ocupado, legalmente, a oeste da linha de Tordesilhas, invocando um título que o direito internacional passaria a incorporar — o do *uti possidetis* —, isto é, o direito decorrente não apenas da ocupação, mas da "posse útil". Reconhecido esse direito, verificou-se que o Brasil já representava a metade do continente sul-americano.

Todo esse pano de fundo, evidentemente com maior destaque atribuído à entrega, ou não, do Nordeste aos holandeses, foi magistralmente captado por Afonso Pena, que registra os episódios mais marcantes da história diplomática e militar de Portugal entre a Restauração, em 1640, e a paz com a Espanha, 28 anos depois, quando se consagrou a reinserção do reino entre as nações soberanas. E isso em simples decorrência do fato de o personagem central de *A arte de furtar e seu autor* haver sido, igualmente, figura exponencial nesses acontecimentos, lutador intransigente pela integridade da colônia. Postura bem diversa foi a do padre Antônio Vieira, personagem-chave no minueto político-diplomático setecentista. Em diferentes circunstâncias, que Afonso Pena descreve com rara felicidade, o eminente prelado, temente de Deus, inclinou-se pela entrega do Nordeste aos hereges dos Países Baixos, como preço para conseguir a paz.

Fascinante a descrição que nos faz Afonso Pena do muito que devemos a Sousa de Macedo — o autor revelado da *Arte de furtar*. Nos quatro anos que passou como ministro residente em Londres, durante as lutas entre o parlamento e Carlos I, e, mais adiante, na embaixada de Holanda, defendeu encarniçadamente os interesses de Portugal e bateu-se como um leão contra a entrega do Nordeste aos holandeses. No *Dicionário popular*, citado por Afonso Pena, Pinheiro Chagas declara que "a capitulação (pelos holandeses) de Pernambuco em janeiro de 1654 foi em parte, pode-se dizer, resultado dos hábeis e políticos esforços de Antônio de Sousa de Macedo".

Solução do mistério

A arte de furtar e seu autor (1946) vai, pois, muito além da solução de um mistério. Ao descrever a técnica, os ardis e recursos da pesquisa crítica, fornece ao leitor o instrumental para resolver outros mistérios, enfrentar outros desafios. O roteiro lá está, as advertências, os conselhos, as conclusões se alinham de forma ordenada, científica, para melhor orientar os futuros operários da investigação literária. Bem mereceu, pois, Afonso Pena o elogio de Amoroso Lima ao recebê-lo na Academia Brasileira de Letras, em 1948. Depois de dividir a história de nossa crítica literária em quatro fases: a *antológica*, dos iniciadores do gênero no Brasil; a *romântica*, dos apreciadores enfáticos que se seguiram; a *naturalista*, dos meados e fins do século passado, dos grandes construtores de sistemas e autores de histórias sistemáticas; e, por último, a *subjetiva*, que poderia ainda subdividir em *impressionista* e *expressionista*, assim prosseguiu o eminente ensaísta e pensador:

> Vosso livro é um modelo de pesquisa literária, feita em grande estilo. Por isso mesmo vos inscreve ele naturalmente entre os *novos* que estão iniciando uma quinta fase na história da nossa crítica literária, fase objetiva, científica, de trabalho rigoroso e impessoal, como o vosso, no qual aplicastes, ao campo das letras, a velha paixão pelas ciências naturais, que vos fez outrora freqüentar o curso anexo da Escola de Minas de Ouro Preto.
>
> Sois um pesquisador de palhetas espirituais e a pepita que restituístes ao seu verdadeiro dono merecia bem o trabalho de vossa longa vida de sábio e de batalhador.

Elucidar, apenas, uma controvérsia de atribuição, por mais provocante que fosse, não teria bastado para explicar o empenho obstinado de Afonso Pena. As palavras de Amoroso Lima iluminam o objetivo crucial: restituir a pepita ao verdadeiro dono.

O sentimento de justiça, a que o próprio humanista mineiro chamou de "impulso quixotesco de endireitar tortos", foi, sem dúvida, sua inspiração maior. Mas se, no plano moral, predominou "a sedução e o merecimento de toda obra de justiça", certamente o seduziu também uma relevante consideração de ordem prática que ele mesmo assim resumiu:

A arte de furtar, por exemplo, não é apenas uma jóia do português castiço ou um documento filológico. É, sobretudo, um depoimento dos costumes portugueses no século XVII. Indispensável é, portanto, a qualificação da testemunha, para se saber o valor e alcance do testemunho. Enquanto não se conheça o autor, não se sabe em que conta se há de ter, para efeitos históricos, as informações e comentários da obra. Se esta é do padre Antônio Vieira, terá um peso o depoimento; se do linguarudo e pilherudo Tomé Pinheiro da Veiga, terá outro. E às vezes o mesmo depoimento que numas matérias é valioso, se torna suspeito e sem valor em outras, ou deve ser recebido com algum desconto.

"Dos que furtam com unhas vagarosas"

Para benefício do leitor atento ao quadro brasileiro contemporâneo, não resisto à tentação de transcrever uma passagem do capítulo "Dos que furtam com unhas vagarosas", em que o autor anônimo da *Arte*, já muito nosso conhecido, demonstra não haver perdido atualidade:

> Que coisas são as demoras de um ministro que não despacha? São despertadores contínuos, de que lhes deis alguma coisa, e logo vos despachará. E porque o tal é pessoa grave, e que se peja de aceitar às escâncaras donativos, remete-vos ao seu oficial, quando aperteis muito com ele; e o oficial traz-vos arrastado um mês, e dois meses, e às vezes seis, com a escusa ordinária de que não acha os papéis, porque são muitos os de seu amo, e que os tem corrido mil vezes com diligência extraordinária, que os encomendeis a Santo Antônio: e a verdade é que os tem na algibeira, de reserva, esperando que acabeis já de lhe dar alguma coisa.

17.

Dois ingleses dão início à história do Brasil

No mapa dos saberes, a História se situa num
centro de captação e de irradiação. É uma espécie de
Treffpunkt de múltiplas ciências e artes, uma vez que,
ao que parece, a disciplina privilegiada se abre suaviosamente
a quase todos os domínios do humano conhecimento.

Tarcísio Padilha, *História e Filosofia*, 1999

No terceiro capítulo ("Quinhentos anos de Brasil"), recordei o quanto o Brasil relutou em estudar a própria história, conservando o tema como simples acessório à história sagrada, às línguas antigas e à retórica. Recordei, ainda, que foi preciso Dom Pedro II dar instrução expressa ao Instituto Histórico e Geográfico Brasileiro (fundado em 1838) para pesquisar o que de fato ocorrera com o nosso descobrimento.

Não foi fácil a mudança de atitude ao longo dos anos. Incrível quanto possa parecer, em 1899, por conseguinte às vésperas do quarto centenário do nascimento do Brasil, Epitácio Pessoa, então ministro da Justiça e Negócios Interiores, novamente mandou anexar o ensino da história do Brasil ao da história universal, extinguindo, assim, a cátedra há meio século existente! Restabelecida a cátedra no bojo de reformas que se seguiram, o primeiro titular da Educação (só então alçada ao nível ministerial), Francisco Campos, em 1931, portanto já na era Getúlio Vargas, apressou-se em, mais uma vez, anexar a disciplina à de história da civilização nos estabelecimentos de ensino de todo o país.

Não é, pois, de surpreender que estrangeiros se tenham tornado pioneiros no estudo e na publicação de livros sobre a nossa história.

*

No ciclo de conferências comemorativo do primeiro centenário da Academia Brasileira de Letras (agosto-novembro de 1997), coube-me como tema "Os historiadores". Palestra inevitavelmente polêmica. Como acomodar devidamente, em sessenta minutos, a galeria dos que ilustraram a Academia e a historiografia brasileira? Como distinguir os historiadores *stricto sensu*, daqueles que se dedicaram preponderantemente a outras atividades? Claro que qualquer opção convida ao desacordo, à contestação do critério usado. Procurei o equilíbrio e a objetividade, de preferência à simpatia ou afeição pessoal que eventualmente me ligasse aos autores.

Para tornar a exposição acessível ao maior número, proponho o seguinte roteiro:

I. Os precursores
II. Francisco Adolfo de Varnhagen (1816-1878)
III. João Francisco Lisboa (1812-1863)
IV. Na esteira de Varnhagen:
Capistrano de Abreu (1853-1927)
Oliveira Lima (1867-1928)
Rodolfo Garcia (1873-1949)
V. Os fundadores: J. M. Pereira da Silva/Visconde de Taunay/ Joaquim Nabuco/ Afonso Celso
VI. O barão do Rio Branco (1845-1912)
VII. O caso Rocha Pombo
VIII. O caso Afrânio Peixoto
IX. Primeiras décadas: João Ribeiro/barão de Jaceguai/Gustavo Barroso/Alberto de Faria/Ramiz Galvão/Afonso Taunay
X. Década de 1930: Alcântara Machado / Pedro Calmon / Oliveira Viana / Barbosa Lima Sobrinho / J. C. de Macedo Soares
XI. As últimas décadas: Luiz Edmundo/Roberto Simonsen /Luiz Viana/ Afonso Arinos /José Honório Rodrigues /Francisco de Assis Barbosa / Américo J. Lacombe

*

I. Os Precursores

Para começar no começo, só dizendo que os próprios Precursores tiveram um precursor — este *hors-concours* —, que foi certamente o saboroso Pero Vaz de Caminha. Sem o suspeitar, o escriba produziu o primeiríssimo compêndio da história pátria, em que nada omitiu, no seu rompante de ufanismo e no colorido do imenso painel em que anunciou uma nacionalidade ainda em ser. Como que pressentindo os genes de uma realidade futura, identificou, como um iluminado, o ADN — ou, se preferem, o DNA — do celebrado país do futuro.

Duas palavras, não mais, sobre os Precursores propriamente ditos — chamemo-los assim —, os que precederam, no tempo e no espaço, o aparecimento de Varnhagen, proclamado por João Ribeiro "o nosso primeiro historiador".

A rigor, poder-se-ia dizer que dois anglo-saxões deram início à nossa história: o poeta laureado e historiador Robert Southey, que publicou em Londres, em 1810 e 1819, a sua *History of Brazil*, e seu continuador, John Armitage, autor de *The History of Brazil*, 1839.

Byron foi certamente injusto quando disse que só recorria ao texto de Southey em noites de insônia, pois o livro foi escrito com elegância e talento descritivo, além de apreciável intuição histórica. Disso, aliás, estava convencido o próprio autor, que diria a seu amigo Townsend, sem traço de modéstia: "Daqui a séculos, meu livro se encontrará entre aqueles que não estão destinados a perecer, e será para os brasileiros o que a obra de Heródoto é para os europeus."[1]

Southey foi pioneiro tanto no devassamento dos arquivos portugueses, em busca de documentos sobre o Brasil, quanto no incipiente ensaio de história comparada entre as Américas portuguesa e espanhola.

Citarei um exemplo, um único entre muitos, de acuidade de análise de Robert Southey, tão escassa nos autores brasileiros dos primeiros séculos. No curso da questão dinástica entre Portugal e a Espanha, de 1578 a 1580, ou seja, a sucessão de Dom Sebastião, o destino do Brasil esteve, em certo momento, diretamente envolvido. Desejoso de obter a desistência da duquesa de Bragança, o todo-poderoso Filipe II tentou inutilmente oferecer-lhe o Brasil, com absoluta soberania, e o título de rei outorgado a seu marido, Dom João. Comentário de Southey: "Nem ele fazendo a oferta, nem o duque, rejeitando-a, calculavam-lhe o alcance."[2]

Aos autores luso-brasileiros dos séculos XVI, XVII e XVIII — Gandavo, Gabriel Soares, frei Vicente do Salvador, Rocha Pita e Aires do Casal — faltava objetividade, mesmo nos simples inventários que procuravam fazer da terra e da gente do Brasil, sempre considerado como simples apêndice de Portugal. A história é utilizada como recurso para atrair a imigração e pedir atenção da metrópole para o estado pouco defensável do país, sujeito a inimigos contra os quais se reclama proteção.

Aos dois ingleses, sucedeu ainda Henrique Handelmann, professor da universidade de Kiel, cuja *História* foi traduzida do alemão graças ao nosso benemérito Instituto Histórico, em 1931, cerca de setenta anos depois de lançado.

João Ribeiro, preparando-se para escrever o seu estupendo compêndio, conta que foi precisamente no substancioso trabalho de Handelmann que encontrou os "pontos de vista" de que necessitava para compreender a nossa história. O principal era o que chamou de *particularismo* do desenvolvimento brasileiro. Nossa pátria não se originou de um núcleo central que se multiplicasse ou se expandisse, como Roma. Com efeito, o Brasil começou a nascer ao mesmo tempo em diferentes pontos, quase incomunicáveis. As distâncias e o sistema colonial favoreciam esse crescimento e a independência dos núcleos criadores mais o agravava. O sistema colonial ligou esses núcleos à metrópole, mas não os ligava entre si. Ora, a unidade existia na religião e na raça, mas definhava ou estava ausente na administração. As grandes indústrias da criação e da mineração formaram o contato do interior com a zona litorânea e foram os fatores decisivos da unidade territorial e nacional.[3] Notem que João Ribeiro aprendeu essa lição em alemão.

Só não me detenho em von Martius, autor do livro *Como se deve escrever a história do Brasil* porque nenhum brasileiro se animou a seguir seus conselhos.

Foi Dom Pedro I quem encarregou o barão, logo depois visconde de Cairu, de planejar uma obra que englobasse a "história dos principais sucessos". *Isso porque nenhuma das histórias do Brasil aparecidas a partir do século XVI tinha esse objetivo.* Quatro tomos chegaram a ser publicados, um preliminar, sobre o descobrimento, e os demais referentes à própria Independência, de cujo movimento fora ativo participante.[4]

II. Varnhagen (1816-1878)

Retomando o fio da meada, e para começo de conversa, poderei dizer que o ponto de partida e o alto da colina foram já consagrados, faz exatamente um século, quando os fundadores da Academia elegeram patrono da cadeira 39 o insigne pesquisador e diplomata Francisco Adolfo de Varnhagen.

Canonização tranqüila, inconteste, que apenas formalizou um sentimento generalizado, não só nos quadros acadêmicos mas em todo o país.

É comum associar-se a vida do diplomata, ontem como hoje, à fruição de uma espécie de ócio institucional que pode, ou não, ser utilizado em benefício do país. No caso de Varnhagen, não haveria duas opiniões. Seguramente, nenhum outro servidor público brasileiro terá utilizado com maior diligência o seu tempo no exterior em prol dos interesses superiores do país.

Ainda estudante em Coimbra, o futuro visconde de Porto Seguro já revelara pendor marcante pela pesquisa histórica. Começou pelo que se poderia chamar de arqueologia literária, que lhe inspirou diferentes estudos sobre os nossos primeiros cronistas e o conduziu à revelação de inúmeras preciosidades inéditas, além da edição dos épicos brasileiros, o *Caramuru* e o *Uraguai*. A *Narrativa epistolar*, de Fernão Cardim, até então desconhecida, foi também por ele reimpressa. A *Enformação do Brasil*, de 1584, obra anônima que Cândido Mendes demonstrou pertencer a Anchieta, revelou-se uma das melhores crônicas do tempo.

Depois dos cancioneiros; depois de esboçar criativamente a nossa história literária no *Florilégio*; depois de intensa fixação na pesquisa propriamente histórica, do Brasil e da América, o jovem diplomata começou a delinear os contornos do que seria a sua obra mestra — a *História geral do Brasil*.

Em seu discurso de posse na Academia, em 1903, como primeiro ocupante da cadeira 39, Oliveira Lima evocou o estágio que fizera na Torre do Tombo, em Lisboa, quando estudante de paleografia, e a ânsia com que esquadrinhava pilhas de documentos bolorentos, "na esperança de encontrar algo que, na sua prosápia juvenil, viesse a ser decisivo para a solução de qualquer dos enigmas da nossa história". Ora, conta ele,

> era com viva surpresa e não menos vivo desapontamento que, em quase todos aqueles papéis, se me deparava a marca discreta do lápis de um pachorrento investigador que me precedera na faina, e que verifiquei não ser outro senão Francisco Adolfo de Varnhagen.

Com efeito, da Torre do Tombo Varnhagen extraiu documentos sem número e sem par. Dos de Simancas, como dos de Sevilha e do Escorial, está cheia a primeira edição da sua história do Brasil, publicada em Madri em 1854-57, servindo-lhe aqueles de que então não se aproveitou para, mais adiante, quando veio a servir na América do Sul, documentar o ensaio sobre a ocupação holandesa do norte do Brasil, bem como ilustrar a sua famosa defesa de Vespúcio.

Em 1868, Varnhagen foi removido para Viena, onde permaneceu os dez últimos anos de sua vida, dedicados inteiramente à atividade intelectual. Além de valiosas contribuições para a elucidação da cartografia medieval e da Renascença, bem como da história dos primeiros descobrimentos do Novo Mundo, preparou as segundas e mais completas edições da *História das lutas com os holandeses* (escorado na opulenta documentação que recolheu nos arquivos de Amsterdã e Haia) e da *História geral*. Como se não bastasse, dirigiu cuidadosamente a reprodução dos trabalhos filológicos do jesuíta Ruiz de Montoya, que trouxe do Paraguai de

Solano López — *Arte, vocabulario y teatro de la lengua guaraní* — e chegou a concluir a sua história da Independência, cujos originais, profusamente anotados por Rio Branco, foram encontrados entre os papéis que formavam o arquivo particular do chanceler, adquirido pelo governo. Encaminhados pelo ministro Lauro Müller ao Instituto Histórico, a este devemos a edição de 1916 e a reedição, com índices, de 1938.

Segundo Oliveira Lima, era como que se perseguisse Varnhagen o receio de perder seus apontamentos nas constantes remoções a que o compelia a vida diplomática, tal a pressa com que os ia imprimindo, uns após outros. Com aquelas publicações avulsas, comentou,

> organiza-se a mais curiosa das bibliotecas, com volumes de todos os formatos; bulindo em não sei quantos assuntos, escritos em português, em espanhol, em francês, em alemão, pois que ele conhecia e redigia em uma porção de línguas vivas e mortas, impressos nos mais variados lugares, em Lisboa, em Estocolmo, em Madri, em Caracas, em Viena, em Lima, na Havana, em Santiago.

Embora reconheça tratar-se do "criador da história pátria", o elogio de Oliveira Lima é longe de ser irrestrito: "em Varnhagen superabundava em erudição o que escasseava em espírito propriamente filosófico". Deveria ser classificado na variedade a que os alemães dão o nome de história pragmática, a saber, a história que não é propriamente a filosófica, ou que dos acontecimentos deduz as leis que governam na sua marcha as sociedades humanas, mas que vai além da simples exposição dos fatos, acompanhando-os de reflexões e considerações sociológicas.

No prólogo da segunda edição da *História geral*, Varnhagen assim define sua missão:

> Cada dia nos convencemos mais de que a história é um ramo da crítica, não da eloqüência; e que perante o tribunal dela, o historiógrafo não é um advogado verboso e florido, mas antes um verdadeiro juiz, que, depois de averiguar bem os fatos, ouvindo as testemunhas, com o devido critério, deve, feito o seu alegado com o possível laconismo, sentenciar na conformidade das leis eqüitativas da sociedade e humana justiça.

O fato é que a primeira e segunda edições de a *História geral* foram saudadas como um atestado de maioridade de nossa historiografia. Sobre elas se debruçariam, reverentes, duas das mais expressivas figuras da inteligência brasileira: primeiro, Capistrano de Abreu, e logo em seguida, Rodolfo Garcia. À obra de Varnhagen dedicaram os melhores anos de suas vidas, votados ao intenso labor de anotar, completar, assinalar, corrigir a opulenta *História geral*.

III. João Francisco Lisboa (1812-1863)

Varnhagen foi chamado de "o pai da nossa história" pelo único de seus contemporâneos que, na opinião de Rodolfo Garcia, lhe poderia fazer sombra, com ele competir pela vastidão do seu saber e profunda erudição em assuntos brasileiros: João Francisco Lisboa, com justiça escolhido patrono da cadeira 18 da Academia Brasileira de Letras.

Capistrano foi ainda mais longe. Segundo ele, só dois brasileiros poderiam ter escrito uma história do Brasil melhor que a de Varnhagen: Joaquim Caetano, com sua perspicácia admiravel, lucidez de espírito, estilo-álgebra e saber inverossímil; e João Francisco Lisboa, com seu modo abundante, ironia ácida, pungência doentia, pessimismo previdente e intuição fervilhante. Seriam dois belos livros, se tivessem sido escritos. Não o foram. Resta o monumento de Varnhagen.[5]

Também enviado ao exterior pelo governo imperial para colher documentos elucidativos da história brasileira, o Timon maranhense realizou intenso trabalho nos arquivos portugueses, inclusive pesquisa para uma biografia do padre Antônio Vieira, que deixou inacabada. Seu precário estado de saúde não permitiu que as pesquisas em curso tivessem produzido frutos mais significativos. Seu contemporâneo Antônio Henriques Leal chamou a si a publicação das suas *Obras*, em quatro volumes, impressos no Maranhão em 1864-65.

Em 1986, Arnaldo Niskier nos propiciou bela coletânea de escritos do combativo publicista, sob o título *João Francisco Lisboa, o Timon maranhense* — primeiro volume da nova fase da Coleção Afrânio Peixoto.

IV. Na Esteira de Varnhagen

Capistrano de Abreu (1853-1927)

Figura singular, mestre Capistrano de Abreu, colecionador voraz de fatos e alfarrábios, estudioso impenitente, à margem e acima de qualquer vaidade ou interesse material. Com todos os títulos para produzir uma obra própria do porte da de Varnhagen, faltou-lhe sempre o ânimo de empreender tarefas de grande alento. Optou, invariavelmente, por ensaios, estudos, prefácios, monografias, apostilas, traduções, comentários, anotações, artigos, todos riquíssimos em informação, mas sempre fragmentos de crítica histórica, mais do que propriamente de história. "Mas que soberbos fragmentos!", chegou a exclamar João Ribeiro, acrescentando:

> Capistrano cultivava não só a história e a geografia, mas tudo que se relacionava ao território, à biologia e à etnologia e à lingüística americana, deixando em cada ramo dessa variada cultura monografias definitivas e memoráveis.[6]

Ao contrário de Varnhagen — bafejado pelo favor imperial no Velho Mundo —, Capistrano, estudante rebelde no Ceará, não chegou a concluir o curso de humanidades e veio empregar-se na corte, sob a proteção de José de Alencar. Após ofícios modestos, passou a funcionário da Biblioteca Nacional e, por brilhante concurso de provas, conquistou, aos 26 anos, o cargo que lhe serviria de arrimo até o fim da vida. Aos trinta anos, novo concurso lhe deu a cátedra de corografia e história do Brasil do Colégio Pedro II, onde defendeu, com notável erudição, a tese da intencionalidade da descoberta do Brasil, quando à época era comum a crença do achado casual. A cátedra, porém, jamais o seduziu, embora tivesse lecionado, mal e mal, por três lustros. Sua atração exclusiva eram as fontes documentais.[7]

Em realidade, apenas a história colonial inflamava seu interesse de pesquisador — índios, capitanias, jesuítas, primeiros governadores, primeiro povoamento e primeiras migrações. Nenhum interesse pelo Primeiro nem pelo Segundo Reinados, nem pela Guerra do Paraguai e muito, muitíssimo menos pela República.[8]

Como vivesse, literalmente, nas bibliotecas, chegou-se a dizer que a mania de ler matava-lhe a faculdade de produzir. Mas ao amigo que lhe perguntou por que não lia menos e escrevia mais, limitou-se a responder que havia já quem escrevesse demais, lendo muito menos:

> Míope, extremamente míope, mergulhava a cabeça nos in-fólios e manuscritos e daí não era possivel tirá-lo, senão quando o guarda ou vigia vinha adverti-lo de que ia fechar o estabelecimento e em alguns desses tinha a permissão de ir além das horas regulamentares.[9]

Graças ao zelo e diligência da Sociedade Capistrano de Abreu, constituída logo após sua morte, em 1927, os "soberbos fragmentos" foram sendo editados, um a um, em monografias memoráveis, o que tornou possível preservar para as seguintes gerações esse acervo admirável de subsídios à história pátria. Ao registrar o aparecimento dos primeiros volumes — *O descobrimento do Brasil* e *Caminhos antigos e povoamento do Brasil* —, João Ribeiro assinala que a Sociedade logrou colocar o nome do sábio brasileiro no plano em que figuram Rio Branco, Caetano, Cândido Mendes e outros eruditos da nossa história.

Temperamento hirsuto, avesso a qualquer mundanidade, consta que quando alguém, um dia, sugeriu que deveria ser da Academia, respondeu que não pertenceria a sociedade nenhuma, a não ser à sociedade humana, da qual contra a vontade já fazia parte. E estava farto.[10]

Oliveira Lima (1867-1928)

Discípulo dileto de Oliveira Martins, cedo iniciado na intimidade dos arquivos portugueses, Oliveira Lima pôde desenvolver seus dotes de pesquisador sob os auspícios do serviço exterior brasileiro, tal como seu padroeiro Varnhagen.

A têmpera do historiador se revelaria nos primeiros ensaios: *Pernambuco e seu desenvolvimento histórico* (Berlim, 1895); *Aspectos da literatura colonial* (Leipzig, 1896) e *Sete anos de República no Brasil* (Paris, 1900). No *Secretário d'El-rei*, em pinceladas fortes, deu-nos um belo retrato de Alexandre de Gusmão. A seguir, a *Memória sobre a descoberta do Brasil* (1900), *O reconhecimento do Império*, publicado em 1901, e a *Relação dos manuscritos interessando o Brasil, existentes no Museu Britânico de Londres* (1893) consolidaram a trajetória de

Oliveira Lima. Em outra vertente, as impressões que nos deixou em *Nos Estados Unidos* (1899) e *No Japão* (1903) revelaram o observador arguto de outras culturas e civilizações.

Dom João VI no Brasil, publicado no Rio em 1909, ainda no quadro das comemorações do centenário da migração real portuguesa, causou forte impacto. Paupérrimos os textos sobre o século XIX, o painel traçado por Oliveira Lima tornou-se um marco significativo. Pela primeira vez, uma descrição objetiva e lúcida do quadro político europeu sacudido pelo vendaval napoleônico; das intrigas diplomáticas em curso, sobretudo no rio da Prata; da quase tutela que a Inglaterra exerceu sobre Portugal; dos bastidores do jogo de poder e dos horizontes que abria o Novo Mundo. Reeditada a obra um terço de século mais tarde, o prefácio de Otávio Tarqüínio de Souza declarou-a intacta, sem nenhum sinal aparente de envelhecimento, sem exigir qualquer nota no intuito de atualizar informação, desfazer obscuridade ou retificar engano. Até então, mesmo os livros de estrangeiros, como o alemão Handelmann ou o inglês Armitage, haviam interpretado as conseqüências políticas dos 13 anos de estada do rei entre nós melhor do que a grande maioria dos brasileiros, tão pobre a nossa historiografia.

Graças a Oliveira Lima, essa fase de nossa história passou a ser vista como a do lançamento efetivo das bases da emancipação brasileira. Nesse processo de revisão histórica, Dom João VI ganhou contornos morais, logrou a recuperação de qualidades humanas e políticas que antes lhe contestavam. Para Oliveira Lima, a tarefa do historiador se confundia muitas vezes com a do sociólogo, tal a atenção que votava aos fatos menos aparatosos de natureza econômica e social, às mudanças de estilo de vida na antiga colônia, em suma, o processo de nossa diferenciação nacional. [11]

Vítima, em parte, da síndrome de Capistrano, Oliveira Lima foi dando vazão espasmódica a uma variada série de estudos, monografias e artigos, publicados aqui e acolá, sobretudo na imprensa. Sua *História da civilização* foi uma das exceções, mas teve um intuito didático imediato, tal seja, o de corrigir o desequilíbrio dos compêndios adotados, que atribuíam, uns, espaço excessivo às civilizações antigas, enquanto outros larga parte à história sagrada, com insuficiente atenção à história das Américas e à história contemporânea. Em duas palavras, o falso dilema da primeira reforma do ensino secundário na República: história descritiva *versus* história da civilização — a *Kulturgeschichte* —, esta finalmente deixada às faculdades superiores de letras.

Digna de nota a série de 12 conferências que Oliveira Lima pronunciou na Sorbonne, em 1911, sob o título de *Formation historique de la nationalité brésilienne,* traduzidas para o português em 1944, com prefácios de Gilberto Freyre e José Veríssimo. Excelentes conferências, sem dúvida, mas com a finalidade de divulgação cultural junto a um público notoriamente pouco informado sobre o Brasil. Espécie de contraponto à *Esquisse* do barão do Rio Branco? Também digno de menção o excelente ensaio de história diplomática *Dom Miguel no trono — 1828-1833*, sobre o conflito entre o Portugal absolutista e o liberalismo do nosso Dom Pedro I.

Cousas diplomáticas é uma coletânea de artigos publicados na imprensa periódica, de 1903 a 1907, com extensas reflexões sobre os rumos que caberia imprimir à *carrière*. Sem a menor dúvida, fonte de polêmica dentro e fora do Itamaraty.

Homem suscetível e brigão, nascido para espadachim não obstante sua corpulência de obeso, como o pintou Otávio Tarqüínio, Oliveira Lima como que "comprou" vários incidentes. Um deles, que teve muita repercussão, foi com o irreverente Emílio de Menezes, a quem chamara de "bêbado e vadio". O poeta retrucou com um soneto lapidar em que traça o perfil do historiador pernambucano e assim termina:

Eis, em resumo, essa figura estranha
Tem mil léguas quadradas de vaidade
Por milímetro cúbico de banha.

Incontestável que Oliveira Lima amou e serviu a seu país. Mas à sua maneira. Reácio à disciplina do barão do Rio Branco, acabou rompendo os vínculos com a carreira. O rancor acumulado não facilitou uma reparação quando o regresso à diplomacia se tornou talvez possível após a morte de Rio Branco. Tendo aspirado à missão em Londres, e depois à sucessão de Joaquim Nabuco em Washington, não obteve nem uma nem outra. Nas suas *Memórias*, seriam visíveis as farpas ao barão, a Nabuco, a Graça Aranha. Desertou também da Academia, por julgá-la subserviente ao grande ministro. A opção do ostracismo levou-o a doar, por cláusula testamentária, à universidade católica de Washington a sua opulenta biblioteca, talvez a mais vasta brasiliana de todos os tempos: mais de 40 mil volumes primorosamente catalogados.

Rodolfo Garcia (1873-1949)

Com a morte de Capistrano, recaíra inteiramente sobre os ombros de Rodolfo Garcia a tarefa ingente de revisão e anotação da obra de Varnhagen. A rigor, a terceira edição já foi substancialmente trabalho seu, excetuado o estupendo excurso final, da lavra de Capistrano.

À frente da Biblioteca Nacional, promoveu a reedição de obras de imenso valor, como a *Arte de gramática* de José de Anchieta, primeiro texto sobre a língua tupi. Sem as asperezas e idiossincrasias de Capistrano, Garcia reunia à sua volta, no final da tarde, um círculo de estudiosos para algumas horas de conversa. Eram o que Augusto Meyer chamou "os rosacrucianos da história", assinalando entre os mais assíduos Afrânio Peixoto, Otávio Tarqüínio de Souza, Tasso Fragoso, Artur Neiva, Serafim Leite, Alberto Rangel, Aurélio Porto, Carlos Pontes, Primitivo Moacyr, Wanderley Pinho, Batista Pereira, Eugênio de Castro. Josué Montello, àquela altura encarregado dos cursos da Biblioteca e seu futuro diretor, conta que essas tertúlias, a rigor, se passavam no fundo da sala, de forma a que o mestre, depois de falar com um e com outro, pudesse voltar à sua mesa, lupa em punho, e retomar a companhia dos alfarrábios. No início da década de 1940 cheguei a visitá-lo com relativa freqüência, fosse para mostrar-lhe alguma preciosidade recém-descoberta nos arquivos do Itamaraty, fosse para pedir-lhe conselho, ou alguma pista a seguir nas minhas próprias pesquisas então em curso.

Expoente extraordinário de uma espécie em rápida extinção — a dos pesquisadores em tempo integral —, a verdadeira paixão de Garcia era espojar-se nos pés de página e nos fins de capítulo, no afã de compor, dilatar, reconstituir, enfim, tornar biodegradável o trabalho alheio.

Ao recordar esse traço tão marcante da personalidade garciana, Josué Montello observa, com justeza, que o simples fato de haver consagrado grande parte de sua vida à anotação elucidativa de textos básicos da nossa historiografia tornou a sua obra "praticamente escondida por esses mesmos textos". Ora, seus estudos autônomos são de alta qualidade e reclamam uma reedição crítica, para conhecimento das novas gerações, conclui.

V. Os Fundadores

Poder-se-ia dizer que dois — Pereira da Silva (1817-1889) e Oliveira Lima (1867-1928) — foram primordialmente historiadores, enquanto quatro outros se destacaram como personalidades de grande relevo na vida do país e nos legaram, igualmente, trabalhos de relevante valor histórico: o visconde de Taunay (1843-1899), Teixeira de Melo (1833-1907), Joaquim Nabuco (1849-1910) e Afonso Celso (1860-1938).

Jornalista, político, contista, memorialista, **João Manuel Pereira da Silva** interessou-se pela história do século XIX e produziu uma obra de divulgação relativamente extensa, embora de discreto valor: *História da fundação do Império brasileiro*; *História do segundo período do reinado de Pedro I*; *Menoridade de Pedro II*; *Memórias do meu tempo.*

Pouco participou dos trabalhos da Academia, pois faleceu no ano seguinte ao da fundação. Seu sucessor, o barão do Rio Branco, tomou posse por carta, o que era então permitido pelo regimento. Ora, essa circunstância privou Pereira da Silva do elogio acadêmico e terá contribuído ainda mais para o esquecimento em que caiu seu nome. O que o salvou, aliás, do esquecimento completo foi a memória de algumas pilhérias a seu respeito, até hoje lembradas. Ainda recentemente, Alberto Venâncio Filho recordou que, certa vez, Pedro Calmon, em banca de concurso, repetiu a frase de Martim Francisco III:

> A ninguém é dado ignorar, por completo, a história do Brasil antes de conhecer a fundo a obra do Sr. conselheiro J. M. Pereira da Silva.[12]

Rio Branco, que conhecia como ninguém a questão do Sul, acusou Pereira da Silva de ter inventado uma batalha que nunca teve lugar, dando até o número de mortos e feridos.[13]

Talvez seu melhor trabalho seja o livro de *Memórias*, em que descreve, com objetividade e isenção, sua experiência política. Na opinião de Magalhães Júnior, "nenhum dos nossos historiadores terá com mais precisão descrito os efeitos do primeiro encilhamento e o craque bancário que se lhe seguiu, na administração financeira de Souza Franco". E conclui: "E o melhor elogio que se lhe fará é o de dizer que Oliveira Lima repetiu quase textualmente algumas passagens do seu livro, ao tratar do assunto em *O Império brasileiro*".

O **visconde de Taunay**, neto do famoso paisagista da missão artística de 1816 e filho de Félix-Émile, barão de Taunay, desenvolveu muito cedo a paixão literária a despeito da opção pela engenharia militar. Incorporado à expedição enviada a Mato Grosso, no início da Guerra do Paraguai, logo encontrou inspiração para a maior parte dos seus escritos. Primeiro-tenente, convidado pelo conde d'Eu para secretário do seu estado-maior, coube-lhe redigir o *Diário do exército*, reproduzido em livro em 1870. A publicação, pouco depois, de *A retirada da Laguna*, originalmente em francês, e do primeiro romance — *Inocência* — deram imediata notoriedade ao jovem escritor. Embora obras de juventude, são até hoje julgadas como os pontos mais altos de sua obra.

Deputado pelo estado de Goiás e, mais adiante, pelo de Santa Catarina, foi também presidente desta última província, bem como da do Paraná, e finalmente senador, tendo sido agraciado com o título de visconde, com grandeza, dois meses antes da queda da Monarquia. Homem de grande integridade moral e patriotismo, escreveu inúmeros artigos em louvor do imperador e do regime deposto. Trabalhador infatigável, deixou-nos, além das narrativas de guerra e de viagens, uma relativamente extensa obra literária que inclui romances, contos, estudos críticos e peças de teatro.

Sobre **Joaquim Nabuco**, poderia dizer que, pela estatura, simplesmente não caberia dentro dos limites e parâmetros desta conferência. Pede um livro inteiro.

Sou da geração que ainda lia e relia *Minha formação.* Quando Carolina publicou a admirável biografia do pai, o sentimento que em muitos de nós produziu foi uma espécie de nostalgia pelo grande livro de memórias que ele mesmo poderia nos ter legado, tal a riqueza da sua vida.

Apesar de haver escrito o *Por que continuo a ser monarquista*, a República foi bater à sua porta. Precisava muito mais dele que ele da República.

João Ribeiro o conheceu de perto e se compraz na análise de sua personalidade. Sem ser egoísta, e muito menos ególatra, "tinha um extremo cuidado de si próprio, sem a intenção de engrandecer-se. Quase tudo quanto escreveu é autobiografia".[14]

Após *Camões e os Lusíadas* (1872); *L'Amour est Dieu,* poesias líricas; *O abolicionismo* (1883); *O erro do imperador,* história (1886); *Escravos*, poesia (1886), os dois livros seguintes foram reações ao episódio da sublevação da armada em 1893: a biografia de *Balmaceda* (1895) e *A Intervenção estrangeira durante a revolta de 1893,* história diplomática (1896). *Um estadista do Império* (1897-1899), em três volumes, é mais do que biografia, é uma história da própria Monarquia no Brasil. Sua obra maior.

No Reino Unido, onde serviu de 1900 a 1905 — tendo sido o último diplomata a ser recebido pela rainha Vitória, pouco antes de sua morte —, o Conselho Municipal da Grande Londres fez instalar, em 1973, uma placa comemorativa, para assinalar aos passantes que, no número 52 de Cornwall Gardens, viveu Joaquim Nabuco como chefe da missão diplomática brasileira. Passadas quase três décadas dessa cerimônia, é ainda com grata emoção que recordo as primeiras palavras que então pronunciei, como embaixador do Brasil:

> Joaquim Nabuco é uma dessas raras figuras que pertencem tanto ao passado quanto ao futuro do Brasil, pelo elevado sentido que souberam dar ao seu amor pelo país e pela relevância da contribuição prestada à nossa evolução social e política.

Filho do visconde de Ouro Preto, grande estadista e dileto amigo do imperador, **Afonso Celso** não procurou o caminho mais fácil quando decidiu ingressar na política. Elegeu-se deputado sob a bandeira republicana, ideal que trouxera dos bancos acadêmicos, e agigantou-se na Câmara como paladino intransigente de todas as causas de interesse nacional. Seu livro *Oito anos de parlamento* documenta muito bem essa bela página de sua vida e contém excelentes perfis de muitos de seus contemporâneos. A instabilidade política (conheceu nove ministérios, oito presidentes do Conselho, 54 ministros, 12 presidentes da Câmara), a campanha da Abolição, os pródromos da República, a última sessão da Câmara na Monarquia são objeto de páginas de grande interesse.

A pureza do seu civismo logo conduziu ao desencanto com a República recém-proclamada e Afonso Celso não hesitou em retomar a contramão — tornou-se monarquista. Esse mesmo civismo e entranhado amor à pátria inspiraram a obra que o consagrou: *Por que me ufano de meu país* — breviário cívico até hoje lembrado.

Romancista, teatrólogo, *conteur*, cronista, crítico, poeta de talento, sua obra mais marcante foi a tradução, em verso, de *A imitação de Cristo*, que lhe terá valido o título papal de conde, conferido por Pio X. Com a queda da Monarquia, acompanhou o pai à Europa e escreveu-lhe mais tarde a biografia, bem como *O imperador no exílio* (1893) e diversos opúsculos políticos: *Aos monarquistas*; *O assassinato do coronel Gentil de Castro*; *Contraditas monárquicas* e outros.

Professor da Faculdade de Direito, reitor da Universidade do Rio de Janeiro, colunista do *Jornal do Brasil* durante mais de trinta anos, orador privilegiado, membro fundador desta Academia, desejo evocá-lo especialmente como presidente perpétuo do Instituto Histórico. Formidável trabalhador, é extensa a relação dos discursos que proferiu, não apenas nessa qualidade, mas com a credencial de pesquisador esclarecido de nossa história.

VI. O Barão do Rio Branco (1845-1912)

Não fosse o pendor inato pelos estudos históricos, sobretudo de história militar, jamais teria Rio Branco podido desempenhar o papel transcendente que o destino lhe reservara. Ainda estudante de direito em São Paulo, produziu uma biografia de Luiz Barroso Pereira, morto em combate contra navios argentinos em 1826. Pouco depois, uma biografia do barão do Serro Largo, também morto em combate contra forças argentinas na batalha do Passo do Rosário. Não tinha mais de 21 anos quando publicou os *Episódios da guerra do Prata,* que lhe abriram o caminho às minuciosas anotações a *A guerra da Tríplice Aliança,* de Schneider.

Ex-aluno do Colégio Pedro II, Paranhos principiou sua vida independente substituindo o catedrático de corografia e história do Brasil, Joaquim Manuel de Macedo, em um de seus impedimentos. Mais adiante, procurou divulgar o país no exterior e defender os nossos interesses, colaborando em revistas e enciclopédias, no que demonstrou, invariavelmente, notável conhecimento de geografia e história do Brasil. Foi nesse contexto que produziu o *Esquisse de l'Histoire du Brésil* (1889), que Eduardo Prado qualificou de "arcabouço e trama de uma larga história", que infelizmente não chegou a escrever. Em 1930, graças ao empenho de Paranhos da Silva, sobrinho do barão, e à colaboração de Max Fleiuss, que acrescentou os eventos do período republicano, o *Esboço* foi editado em formato de livro didático. Ao saudar o lançamento, João Ribeiro lembra que Rio Branco, modestamente, não ligava grande apreço a esse trabalho, feito às pressas em 15 dias:

> A verdade, porém, é que esse esboço representava o estóico trabalho preliminar de muitos anos consagrados ao estudo da nossa história, e saiu, pois, na sua brevidade uma admirável e prodigiosa condensação de fatos, como só a podia elaborar um espírito igual ao seu.

A simples idéia de compilar uma obra estritamente de consulta, árida e incolor como as *Efemérides* bastaria para ilustrar a paixão de Rio Branco pelo detalhe, pela exatidão da referência, pela disciplina da informação. O estilo, notou João Ribeiro, é apenas o da expressão prática e, com raras exceções, "quase de teor comercial ou matemático". O manuscrito foi reconstituído e completado por Basílio de Magalhães, outro prestimoso *sherpa* da historiografia nacional, e editado pela *Revista do Instituto Histórico.*

Embora não sendo extensa — se excluirmos a dezena de volumes de memórias em defesa das nossas fronteiras —, a obra escrita que nos deixou Rio Branco impressiona invariavelmente pelo seu elevado nível de erudição. As anotações à história da Independência merecem destaque pelo seu volume e qualidade. O relatório da comissão do Instituto Histórico que examinou o manuscrito de Varnhagen registra a existência de capítulos "em que os comentários do imortal chanceler são mais copiosos que o próprio texto".

Em seu discurso de posse, em 1956, Magalhães Júnior lembra que Rio Branco se agigantou de tal forma no cenário nacional que a impressão que ficou é a de que fora escolhido para que a Academia se beneficiasse com os reflexos do seu prestígio. Ora, não foi o que se deu: essa glória apenas despontava. "Eleito em ocasião em que se encontrava ausente do país e sem os benefícios de uma candidatura única", recorda Magalhães,

> foi este o verdadeiro pórtico de sua fama. Foi daqui que partiu o primeiro ato de reconhecimento nacional de seus altos méritos. Antes que Rodrigues Alves o chamasse para o ministério, antes que o Congresso Nacional lhe proclamasse a benemerência, antes que as multidões o consagrassem com o seu aplauso, antecipando-se a tudo e a todos a Academia Brasileira de Letras o integrou em seus quadros — e o fez quando esse homem avesso às convenções era ainda um continente rico de energias cívicas à espera de quem o descobrisse.

VII. O caso Rocha Pombo

O destaque que dou a Rocha Pombo, em prejuízo do equilíbrio do capítulo, não envolve julgamento de valor. Dou apenas vazão à perplexidade que sempre me causou sua obra — e, certamente, a muitos leitores. Como terá sido possível, materialmente possível, a um professor substituto em nível municipal, vivendo modestamente desses proventos, produzir o que Rodolfo Garcia reconheceu tratar-se da "mais vasta, a mais considerável da nossa literatura, pela superfície imensa que cobriu, das origens do Brasil aos dias presentes". Difícil imaginar como terá logrado captar e armazenar tanta informação e, bem ou mal, concatená-la em volumes sucessivos. Com efeito, produziu dez volumes em que o editor avaro logrou compactar 5.000 páginas *in quarto*, com tal economia de espaço que até as aberturas de parágrafo foram suprimidas. Dir-se-ia uma formatação desenhada especialmente para inculcar no leitor um desânimo invencível. Porém, e surpresa ainda maior, não foi o que ocorreu. Se conferidas as estatísticas das bibliotecas — é ainda Rodolfo Garcia quem o diz —, "verifica-se que sua 'História do Brasil' é, nessa classe, o livro mais consultado, o mais lido de todos". Mistério total!

Depois de fazer literatura de ficção, poesias de inspiração romântica, jornalismo, além de redigir diversos ensaios sobre problemas brasileiros, tudo indicava que José Francisco da Rocha Pombo encontrara seu caminho real na lexicografia quando decidiu enfrentar apaixonadamente o desafio de produzir um *Dicionário de sinônimos da língua portuguesa.* Ledo engano. O desafio maior ainda estava por vir. Eram os 12 anos de dedicação integral, corpo e alma, findos os quais o escritor paranaense surpreendeu o país com a mais extensa, copiosa, diria mesmo luxuriante *História do Brasil.*

Confesso que padeci para galgar a cordilheira Rocha Pombo. Informações preciosas, sim, mas dispersas e reclamando garimpo e paciência. O esforço do autor foi, certamente, gigantesco mas gerou também um oceano de trivialidades. Algumas amostras:

- Na política nacional, dois partidos faziam jogo; destes, um estava sempre no ostracismo enquanto o outro governava.
- O português era, sim, a língua oficial, segundo o Dr. Theodoro Sampaio, como ainda hoje o espanhol no Paraguai.
- Passando-se, porém, ao Ocidente da África, o despotismo dos régulos é de uma fereza incrível.
- A agricultura estava muito adiantada no Peru. Cultivavam-se ali com muito gosto principalmente pomos e flores.
- A piranha é o mais temeroso dos peixes carnívoros dos nossos rios. É de uma voracidade incrível. Tem tal gana de sangue que arrebata qualquer coisa vermelha que se lance na água.

Depois de cinco ou seis *páginas* sobre os antecedentes de Villegaignon, parte finalmente o almirante, mas encontra ventos contrários. Comentário do historiador: "(...) e só não o quebrantou de todo porque aquele peito ia cheio de esperanças contra as quais nada podiam desilusões".[15]

Aos 77 anos, frágil e alquebrado, negou-lhe o destino a satisfação de receber a investidura acadêmica — a morte o alcançou enquanto redigia o discurso de posse. Gustavo Barroso fez-lhe o elogio fúnebre em nome da Academia. Para a sua vaga seria eleito Rodolfo Garcia.

VIII. O caso Afrânio Peixoto

Impossível deixar de incluir neste panorama uma referência especial à criação, por Afrânio Peixoto, da Biblioteca de Cultura Nacional, durante sua memorável presidência. Tomada a decisão, convocou Capistrano, Eugênio de Castro e Rodolfo Garcia para pedir-lhes colaboração na escolha das obras a publicar, bem como o preparo das respectivas apresentações e notas. Segundo o depoimento de Garcia, Capistrano acedeu prontamente e começou logo a distribuir as tarefas: a Eugênio de Castro deu o *Diário de navegação*, de Pero Lopes de Souza; a Garcia, a *História* de Pedro de Magalhães Gandavo, os *Diálogos das grandezas do Brasil* e os escritos de Fernão Cardim, tomando a si a organização dos *Primeiros documentos brasileiros*. Ao saírem, e como para justificar tão rápida aquiescência à solicitação de Afrânio, disse Capistrano: "Não sei negar nada a esse baiano, porque tem talento..."

Mesmo após deixar a presidência, Afrânio continuou responsável pela Comissão de Publicações, e a ele se deve a edição de vários volumes importantes, sobretudo no campo da literatura, sendo o mais notável o *Florilégio da poesia brasileira*, de Varnhagen, em três volumes, edição anotada por Rodolfo Garcia. O setor de biografia foi iniciado com o volume sobre Castro Alves, por Afrânio Peixoto, seguido do de Euclides da Cunha por Francisco Venâncio Filho e toda a longa série que muitos dos presentes conhecerão.[16]

Rebatizada Coleção Afrânio Peixoto em 1931, a seção de história propiciou a edição de obras fundamentais, não raro com notas e prefácios do próprio Afrânio. Vale destacar, além das já citadas, as *Cartas jesuíticas*, em três volumes; as *Cartas do Brasil*, de Manuel da Nóbrega (1549-1660), as *Cartas avulsas do*

Padre Joseph de Anchieta (1554-1591), este último com notas de Antônio de Alcântara Machado.

Entranhadamente polígrafo, Afrânio deu vazão ao seu interesse pela história em diferentes livros, entre os quais a *História da literatura geral*, a *História da literatura brasileira* e, em 1940, culminando com a *História do Brasil*, ano centenário da restauração portuguesa. Em menos de duzentas páginas, Afrânio compôs uma síntese cristalina do nosso passado, sem uma só palavra inútil, à altura dos ensaios de Rio Branco e de Oliveira Lima, com a vantagem didática de excelentes sinopses ao fim de cada capítulo e profusão de mapas e retratos.

IX. Primeiras décadas

Antes de abordar o elenco das primeiras décadas, caberia aqui um parêntese, aparentemente digressivo, sobre o conceito de história, metodologia, doutrina historiográfica, para melhor situar os autores que iremos apreciar.

Southey e Varnhagen, bem como seus seguidores imediatos, padeceram todos da mesma limitação imposta pelo conceito de história que vigorou até o fim do século XIX e começo deste. Uma vez que o documento era considerado a própria história no nascedouro, a autenticidade documental equivalia à verdade por inteiro. Bastava, portanto, uma cuidadosa arrumação cronológica e sistemática dos textos para que a cadeia dos acontecimentos se reconstituísse quase automaticamente. Por outro lado, ao fazer a história gravitar em torno da noção de Estado, suas reconstituições se circunscreviam virtualmente ao quadro político-administrativo, à sucessão de soberanos, de governadores e altos funcionários.

Por muito tempo predominou a máxima do velho Ranke, arauto-mor da escola tradicional: não cabe ao historiador senão descrever as coisas *"tal como se passaram"* (*wie ist es eigentlich gevesen*). Fernand Braudel sustenta que, embora Ranke acreditasse piamente nessa fórmula, o fato é que ela se apresentava, embora de maneira dissimulada, como uma autêntica filosofia da história segundo a qual a vida dos homens seria dominada por acidentes dramáticos; pelas proezas de personagens excepcionais que simplesmente aparecem e se tornam, com freqüência, senhores não apenas do próprio destino, mas também do destino dos demais... Quando Ranke usa a expressão "história geral", o que ele tem em mente não é mais do que o entrecruzar dos destinos desses heróis, ou seja, falácia pura. [17]

No final do século XIX, surgiu na Alemanha um vigoroso movimento renovador, sob a bandeira *Kulturgeschichte*, de rompimento com a historiografia tradicional. Imperativo que a retrospectiva histórica passe a abranger todas as formas de cultura, todos os setores de atividade, sem exceção. Já não basta o simples "*tal como se passou*" de Ranke. É preciso ir muito mais longe: "*Como veio a suceder?*" (*wie ist es eigentlich geworden?*).

Precisamente no calor dessa controvérsia, desembarcou na Alemanha um jovem sergipano mandado pelo governo para estudar os programas de ensino na Europa. Chamava-se João Ribeiro. Comprou logo a briga, começou a ler, a se informar, a tomar notas e, inclusive, partido.

Seus mestres foram Riehl e Gustav Freytag, em cujas obras o povo deixa de ser elemento decorativo para se tornar o ator principal. A cultura passa a ser o centro, de onde o historiador, munido de objetiva angular, abrange todo o universo visual. João Ribeiro aproveitou sua estada na Alemanha para explorar esse horizonte. Percebeu o antagonismo entre a historiografia tradicional e a moderna, e fez sua opção. De volta à pátria, produziu sua magnífica e inovadora *História do Brasil*. Estamos na virada do século. Comemora-se o quarto centenário do descobrimento do Brasil. A rainha Vitória ainda está viva. O nosso país já tem ao seu alcance um compêndio moderno, lúcido, inovador, em suma, uma nova síntese.

Como, aliás, condenar o atraso dos historiadores brasileiros até o começo do século XX quando a França, naquele mesmo ano de 1900, ainda produzia uma *Histoire de France* como a de Lavisse, assim ridicularizada por Marc Bloch: "O leitor avança tropeçando de reino em reino; a cada morte de príncipe, descrita com os detalhes próprios dos grandes acontecimentos, faz-se uma pausa...".

Devemos ter ainda presente que, mesmo na Europa, a história só se tornou matéria de ensino regular no século XIX, por muitos considerado o século fundador da história. Até então, não passava de uma disciplina hesitante entre arte literária e saber científico. Lembremo-nos também de que, em 1849, por decisão do imperador, o ensino de história do Brasil foi desligado da cadeira de história e geografia no Imperial Colégio de Dom Pedro II. (E, se me permitem alargar o parêntese, recordarei que a disciplina foi inicialmente confiada ao professor da segunda cátedra de latim, que era nada menos que o poeta Gonçalves Dias. Por duas aulas semanais, o futuro patrono da cadeira 15 da Academia Brasileira perceberia 200$000 ao ano, somados à remuneração pelo ensino do latim. Ao procurar, pressurosamente, como primeira providência, a *History of Brazil* de Robert

Southey, na Biblioteca Pública da Corte, o poeta soube que o único exemplar estava em poder do seu colega João Batista Calógeras, professor de história média e moderna. Como este demorasse a restituir o livro, o imperador pediu providências ao ministro dos Negócios do Império, visconde de Monte Alegre, que as tomou. Esta nota de pé de página é um retrato eloqüente das melhores intenções do poder público e da pobreza dos recursos então disponíveis.)

Arthur Silveira da Mota, barão de Jaceguai (1843-1914), terá sido, talvez, o primeiro eleito na condição de expoente, a exemplo da tradição francesa, ou "excepcionalidade", como então se dizia, encorajado por Joaquim Nabuco. Capitão-de-mar-e-guerra aos 26 anos, cobriu-se de glória ao forçar a passagem do Humaitá. Por essa razão, ao recebê-lo na Academia, Afonso Arinos não resistiu à hipérbole: "Antes de escrever as vossas páginas de história, vós fizestes, vós vivestes estas mesmas páginas."

Seu discurso de posse revelou o homem de pensamento, subjacente ao homem de ação. Essa peça, que merece ser lida e meditada, ganhou notoriedade pelo parágrafo em que assim justifica a ausência do elogio protocolar ao seu antecessor, Teixeira de Melo: "(...) sou forçado a calar-me... [por] não haver conhecido o homem nem a obra."

Jaceguai deixou obra considerável: *Organização naval*; *Formação da armada brasileira; Quatro séculos de atividade marítima — Portugal e Brasil* (1900), *Ensaio histórico sobre a gênesis e desenvolvimento da marinha brasileira* (1903); cinco volumes de memórias sob o título *De aspirante a almirante* (1906-1917); *Reminiscências da Guerra do Paraguai* (1935). Foi redator da *Revista Marítima Brasileira* e diretor da Biblioteca da Marinha, Museu e Arquivo (1897).

Gustavo Barroso (1888-1959) foi o mais jovem imortal, aos 35 anos, eleito por 23 votos contra sete de Rocha Pombo. Já tinha, então, a seu crédito, 17 volumes publicados, além de extensa bagagem jornalística. Mas o livro que logo o consagrou foi o primeiro, *Terra do Sol*. Sua produção não cessou de crescer nos anos seguintes e ao longo de toda a sua vida, nas mais variadas províncias do saber, notadamente no tocante à literatura militar. Consta que um dia teria dito a Josué Montello que, se reunisse tudo quanto escreveu, daria para mais de trezentos volumes.

Não só exuberância produtiva, mas invejável erudição, intensa pesquisa, análise segura de textos, coordenação inteligente de fatos e circunstâncias. Aprende-se muito nos seus livros sobre as guerras do Prata, em que seu amor ao Brasil o terá levado a infletir discretamente, aqui e acolá, a imparcialidade do historiador.

Tendo abraçado o integralismo de corpo e alma, chegou a extremos de paixão, que vazou numa série de livros infelizmente dominados pelo anti-semitismo. *Brasil, colônia de banqueiros*; *Sinagoga paulista*; *A maçonaria, seita judaica*; *Judaísmo, maçonaria e comunismo*; *Reflexões de um bode* são exemplos dessa exacerbação que culminou com a divulgação de *Os protocolos dos sábios de Sião*. Sua *História secreta do Brasil*, cujos três primeiros volumes chegou a publicar, tem essa mesma deplorável inspiração.

Quando **Alberto de Faria** (1865-1931) chamou a si a tarefa de compor uma biografia de Mauá, a vida desse grande brasileiro, nas palavras de Rodolfo Garcia "era página virada na memória das gerações modernas". Com efeito, Alberto de Faria levou anos para concluir seu trabalho, mas foi compensado pelo aplauso geral com que o livro foi acolhido, e a que não faltou o *placet* mais difícil — o de Capistrano —, que confidenciou a seu amigo João Lúcio de Azevedo, em carta guardada na Biblioteca Nacional: "O livro sobre Mauá tem muitas novidades e é contribuição preciosa para a história do Segundo Reinado." Grau dez do mestre.

Ao reaprendermos o que fora Mauá, reaprendemos igualmente a extensão do nosso atraso. O Brasil de antes e de depois dele. Os primeiros trilhos, a primeira locomotiva do continente sul-americano — a *Baronesa* — (trilhos que Mauá planejou levar até às nações do Pacífico); a iluminação a gás; o abastecimento de água; o transporte urbano; a engenharia sanitária, com a abertura do canal do Mangue; a navegação dos grandes rios (primeiro navio a vapor a subir o Amazonas); a siderurgia; produção de tubulões para canalizar a água; indústria naval; cabo submarino para ligar a América do Sul ao resto do mundo — tudo idealizado e tocado por esse rio-grandense iluminado, fiel à palavra dada ao Brasil, na presença do imperador, em 25 de março de 1854: "Não podemos parar."

Benjamin Franklin Ramiz Galvão (1846-1938), o futuro barão de Ramiz, com grandeza, aos 19 anos surpreende com um livro de peso — *O púlpito no Brasil*. Formado em medicina, tendo chegado a servir como cirurgião militar, sua vocação era, porém, o magistério. Helenista emérito, foi professor de grego no Colégio Pedro II e de química orgânica, zoologia e botânica na Escola de Medicina do Rio. Feito preceptor dos príncipes imperiais, acabou privando da confiança do imperador, que lhe delegou diferentes e honrosas missões.

Enquanto a maioria dos biógrafos se fixa em homens públicos ou personalidades de destaque, Benjamin Franklin Ramiz Galvão, ao contrário, devotou anos de sua vida e intensa energia para reconstituir, interpretar, dissecar a vida e pensamentos de frei Camilo de Monserrate, um monge austero porém angustiado e em conflito permanente com a disciplina de sua Ordem, padecendo de constantes e prolongadas crises de consciência, causadas, talvez, por hipertrofia de espiritualidade ou, mesmo, um sério desajuste estrutural. Não será fácil imaginar o que terá fascinado o biógrafo nesse sábio acadêmico europeu que desembarcou no Brasil com sua pesada carga de mal-aventuranças e complexos (filho natural de uma italiana e do duque de Berry). Um personagem tão mentalmente instável e irrequieto não merecia semelhante devoção de alguém tão previsível, metódico e convencional.

Afonso d'Escragnolle Taunay (1876-1958), filho do visconde de Taunay, primeiro ocupante da cadeira 13, optou pelas ciências físicas, de que foi professor nas escolas politécnicas do Rio e de São Paulo. O fato de seus pais terem contratado Capistrano de Abreu para ministrar-lhe lições de história do Brasil deve estar na origem do gosto que viria a se manifestar pelas pesquisas históricas.

Até se convencer de que sua autêntica vocação não era a de ficcionista, Afonso publicou, na França, *Crônica do tempo dos Filipes* (1910), reimpressa em São Paulo em 1926 sob o título de *Leonor de Ávila*. Embora romance, foi o que lhe abriu as portas do Instituto Histórico, onde foi julgado estréia auspiciosa. Em 1917, a *Missão artística de 1816* obteve a medalha de ouro do Instituto. A sorte estava lançada. A seguir, Capistrano teria convencido seu ex-aluno de que um só dos autos dos nossos inventários bandeirantes valia mais que uma grande ruma de cartas régias. Segundo Ivan Lins, foi esse conselho do mestre que o lançou na tarefa de reconstituição do nosso passado, em toda a sua complexa estrutura, isto é, focalizando não só o elemento dirigente, mas as bases econômicas e sociais. Daí em diante, Afonso não parou mais. A *História geral das bandeiras paulistas* rendeu 11 volumes de detalhes sobre a nossa expansão territorial. Deu-nos, afinal, com o *Tráfico africano no Brasil*, um reconhecimento explícito de que foi o negro não só uma das vigas mestras do bandeirismo como a principal mão-de-obra em quase quatro séculos de nossa existência. A esses estudos seguiu-se a *História do café no Brasil*, esta literalmente exaustiva, em 15 volumes. Não foi sem razão o dito de Agripino Grieco: Afonso produziu às toneladas.

É procedente a crítica de que os volumes de Afonso contêm transcrições textuais maciças de documentos, uns após outros, sem que o autor se lance ao trabalho de síntese. Dir-se-ia que, por vezes, sua profunda honestidade o inibia, como se o documento, fonte primeira da verdade, devesse ser oferecido à livre interpretação do próprio leitor. É possível. Mas acho que ninguém poderá negar-lhe o mérito de haver documentado pela primeira vez, com luxo de detalhes, as caminhadas épicas dos bandeirantes. Nem que o manancial que ele represou não seja excelente matéria-prima para os estudiosos das gerações seguintes.

X. Década de 1930

A década de 1930, sem dúvida, foi a que assinalou o ingresso na Academia de maior número de historiadores, ou melhor, cultores da história: Alcântara Machado (1875-1941), Rocha Pombo (1857-1933), Rodolfo Garcia (1873-1950), Pedro Calmon (1902-1985), Oliveira Viana (1883-1951), Barbosa Lima Sobrinho (1897-2000) e J. C. de Macedo Soares (1883-1968). Ao todo, sete.

No centro do palco, uma figura irradiante: **Pedro Calmon**, em quem não se sabe o que mais admirar: se a elegância, a erudição, o dom de comunicação, a fabulosa retentiva de fatos, cifras e circunstâncias, ou o fascínio que lhe inspirava o fato histórico. Jovem provinciano que parte à conquista da capital, foi balizando o seu caminho com marcos de valor, no magistério, na política, na literatura, na imprensa, até desaguar no estuário da historiografia. Estuário que não abandonaria mais. A exemplo de Afonso Celso, creio que se identificou mais com o Instituto Histórico do que com a Academia. O Instituto passou a ser seu posto de trabalho, o centro de suas atividades, o real fulcro de suas preocupações. Quantas vezes o encontrei em seu gabinete, curtindo um velho manuscrito, lendo ou comparando textos, freqüentemente na companhia de Américo Lacombe, antípodas de temperamento, quase xipófagos pela paixão da pesquisa.

Ao suceder a Calmon na Academia Portuguesa da História, Josué Montello — em discurso luminoso — assinalou que, para os modernos historiadores brasileiros, sua obra não corresponderia à visão nova da história, mais filosofia da história do que história factual. Calmon optou pela história factual, "aquela que busca os vários caminhos da pesquisa para tentar defrontar-se com a verdade histórica. Toda a obra de Pedro Calmon tem de ser julgada à luz de sua opção como historiador". E, em feliz definição: "A opção é o código do escritor."

Ao pensar no prazer que sempre me proporcionou, ao longo dos anos, a leitura da obra de Calmon, ocorrem-me as palavras de Marc Bloch, linha-dura da moderna metodologia: *"Gardons-nous de retirer à notre science sa part de poésie."*

Quando alguém qualificou *O rei cavaleiro* de romance, Calmou o retificou, mas só em parte: "É a narrativa da sua vida brava e bizarra, com os contrastes do drama, a comédia, a tragédia e a epopéia, vistos por um novelista."

Alcântara Machado marcou bem sua entrada na Academia com a frase que ficou famosa: "*paulista sou há quatrocentos anos*". A que acrescentou: "Só em minha terra, de minha terra, para minha terra, tenho vivido, incapaz de servi-la quanto devo, prezo-me de amá-la quanto posso. Amo-a com a ingenuidade e a cegueira inseparáveis do verdadeiro amor."

Recebido por Afrânio Peixoto, em discurso não menos memorável, ouviu bela apologia de seu livro essencial, *A vida e morte do bandeirante*, e evocação de seus ascendentes:

> Sentistes e dissestes a obra formidável dos que, devassando o Brasil, lhe fizeram a periferia regional dilatada, há, debruçado sobre vosso ombro de escritor, a sombra ancestral de Machado d'Oliveira, bandeirante moderno que, pela ação, vos daria os hereditários acentos de evocação comovida... Esse livro vos conduz à Academia que vosso ilustre avô imaginou, para vós...

A publicação, em 1920, de *Populações meridionais do Brasil*, livro de sociologia aplicada à história, como que catapultou Oliveira Viana para o primeiro plano da elite intelectual do país. Ainda era extrema, àquela altura, a pobreza das nossas letras em matéria de interação de disciplinas, como a sociologia, a etnografia, a psicologia, ou seja, das disciplinas subsidiárias da história. Ainda eram novidade entre nós a antropogeografia de Ratzel, a antropossociologia de Lapouge, a psicofisiologia de Gustave Lebon e William James. Foi, portanto, trabalho pioneiro, geralmente aclamado, malgrado as ressalvas de Capistrano, que logo assinalou não haver o autor aprofundado certos aspectos da nossa formação, delineados pelo mestre em seus *Capítulos de história colonial. Magister dixit.* Sensível a essa crítica, Oliveira Viana se dispôs prontamente a preparar uma segunda tiragem.

De todos o mais identificado com o exercício do *métier d'historien*, o jovem professor fluminense escreveu, em 1918:

> Ainda somos um dos povos que menos se estudam a si mesmos: quase tudo ignoramos em relação à nossa terra, à nossa raça, às nossas regiões, às nossas tradições, à nossa vida, enfim, como agregado humano independente.

Seguiu-se um volume, basicamente de antropogeografia política, *Evolução do povo brasileiro*, porém de tudo quanto veio a publicar nos anos imediatos, a obra que faz *pendant* com as *Populações* é, sem dúvida *O ocaso do Império* (1925) — análise equilibrada e imparcial dos acontecimentos que levaram à queda da Monarquia.

A grande lição de **Barbosa Lima Sobrinho**, pela qual será sempre lembrado, é a da coerência, da integridade e do amor ao país. Identificado, ao longo de toda uma geração, como cabeça e alma da Associação Brasileira de Imprensa, a que serviu com comovedora dedicação, e da qual se tornara, de fato, presidente perpétuo, produziu obra histórica, que desejo recordar: *A língua portuguesa e unidade do Brasil*; *A comarca do rio São Francisco*; *Presença de Alberto Torres,* além de magistral trabalho sobre a revolução pernambucana de 1817.

Certamente mais identificado com a política e a diplomacia, a que serviu com dignidade e distinção, **José Carlos de Macedo Soares** deixou alguns estudos históricos, dentre os quais destaco *As fronteiras do Brasil colonial, Os falsos troféus de Ituzaingo* e *Santo Antônio de Lisboa, militar do Brasil.* Além de presidente desta Casa, dedicou particular interesse ao Instituto Histórico, que presidiu por 29 anos.

XI. As últimas décadas

Foram igualmente ricas. Excluídos os acadêmicos vivos, afeitos às letras históricas, vale destacar Luiz Edmundo (1878-1961), Roberto Simonsen (1889-1948), Luiz Viana Filho (1908-1990), Afonso Arinos de Melo Franco (1905-1990), Francisco de Assis Barbosa (1914-1991) e mais dois que seriam plenamente identificados com o *métier d'historien:* José Honório Rodrigues (1913-1987) e Américo Jacobina Lacombe (1909-1993).

Quando **Luiz Edmundo** publicou seu grande painel do Rio antigo, sua veia literária foi mais celebrada que as cautelas do historiador. Mas, àquela altura — estamos em 1932 —, isso ainda não fazia falta. O leitor era muito menos exigente do que hoje, e contentou-se em se divertir com as pinceladas fortes que compõem a crônica de meio século desta cidade no tempo dos vice-reis.

Roberto Simonsen, político e líder empresarial, faleceu quando discursava neste mesmo salão para saudar o primeiro-ministro belga, Paul van Zeeland, em visita oficial ao Brasil. Sua *História econômica (1500-1820)* em dois volumes substanciosos, foi indubitavelmente uma contribuição valiosa, adiante do seu tempo entre nós. Pena que não houvesse continuado sua obra, que cobre apenas o período colonial. No remate, resume o autor: "o Brasil-colônia nascera com a revolução comercial; o Brasil iniciaria seus passos paralelamente com a revolução industrial."

Personalidade harmoniosa a de **Luiz Viana Filho**, em que as preferências dos seus admiradores oscilam do político ao escritor, ao biógrafo, ao humanista, ao ser humano de escol. O necrológio de Josué Montello teve esta expressão feliz: "Íntegro. Superior. Obra-prima do bom gosto de Deus."[18]

Pelo conjunto de obra, o nosso maior biógrafo. "Príncipe dos biógrafos brasileiros", pontificou certa vez Alceu de Amoroso Lima. E com razão. Extraordinária a aplicação de Luiz Viana a esse gênero de expressão literária, a que se lançou com *A vida de Rui Barbosa.* Reflexo evidente, nesta primeira biografia, da inquietação do político militante, que procura pensar a história presente por meio de um acontecimento do passado, conforme confessou a Luiz Navarro de Brito: "É uma obra intencionalmente política."[19] Desencadeada a polêmica, Luiz voltou gostosamente à carga com *A verdade na biografia,* em que se compraz em racionalizar as boas técnicas biográficas, escorado nos melhores mestres.

A biografia de Nabuco (1952), mais madura e mais bem estruturada, assegurou a Luiz Viana acesso triunfal a esta Casa. Entrada que disputou com 11 candidatos, muitos dos quais de peso como Leonídio Ribeiro, Magalhães Júnior, Augusto de Lima, Maurício de Medeiros. Cinco anos depois, com *A vida do barão do Rio Branco,* formou-se a celebrada trilogia, evocadora dos três grandes estadistas do final do Império e início da República. A febre biográfica, porém, não o deixou. A despeito de intensa atividade política, concluiu *A vida de Machado de Assis,* que Josué Montello apresentou como "o livro definitivo sobre o romancista das *Memórias póstumas*". Em 1975, concluiu *O governo Castelo Branco,* livro inevitavelmente polêmico. E ainda as *Vidas* de José de Alencar e de Eça de Queirós. Finalmente, já no lance final de sua vida, o que chamou de ensaio biográfico sobre Anísio Teixeira. Em todos os sentidos, um homem realizado.

Encerro estes parágrafos sobre Luiz Viana com uma vinheta pessoal. 1968. Visita da rainha Elizabeth ao Brasil, que acompanhei por ser então embaixador em Londres. Escala em Salvador. Muito calor e um sol de rachar. Preocupado, o governador Luiz Viana abre um guarda-chuva para proteger a soberana, no que foi depois vivamente criticado. Sua resposta: "Era a única maneira de a Bahia fazer sombra ao Império britânico..."

Depois das palavras de Pedro Nava — "escrever sobre **Afonso Arinos de Melo Franco** é como absorver um mundo" —, que poderia eu senão somar este breve registro ao louvor unânime e à aclamação irrestrita à vida e feitos desse ser humano de exceção? No escopo desta palestra, caberiam, de corpo inteiro, o ensaísta, o historiador, o biógrafo, o memorialista, o homem público. Sua *Introdução à realidade brasileira*, em 1933, embora de natureza política, já permitia antever a *percée* na historiografia que representou, poucos anos depois, o *Conceito de civilização brasileira*, livro avançado para a época, certamente inovador. Não tardou *O índio brasileiro e a Revolução Francesa*, fruto de intensa pesquisa e interpretação criadora, seguido, em 1938, pela *Síntese da história econômica do Brasil*. Mais adiante, a faixa de produção historiográfica seria enriquecida com *Terra do Brasil*; *Um soldado do Reino e do Império*, sobre o marechal João Crisóstomo Callado, seu antepassado; *Desenvolvimento da civilização material no Brasil* e uma *História do Banco do Brasil*, em que projeta, como pano de fundo, a própria história financeira do país. Mas as obras maiores ainda estavam por vir: *Um estadista da República*, sobre Afrânio de Melo Franco e seu tempo, e *Rodrigues Alves, apogeu e declínio do presidencialismo*.

Gilberto Freyre traçou o seguinte paralelo entre a biografia do pai de Afonso Arinos e o livro de Joaquim Nabuco:

> *Um estadista da República* era um livro barroco e *Um estadista do Império*, um livro predominantemente clássico, contrastando na diferença entre as técnicas da historiografia nas duas épocas.
>
> Uma, a história grandiosa, dramática, fixadora das culminâncias entre os fatos e os homens, drapejada de reminiscências antigas com personagens solenes, e togados, como heróis racinianos. Outra, a história mais copiosa que grandiosa, cuja força está na solidariedade dos pequenos fatos e não na emoção isolada dos grandes; história que é rio e não montanha, história mais interpretativa do que julgadora. Diferença parecida com a que os historiadores literários fazem entre a época ciceroniana e pós-ciceroniana, idade de ouro e a prata.

Em seu discurso de posse, Alberto Venâncio assinala que Afonso Arinos concordara com a análise de Gilberto Freyre: "Para ele o Império era clássico e a República barroca. Os dois livros não podiam ser diferentes do que são."

Embora costumasse dizer que em tudo o que fazia estava o traço do repórter, o fato é que **Francisco de Assis Barbosa** logrou dar vazão, com extrema aplicação, à vertente mais genuína de sua vocação, que foi a de crítico e historiador literário. Ao seu interesse pela República Velha devemos os relatos de inúmeros fatos e situações que foi amealhando ao longo do tempo, mas sem descurar as idéias gerais, como, por exemplo, o antagonismo entre a tendência feudal dos velhos caciques e a preservação, no longo prazo, da unidade nacional.

A difícil arte do prefácio foi por ele cultivada com grande maestria e erudição: foge às palavras habituais de circunstância para incidir, de rijo, na substância mesma do livro, suas proposições e conclusões. Valem como verdadeiros ensaios.

Mas a dimensão maior de Francisco de Assis Barbosa foi alcançada no engenho de sua composição biográfica. *A vida de Lima Barreto* é, sem dúvida, a sua obra-prima. Em *JK — Uma revisão na política brasileira,* obra inacabada, a arquitetura é inteiramente diversa; o horizonte visual se expande em saga de quatro gerações — a de Kubitschek, a de seus pais, a de seus avós e a dos seus bisavós —, o que permitiu ao autor desfraldar um pano de fundo que remonta à Independência e vai até o *grand-finale* na Praça dos Três Poderes.

Em 1940, aos 27 anos, **José Honório Rodrigues** publicou com Joaquim Ribeiro a *Civilização holandesa no Brasil,* primeiro prêmio de erudição desta Academia, o que lhe entreabriu a porta à consagração dos 33 votos com que foi eleito em 1969. Escolhido bolsista nos Estados Unidos, pôde conviver com mestres de primeira grandeza e beneficiar-se das facilidades de pesquisa e formação. Era o impulso que lhe faltava e de que se valeu intensamente.

Basicamente cientista social, a um tempo teórico e militante, José Honório cedo se transformaria em cruzado e apóstolo de uma "história combatente", movido por um revisionismo veemente. Veemente, porque tudo nele foi afirmação viril e passional.

Deixou não apenas obra extensa e sólida, de projeção internacional, mas seguidores fiéis e discípulos aguerridos que formaram o chamado Grupo José Honório Rodrigues, particularmente ativo na Paraíba.

Sua trilogia de base — *Teoria da história do Brasil*; *A pesquisa histórica no Brasil* e *História da história do Brasil* — teve como *pendant* uma segunda, em que reuniu o essencial de suas idéias histórico-políticas: *Aspirações nacionais, Conciliação e reforma no Brasil* e *Interesse nacional e política externa.* Mas é em uma terceira trilogia, que completa a arquitetura do essencial de sua obra, que o leitor encontrará, em plenitude, a sua visão da história, as raízes da sua interpretação crítica, do seu "participacionismo" historiográfico. Penso que, entre suas inspirações de base, bem poderia estar a máxima de Gehrard Ritter: "Quem quiser fazer história será obrigado a julgar."

Também figura singular, **Américo Jacobina Lacombe.** Não era só Afonso Arinos que, em caso de dúvidas, costumava dizer "Vou consultar o Américo, que sabe tudo". Ouvi essa mesma frase de outros, e eu mesmo, em diversas ocasiões, corri a pedir-lhe ajuda, uma pista, uma indicação de livro, um conselho prático. Seu traço marcante era a integridade tranqüila, associada a memória invulgar e intensa paixão pela pesquisa histórica. O gosto do detalhe, porém, jamais empanou sua capacidade de apreciar o conjunto, do que deu prova em *Um passeio pela história do Brasil* e no pequeno volume *Brasil,* que produziu para o Instituto Pan-Americano de Geografia e História, na mesma linhagem do *Esquisse,* de Rio Branco.

Obra maior foi a sua *Introdução ao estudo da história do Brasil,* notável exemplo de erudição e disciplina no trato da informação, destinado a balizar o caminho dos futuros pesquisadores. Todo esse lastro de cultura, de experiência acumulada na faina diária em arquivos e bibliotecas, foi mobilizado para a missão que realmente marcou sua vida — a direção da Casa de Rui Barbosa. Ao longo de décadas, dedicou-se à edição das *Obras completas de Rui Barbosa,* com previsão de alcançar 168 volumes, enriquecidos de notas, observações e comentários. Bastaria a coordenação dessa tarefa gigantesca para assegurar a Lacombe um lugar entre os mais proeminentes da nossa historiografia.

Chego ao fim. À natural frustração dos leitores devo somar a minha própria, por não me haver detido em algumas figuras de minha predileção, não-membros da ABL, com obra inestimável, a algumas das quais devo o gosto pela pesquisa histórica. Pena não ter evocado Alfredo do Vale Cabral (1851-1894), o primeiro a organizar a seção de manuscritos da Biblioteca Nacional, responsável pelos *Anais da Imprensa Nacional, 1808-1822* (1881), pela catalogação e publicação de tantos documentos históricos. Pena ainda não ter evocado os grandes nomes da crítica literária — portanto, história da literatura — como Sílvio Romero, José Veríssimo e Afrânio Coutinho, nem tampouco a figura estelar de Euclides da Cunha, de quem fiz o elogio ao tomar posse da cadeira nº 7. Pena, finalmente, ter de apenas mencionar, para não fugir ao espaço do capítulo, Alberto Rangel, Basílio de Magalhães, Tobias Monteiro, Otávio Tarqüínio de Souza, José Maria Bello, Pandiá Calógeras, Caio Prado Júnior, Nelson Werneck Sodré, Hélio Viana.

Certamente terei pecado por omissão. A mim mesmo ocorrem várias. Um autor, por exemplo, que me teria dado um enorme prazer lembrar — e ao leitor ainda mais — é Mendes Fradique, o mestre humorista que enriqueceu as nossas letras com a sua celebrada *História do Brasil pelo método confuso*...

PRECURSORES

Século XVI	Século XVII	Século XVIII	Século XIX
Pero Magalhães Gandavo *Tratado da Terra do Brasil* *Hist. Da Prov. Santa Cruz* (1570 e 1576) Gabriel Soares de Souza *Tratado descritivo do Brasil* (1587)	*Diálogo das grandezaz* (1618) Fr. Vicente do Salvador *História do brasil* (1627)	André José Antonil *Cultura e opulência do Brasil* (1711) Sebastião da Rocha Pitta *História da América Portuguesa* (1730)	Robert Southey — John Armitage *History of Brazil* — *The History of Brazil* (1810) — (1836) Aires do Casal *Corografia Brasílica* (1817)

PATRONOS

João Francisco Lisboa	F.A. de Varnhagen	Visc. do Rio Branco
(1812-1863)	(1816-1878)	(1819-1880)

FUNDADORES

Afonso Celso	Visconde de Taunay	Teixeira de Melo	Joaquim Nabuco	J.M. Pereira da Silva	Oliveira Lima
(1860-1938)	(1843-1899)	(1833-1907)	(1849-1919)	(1817-1889)	(1867-1928)

SUCESSORES

João Ribeiro	Rio Branco	Artur Jaceguai	Ramiz Galvão	Alberto de Faria	Gustavo Barroso	Afonso Taunay	Alcântara Machado	Rocha Pombo	Rodolfo Garcia
(1860-1934)	(1845-1912)	(1843-1914)	(1846-1933)	(1865-1931)	(1888-1959)	(1876-1958)	(1875-1941)	(1857-1933)	(1873-1949)

Pedro Calmon	Oliveira Viana	Barbosa Lima Sº	Macedo Soares	Luiz Edmundo	R. Simonsen	Luiz Viana	Afonso Arinos	J.H. Rodrigues	Lyra Tavares
(1902-1985)	(1883-1951)	(1897-2000)	(1883-1968)	(1878-1961)	(1889-1948)	(1908-1990)	(1905-1990)	(1913-1987)	(1905-1998)

Américo Lacombe	S. Corrêa da Costa	Alberto Venâncio
(1909-1993)	(1919-......)	(1934-......)

NOTAS

1. Rodolfo Garcia, discurso de recepção na ABL, 13.4.1935.
2. João Ribeiro, *Jornal do Brasil*, 3.11.1931.
3. *História do Brasil*, tradução brasileira, 1862, tomo I, p. 43.
4. Hélio Vianna, *O visconde de Cairu*, na *Contribuição à história da imprensa brasileira*, Rio de Janeiro, 1945, pp. 359-446.
5. Capistrano de Abreu, *Ensaios e estudos*, p. 201.
6. João Ribeiro, *Obras*, vol. VI, p. 89.
7. Fernando Segismundo, *Grandezas do Colégio Pedro II*, Unigraf, Rio de Janeiro, 1996.
8. João Ribeiro, op. cit., p. 86.
9. *Jornal do Brasil*, 1.1.1930, coluna de João Ribeiro.
10. Op. cit., p. 94.
11. Otávio Tarqüinio de Souza, prefácio à 2a. edição de *Dom João VI no Brasil*.
12. *Revista Brasileira*, ano III, nº 9, p. 87.
13. Capistrano de Abreu, op. cit., p. 215.
14. João Ribeiro, *Obras, Crítica*, vol. VI.
15. Rocha Pombo, *História do Brasil*, vol. 1, p. 176.
16. Alberto Venâncio Filho, *Revista Brasileira*, abril-junho 1997.
17. Fernand Braudel, *Écrits sur l'histoire*, I, 23.
18. *Jornal do Brasil*, 12.6.1990.
19. *Luiz Viana Filho*, Salvador, Fundação Cultural do Estado da Bahia, 1978, pp. 9-24.

18.

À guisa de arremate + A certidão de nascimento do Estado de Israel

Oswaldo Aranha não era apenas fascinante, era fulgurante. Como dizia João Carlos Muniz, assaltava a verdade. Trabalhar com ele era verdadeira delícia, pois percebia os problemas de longe, chegava à conclusão em segundos, decidia as cousas e ordenava as providências. Foi o homem que pôs o Brasil na guerra II do lado certo, contra ventos e marés, e só este título lhe dá glória.

Cyro de Freitas-Valle, *Vale Dico, Despedida do Itamaraty*
Brasília, Fundação Alexandre de Gusmão, 2001

Agora que estou aposentado, que sou dono do meu nariz, que não tenho mais o governo a me dizer faça isto, faça aquilo, siga imediatamente para tal ou qual país, não terei mais desculpa para não concluir pesquisas, não trabalhar duro, não escrever intensamente. As frustrações pertencem ao passado e já não poderão mais ser invocadas.

A aposentadoria é uma invenção injustiçada. Já tive três e, se houver tempo, ainda tentarei mais uma. A primeira, foi do Itamaraty, onde me recolhi aos 19 anos. A carreira foi longa e absorvente, com ela me identifiquei por completo, consciente, cada dia, de que estava seguindo a minha vocação. Servi o país no Itamaraty com a mais irrestrita devoção, procurando cumprir o meu dever, qualquer que fosse o preço a pagar. Cada posto, na sua hora, me pareceu o mais estimulante do ponto de vista profissional. O dia fatal, meia-noite, zero minuto, momento de cair o pano, me alcançou em Washington, nos anos Reagan.

Comecei, então, outra carreira, a de advogado e consultor, de que guardo excelente lembrança. O primeiro convite foi o da University of South Carolina, para ser professor visitante. Meu último dia de embaixador caiu numa sexta-feira. No sábado, terminei as malas. No domingo, em uma caminhonete abarrotada, tomei a estrada em direção a Columbus, onde se encontra a universidade, pois começaria a nova atividade às 8:30 da manhã de segunda-feira. Lecionei comércio internacional, direito internacional público, relações internacionais. Não me saía do pensamento o fato de essa universidade ter sido fundada em 1807. Os americanos, colonizados mais de um século depois de nós, já dispunham de universidades ao tempo em que nossa prezada Dona Maria I proibia a existência até de escolas primárias no Brasil! Aliás, vale lembrar que só tivemos a primeira universidade no governo Getúlio Vargas.

De Henry Kissinger recebi o segundo convite. Propôs-me um contrato como consultor de Kissinger Associates, função que exerci nos primeiros anos da nova encarnação.

Alguns anos depois, tendo me fixado em Paris, dei por encerrada essa atividade, ansioso por uma segunda aposentadoria. Não é sem razão que os espanhóis preferem a palavra *jubilación*. Não durou muito, pois logo comecei outro ofício, como árbitro junto à Cour d'Arbitrage da CCI (Câmara de Comércio Internacional). Durante cerca de cinco anos, dediquei-me a esse mister absorvente, de que também me jubilei com a intenção de recomeçar a escrever, a acertar contas com o passado, reencontrar-me com os meus livros e arquivos.

Palavras sem fronteiras

Enquanto arrumava papéis e preparava o terreno, sem saber ao certo por onde começar, pensei pôr em ordem um elenco de palavras "sem fronteiras" que começara a coligir. Por quê? Como passei a maior parte da minha carreira nos Estados Unidos e na Inglaterra, sempre me chamou a atenção a freqüência com que os textos ingleses recorriam a palavras e expressões francesas. Como o inglês era minha segunda língua, vi logo que não se tratava de facécia de jornalista, nem exibição de cultura, mas o reconhecimento puro e simples da ausência de equivalentes locais satisfatórios. Cheguei mesmo a perguntar a um astronauta americano por que tanto eles quanto os russos utilizavam sistematicamente a expressão *rendez-vous* para indicar os pontos de encontro de naves espaciais. Ele me confirmou que nenhum equivalente em inglês nem em russo havia sido encontrado. Comecei, então, uma pequena coleção que batizei "palavras sem fronteiras" pelo simples fato de terem como denominador comum o uso universal, isto é, utilizáveis em qualquer ponto do planeta sem necessidade de tradução. Em Paris, ao passar a ler diariamente a imprensa francesa, iniciei o exercício inverso, isto é, a coleta de expressões inglesas e de outras origens que ia encontrando nos jornais locais. Como sempre fui apaixonado por palavras, achando que por trás de cada uma há sempre uma história pitoresca e instrutiva, essa atividade foi me absorvendo de forma crescente. Assim, o leque se abriu rapidamente e, quando me dei conta, a coleção alcançara 3.000 palavras e expressões originárias de 46 línguas, abonadas por 16 mil exemplos de uso.

Ao colocar em ordem alfabética esse *corpus* de origens tão diversas, logo me apercebi que, longe de criar uma Torre de Babel, o conjunto dava a impressão de pertencer a uma mesma língua. Não deveria, aliás, ter-me surpreendido, já que todas as palavras repertoriadas têm um denominador comum que lhes assegura a homogeneidade: o fato de serem, sem exceção, *sem fronteiras* e, por conseguinte, ao alcance de qualquer leitor, independentemente de nacionalidade ou grupo cultural. Vendo-as em conjunto, seguidas de exemplos de uso recolhidos em mais de uma centena de jornais e revistas de 15 países, em oito línguas, temos a agradável surpresa de descobrir que todos somos, até certo ponto, poliglotas.

Tendo encontrado um editor em Paris — Les Éditions du Rocher —, o que já me pareceu um milagre, não tardou surpresa maior ao saber que o livro figurava entre os candidatos ao Grand Prix 1999, a ser atribuído conjuntamente pelas academias que integram o Institut de France. Mais adiante, tranqüilamente instalado no apartamento 811 do Hotel Glória, chegou-me um fax com a notícia do supermilagre: entrega solene em recepção no Hôtel de Crillon, dia 11 de novembro.

Os membros do júri concluíram que eu havia realizado uma missão impossível, isto é, a "medição de um imponderável". Você encontrou um meio, me disse Maurice Druon, uma técnica para *quantificar* objetivamente a influência das diferentes línguas. Em outras palavras, a proeza de medir algo que não se pode estimar com precisão. Segundo ele, meu livro deveria ter tido como subtítulo "Ensaio sobre as línguas de influência". Surpresa sobre surpresa. Não apenas não havia sido essa minha intenção inicial, como nem sequer me havia apercebido do alcance dessa "medição". Na mesma oportunidade, um jornalista que me procurou em Paris fez o seguinte comentário:

> Podemos dizer ou ouvir que o *bulldozer* anglo-americano é imbatível, ou que a influência do francês está em declínio acelerado. Mas *onde está a prova*? Faltava um meio confiável de avaliação. E o senhor encontrou esse meio, Sr. da Costa.

Só me cabia ficar reconhecido à colaboração do meu computador, que produziu, graciosa e instantaneamente, o balanço estatístico das diferentes contribuições, sem o menor esforço de minha parte. Custei foi compreender por que a coleção de exemplos de uso de palavras francesas, contra a expectativa geral, a começar pela minha própria, havia ultrapassado todas as demais, inclusive as de origem anglo-americana, a despeito da avalanche irresistível dos *fast foods*, das *baby-sitters*, dos *skinheads* e das *stock options*. Em suma, o *score* 1.420 para o tricolor contra 1.050...

Na França e, mais ainda, no Brasil, quando cheguei para o lançamento da versão em português — a que se arriscou a Editora Record —, jornalistas incrédulos me exigiram "explicações". Confesso que não as tinha ainda e fui obrigado a voltar ao texto em procura, a toque de caixa, de uma *rationale*. A primeira encontrada foi a de que a presença francesa se distingue pela *longa duração*. Como prova, um número importante de abonações de uso por autores russos dos séculos XVIII e XIX posto ao lado de abonações contemporâneas dessas mesmas palavras, tanto na Rússia como em outros países. As abonações de palavras anglo-americanas, ao contrário, são em grande maioria contemporâneas e, mesmo, freqüentemente "descartáveis", isto é, de curta duração, tendendo a ser substituídas por outras, não raro da mesma origem, sobretudo no campo das tecnologias da comunicação e da finança internacional. Outra distinção digna de nota entre as duas línguas campeãs decorre da natureza mesma das respectivas contribuições. Minha coleção mostra que as expressões francesas que se implantaram mais duravelmente nas demais culturas são as que têm a ver com as nuanças do pensamento, com estados d'alma, ou com julgamentos subjetivos. As demais línguas parecem ser bem menos dotadas, pelo menos nesse domínio. Ora, se o francês se afirma como fonte principal do abstrato (*fin de siècle, blasé, déjà vu, femme fatale, tour de force, cordon sanitaire, enfant gâté, pièce de résistance, mise-en-scène, savoir faire*), a primazia do inglês é indiscutível no domínio do esporte e dos negócios, ou quando se trata de descrever objetos específicos ou situações bem definidas, preto no branco.

O conjunto das 16 mil abonações, que me pareceu constituir amostragem significativa, não se limitou a pôr em relevo a proeminência absoluta dos traços culturais franceses e dos anglo-americanos. Surpreendente também foi o fato de estarem os dois gigantes seguidos, muito de perto, pelo latim, tanto em número de verbetes quanto em volume de abonações. E isso apesar de me ter empenhado em recolher, tão-somente, as palavras e expressões latinas puras, inalteradas, e que continuam em uso freqüente, com o mesmo sentido que tinham ao tempo de César e de Virgílio. Quem teria podido prever semelhante longevidade? Uma língua classificada como morta dando demonstração de tamanho vigor em escala mundial, uma vez que as atestações foram colhidas essencialmente na imprensa contemporânea de todos os continentes.

Pensar que o trabalho estava concluído com a entrega dos originais ao editor foi uma completa ilusão. Fiquei mais ocupado do que na reta final da pesquisa. Qual a razão da modesta contribuição de culturas poderosas como a alemã e a russa? E como fica a língua portuguesa? E as línguas orientais? Até o lançamento da versão portuguesa pela Editora Record, em março seguinte, não tive um dia sequer de trégua. A entrega dos originais não foi senão o início de um turbilhão.

Planos para o futuro

Continuo com as vistas voltadas para o nosso primeiro século. A copiosa produção histórica que assinalou o quinto centenário não me desencorajou do antigo projeto de retomar a saga dos descobrimentos e identificar os verdadeiros pioneiros. Este livro, que não sei ainda como classificar — se crônica, reminiscência ou quase-memórias —, é um passo firme na direção de *O Brasil antes de 1500*. Os capítulos 3, 4 e 5 desta excursão descontraída mostram que o tema permanece em primeiro plano.

Outra pesquisa que me atrai seria *O Brasil, colônia espanhola*, ou seja, um balanço dos sessenta anos durante os quais os Filipes de Espanha foram os nossos soberanos.

Memórias? Hesito muito por não acreditar que ofereçam maior interesse. As que realmente atrairiam o público, estas já não as posso contar. Um exemplo. Minha primeira missão no exterior foi em Buenos Aires, pouco antes do final da última guerra. Um golpe, de que já participara o coronel Juan Domingo Perón, havia deposto o governo civil. Os militares, que não escondiam suas simpatias e afinidades com a Alemanha nazista, assumiram o controle total. Apesar de suspensas as relações com o Brasil, o Itamaraty me fez partir para a capital argentina. Pouco depois, conheci um brilhante oficial do Exército, major José Embrioni, feito secretário-geral do Ministério das Relações Exteriores, situação impensável no Brasil. Almoçamos e jantamos diversas vezes, convidou-me para espetáculos no Teatro Colón, conversamos longamente sobre a guerra em curso, sobre as relações bilaterais e sobre os planos de governo dos militares argentinos. Um belo dia, sugeriu uma conversa, a que se seguiram outras, com o coronel Perón, que ocupava as pastas da Guerra e do Trabalho. Comecei, então, um diário em que registrei o essencial dessas conversas. Mais adiante, o Brasil normalizou as relações e nomeou embaixador um próximo do presidente Vargas, João Batista Luzardo. Encontros informais com Perón se sucederam após a chegada do embaixador, a quem acompanhei nessas oportunidades. Enquanto isso, meu diário continuou crescendo. Crescendo até o dia em que cheguei à conclusão de que não podendo, sequer, idealizar sua publicação, eu acabaria prisioneiro desses apontamentos. Se os perdesse, ou se fossem roubados? Achei melhor destruí-los e não pensar mais no assunto. Foi o que fiz. Importante era fazer chegar ao Itamaraty a avaliação política dessas conversas, quase todas informais. Não perdi de vista o major Embrioni, que não tardou a chegar a general e, anos depois, concluiu ser do interesse da Argentina pôr um fim à era peronista.

Quando fechei a porta a um tema de interesse geral como esse, eu o fiz como quem elimina definitivamente até mesmo a perspectiva de, um dia, vir a escrever memórias, como tantos de meus colegas. Deixei de tomar notas, de guardar cópias, de anotar datas e circunstâncias ligadas aos principais eventos de minha vida profissional, espécie de pá de cal em qualquer veleidade futura de registrá-los em livro. Não tenho a certeza de que fiz bem. Talvez por isso ainda possa rever a decisão. Às vezes, por exemplo, me vêm à lembrança alguns episódios, como o do assassinato do colombiano Jorge Eliezer Gaitán, em 1948, o líder carismático que me pareceu um misto de Getúlio Vargas e Luís Carlos Prestes. Estando apenas a cinco ou seis metros de distância, não perdi um só detalhe dessa execução política, nem do que imediatamente se seguiu: o saque de Bogotá, o chamado "Bogotazo". Quem hoje se interessará por esses detalhes no Brasil? O mesmo com relação a Eva Perón, que conheci em Buenos Aires e reencontrei no Quitandinha, em 1947, durante a Conferência Interamericana para a Manutenção da Paz e da Segurança no Continente. Assistente do chanceler Raul Fernandes, fui posto à disposição da primeira dama argentina, que chegou disposta a difundir sua mensagem política aos quatro ventos, o que não pareceu oportuno ao nosso chanceler. Também acho que seria hoje reduzido o interesse pelos detalhes do que ocorreu, pelas agruras que passei, pelos inúmeros problemas que me coube enfrentar.

Outro episódio longínquo, em 1963, no Vietnã, também às vezes me vem à lembrança. Foi na época em que, nas ruas de Saigon, monges budistas ateavam fogo às vestes embebidas em querosene, em protesto contra alegadas perseguições religiosas. Delegado à Assembléia Geral da ONU, integrei pequeno grupo de embaixadores enviado de urgência a Saigon para produzir um relatório de avaliação. Estivemos várias vezes com o presidente Diem e, por uma série de circunstâncias, coube-me visitá-lo precisamente na manhã do que seria seu último dia de vida. Menos de dez minutos depois de minha saída (justo o tempo de alcançar o Hotel Métropole, quatro ou cinco blocos distante), o palácio presidencial foi cercado por tanques do exército e literalmente arrasado. Fui, por isso, o último não-vietnamita a estar com o presidente. Muito se escreveu sobre o assunto e temo que minha conversa de mais de duas horas tenha perdido atualidade.

A certidão de nascimento do Estado de Israel

Pensei em abrir, aqui, uma exceção. Sempre que conto a "estória" dessa certidão, sou instado a publicá-la. Como a incursão é descontraída, por que não?

Sendo Oswaldo Aranha o pivô do episódio, preciso começar lembrando que, no início de 1947, o presidente Eurico Dutra, seu velho adversário político, o convidou para representar o Brasil no Conselho de Segurança da ONU, cuja presidência caberia ao nosso país no mês de março. A personalidade de Aranha causou tal impacto que foi logo depois eleito, por esmagadora maioria, presidente da primeira sessão extraordinária da Assembléia Geral, o mais alto posto internacional já exercido por um brasileiro.

Coube, assim, a Aranha conduzir o debate sobre o problema da independência da Palestina, o mais controvertido e volátil daqueles anos. Sua objetividade e isenção mereceram elogios de várias delegações, inclusive de países árabes, notadamente o Iraque, bem como dos dirigentes da Agência Judaica para a Palestina. Quando um repórter observou que o grão-mufti de Jerusalém declarara que os judeus queriam se apropriar da Palestina para usá-la como trampolim para sua maior expansão na região, Aranha retrucou: "A opinião do mufti não me interessa. O problema não é judaico ou árabe, mas mundial."

Finda a sessão, Aranha regressou ao Brasil (fins de maio) mas, pouco depois, o ministro Raul Fernandes o persuadiu a voltar a Nova York como chefe da delegação à segunda sessão da Assembléia Geral, no mês de setembro. Este novo mandato lhe reservaria um papel histórico da mais alta relevância. Inimaginável, àquela altura, que lhe pudesse caber, ainda uma vez, a presidência da Assembléia. No intervalo entre as duas sessões, haviam sido veiculados, como prováveis, os nomes de três estadistas de imenso prestígio: Paul Henri Spaak, da Bélgica, o canadense Lester Pearson e Jan Masaryk, da Tchecoeslováquia. Aranha não contava senão com apoios dentro da chamada "comunidade" latino-americana.

O Departamento de Estado, porém, optou pelo australiano Evatt e passou aos aliados sua palavra de ordem, à qual logo se alinhou o Itamaraty, sob o argumento de respeito à "regra sacrossanta" da rotatividade. Contra tal imposição, entretanto, iria rebelar-se a maioria dos países latino-americanos, contrapondo o nome de Aranha. Dois dias depois de chegar a Nova York (15.9.47), Aranha declarou que seu governo não aceitaria a sua recondução. Seguiram-se episódios dramáticos (um jovem diplomata brasileiro presente anotou: "As reuniões das delegações latino-americanas pareciam um motim de nações, lembravam a própria Convenção Francesa...”). Os episódios dramáticos que marcaram os dias seguintes terão de ficar para outra ocasião. O fato é que Aranha foi eleito presidente pela segunda vez, precedente que nunca mais se repetiria na ONU.

No trato da questão da Palestina, as instruções do Itamaraty deixavam a critério de Aranha a definição de atitude em face da disputa “em que temos tão remoto interesse”. Não havia, porém, a menor possibilidade de compromisso entre as posições dos árabes e as dos judeus. Os primeiros insistiam na criação de um Estado palestino, no qual seriam numericamente dominantes; os judeus queriam a partilha, ou seja, a criação de dois Estados, um árabe e outro judeu. Em pauta o relatório apresentado pelo Comitê especial enviado à Palestina, foi criado um Comitê *ad hoc*, integrado por todos os membros da ONU, para examiná-lo e propor uma fórmula definitiva. Os debates se processaram em clima de extrema tensão, o bloco árabe combatendo ferozmente a partilha e recusando-se até a se sentar com delegados favoráveis à criação de um Estado judeu.[1]

O Comitê *ad hoc* aprovou um relatório a favor da partilha e apresentou projeto de resolução nesse sentido. Diante, porém, do elevado número de abstenções — vinte —, tudo parecia indicar que não alcançaria os dois terços indispensáveis à aprovação em plenário. A sorte da Palestina, por isso, continuou incerta até o final do debate, nos últimos dias de novembro. Entre os membros do *lobby* judaico, anotou um historiador do episódio, “havia ‘tensão desesperadora’ porque temiam não ter aliados suficientes na Assembléia Geral; tentaram organizar, portanto, um movimento para adiar o voto a fim de poder pressionar os delegados neutros”.[2] Em face de discursos protelatórios encomendados, Aranha usou e abusou de sua autoridade. “Tinha a mão mais rápida no martelo que eu já vi”, comentou Abba Eban em seu hoje clássico *Personal Witness: Israel Through My Eyes*.[3] Voltarei, daqui a pouco, a esse martelo, para revelar onde hoje se encontra.

Embora declarando que seu dever de presidente o obrigava a manter-se neutro, Aranha não conseguia dissimular seu apoio discreto, porém intenso, às reivindicações sionistas.

A sessão decisiva, histórica, ocorreu num sábado, 29 de novembro, sob tensão sem precedentes. Embora milhares de pedidos de ingressos tivessem sido recusados, o espaço reservado ao público estava superlotado e verdadeira multidão se concentrou diante do portão de acesso.

Flanqueado pelo secretário-geral Trygve Lie, Aranha abriu a sessão às 16:00 em ponto e teve logo de enfrentar forte campanha do grupo árabe no sentido do adiamento do voto, pois temiam perda de terreno nos dias precedentes. Depois de recusar moções do Iraque e do Líbano, recebeu um projeto de resolução do Irã transferindo a discussão para janeiro e incumbindo o Comitê *ad hoc* de reexaminar a questão palestina. Aranha anunciou que não se tratava de pedido para adiar o debate, porém de assunto novo. Assim, a Assembléia prosseguiria imediatamente com o voto sobre o relatório do Comitê. Logo se ouviu o martelo e a voz de Aranha: "Os senhores todos sabem como votar. Os que são a favor dirão *sim;* os que são contra dirão *não* — e os que se abstenham sempre sabem o que dizer", concluiu, provocando risadas. Um por um, então, os representantes tiveram de atender à chamada nominal. Quando o da França votou a favor, houve aplausos do público, porque até essa hora o governo francês se mostrara hesitante. Aranha, energicamente, deu sete marteladas para silenciá-los e declarou, em voz severa, que não toleraria qualquer interferência com a votação. Feita a contagem, anunciou o resultado:

> A Resolução do Comitê *ad hoc* para a Palestina foi adotado por 33 votos, 13 contra, dez abstenções.

Os delegados árabes se retiraram acintosamente em massa, sem esperar o encerramento oficial da sessão, declarando à imprensa que o voto significava a morte da ONU. Enquanto alguns diziam que as fronteiras do futuro Estado seriam traçadas com sangue, o mundo judaico comemorava delirantemente o início de uma nova era para o povo judeu. Chaim Weizmann, pioneiro do movimento sionista, escolhido presidente de Israel no ano seguinte, telegrafou a Aranha:

> A sessão da Assembléia não podia ter terminado com esta decisão histórica [...] se não fosse o vosso esforço persistente e vossa devoção como presidente.

Neste ponto, precisamente, começa a minha "estória": o que a crônica do acontecimento não registrou, mas do que fui testemunha e vi. Com efeito, notei que, em dado momento da votação, Aranha puxou para si o bloco (*row call*) em que o secretário da Assembléia ia anotando, nesse formulário impresso, as declarações de voto e passou a fazê-lo ele mesmo. Procurei imaginar por que e concluí que seria para acompanhar, mentalmente, a soma de cada coluna (*Sim, Não, Abstenção*) e conhecer o resultado no momento exato em que a moção alcançasse a barra dos dois terços, o que ainda constituía imensa interrogação. Minutos depois, o anúncio da decisão, a explosão de júbilo, os arrebatamentos de raiva. Não pensei mais nesse detalhe que, no momento, me pareceu insignificante, mas só no momento.

Acompanhei Aranha na volta ao Waldorf Towers, onde residia. No elevador, a coincidência de subirmos com vários príncipes árabes, em seus trajes típicos, punhais reluzentes, os olhos lançando faíscas, prontos para a guerra. Após momentos intermináveis, difíceis de esquecer, chegamos ao décimo andar. No corredor, a caminho do apartamento (detalhe importante), Aranha parou subitamente. Ao procurar a chave, tirou do bolso uma folha de papel e exclamou: "Meu Deus! Trouxe o *roll call* da votação!" Após alguns instantes de perplexidade, passou-me a folha: "Guarde-a você. Um dia terá um grande valor histórico."

As tensões e emoções do momento eram tamanhas que não pensei mais na folha da votação. Não me ocorreu, sequer, a idéia de devolvê-la à ONU, a que de direito pertencia, para ser devidamente arquivada.

Como disse, estávamos em novembro de 1947. Durante os quase vinte anos que se seguiram, perdi inteiramente de vista o documento. Fui promovido a primeiro-secretário, depois a conselheiro, a ministro, a embaixador, primeiro posto no Canadá. Um belo dia, ao arrumar papéis no meu escritório, tive a grata surpresa de topar com o *roll call* da histórica sessão! Revivi, mentalmente, as emoções que suscitara a criação do Estado de Israel, e examinei, pela primeira vez, o documento: a lista impressa dos países membros, por ordem alfabética, as três colunas: *Yes — No — Abstention*, os registros dos votos, a data e a assinatura de Aranha.

Minutos depois, ouvi que meu caçula, Oswaldo, então com oito a nove anos, brincava no jardim, como de costume, com o filho de um vizinho — Johnny —, de quem ficara inseparável. Chamei-os e contei, com todas as minúcias, a história do *birth certificate*. De família judaica, acredito que até ortodoxa, Johnny me ouviu com a mais absoluta atenção, contrito, como que fascinado pelos detalhes da assembléia da ONU. Ao terminar, manifestei a intenção de doar o documento ao Estado de Israel, na primeira oportunidade. Johnny, que me tratava sempre com extrema deferência, como que se transfigurou. Agarrou com toda força o meu pulso e, enfático, como diante de um insulto grave, gritou: "*Don't be silly! Sell it!*" (Não seja bobo, venda!)

Não vendi. Guardei cuidadosamente o "certificado de nascimento do Estado de Israel" e aguardei a ocasião propícia. Em 1966, fui designado secretário-geral adjunto para Organismos Internacionais e, no ano imediato, assumi a secretaria-geral do Itamaraty. A essa altura, haviam sido programadas, em Israel, diversas homenagens à memória de Oswaldo Aranha, entre as quais a inauguração de um centro cultural em Bror Chail, *kibutz* no deserto de Neguev formado por cerca de cem famílias brasileiras. Era a oportunidade que chegara.

Mandei montar o "certificado" no interior de um belo bloco de acrílico, com 0,5 metro de espessura, sobre uma base do mesmo material. A família Aranha decidiu oferecer a esse mesmo centro, que já recebera metade da biblioteca deixada pelo chanceler, o martelo que usara como presidente da Assembléia da ONU. (Por tradição, é sempre oferecido como lembrança no encerramento da sessão.)

Houve uma grande festa no *kibutz*, em que os judeus brasileiros, com caras e mãos pintadas de preto, simularam uma escola de samba que desfilou para os visitantes. No *hall* de entrada do Centro Cultural Oswaldo Aranha, uma vitrine passou a exibir, entre outras recordações do estadista brasileiro, o famoso martelo e o famoso "certificado de nascimento do Estado de Israel".

NOTA DE RODAPÉ

Passaram-se outros vinte anos, aliás até mais. Guerra sobre guerra no Oriente Médio, sem vislumbre de solução para o problema palestino. De repente, um raio de esperança. No poder em Israel, a equipe Yitzhak Rabin-Shimon Peres (1992). Já no ano seguinte, a declaração de princípios israelo-palestina elaborada em Oslo é solenemente assinada em Washington, 13 de setembro, cena difundida continuamente pelas televisões do mundo. O inimaginável era exibido aos olhos atônitos dos espectadores: o primeiro aperto de mão entre Arafat e Rabin.

Até aí, nenhuma novidade. A novidade ocorreu dois dias depois, no máximo três. Jantando no Ritz Club em Paris, notei em mesa não muito distante alguém que lembrava bastante Shimon Peres. Claro que não podia ser ele. Os jornais haviam noticiado que, após a cerimônia na Casa Branca e reuniões na capital americana, deveria ir diretamente ao Marrocos encontrar-se com Hassan II. Não podia ser, mas era ele mesmo. Minutos depois, estando eu junto ao bar, ele se aproximou e me olhou como que procurando lembrar onde me vira antes. Cumprimentei-o pelo milagre que acabava de acontecer e começamos a conversar. Em dado momento, imaginei contar-lhe a "estória" de Johnny e comecei por uma pergunta: "Você sabe que o único documento que falta na coleção de resoluções da ONU é o *roll call* da votação de que resultou a criação de Israel?" Em vez de sim, ou não, retrucou: "Falta porque você o detém." (Certamente fez uma dedução-relâmpago: se alguém me formula pergunta nestes termos é porque deve saber onde se encontra; a probabilidade maior é a de que esteja com ele mesmo.) Contei-lhe, então, sem omitir um só detalhe, o desaparecimento da "certidão de nascimento", sua reaparição em Ottawa, a reação de Johnny (que lhe provocou estrondosa gargalhada, e o comentário: "Você devia ter seguido o conselho dele!"). Quando nos separamos, lembrei: "Se passar nas proximidades de Bror Chail, não deixe de visitar o Centro Cultural Oswaldo Aranha para conhecer o precioso documento extraviado."

NOTAS

1. Stanley Hilton, *Oswaldo Aranha, uma biografia*, Objetiva, Rio de Janeiro, 1994.
2. Stanley Hilton, op. cit.
3. Abba Eban, *Personal Witness: Israel Through My Eyes*, G. P. Putnam's, Nova York, 1992.

BIBLIOGRAFIA

Abreu, João Capistrano de. *Capítulos de história colonial, 1500-1800*. Brasília, Editora da UnB, 1963.

——. *Ensaios e estudos, crítica e história*. Rio de Janeiro, Civilização Brasileira, 1975-1976. 4 v.

Afonso Pena Júnior. *A arte de furtar e o seu autor*. 2ª edição, Rio de Janeiro, Academia Brasileira de Letras, 2001.

Aguinaga, Hélio. *A expedição de Pedr'Álvares, Razões e conseqüências da posse do Brasil*. Edição particular, Hélio Aguinaga, 1999.

Albuquerque, Luís de. Ver: *Dicionário de história dos descobrimentos portugueses*.

Alencastro, Luiz Felipe de. *O trato dos viventes, Formação do Brasil no Atlântico Sul*. São Paulo, Companhia das Letras, 2000.

Almeida, Clemente A. O. Mendes e. *Memorando em que se consigna uma notícia fidedigna e na máxima parte documentada, etc*. In "Publicações do Arquivo Público Nacional", Rio de Janeiro, 1903.

Argument présenté par le Gouvernement de Sa Majesté Britannique, imprimé au Foreign Office par Harrison & Sons, Imprimeurs de Sa Majesté, Londres, 1904. Arquivo de Prudente de Morais, no Instituto Histórico e Geográfico.

Attali, Jacques. *1492*, Paris, Fayard, 1991.

Aubin, Jean. *Le Latin et l'astrolabe*. Lisboa-Paris, Centre Calouste Gulbenkian, 1996.

Bainville, Jacques. *Histoire de France*. Paris, Fayard, 1924.

Barata, João da Gama Pimentel. *Estudos de arqueologia naval*, 2 volumes, Lisboa, Imprensa Nacional/Casa da Moeda, 1989.

Barbosa, Francisco de Assis. *O Brasil de Dom João VI*. Comunicação às Primeiras Jornadas de História Moderna, Centro de História da Universidade de Lisboa, 1986.

Barros, João de. *Ásia, primeira década*. Edição revista e prefaciada por Antonio Baião, Coimbra, Imprensa da Universidade, 1932.

Barroso, Gustavo. *História secreta do Brasil*. São Paulo, Companhia Editora Nacional, 1936.

——. *O Brasil na lenda e na cartografia antiga*. São Paulo, Companhia Editora Nacional, 1941.

Batalha-Reis, J. "The Supposed Discovery of South America before 1448, and the Critical Methods of the Historians of Geographical Discovery". In *The Geographical Journal,* nº II, Londres, The Royal Geographical Society, 1897.

Bello, José Maria. *História da República (1889-1902).* Rio de Janeiro, Civilização Brasileira, 1940.

—— *História da República (1889-1954): Síntese de 65 anos da vida brasileira.* São Paulo, Companhia Editora Nacional, 1964.

Bensaúde, Joaquim. *Lacunes et surprises de l'histoire des découvertes maritimes.* Coimbra, Imprensa da Universidade, 1930.

—— *Histoire de la Science Nautique Portugaise, Résumé.* Genebra, A. Kundig, 1917.

Bomfim, Manuel. *O Brasil na América,* Rio de Janeiro, Topbooks, 1997.

Boorstin, Daniel. *The Discovers.* Nova York, Random House, 1983.

Bottineau, Yves. *Le Portugal et sa vocation maritime.* Paris, Éditions E. de Boccard, 1977.

Brandão, Raul. *El Rey Junot.* Lisboa, Monteiro & Cia., 1912.

Brasil, padre Etienne Ignace. "Os Malês". In *Revista do Instituto Histórico e Geográfico Brasileiro,* tomo LXXII.

Brasio, padre Antonio, ver *Monumenta Missionaria Africana.*

Braudel, Fernand. *Écrits sur l'Histoire,* I. Paris, Flammarion, 1969.

British and Foreign State Papers, vols. LXXXV a LXVII [1892 a 1895], compilados e editados por Augustus H. Oakes, Esq., e Willoughby Maycock, Esq. Londres, Harrison & Sons, impressores, 1899-1900.

Buarque de Holanda, Sérgio. *Raízes do Brasil,* São Paulo, Companhia das Letras, 1995.

—— Sob a direção de. *História geral da civilização brasileira, I. A Época Colonial.* 8ª edição, vols. 1 e 2, Rio de Janeiro, Bertrand Brasil, 1989.

Bueno, Eduardo. *A viagem do Descobrimento.* Rio de Janeiro, Objetiva, 1998.

—— *Náufragos, traficantes e degredados.* Rio de Janeiro, Objetiva, 1998.

Cabral de Mello, Evaldo. *Olinda restaurada, guerra e açúcar no Nordeste, 1630/1654.* São Paulo, Edusp, 1975.

——. *O negócio do Brasil, Portugal, os Países Baixos e o Nordeste, 1641-1669.* Rio de Janeiro, Topbooks, 1998.

Calógeras, Pandiá. *Formação histórica do Brasil.* São Paulo, Companhia Editora Nacional, 1938.

Carvalho, C. Delgado de. *História diplomática do Brasil.* São Paulo, Companhia Editora Nacional, 1959.

Carvalho, Joaquim Barradas de. *À la recherche de la spécificité de la rennaissance portugaise*

——. *l'"Esmeraldo de Situ Orbis" de Duarte Pacheco Pereira et la littérature de voyages à l'époque des grandes découvertes: Contribution à l'étude des origines de la pensée moderne.* Paris, Fondation Gulbenkian, 1983.

Cascudo, Luiz da Câmara. *Intencionalidade no Descobrimento, dois ensaios de história.* Natal, Imprensa Universitária, 1965.

Casson, Lionel. *The Ancient Mariners.* 2ª edição, Princeton, Princeton University Press, 1991.

Catálogo da Exposição "Portugal e Brasil: a abertura do Mundo Atlântico". New York Public Library, 1990.

Contre-Mémoire de Sa Majesté Britannique, Imprimé au Foreign Office par Harrison & Sons, Londres, 1903.

Constancio, Francisco Solano. *História do Brasil desde o seu Descobrimento por Pedro Álvares Cabral até a Abdicação de Dom Pedro I.* Paris, 1839.

Corrêa da Costa, Sergio. *As quatro coroas de Dom Pedro I.* Rio de Janeiro, Editora Paz e Terra, 1995.

——. *Pareceres do Conselho de Estado e do Consultor do Ministério dos Negócios Estrangeiros (1842-1889).* Rio de Janeiro, Imprensa Nacional, 1942.

——. *A diplomacia do Marechal — Intervenção estrangeira na Revolta da Armada.* 2ª edição, Rio de Janeiro, Editora UnB e Tempo Brasileiro, 1979.

Corrêa do Lago, Luiz Aranha. *The Transition from Slave to Free Labor in Agriculture in the Southern and Coffee Regions of Brazil, a Global and Theoretical Approach and Regional Case Studies.* Cambridge, Harvard University, 1978.

Cortesão, Jaime. *A expedição de Pedro Álvares Cabral e o descobrimento do Brasil.* Paris-Lisboa, Livrarias Aillaud e Bertrand, 1922.

——. *Pre-Columbian Discovery of America.* In *Geographical Journal*, LXXXIX [1937].

Costa, Dídio I. Afonso da. *Almirante L. Ph. de Saldanha da Gama.* Rio de Janeiro, Imprensa Nacional, 1942.

Couto, Jorge. *A construção do Brasil.* Lisboa, Edições Cosmos, 1997.

Couto, Jorge e Max Justo Guedes. *Descobrimento do Brasil.* Lisboa, CNCDP, 1998.

da Costa e Silva, Alberto. "O Brasil, a África e o Atlântico no século XIX". Lisboa, artigo na revista *Studia*, nº 52, 1994.

——. "Os brasileiros ou agudás e a ocupação colonial da África ocidental: cumplicidade, acomodação e resistência". Trabalho apresentado à III Reunião de História da África, publicado em *A África e a instalação do sistema colonial* (c. 1885-c. 1930): Actas da III Reunião Internacional de História da África, Lisboa, Instituto de Investigação Científica Tropical, 2000.

——. *A enxada e a lança — A África antes dos portugueses.* Rio de Janeiro, Nova Fronteira, 1992.

——. *A manilha e o libambo.* Rio de Janeiro, Nova Fronteira, 2001.

Debes, Célio. *Campos Salles — Perfil de um estadista.* Rio de Janeiro, Francisco Alves Editora, 1978, 2 vols.

"Devassa do levante de escravos ocorrido em Salvador em 1835". In *Anais do Arquivo do Estado da Bahia,* nº 38.

Dicionário de história de Portugal. Direção de Joel Serrão, 6 volumes, Porto, Livraria Figueirinhas, 1985.

Dicionário de história dos descobrimentos portugueses. Direção de Luís de Albuquerque. Editorial Caminho, Lisboa, 1994.

Dicionário enciclopédico de astronomia e astronáutica. De Ronaldo Rogério de Freitas Mourão, Rio de Janeiro, Nova Fronteira, 1995.

D'Oliveira França, Eduardo. *Portugal na época da Restauração.* São Paulo, Hucitec, 1997.

Downs Robert B. *In Search of New Horizons, Epic Tales of Travel and Exploration.* Chicago, American Library Association, 1978.

Duarte, Abelardo. *Negros muçulmanos nas Alagoas (ou malês).* Maceió, Edições Caeté, 1958.

Dunshee de Abranches. *A Revolta da Armada e a Revolução Rio-Grandense.* Vol. VI das *Obras completas,* Rio de Janeiro, 1955.

Eban, Abba. Personal Witness: *Israel Through My Eyes.* Nova York, G. P. Putnam's, 1992.

Editores dos livros Time-Life. *Voyages of Discovery, TimeFrame 1400-1500.* Série Time-Life Books (sem data de impressão).

Elliott, J. H. *The Old World and The New, 1492-1650.* Cambridge, Cambridge University Press, 1978.

Enciclopédia Verbo, Luso-Brasileira de Cultura. Edição Século XXI, 12 volumes, Lisboa-São Paulo, 1998.

Faria, Alberto de. *Luiz Gama.* In *Revista da Academia Brasileira de Letras,* ano XVIII, nº 67, julho de 1927.

Faoro, Raymundo. *Os donos do poder: formação do patronato político brasileiro.* 15ª edição, São Paulo, Editora Globo, 2000.

Fonseca, Quirino da. *A caravela portuguesa.* Coimbra, 1934.

Fontoura da Costa, A. *A marinharia dos descobrimentos.* Lisboa, Divisão de Publicações e Biblioteca, Agência Geral das Colônias, 1939.

Freixinho, Nilton. *As transformações do pensamento brasileiro de 1920 a 1990.* Rio de Janeiro, Livraria Kosmos Editora, 1999.

Freyre, Gilberto. *Interpretação do Brasil.* Rio de Janeiro, José Olympio, 1947.

Galvani, Walter. *Nau capitânia, Pedro Álvares Cabral, como e com quem começamos.* Rio de Janeiro, Record, 2000.

Godinho, Vitorino Magalhães. *L'Économie de l'empire portugais aux XV et XVI siècles — L'or et le poivre — Route de Guinée et route du Cap.* Paris, tese na Sorbonne, 1958.

Goes Filho, Synesio Sampaio. *Navegantes, bandeirantes, diplomatas.* São Paulo, Martins Fontes, 1999.

Grande enciclopédia portuguesa e brasileira. Lisboa e Rio de Janeiro, Editorial Enciclopédia, Limitada, 1942.

Guedes, Max Justo. *O descobrimento do Brasil.* Coleção Documenta Histórica. Lisboa, Vega, 1999.

——. *O descobrimento do Brasil.* Rio de Janeiro, Diretoria do Patrimônio Histórico e Cultural da Marinha, 1998.

——. *A viagem de Pedro Álvares Cabral*, in *História da Marinha portuguesa*, em fase de publicação pela Academia da Marinha (Portugal).

——. *História naval brasileira* (coord.). Vol. I, tomo 1. Rio de Janeiro, Serviço de Documentação Geral da Marinha, 1975.

——. e Jorge Couto. *Descobrimento do Brasil*, Lisboa, CNCDP, 1998.

——. e Luís de Albuquerque. *Portugal-Brazil: The Age of Atlantic Discoveries.* Nova York, Brazilian Cultural Foundation, 1990.

Guzinski, Serge. *Virando séculos, 1480-1520. A passagem do século.* São Paulo, Companhia das Letras, 1999.

Hart, Henry H. *Sea Road to the Indies.* NovaYork, Macmillan, 1950.

Heleno, Manuel. *O descobrimento da América.* Lisboa, Tip. da Empresa do Anuário Comercial, 1933.

Hilton, Stanley. *Oswaldo Aranha, uma biografia.* Rio de Janeiro, Objetiva, 1994.

História da colonização portuguesa do Brasil. Direção de Carlos Malheiros Dias. Edição Monumental, Porto, Litografia Nacional, 1922.

Hower, Alfred and Richard A. Preto-Rodas. *The Portuguese World in the Time of Camões.* Gainesville, University Presses of Florida, 1985.

Lacasa, Pedro. *Lavalle/Pedro Lacasa. Dorrego/Mariano A. Pelliza.* Buenos Aires, Editorial De Belgrano, c. 1977.

Leite, Paulo Moreira. *A epopéia do retorno*, in *Veja*, 7 de julho de 1999.

Ley, Charles David. *Portuguese Voyages 1498-1663.* Londres, J. M. Dent & Sons, 1947.

Lins, Álvaro. *Rio Branco.* Rio de Janeiro, José Olympio, 1945.

Macedo, Jorge Borges de. *História diplomática portuguesa* , vol. I., Lisboa, 1987.

Marques, A. H. de Oliveira. *Histoire du Portugal et de son empire colonial.* Paris, Éditions Karthala, 1998.

Medeyros, J. Paulo de. *A diplomacia de Dom João VI na América e na Europa.* Porto, Lello & Irmão, editores, 1956.

Melo, Custódio de. *Apontamentos para a história da revolução de 23 de novembro de 1891.* Rio de Janeiro, 1895.

Mendes Pinto, Ferdinand. *The Voyages and Adventures of Ferdinand Mendez Pinto, the Portuguese* (traduzido para o inglês por Henry Cogan). Londres, T. Fischer Unwin, MDCCCXCI.

Mendonça, Lúcio de. "Luiz Gama". In *Revista da Academia Brasileira de Letras*, março de 1933.

Menucci, Sud. *O precursor do Abolicionismo no Brasil, Luiz Gama*. São Paulo, Cia. Editora Nacional, 1938.

Ministério da Marinha. *Subsídios para a História Marítima do Brasil*. Vol. IV. Rio de Janeiro, Imprensa Naval, 1942.

Missionação Portuguesa e Encontros de Cultura. Actas, volume 7, *Cristandade portuguesa até ao século XV, Evangelização interna, ilhas atlânticas e África ocidental*. Braga, Universidade Católica Portuguesa, 1993.

Moniz Bandeira. *Presença dos Estados Unidos no Brasil — Dois séculos de história*. Rio de Janeiro, Civilização Brasileira, 1973.

Monteiro, Tobias. *História do Império — A elaboração da Independência*. Rio de Janeiro, F. Briguiet & Cia., 1927.

——. *Pesquisas e depoimentos para a história*. Rio de Janeiro, Francisco Alves, 1913.

Monumenta Missionaria Africana. Coligida e anotada pelo padre Antonio Brasio; 1ª série (África ocidental e central), 15 volumes, Lisboa, 1953-88; 2ª série (África ocidental oeste), 6 volumes. Lisboa, Agência do Ultramar, 1958-92.

Moreira, Adirano. *A função convergente da cultura portuguesa*, Conferência no Real Gabinete Português de Leitura, Rio de Janeiro, 1966.

Morison, Samuel Eliot. *Portuguese Voyages to America in the Fifteenth Century*. Cambridge, Harvard University Press, 1940.

Mourão, Gerardo de Mello. *Invenção do mar*, Rio de Janeiro, Record, 1997.

Mourão, Ronaldo Rogério de Freitas. *A astronomia na época dos descobrimentos. O céu dos navegantes nos séculos XV e XVI. A importância dos árabes e dos judeus nas descobertas*. Rio de Janeiro, Lacerda, 2000.

——. "Primeiras Observações da Astronomia no Brasil". Rio de Janeiro, in *Ventura*, número especial, 2000.

——. *O céu dos navegantes*. Cascais, Portugal, Editora Pergaminho, 2000.

——. *Dicionário enciclopédico de astronomia e astronáutica*. Rio de Janeiro, Nova Fronteira, 1995.

Nabuco, Carolina. *A vida de Joaquim Nabuco*. Rio de Janeiro, 1928.

Oliveira Lima, Manuel de. *Dom Pedro e Dom Miguel*. São Paulo, Comp. Melhoramentos.

——. *Dom João VI no Brasil*. São Paulo, José Olympio, 1945.

Oliveira Viana, *Evolução do povo brasileiro*. 2ª edição, São Paulo, Companhia Editora Nacional, 1933.

Paço d'Arcos. *Missão diplomática do conde de Paço d'Arcos no Brasil, 1891 a 1893, Notas e relatórios. Interesses portugueses. Política brasileira* Lisboa, edição particular, 1974.

——. "Tanta Personagem", *Tanta História...* Lisboa, separata da revista *Ocidente*, número especial, 1978.

Padilha, Tarcísio. *História e filosofia.* Rio de Janeiro, Editora Gama Filho, 1999.

Papers relating to the Foreign Relations of the U.S. Washington, Government Printing Office, 1892 e 1893.

Parry, J. H. *The Discovery of the Sea.* Berkeley, University of California Press, 1981.

Peixoto, Afrânio. *História do Brasil.* Porto/Lisboa, Livraria Lello & Irmão, 1940.

Pelliza, Mariano A. *Historia Argentina.* Buenos Aires, F. Lajouane, 1888-97.

——. *Dorrego: lingotes de bronce para su estatua.* Buenos Aires, F. Lajouane, 1886.

——. *La dictadura de Rosas.* Buenos Aires, Felix Lajouane Editor, 1894.

Penna, Lincoln de Abreu. *República brasileira.* Rio de Janeiro, Nova Fronteira,1999.

Peres, Damião. *O descobrimento do Brasil por Pedro Álvares Cabral, antecedentes e intencionalidade.* Lisboa, Comissão Executiva do V Centenário do Nascimento de Pedro Álvares Cabral, 1968.

Picanço, Aloysio Tavares. *Quinhentos anos da revelação do Brasil ao Mundo.* Niterói, edição do autor, 1999.

Pigafetta, Antonio. *Magellan, Le premier tour du monde: Relation par Antonio Pigafetta du premier voyage autour du monde de Magellan.* Paris, Éditions Tallandier, 1984.

Pina, Rui de. *Cronique delrei Dom Joham II.* Nova edição, com prefácio e notas de Alberto Martins de Carvalho, Coimbra, 1950.

Planhol, Xavier de. *L'Islam et la mer, La mosquée et le matelot, VIIe-XXe siècle.* Paris, Librairie Académique Perrin, 2000.

Portugal-Brasil: the age of Atlantic discoveries, The New York Public Library, junho-agosto de 1990.

Prado Maia. *A marinha de guerra do Brasil na colônia e no Império.* Rio de Janeiro, José Olympio, 1965.

Prado, Paulo. *Retrato do Brasil, ensaio sobre a tristeza brasileira.* São Paulo, Companhia das Letras, 1997.

Prestage, Edgar. *The Portuguese Pioneers.* Londres, 1933.

——. *Chapters in Anglo-Portuguese Relations.* Westport, Connecticut, Greenwood Press, 1971.

Randier, Jean. *Men and Ships Around the Cape Horn.* Nova York, David McKay Co., 1969.

Reis, João José. *Rebelião escrava no Brasil. A história do levante dos malês 1835.* São Paulo, Brasiliense, 1987.

Resende, Marquês de. *Éclaircissemens historiques sur mes négociations relatives aux affaires de Portugal, depuis la mort du roi Dom Jean VI, jusqu'à mon arrivée en France comme ministre auprès de cette cour.* Paris, Éverat Imprimeur, 1832.

Ribeiro, João. *História do Brasil.* 15ª edição, Rio de Janeiro, Livraria São José, 1954.

——. *Obras de João Ribeiro, Crítica,* vol. VI, *Historiadores.* Rio de Janeiro, publicação da Academia Brasileira de Letras, 1961.

Rio Branco, barão do. *Obras do barão do Rio Branco.* Rio de Janeiro, edição do Ministério das Relações Exteriores, 1945.

Rocha Pombo, João Francisco da. *História do Brasil.* Rio de Janeiro, B. de Aguila, 1905.

Rodrigues, José Honório e Ricardo A. S. Seitenfus. *Uma história diplomática do Brasil, 1531-1945.* Organização de Lêda Boechat Rodrigues. Rio de Janeiro, Civilização Brasileira, 1995.

Russell, Jeffrey Burton. *Inventing the Flat Earth.* Nova York, Praeger, 1991.

Saldias, Adolfo. *Historia de la Confederación Argentina, Rozas y su época.* Buenos Aires, Libreria "La Facultad", de Juan Roldán, 1911.

Saraiva, António José. *Inquisição e cristãos-novos.* Lisboa, Editorial Estampa, 1994.

Scantimburgo, João de. *Tratado geral do Brasil, Origem, fundamentos e evolução da cultura brasileira.* 3ª, edição. São Paulo, Editora LTr, 1998.

——. *O mal na história — Os totalitarismos do século XX,* São Paulo, Editora LTr,1999.

Scisínio, Alaôr Eduardo. *Dicionário da escravidão.* Rio de Janeiro, Léo Christiano Editorial, 1997.

Segismundo, Fernando. *Grandezas do Colégio Pedro II.* Rio de Janeiro, Unigraf, 1996.

Serrão, Joel. Ver *Dicionário de história de Portugal.*

Severin, Tim. *The Brendan Voyage.* Nova York, McGraw-Hill Book Co., 1978.

Silva, Luciano Pereira da Silva. *Duarte Pacheco Pereira, precursor de Cabral.* In *História da colonização portuguesa do Brasil,* volume 1. Porto, 1921.

Silva, Júlio Romão da. *Luís Gama e suas poesias satíricas.* Rio de Janeiro, Livraria Editora da Casa do Estudante do Brasil.

——. *Luís Gama, o mais conseqüente poeta satírico brasileiro.* Rio de Janeiro, Edição MLG, 1998.

Sodré, Nelson Werneck. *Formação histórica do Brasil.* São Paulo, Brasiliense, 1964.

Souza e Silva, A. C. de. *O almirante Saldanha e a Revolta da Armada. Reminiscências de um revoltoso.* Rio de Janeiro, José Olympio Editora, 1936.

Souza e Silva, Joaquim Norberto de. "O descobrimento do Brasil por Pedro Álvares Cabral foi devido a um mero acaso ou teve ele alguns indícios para isso?" Rio de Janeiro, in *Revista do Instituto Histórico e Geográfico Brasileiro,* tomo XV, de 1852.

Spectorski, A. C. *The Book of the Sea.* Nova York, Appleton-Century-Crofts, Inc. 1954.

Teixeira da Mota, A. *Dom João Bemoim e a expedição portuguesa ao Senegal em 1489.* Lisboa, Agrupamento de Estudos de Cartografia Antiga, Junta de Investigações do Ultramar, LXIII, Seção de Lisboa, 1971.

Thomaz, Luis Filipe Reis. *Dom Manuel, a Índia e o Brasil.* Aula inaugural do Seminário Internacional "A Bahia e a Carreira da Índia", Salvador, dezembro de 2000, em conjunto com o X Seminário Internacional de História Indo-Portuguesa. Prevista próxima edição da totalidade das comunicações do Seminário pela Diretoria do Patrimônio Histórico e Cultural da Marinha.

Time-Life Books. *Voyages of Discovery. TimeFrame AD 1400-1500.* Alexandria, Virginia, Time-Life Books, 1989.

Unger, Richard W. *Portuguese Shipbuilding and the Early Voyages to the Guinea Coast.* In *Vice-Almirante A. Teixeira da Costa in Memoriam.* Vol. I, Lisboa, Academia de Marinha, Instituto de Investigação Científica Tropical, 1987.

Vasconcelos, Agustin Manuel y. *Vida y Acciones del Rey Don Juan el Segundo,* 1639.

Vasconcellos, E. de. *Subsídios para a história da cartografia.* Lisboa, 1916.

Venâncio Filho, Alberto. "Afrânio Peixoto e a Academia Brasileira de Letras". In *Revista Brasileira,* abril-junho de 1997.

——. *Das arcadas ao bacharelismo.* 2ª edição. São Paulo, Perspectiva, 1982.

Verdasca, José. *Raízes da nação brasileira, Os portugueses no Brasil.* São Paulo, Instituição Brasileira de Difusão Cultural, IBRASA, 1997.

Viana, Hélio. *História diplomática do Brasil.* São Paulo, Edições Melhoramentos, 1957.

——. *História das fronteiras do Brasil.* Rio de Janeiro, Biblioteca Militar, 1948.

——. *O visconde de Cairu.* jornalista e panfletário (1821 1835), na Contribuição à História da Imprensa Brasileira, Rio de Janeiro, 1945.

——. *História do Brasil.* Tomo I, *Período Colonial.* São Paulo, Edições Melhoramentos, 1961.

Vignaud, Henry. *Comment l'Amérique fut réellement découverte en 1492.* Cahors, Imprimerie Typographique A. Couesland, 1922.

——. *Histórie critique de la grande entreprise de Christophe Colomb, comment il aurait conçu et formé son projet, sa présentation à différentes cours, son acceptation finale, sa mise en exécution. — Son véritable caractère.* Paris, H. Welter, 1911.

Wehling, Arno (org.). *Documentos históricos do Brasil, pesquisa iconográfica.* Rio de Janeiro, Nova Aguilar/Lacerda Editores, 1999.

——. *Estado, história, memória: Varnhagen e a construção da identidade nacional.* Rio de Janeiro, Nova Fronteira, 1999.

ÍNDICE ONOMÁSTICO

Este livro foi composto na tipologia Agaramond, em corpo 11/15 e impresso em papel Chamois Fine 80g/m² no Sistema Cameron da Divisão Gráfica da Distribuidora Record.